GOLDMANN RATGEBER

Buch

Millionen Menschen leiden unter Ängsten, Unsicherheiten und Phobien. Sie haben Furcht vor der Schule, vor Prüfungen, beruflichen Aufgaben, Krankheiten und vor dem Alleinsein. Sie sind geplagt von Trennungs-, Flug-, Höhen- und Platzangst. Alle diese irrationalen Ängste sind »erlernt«. Durch Selbsttherapie in einem speziellen Anti-Angst-Training lassen sie sich wieder »verlernen«. Das Trainingsprogramm besteht aus einer in der Praxis erprobten Therapie sowie aus Anleitungen zur Selbsteinsicht und Selbstbeherrschung und konzentriert sich vor allem auf die Angstphänomene, die das soziale Verhalten beeinflussen und daher den Betroffenen am stärksten leiden lassen.

Autoren

Professor Herbert Fensterheim ist einer der ersten amerikanischen Psychotherapeuten, die die Verhaltenstherapie in klinischer Praxis realisierten. Seine Koautorin und Ehefrau, Jean Baer, ist in ihrem Heimatland eine bekannte Journalistin. Vom selben Autorenpaar erschien bisher bei Goldmann (11297): »Sag nicht ja, wenn du nein sagen willst«, ein erfolgreicher psychologischer Ratgeber für das Selbstbehauptungstraining.

Außer dem vorliegenden Band ist von den Autoren als Goldmann-Taschenbuch erschienen:

Sag nicht ja, wenn du nein sagen willst (11297)

Herbert Fensterheim
Jean Baer

LEBEN ohne ANGST

Unsicherheiten, Ängste, Phobien erkennen, verstehen, beherrschen

Aus dem Amerikanischen von
Rolf und Renate Düser

GOLDMANN VERLAG

Titel der amerikanischen Originalausgabe: Stop running scared!
erschienen im Verlag Rawson Associates Publishers, Inc., New York

Umwelthinweis:
Alle bedruckten Materialien dieses Taschenbuches
sind chlorfrei und umweltfreundlich.
Das Papier enthält bereits Recycling-Anteile.

Der Goldmann Verlag
ist ein Unternehmen der Verlagsgruppe Bertelsmann

Deutsche Erstausgabe Dezember 1982

Umschlaggestaltung: Design Team München
Druck: Elsnerdruck, Berlin
Verlagsnummer: 11343
SK · Herstellung: Sebastian Strohmaier/sc
Made in Germany
ISBN 3-442-11343-1

11 13 15 17 19 20 18 16 14 12

Adelens Spaziergang

von Wilhelm Busch

Ein Mädchen, schön und voll Gemüt,
Geht hier spazieren, wie man sieht.

Sie pflückt auf frühlingsgrüner Au
Vergißmeinnicht, das Blümlein blau.

Ach Gott! da hupft ein grüner, nasser,
Erschrecklich großer Frosch ins Wasser.

Adele, die ihn hupfen sah,
Fällt um und ist der Ohnmacht nah.

Diagnose: Froschphobie (Batrachophobie)
Das Gedicht zeigt:
* Auftauchen des Angstauslösers
* Typisches Auftreten einer automatischen Angstreaktion
* Fluchtverhalten, das die Furcht verewigt
(Adeles Flucht in die Ohnmacht)

Unserer Buchagentin und Freundin
Anita Diamant Berke

Inhalt

8. Kapitel
Sexuelle Ängste 207

9. Kapitel
Der Zwangsneurotiker 235

10. Kapitel
Wie Sie Ihre Flugangst überwinden können: ein Programm 251

Vorwort der Autoren

Methode und Konzept des Anti-Angst-Trainings stammen aus der Verhaltenstherapie. So viele haben unser Denken beeinflußt und befruchtet, daß es unmöglich ist, allen zu danken. Aber drei führende Persönlichkeiten auf dem Gebiet der Verhaltenstherapie möchten wir besonders hervorheben: *Andrew Salter*, den New Yorker Psychologen, der allgemein als der Vater der modernen Verhaltenstherapie gilt; *Dr. Arnold A. Lazarus*, Professor für Psychologie an der Rutgers University; und *Dr. Joseph Wolpe* von der Temple University School of Medicine.

Wir sind ebenfalls *Dr. Helen S. Kaplan* zu Dank verpflichtet, Assistenzprofessorin für Psychologie am Medical College der Cornell University und an der Payne Whitney Clinic verantwortlich für Sexualtherapie und -erziehung. Wir danken ihr nicht nur für ihr kreatives Denken auf dem Gebiet des Sexualverhaltens, sondern auch für viele Jahre der Freundschaft.

Weiterhin danken wir *Dr. Isaac M. Marks* von den Bethlehem Royal und Maudley Hospitals, London, und *Dr. Leslie Solyom* von der McGill University, Montreal, für ihre Erkenntnisse und Forschungsarbeiten auf dem Gebiet der Phobien und Neurosen. Wir danken *Dr. Martin E. P. Seligmann* von der University of Pensylvania für seine Arbeiten auf dem Gebiet der erlernten Hilflosigkeit . . . Dank auch an *Dr. Gerald C. Davison* und *Dr. Marvin R. Goldfried* von der State University of New York in Stony Brook, die die Bedeutung der Selbstbefehle bei der Konrolle von Ängsten erkannt haben. *Dr. Gerald Kroetsch* und *Dr. Gerald Pulvermacher* von den Fear Relief Centers of Canada haben uns sehr geholfen, indem sie Material für unser Kapitel »Wie man die Flugangst überwindet« zur Verfügung stellten, desgleichen *Captain »Slim« Cummings* und *Jay Beau-Seigneur* von den Pan American World Airways. Und ein besonderer Dank gilt *David McLaughlin* von der McKinsey & Company, New York, für seine Hilfe bei der Vorbereitung des Kapitels »Was man gegen Angst im Beruf tun kann«.

Von Herzen danken wir auch *Eleanor Rawson* von Rawson Associates für ihr liebevolles Interesse und ihre Anteilnahme an jedem Wort dieses Manuskripts.

Dr. Herbert Fensterheim und Jean Baer

Über die gemeinschaftliche Arbeit an diesem Buch

»Leben ohne Angst« ist die zweite Gemeinschaftsarbeit von *Dr. Herbert Fensterheim* und *Jean Baer*, die im Privatleben ein Ehepaar sind. Ihr erstes Buch hieß »Sag nicht ja, wenn du nein sagen willst«. Es wurde von der American Psychological Association ausgezeichnet als »ein herausragender Beitrag zur Förderung des allgemeinen Verständnisses psychologischer Fragen«.

Dr. Herbert Fensterheim erwarb seinen M. A. in Psychologie an der Columbia University und promovierte an der New York University. Er arbeitete zwanzig Jahre lang als Psychoanalytiker und wurde dann einer der ersten Therapeuten, die die Verhaltenstherapie anwandten. Heute hat er eine Privatpraxis in Manhattan, lehrt als Professor der Psychologie am Medical College der Cornell University Psychiatrie und ist Leiter der Abteilung für Verhaltenstherapie an der Payne Whitney Clinic des New York Hospital. Er hat an führenden Universitäten und medizinischen Hochschulen des Landes unterrichtet. Außerdem hat er an die hundert wissenschaftliche Abhandlungen geschrieben, gab zusammen mit anderen zwei Fachbücher über Verhaltenstherapie heraus und ist Verfasser des Buches »Help without Psychoanalysis«. Als führender Vertreter der Verhaltenstherapie hat Dr. Fensterheim viele Vorträge und Seminare für die Fachwelt gehalten, zum Beispiel für die American Psychological Association und die American Group Psychotherapy Association. Dadurch hat er anderen Therapeuten ermöglicht, die Techniken der Verhaltenstherapie zu erlernen und sie an ihre Patienten weiterzugeben.

Jean Baer hat zusammen mit Dr. Fensterheim das Buch »Sag nicht Ja, wenn Du Nein sagen willst« verfaßt. Zu ihren früheren Büchern gehören: »Follow me!« »The Single Girl goes to Town«, »The Second Wife« und »How to be an Assertive (Not Aggressive) Woman in Life, in Love and on the Job«. Sie schreibt häufig Beiträge für den »Christian Science Monitor« und für große Frauenzeitschriften. Sie hat viele Vorträge im Radio gehalten und arbeitete lange Jahre als leitende Redakteurin für das Magazin »Seventeen«.

Die Fallgeschichten in diesem Buch sind authentisch. Namen und Ereignisse wurden so abgeändert, daß die Persönlichkeitsrechte der Patienten gewahrt blieben.

1. Kapitel (Teil A)

So mancher hat eine Phobie und weiß nichts davon

von Jean Baer

Viele Menschen werden von Ängsten beherrscht, und sie wissen es.

Viele Menschen werden von Ängsten beherrscht, und sie ahnen es nicht einmal.

Bis vor kurzem gehörte auch ich zu ihnen.

Ich habe mich zwar immer für ziemlich couragiert gehalten. Schließlich bin ich als junges Mädchen nach Griechenland gefahren, als noch kein Tourist dorthin reiste. Ich habe Tausende von Kilometern zurückgelegt und bin in so entlegene Gegenden wie Samarkand geflogen. Ich werde mit meinem Beruf und mit meinem Haushalt mühelos fertig. Ich kann vor Hunderten von Zuhörern sprechen, ohne ins Zittern zu kommen. Es macht mir sogar Spaß, im Mittelpunkt zu stehen und am Schluß den Beifall zu hören. Zwar kann ich keine rührende Sterbeszene spielen oder die »Giselle« so tanzen, daß meine Bewunderer mir rote Rosen auf die Bühne werfen. Mir genügt es, Vorträge zu halten.

Doch ich habe mir nie klargemacht, daß ich die Hälfte meiner Zeit damit verbrachte, Ängste auszustehen.

Ich wußte wohl, daß ich etwas exzentrisch war (ich hatte zum Beispiel Angst vor technischen Errungenschaften wie Mixern und Büchsenöffnern). Ich ignorierte das einfach. Mit einigen Ängsten gab ich mir sogar ein gewisses »Air« (zum Beispiel mit meiner Unfähigkeit, links abzubiegen oder überhaupt Auto zu fahren). Jahrelang gab ich beim Dinner die Geschichte zum besten, daß ich beim Besuch meiner Stiefmutter in Mount Vernon einen 15 Kilometer langen Umweg in Kauf nahm, um nur ja nicht an der Triborough Bridge nach links abbiegen zu müssen. Und einer der Gründe, weshalb ich meinen Mann, Dr. Herbert Fensterheim, Professor an der medizinischen Fakultät der Cornell Universität, geheiratet habe, ist sicher der, daß er niemals – wie alle anderen Männer in meinem Leben – sagte: »Wie ist es nur möglich, daß eine so tüchtige Frau wie du nicht einmal etwas so Kinderleichtes wie Autofahren hinkriegen kann?« Ich habe weder ihm noch anderen jemals erzählt, daß ich jedesmal, wenn ich mich ans Steuer setzte, vor Angst fast starb, weil ich glaubte, alle anderen hätten es darauf abgesehen, mir in den Wagen zu fahren.

Rein verstandesmäßig war ich mir einiger anderer Ängste bewußt, zum Beispiel der Angst, auf Ablehnung zu stoßen. Ich wollte, daß man mich gern hatte. So richtete ich mich ganz nach den anderen. Alles was ich tat, hatte nur den einen Sinn, daß jeder mich gut finden sollte. Sieben Jahre Psychoanalyse zeigten mir, daß ich jeden Menschen in eine Mutterfigur verwandelte – Mitarbeiter, Chefs, Freunde, attraktive Männer. Ich dachte: »Allen Anstrengungen zum Trotz gab meine Mutter nichts um mich, aber vielleicht kann ich jetzt ihn/sie für mich einnehmen, auch wenn ich meine Mutter nicht für mich gewinnen konnte.«

So war ich immer darauf aus zu gefallen. Wenn ich nicht tat, was andere (meiner Ansicht nach) wollten, blieb mir nur die Alternative, ihre Zurückweisung zu akzeptieren. Manchmal ging die Zurückweisung von mir aus. Ich blieb deshalb so lange unverheiratet, weil ich mir immer wieder schwierige, fordernde, zur Freundschaft nicht recht fähige Männer aussuchte, die mich denn auch mit Sicherheit zurückwiesen. Dann hatte ich das Glück, Herbert kennenzulernen, der viel Talent zur Freundschaft hat und sehr großzügig ist. Nach unserer Heirat erzählte er mir: »Du hattest solche Angst, eine wichtige Entscheidung zu treffen. Ich konnte dich nicht einmal fragen, ob du mich heiraten wolltest. Ich wußte, daß du automatisch nein sagen würdest. So habe ich immer nur wieder gesagt ›Wir heiraten‹. Ich habe dir die Entscheidung aus der Hand genommen.«

Ich hatte überhaupt keine Ahnung, wie stark und wie irrational meine Ängste waren und wie diese irrationalen Ängste fast alles, was ich tat und sagte, beherrschten. Es kommt aber entscheidend darauf an, daß man sein Problem erkennt. Wie kann man sich ändern, wenn man gar nicht weiß, was man ändern soll? Ich wußte es nicht. Hier ein paar Beispiele:

Im Beruf: Mehrere Jahre war ich leitende Redakteurin und Chefin für Sonderthemen beim Frauenmagazin »Seventeen«. Trotz meines schönen Titels machte ich in Wirklichkeit nur Public Relations. Jedes Jahr im Januar brachte »Seventeen« eine Ausgabe heraus, die die Leistungen besonders fähiger Teenager in ganz Amerika herausstellte. Ich schickte Hunderte von Presseverlautbarungen über diese Mädchen an die Provinzzeitungen, selbst wenn sie im Magazin nur mit einer einzigen Zeile erwähnt waren. Ich hatte zwar genügend Mitarbeiter für die damit verbundene Routinearbeit, aber ich kam trotzdem morgens um sieben ins Büro, um die Verlautbarungen zusammenzuheften und in die Umschläge zu stecken. Keiner der anderen Redakteure interessierte sich für meine Leistung und meinen Berg von Zeitungsausschnitten. Meine Chefin sagte: »Alles für den Papierkorb.« Aber ich konnte nicht anders. Hätte ich irgend etwas unter den Tisch fallen lassen – zum Beispiel eine Presseverlautbarung geschludert –, *hätte mich ja irgend jemand kritisieren können.* Heute weiß ich, daß meine *Angst, einen Fehler zu machen*, neurotisch war.

Im täglichen Leben: Meine Mutter starb nach langem, qualvollem Leiden an Krebs. Danach wurde ich jeden Tag von Angstvorstellungen geplagt wie: »Heute entdecke ich bestimmt einen Knoten ... Ich laß mich auf keinen Fall operieren. Ich werde die Einwilligung zur Operation nicht unterzeichnen ... Ich schaffe es bestimmt nicht, mich mit Tabletten umzubringen ... Herbert muß sie mir geben.« Ich hatte nie ein verdächtiges Symptom, aber ehe ich zweimal jährlich zur Kontrolluntersuchung ging, war ich reif für die Klapsmühle. Ich hielt mein Verhalten nicht nur für ganz vernünftig, sondern für eine Art Präventivmittel: »Wenn ich so denke, wird wohl auch nichts passieren.«

Im Umgang mit anderen: Ich inszenierte ständig Auftritte, die zu meiner Zurückweisung führten. Mir selbst erschien meine Denkweise absolut einleuchtend. Ich übersah nur, daß ich von falschen Voraussetzungen ausging. Einmal ging ich mit meiner Freundin zum Essen und schenkte ihr dabei mein fünftes Buch, in dem ich sie zitiert hatte. Danach hörte ich nichts mehr von ihr. »Mit unserer Freundschaft ist es aus«, erzählte ich Herbert. »Mein Buch hat ihr nicht gefallen.« Monatelang litt ich unter dieser Enttäuschung. Dann rief sie mich plötzlich an und war voller Entschuldigungen. »John hat eine neue Stelle in Colorado; nächsten Monat ziehen wir um«, sagte sie. Sie hatte mich nicht zurückgewiesen. Sie hatte zuviel zu tun gehabt, um an mich zu denken. So etwas wiederholte sich immer wieder, aber ich lernte niemals daraus.

In meiner Ehe: Sosehr ich meinen Mann auch liebe, ich lebte ständig in Furcht vor ihm: daß er mich für eine »schlechte Ehefrau« halten würde, weil mir manchmal Termine wichtiger waren als meine häuslichen Pflichten ... daß er mich kritisieren würde, wenn nicht jede Mahlzeit Gourmet-Ansprüchen genügte ... daß ich seinen Kindern keine »zweite Mutter« sein könnte.

Vor allem fürchtete ich seine frühere Frau. Ich habe sie nie kennengelernt, aber ich hasse sie, weil ich hart arbeiten muß und sie lebenslang Unterhalt erhält. Als Herbert und ich das Buch »Sag nicht ja, wenn du nein sagen willst« geschrieben hatten, ging Doris gegen meinen Mann gerichtlich vor und erzwang eine Offenlegung seiner Einkünfte aus diesem Buch ... einem Buch, zu dem ich die Idee gehabt hatte! Es hätte mich fast umgebracht. Sollte etwa diese Frau mein schwerverdientes Geld bekommen? Sie bekam es nicht. Doch die Angst vor ihrem nächsten Schlag ließ mich Tag und Nacht nicht mehr los. Wenn der Postbote kam, war es aus mit mir. Ich wurde so nervös, daß Herbert mir erlauben mußte, alle ihre Briefe an ihn zu öffnen. Ich konnte einfach nicht damit warten, bis er nach Hause kam. Ich verrannte mich immer mehr. »Werde ich wieder vor Gericht müssen?« ... »Werde ich nicht mehr mit meinem Mann zusammen schreiben können, weil das zu weiteren Vorladungen oder Anhörungen bei Gericht führt?« Ich litt Höllenqualen.

Eines Tages kam mit der Post ein amtlich ausehendes Schreiben mit einem Absender wie »Gericht zweiter Instanz von New York«. Ich öffnete das Schreiben. Als erstes las ich »Eröffnung des Konkursverfahrens«. Unten drunter stand ein Name, den ich nicht kannte. Für mich stand es fest, daß es sich um Doris' neuen Anwalt handeln mußte.

Das passierte um neun Uhr morgens. Sechs Stunden wand ich mich auf meinem Bett und weinte mir die Augen aus. Meine Gedanken drehten sich im Kreis. »Sie wird ihm auch das letzte bißchen wegnehmen ... Warum muß gerade mir das passieren?« Als Herbert um drei Uhr vom Krankenhaus nach Hause kam, war ich dem Zusammenbruch nahe und hatte dick verschwollene Augen.

Er sah mich an und fragte: »Was ist passiert?«

»Doris«, krächzte ich. »Sie ist bankrott. Du mußt alle ihre Schulden bezahlen. Davon werden wir uns nie mehr erholen.«

Ich bekam einen hysterischen Anfall und schrie: »Da ist der Brief. Sieh ihn dir an.«

Herbert sah ihn sich an. Dann betrachtete er mich mit einem Ausdruck, den ich noch nie in seinen Augen gesehen hatte; so wie man ein unverständiges Kind betrachtet, zwar voller Mitleid und Anteilnahme, aber auch mit dem Gedanken: »Wie sinnlos das alles ist.«

»Hast du die Unterschrift gelesen«, fragte er.

»Natürlich ... das muß ihr neuer Anwalt sein«, sagte ich.

»Jean«, sagte er, »der Brief hat mit Doris nichts zu tun. Es ist nur eine Benachrichtigung, daß einer meiner Patienten Pleite gemacht hat. Er kann die sechzig Dollar, die er mir schuldet, nicht zahlen.«

In meiner neurotischen Angst vor Doris hatte ich etwas gesehen, *das überhaupt nicht da war* und das mich so fertigmachte, daß ich eine Woche lang nicht arbeiten konnte.

Kurz danach begann ich mit meinem Mann ein Anti-Angst-Training, nachdem das Selbstbehauptungs-Training bei mir so viel Erfolg gehabt hatte.

Um es ehrlich zu sagen, das Anti-Angst-Training ist schwer. Es ist viel schwerer als das Selbstbehauptungstraining, mit dessen Hilfe ich gelernt hatte, für meine Rechte einzutreten, nein zu sagen und andere auch einmal um einen Gefallen zu bitten. Damals wußte ich, was mir fehlte. Jetzt mußte ich erst danach suchen. Beim Selbstbehauptungstraining lernte ich, mein Verhältnis zu anderen zu verbessern. Beim Anti-Angst-Training mußte ich lernen, mein Verhältnis zu mir selbst zu verbessern.

Vor allem lernte ich, daß meine Ängste in Wirklichkeit Phobien waren. Vorher hatte ich geglaubt, Phobien wären so etwas wie Angst vor Höhen, Spinnen oder Tieren. Im Selbstbehauptungstraining lernte ich, daß jede Angst, die einen davon abhält, das zu tun, was man will, in Wirklichkeit eine Phobie ist. So gibt es nicht nur die »Objekt«-Phobien wie Angst vor Mäusen, Gewittern und Flugzeugen. Eine Phobie kann auch auf Gefühlsregungen zurückgehen, die man normalerweise nicht für phobisch hält: starke, irrationale Angst vor Verantwortung, Angst, mit einer Sache nicht fertig zu werden, Angst vor gesellschaftlichen Ereignissen, Angst, etwas allein tun zu müssen, und natürlich Angst vor Zurückweisung (mein Schreckgespenst).

So mancher hat eine Phobie und weiß nichts davon. Er merkt nicht einmal, daß er diese starken Ängste hat.

Mancher hat eine Phobie, obwohl er alles besser zu wissen meint. Er ist der Ansicht: »Phobiker sind Verrückte. Ich bin doch nicht übergeschnappt ... Ich laß mich doch nicht durch einen Traum (Traumphobie) oder einen See (Seenphobie) verrückt machen.«

Mancher hat eine Phobie, die wie eine Lawine um sich greift. Man läßt sich von der Phobie überrollen und sieht zu, wie sie sich auf alle möglichen anderen Lebensgebiete ausbreitet. Mancher hat eine Phobie, vor der er Reißaus nimmt. Er wird am allerwenigsten mit ihr fertig.

Das Anti-Angst-Training hat mir sehr geholfen.

Ich habe gelernt, meine schrecklich deprimierenden Gedanken auf allen Lebensgebieten zu beherrschen. Kürzlich, als der Abgabetermin für dieses Buch drängte, hatte ich einen jener Tage, an denen ich mit meinen Ängsten nicht mehr fertig wurde. Ich war von Angst geschüttelt. Beim Abendessen sagte ich zu Herbert: »Das ›Ladies Home Journal‹ wird meinen Artikel ablehnen ... Meinem Verleger wird dieses Buch nicht gefallen. Man wird es zwar veröffentlichen, aber die Kritiker werden sagen, daß es miserabel ist. Ich werde nie wieder einen Vertrag kriegen. Das ist das Ende. Ich bin erledigt.« Dann fing ich mich wieder. Ich wollte einfach nicht, daß diese irrationale Angst vorm Versagen mich beherrschte. Ich machte eine Übung aus dem Angstbeherrschungstraining. Ich entspannte mich und atmete danach sechzig Sekunden tief durch den Mund ein. Jedes Mal, wenn ich ausatmete, stellte ich mir etwas Schönes vor (ein schöner Badestrand, woran die meisten denken, hilft bei mir nicht; ich stellte mir vor, wie ich mir in Connecticut eine antike Kommode kaufte). Ich dachte nicht mehr an meine Ängste. Bald konnte ich sagen: »Ich habe mich wie ein Kind benommen. Jetzt brauche ich erst mal einen Drink.«

Ich analysierte mein ganzes Schreckenskabinett. Sehr stark ist zum Beispiel meine Angst vor Situationen, die ich nicht beherrsche. Daraus erklärt sich meine Angst vor technischen Spielereien. Ich sagte ständig zu meinem Mann: »Du tust auch gar nichts im Haus«. Jetzt ging mir plötzlich auf, daß ich ihn in Wirklichkeit auch nichts tun ließ. Ich wollte in meinem Reich allein herrschen. Ich machte mich nun daran, ein Programm zu entwerfen, mit dessen Hilfe ich einen Teil meiner Herrschaft abtreten konnte. Herbert übernahm ein paar häusliche Pflichten. Ich ließ ihn gewähren. Ich wußte, daß ich es geschafft hatte, als ich eines Abends sehr spät von einer Veranstaltung nach Hause kam. Das Abendessen war fertig. Er hatte es bereitet, und jeder Bissen schmeckte mir vorzüglich. Zwei Stunden später sagte ich: »Ich kann es noch gar nicht glauben ... Ich habe kein schlechtes Gewissen.«

Ich faßte den Entschluß, auch mit meiner Autofahrer-Phobie fertig zu werden. Das war gar nicht so einfach. Mein Mann brachte mir eine Übung bei, die er »systematische Desensibilisierung« nannte und bei der man sich gefürchtete Situationen vorstellen mußte. Ich fand die Methode lächerlich. »Wie soll einem die Vorstellung, daß man an einer Kreuzung links abbiegt, helfen, tatsächlich links abzubiegen?«

Ich erkannte, daß meine Hauptangst darin bestand, Fehler zu machen. Das hatte seine Ursachen in meiner Kindheit. Immer wenn ich etwas falsch machte (zum Beispiel die Gabel auf die falsche Seite des Gedecks legte), wurde ich bestraft, manchmal verhauen. Als Erwachsene wurde ich mit dieser Angst dadurch fertig, daß ich zur Perfektionistin wurde. Jetzt ist das nicht mehr nötig. Ich kann einfach »Schluß!« sagen. Ich bin immer noch sehr gewissenhaft, aber hoffentlich nicht mehr auf zwanghafte Weise.

Je besser ich mich selbst verstand, desto mehr sah ich die phobischen Reaktionen bei meinen Freundinnen. Mary hat so starke Angst, bei einem Vorstellungsgespräch abgewiesen zu werden, daß sie sich noch nicht einmal nach einer Arbeit umsehen kann, obwohl sie es satt hat, »nur Hausfrau zu sein«. Joan hat solche Angst, anderen Menschen nahe zu kommen, daß sie jede Liebesbeziehung scheitern läßt, um sich dann zu beklagen: »Ich bin wieder einmal an den Falschen geraten.« Weil Alice Angst hat, ignoriert zu werden, hat sie eine Reihe unwahrscheinlicher Augenkrankheiten erfunden, um damit Mitleid zu erregen. Dabei haben ihr schon mehrere Augenärzte gesagt, daß ihr nichts fehlt. Ich verstehe jetzt die Probleme meiner Freundinnen besser. Ich habe mehr Mitgefühl für sie und bin selbst widerstandsfähiger geworden.

Ich habe gelernt, was eine Phobie ist, und daß viele Menschen, die ich gern habe und respektiere, darunter leiden. Ich weiß jetzt, daß man etwas dagegen tun kann.

Hier sind einige Grundregeln für das Angstbeherrschungs-Training.

- Die meisten phobischen Ängste (vielleicht sogar alle) sind erlernt. Selbst wenn man sie schon seit Jahren hat, kann man sie wieder verlernen.
- Wenn man sie verlernt, ersetzt man sie nicht durch neue Ängste. Man reagiert vernünftiger.
- Phobische Ängste sind Angewohnheiten. Wie andere schlechte Angewohnheiten kann man sie ändern. Auch Sie können sie ändern.
- Mit etwas Wissen und Willenskraft kann man mit diesen Ängsten statt in Jahren in ein paar Monaten fertig werden.
- Sie verlieren vielleicht nicht alle Ihre Ängste. Aber Sie wissen, wie man mit diesen Gefühlen fertig wird.

Als wir kürzlich unsere Einkommensteuer bezahlt hatten, faßten mein Mann und ich den Entschluß, ein Haus auf dem Lande zu kaufen. Weil wir gute Freunde in New Jersey hatten, sahen wir uns dort um und fanden ein schönes altes Haus, in dem ich meine Vorliebe für Antiquitäten so richtig ausleben konnte. Wir machten ein Angebot und erhielten das Haus. Wir leisteten eine Anzahlung. Um drei Uhr in der Nacht wachte ich zitternd auf und sah mir die Karte an. Ohne Rücksicht auf den armen Herbert studierte ich sie mit einem Vergrößerungsglas. Er wachte auf und fragte: »Was machst du denn da?«

»Das Haus . . . wir versuchen besser, da wieder rauszukommen«, sagte ich.

»Machst du dir wegen der hohen Hypotheken Sorgen?« fragte er.

»Nein, wegen des Lincoln-Tunnel«, sagte ich. »Ich versuche einen anderen Rückweg zu finden. Hör mal zu, Herbert, ich werde es nie im Leben schaffen, von New Jersey her in den Tunnel einzufahren, da, wo die sieben Straßen zusammenkommen. Wir können das Haus nicht kaufen.«

Wir kauften es nicht. Wir kauften ein anderes in Connecticut. Wenn ich dahin fahre, muß ich dreimal links abbiegen und zwei Autobahnen benutzen. Ich glaube, das ist schon ziemlich gut für eine Frau, die sich bis vor kurzem lieber in den East River gestürzt hätte, als sich an das Steuer eines Wagens zu setzen. Eines Tages schaff ich auch den Lincoln-Tunnel.

Durch das Angstbeherrschungstraining lernte ich, mich mit meiner lebenslangen Angst vor Autos auseinanderzusetzen (ohne sie vollständig meistern zu können), auch mit meiner Angst, daß andere mich nicht mögen, daß ich nicht perfekt bin und mit allen möglichen anderen Ängsten. Ich fühle mich, als wäre ich aus einem tiefen Schlaf erwacht. Auch Sie können sich von diesen Gefühlen befreien. »Ich habe Angst . . . Ich habe Angst, daß ich es nicht schaffe . . . Ich habe Angst, daß ich es schaffe, aber . . . Ich habe Angst, daß ich es schaffe und keiner sich dafür interessiert.«

Sie brauchen sich nicht damit abzufinden, wenn Sie in der U-Bahn plötzlich Angstzustände bekommen oder bei der bloßen Vorstellung einer Flugreise Höllenqualen ausstehen. Ist die Beziehung zu Ihrem Partner eine einzige Qual geworden, so sollten Sie nicht schon bei dem Gedanken, Schluß machen zu müssen, meinen, nicht mehr weiterleben zu können.

Sie wurden nicht als eine ängstliche, furchtsame Person geboren. Sie haben Ihre Ängste erst erlernt. Und Sie können sie, wie ich, auch wieder verlernen.

In diesem Buch werden wir Ihnen sagen, wie.

1. Kapitel (Teil B)

Wie Sie Ihre Angst bekämpfen können

Für manche besteht das Leben aus lauter Ängsten.

Geht es Ihnen auch so?

Bei Rita trifft das jedenfalls zu. Sie ist eine fünfundzwanzig Jahre alte Werbetexterin und verbringt jeden Abend und jedes Wochenende für sich allein. Wenn sie eine Einladung erhält, zittert sie vor Angst bei dem bloßen Gedanken, unter Menschen zu gehen. Jetzt hat sie ein sehr netter Mitarbeiter wieder eingeladen. Sie würde zu gerne annehmen, aber fragt sich: »Werden seine Freunde mich auch mögen?« . . . »Werde ich ihn langweilen?«

Roger geht es auch so. Als er Medizin studierte, packte ihn die Furcht vor dem Versagen. Obgleich er schon seinen Doktor gemacht hatte, bekam er Angst vor dem Abschlußexamen und redete sich ein: »Ich muß noch ein Jahr drangeben.« Zehn Jahre hat sich Roger inzwischen vor dem Examen gedrückt. Er hing die Medizin ganz an den Nagel und arbeitet als Versicherungsvertreter. Aber die Medizin fehlt ihm heute sehr.

Und so ähnlich geht es auch Jane. Aus Angst vor möglicherweise auftretenden Panikgefühlen meidet sie Tunnels, Brücken, Kinos, Theater, Friseursalons (»Was soll ich nur tun, wenn ich unter der Trockenhaube Angstzustände kriege?«), Supermärkte (»Am schlimmsten ist immer die Schlange an der Kasse«). Zuerst konnte sie noch kurze Zeit außer Haus gehen. Jetzt kann sie das Haus schon gar nicht mehr verlassen.

In jedem Alter und in jedem Lebensstadium kann Furcht für jeden von uns zum Problem werden. »Wir sind weitgehend ein Spielball unserer Ängste«, schrieb vor vielen Jahren der britische Schriftsteller Horace Walpole. »Bei dem einen ist es die Furcht vor der Dunkelheit, bei dem anderen Angst vor körperlichen Schmerzen, ein dritter fürchtet, sich lächerlich zu machen, ein vierter zu verarmen, ein fünfter ängstigt sich vor der Einsamkeit – auf jeden lauert sein ganz spezielles Schreckgespenst im Hinterhalt.«

Wenn Ihre Ängste sich aus einer ganz speziellen Situation ergeben, können Sie mit ihnen fertig werden. Doch manchmal haben Ängste einen verborgenen Grund; Sie fürchten sich und wissen nicht, warum. Sie sind gleichsam zum Gefangenen Ihrer Angst geworden. Sie betrachten das Leben durch die Brille der Angst, und aus Furcht vor möglichen

Folgen gehen Sie bestimmten Aufgaben, Unternehmungen oder menschlichen Beziehungen aus dem Wege. Ursprüngliche Ziele wie engere menschliche Bindungen, berufliches Fortkommen, Vergnügungen, Selbstverwirklichung verengen sich auf ein einziges und negatives Ziel: die Angst nach Möglichkeit einzudämmen.

Solche Probleme resultieren aus der Art Ihres Umgangs mit der Angst. Die Unfähigkeit, mit der Angst fertig zu werden, hindert Sie daran, Ihr Leben richtig auszuleben. Sie können sogar zu einem seelischen Krüppel werden. Wenn Sie das nicht wollen, machen Sie sich folgendes klar:

- *Sie sind kein Einzelfall.* Millionen andere haben die gleichen oder ähnliche Ängste. Sie haben dieselben Zweifel und Probleme, die auch Sie quälen und in Verlegenheit bringen. Auch sie kennen das demütigende Gefühl: »Mit mir stimmt etwas nicht.«
- *Es ist nie zu spät.* Mein ältester Patient war ein Mann von neunundsiebzig Jahren, der sich vor dem Verreisen fürchtete. Wir beseitigten diese Angst; und er konnte wieder von New York nach Washington fliegen, um seine Enkel zu besuchen. Ich behandelte ebenfalls einen fünfundsiebzig Jahre alten Rechtsanwalt, der fürchtete, impotent zu sein. Seine erste Ehe war voll sexueller Schwierigkeiten gewesen. Nach dem Tod seiner Frau heiratete er zum zweitenmal. Diese Ehe dauerte vierzig Jahre, auch in ihr traten gelegentlich sexuelle Schwierigkeiten auf. Die zweite Frau starb dann ebenfalls. Dave wollte eigentlich wieder heiraten, fürchtete aber die sexuellen Aspekte. Mit Hilfe einer schönen Frau beseitigten wir diese Angst, so daß er ein besserer Liebhaber wurde als je zuvor.

In einem anderen Fall entwickelte die sechzehnjährige Louise, eine hervorragende Schülerin mit einem IQ von 150, eine Schulphobie. Wenn Arbeiten geschrieben wurden oder sie im Unterricht drangenommen wurde, hatte sie solche Angst, daß sie eines Tages mitten in einer Algebraprüfung die Schule ein für allemal verließ. Sie ging schließlich ins Büro. Sie versuchte nie, weiterzukommen. »Dann müßte ich ja eine Schreibmaschinenprüfung machen.«) Ich behandelte sie, als sie siebenundzwanzig war. Sie überwand ihre Schulangst, holte ihre High-School-Abschlußprüfung nach, absolvierte ein Universitätsstudium und arbeitet heute als Personalchefin.

Es hat nichts zu sagen, wie lange Sie Ihre Angst schon haben. Selbst wenn sie auf Ihre Kindheit zurückgeht, können Sie sich ändern.

- *Wer die Ratschläge in diesem Buch befolgt, wird sich mit Sicherheit von der Angst befreien können.* Dabei sind vier Punkte zu beachten.

A *Analysieren* Sie Ihre Ängste. Einige liegen auf der Hand. Sie wissen, daß Sie Angst vor Flugzeugen, Aufzügen, Tunnels, Erfolg und Versagen haben. Andere, wie die Furcht vor Zurückweisung, sind vielleicht verborgen. Sie haben zwar eine leise Ahnung von ihrer Existenz, erkennen aber nicht, wie sie Ihr Leben beeinflussen.

N *Nehmen* Sie sich selbst ins Gebet: Finden Sie heraus, wie Sie Ihre Ängste erlernt haben, wie sie sich äußern, welche körperlichen Reaktionen sie hervorrufen, wie sie Ihr Leben dirigieren, was Sie selbst dazu beitragen, diese Ängste am Leben zu erhalten. Sehen Sie große Gefahren, wenn es sich in Wirklichkeit nur um Lappalien handelt? Vermuten Sie Gefahren, wo überhaupt keine sind? Gibt es Situationen, in denen Sie vor Angst gelähmt sind, während andere nur wenig Angst spüren? Gehen Sie einer solchen eingebildeten Gefahr aus dem Wege? Passiert es Ihnen, daß Sie sich vor einem Flug drücken, eine Rede nicht halten, mit dem Aufzug nicht in den fünfzigsten Stock fahren, einem gesellschaftlichen Ereignis fernbleiben?

G *Gehen* Sie an die Arbeit. Halten Sie sich an das Trainingsprogramm, das wir Ihnen geben. Tun Sie, was nötig ist, um die Angst zu verlernen.

ST *Strengen* Sie sich an. Nehmen Sie alle Ihre Kraft zusammen. Ändern Sie sich, so daß Sie mit der Furcht leben können – oder befreien Sie sich endgültig von Ihrer Angst.

Mit dem neuen Anti-Angst-Training können Sie das schaffen.

Das Wesen der Angst

Wenn Sie ein beliebiges Lexikon der Psychologie durchblättern, werden Sie eine Menge Begriffe für gestörte Emotionen finden.

Furcht bezeichnet einen Zustand des Schreckens oder der Bedrohung. Unter bestimmten Bedingungen kann Furcht lähmend wirken. Gewöhnlich gibt es drei Alternativen: Flucht, Kampf oder Immobilität.

Normale Furcht kann nützlich sein. Wenn Sie durch Feuer oder Unfall in Gefahr geraten, kann die Furcht Sie anspornen, lebensrettende Maßnahmen zu ergreifen. Ist die Gefahr eher psychologisch als physisch bedingt, können Sie auch etwas zu Ihrem Schutz unternehmen.

Will zum Beispiel ein Mitarbeiter Ihre Stelle haben, merken Sie das und handeln entsprechend. Angstgefühle können Ihre Wahrnehmungskraft stärken, Ihre Energien mobilisieren, Ihre Reflexe beschleunigen, Ihre Gedanken klären, so daß Sie mit dem Gefühl der Angst besser reagieren als ohne. Wenn Sie zum Beispiel eine Rede halten, kann das innere Gefühl der Spannung Ihren Geist schärfen und Ihren Vortrag lebendiger machen.

Irrationale Furcht: Obwohl die Gefahr gering oder gar nicht vorhanden ist, handeln Sie wie bei großer Gefahr. Sie haben zum Beispiel Angst vor Hunden, sehen einen kleinen Dackel in der Nachbarschaft und verhalten sich, als hätte er Sie bereits angefallen. Oder Ihr Ehepartner sieht Sie ärgerlich an und Sie haben gleich das mulmige Gefühl: »Er will mich verlassen.«

Angst: Dieser enervierende Gemütszustand ist mit einem ständigen Gefühl der Furcht und Bedrohung verbunden. Oft können Sie gar nicht in Worte fassen, was Sie eigentlich bedroht; Sie fühlen sich nur schrecklich nervös.

Phobie (von dem griechischen Wort phobos, das Flucht bedeutet, und von der Gottheit gleichen Namens, die im Gegner Furcht und Panik hervorrufen konnte) ist die ständige Furcht vor einem Gegenstand oder vor einer Idee, die normalerweise keine Furcht rechtfertigt. Sie wissen, daß Ihre Furcht lächerlich ist, aber Sie können sie nicht überwinden.

Panik (abgeleitet vom griechischen Hirtengott Pan) bezeichnet einen plötzlichen Anfall von Angst und Schrecken.

In diesem Buch betrachten wir irrationale Furcht, Angst, Phobie und Panik als Synonyme.

Eine kurze Geschichte der Angst

Seit es Menschen gibt, haben sie unter Angst gelitten. Unsere Literatur und Geschichte sind voll von Beispielen. Im vierten Jahrhundert vor der Zeitrechnung berichtete der griechische Arzt Hippokrates, daß Damokles sich keinem Steilhang nähern, über keine Brücke gehen und nicht einmal neben einem flachen Graben stehen konnte; nur im Graben selbst konnte er gehen. Im Kaufmann von Venedig schreibt Shakespeare: »Es gibt der Leute, die kein schmatzend Ferkel ausstehen können, manche werden toll, wenn sie 'ne Katze sehn.« 1650 spielte Descartes auf »die seltsamen Aversionen einiger Menschen« an, »die nicht den Duft von Rosen, den Anblick einer Katze oder ähnliches aushalten können«.

Nicht nur der gewöhnliche Sterbliche wird von solchen Ängsten befallen. Rang, Ruhm und Talent schützen nicht davor. Cicero und Demosthenes hatten Angst vor öffentlichem Auftreten. Caesar konnte nicht im Dunkeln sitzen. Königin Elisabeth I. fürchtete Rosen. Feydeau, der französische Dramatiker, ging praktisch nie während des Tages aus, weil er eine krankhafte Furcht vor dem Tageslicht hatte. Samuel Johnson hatte starke Angst vor dem Tod.

Doch bis zur Mitte des neunzehnten Jahrhunderts wurden solche Probleme nicht als medizinisch relevant betrachtet. Erst zu Beginn des zwanzigsten Jahrhunderts vertrat Freud die Theorie, daß ein Mensch eine Phobie zu seiner Verteidigung entwickelt.

Freuds Phobien-Theorie

Freud glaubte, daß Phobien nur als Schutzschild wirken. Sie haben den Sinn, vor noch stärkeren, unbewußten Ängsten zu bewahren. Diese Ängste stammen aus einem ungelösten Ödipuskomplex. Drohen sie ins Bewußtsein zu treten, entwickelt man eine Phobie, um sich damit gegen seine wirklichen Ängste zu schützen. Man kann sich dann mit der Vorstellung beruhigen: »Ich habe nicht vor meinem Vater Angst, sondern vor Aufzügen . . . Hunden . . . Höhen.« Um die Angst in Grenzen zu halten, entwickelt man die Phobie gewöhnlich vor Dingen, denen man aus dem Wege gehen kann.

Freud machte eine berühmte Fallstudie (1909) über den »kleinen Hans«, einen fünfjährigen Jungen, der sich weigerte, auf die Straße zu gehen, um nicht von einem Pferd gebissen zu werden. Freud war der Ansicht, daß sich hinter der Angst vor dem Pferd unbewußt die Angst vor dem Vater verbarg – die Angst, der Vater könne ihn wegen seiner starken sexuellen Neigung zu seiner Mutter durch Kastration bestrafen. Hans übertrug seine Angst vom Vater auf das Pferd, mied so den Gegenstand seiner Phobie und konnte seinen Vater lieben, statt ihn zu fürchten.

In der Psychoanalyse bedient man sich der freien Assoziation und der Interpretation von Träumen, um den zugrundeliegenden Ödipuskomplex durchzuarbeiten. Sobald man seine Konflikte gelöst hat, verschwindet auch die Phobie, weil man sie nicht länger nötig hat. Die Psychoanalyse ist eine langwierige und komplexe Behandlungsmethode, und viele bezweifeln, ob sie bei der Beseitigung irrealer Ängste wirklich nützlich ist.

Die Verhaltenstherapie

Während Freud und seine Anhänger glaubten, daß alle Menschen im Grunde hilflos sind, bis sie die Konflikte und Phantasien, die sich im Unbewußten abspielen, sowie die Kindheitsängste, die sie ausgelöst haben, verstehen, betrachten die sogenannten Behavioristen die Ängste als erlernte Reaktionen. Statt zu ergründen: »Was hat die Angst in Ihrem Unterbewußtsein erzeugt?« stellen sie die zwei Grundfragen:

»Wie haben Sie die Angst erlernt?«

»Was hindert Sie daran, die Angst wieder zu verlieren?«

In den zwanziger Jahren fanden zwei klassische Experimente statt, die bewiesen, daß emotionale Reaktionen erlernt und wieder verlernt werden können.

1920 brachten John B. Watson, der Begründer des Behaviorismus, und seine Mitarbeiterin, Rosalie Rayner, dem elf Monate alten Albert eine unsinnige Furcht bei (ein abstoßendes Experiment, das man heute für unmoralisch halten würde). Zuerst stellten sie fest, daß Albert vor einer weißen Ratte keine Angst hatte (er versuchte vielmehr, sie zu greifen), daß er aber Angst hatte, wenn plötzlich ein lautes Geräusch auftrat. Die beiden Forscher zeigten dem kleinen Albert nun die weiße Ratte und machten gleichzeitig ein lautes Geräusch, und zwar mehrere Male, bis Albert schon beim bloßen Anblick der Ratte Angst zeigte, auch wenn kein lautes Geräusch dabei erfolgte. Die Angst übertrug Albert dann auf eine ganze Reihe von anderen Objekten, die ihn vorher nicht hatten erschrecken können: ein Kaninchen, einen Pelzmantel, einen Hund, sogar auf eine Nikolausmaske mit einem langen weißen Bart. Albert hatte eine Phobie vor pelzartigen Gegenständen erlernt.

Vier Jahre nach dem Experiment mit Albert zeigte die Psychologin Mary Cover Jones, daß man Ängste durch sogenanntes Konditionieren beseitigen kann. Der fast dreijährige Peter fürchtete sich vor Kaninchen. Die Pychologin zeigte ihm nun ein Kaninchen (in einen Käfig gesperrt und aus einer gewissen Entfernung, um die Angst gering zu halten). Gleichzeitig gab sie Peter Süßigkeiten. Die Furcht vor dem Kaninchen wurde in diesem Experiment also mit der Freude über die Süßigkeit gekoppelt. Es dauerte nur sechs Wochen, bis Peter fröhlich mit dem Kaninchen spielte. Nach diesen Experimenten hatten die Forscher ein schwieriges Problem zu lösen. Warum bleiben unvernünftige Ängste bestehen, wenn sie doch eigentlich verlernt werden können? Was hält sie am Leben? Um diese Fragen zu beantworten, schlug Ende der dreißiger Jahre Dr. O. Hobart Mowrer von der Universität Illinois eine Zwei-Phasen-Theorie vor:

Erste Phase: Die Angst wird erlernt (wie beim kleinen Albert). Doch wer sich fürchtet, will seine Angst normalerweise wieder loswerden.

Zweite Phase: Man lernt, daß man die Furcht am einfachsten durch zwei Techniken vermindern kann:

1. durch Vermeidung der gefürchteten Situation. Wenn U-Bahnen Angst auslösen, nimmt man möglichst immer einen Bus.
2. Durch Flucht vor der gefürchteten Situation, falls man doch in sie hineingeraten ist. Man nimmt zum Beispiel die U-Bahn, gerät in Panik, und ergreift bei der nächsten Haltestelle die Flucht.

Immer wenn man eine dieser Methoden benutzt, nimmt die Furcht ab. Doch verstärkt man dadurch sein Verhaltensmuster, das durch Vermeidung und Flucht gekennzeichnet ist. Das führt zu einer wichtigen Konsequenz: Sie versuchen, möglichst gar nicht erst in die gefürchtete Situation zu geraten. Sie hindern sich daran zu lernen, daß ihre Angstreaktion unangemessen oder übertrieben ist. So bleibt Ihre Furcht bestehen und beherrscht Sie weiterhin.

Anti-Angst-Training

Anti-Angst-Training geht von einer grundlegenden Voraussetzung aus: Was man gelernt hat, kann man auch wieder verlernen. Während der letzten Jahrzehnte haben Theoretiker und Praktiker einige hochwirksame Techniken entwickelt, um diese unangemessenen erlernten Ängste wieder aufzuheben. Diese neuen Methoden kennen selbst viele Fachleute nicht, von Laien ganz zu schweigen.

Anti-Angst-Training ist ein Teilgebiet der Verhaltenstherapie. In der Verhaltenstherapie betrachtet man ein Problem so, wie es augenblicklich ist. Man stellt einfach die spezifischen Verhaltensweisen fest, die es zu ändern gilt, wenn die Schwierigkeiten gelöst werden sollen. Diese Verhaltensweisen nimmt man der Reihe nach vor und übt ein anderes Verhalten ein. Man ersetzt also ein Verhalten, mit dem man unzufrieden ist, durch ein anderes, das man akzeptieren kann.

Um eine Angewohnheit wie die Angst zu ändern, muß man die Angst als Verhalten auffassen. Verhaltensweisen lassen sich ändern.

Das Anti-Angst-Training hat zwei Hauptziele:

- Sie sollen fähig werden, sich in einer Angstsituation weniger zu ängstigen.
- Sie sollen lernen, bestimmte Handlungen auszuführen, die ihre Furcht vermindern statt sie zu verstärken.

Wie man lernen kann, sich weniger zu fürchten

Angstgefühle in einer Situation, die an sich nichts Angsterregendes hat, entstehen durch einen Prozeß, den Psychologen »Lernen durch Assoziation« nennen. Der kleine Albert lernte, Angst mit einer weißen Ratte zu assoziieren. Der kleine Peter lernte, mit einem Kaninchen keine Angst zu assoziieren. Um Ihr Angstverhalten zu beseitigen, müssen Sie lernen, Situationen, die Sie jetzt noch für gefährlich halten, mit der Vorstellung »keine Angst« zu assoziieren. Wenn Sie an Ihr Trainingsprogramm herangehen, müssen Sie sich folgendes klarmachen:

Es gibt Angstauslöser. Bestimmte Dinge setzen bei Ihnen eine Angstreaktion in Gang. Obwohl einige Situationen oder Gegenstände häufiger als Auslöser fungieren als andere, kann man sich durch praktisch alles in Angst versetzen lassen. Man kann sich vor Aufzügen fürchten, vor Gewittern oder sogar vor dem Anblick von Tauben auf dem Bürgersteig. Andere Leute können Sie ängstigen, weil sie ärgerlich oder gelangweilt aussehen oder auch, weil sie etwas Zärtliches sagen. Man kann lernen, auf seine eigenen Gedanken mit Angst zu reagieren (»Ich bin sicher, daß das Flugzeug abstürzt«) oder auf seine eigenen körperlichen Anwandlungen (wie einen Schwindelanfall).

Sie reagieren auf die gefürchtete Situation so automatisch wie ein

Roboter. Gedanken, Wille oder Wunsch sind nicht zwischengeschaltet. Diese roboterartige Reaktion zeigt sich auf zweierlei Art:

1. *Subjektive Gefühle*. Gewöhnlich erleben Sie diese als Furcht oder Angst, aber sie können sich auch als Ärger, Depression, Sichabkapseln oder andere Fehlreaktionen äußern. In jedem Fall sind diese Gefühle unangenehm.

2. *Physiologische Reaktionen*. Hierzu gehören zum Beispiel Bauchschmerzen, Atembeschwerden, Herzklopfen, Schwäche, Schwindelgefühl. Sie können auch äußerlich durch Schwitzen oder Erröten zutage treten. Diese Symptome sind ebenfalls unangenehm.

Um etwas gegen sie zu unternehmen, nähern Sie sich der angsterregenden Situation nur schrittweise, so daß Ihre Angst nicht zu stark wird. Bei jedem Schritt üben Sie, mit dieser Situation keine Angst mehr zu assoziieren. Das schrittweise Vorgehen versetzt Sie schließlich in die Lage, auch die furchterregendste Situation zu meistern. In diesem Buch wollen wir Ihnen zeigen, wie Sie dieses Prinzip auf viele Formen der Angst anwenden können.

Im folgenden schildere ich Ihnen, wie eine Frau mit ihrer Angst vor Katzen fertig wurde.

Fallbeispiel

Die Angst vor Katzen beherrschte Wendys ganzes Leben. Das war schon seit ihrer Kindheit so. Selbst jetzt, als Hausfrau von fünfunddreißig Jahren und Mutter dreier Kinder, schickte sie vor jedem Einkauf eine Bekannte in die Geschäfte, um auszukundschaften, ob auch nur ja keine Katze dort war. Freunde, die Katzen besaßen, konnte sie nicht besuchen. Nicht nur die Beziehungen zu ihren Mitmenschen wurden dadurch eingeengt, sie schadete damit auch der beruflichen Laufbahn ihres Mannes. Wegen Wendys Angst vor Katzen konnte er häufig mit Geschäftsfreunden nicht gesellschaftlich verkehren. Er wurde nach Frankreich versetzt, wo Katzen sehr oft als Haustiere gehalten werden. Wendy weigerte sich, mit ihm zu kommen. Schließlich fuhr er sogar allein in Urlaub. Wendys Mann hatte vor ihrer Heirat von ihrer Katzenphobie gewußt und sie ganz »charmant« gefunden. Zehn Jahre später kam sie ihm lästig vor.

Wendy kam nicht wegen ihrer Katzenfurcht zu mir. Ihre Ehe drohte zu scheitern.

Meine Behandlung hatte das Ziel, sie dahin zu bringen, Katzen nicht mehr mit Angst zu assoziieren. Sie bestand aus drei Teilen:

– In meiner Praxis mußte sich Wendy Szenen vorstellen, in denen Katzen sie ansprangen, kratzten und sich an ihr rieben. Anfangs stand sie dabei starke Ängste aus, aber ich brachte ihr eine Entspannungstechnik bei, mit der sie ihrer Angstassoziation begegnen konnte.

- Dann brachte ich eine Katze mit in die Praxis und setzte sie in die entlegenste Ecke des Zimmers. Bei jeder Sitzung rückte ich die Katze näher. Allmählich verlor Wendy ihre Angst. Schließlich berührte sie den Kasten, in dem die Katze saß. Dann berührte sie für den Bruchteil einer Sekunde sogar die Katze. Schließlich hob sie die Katze hoch, spazierte mit ihr durchs Zimmer und streichelte sie stolz.
- Sie führte eine Reihe von Aufträgen aus, die alle zum Ziel hatten, die Assoziation von Katzen mit Angst zu verändern.
- Ich ließ sie in eine nahe Metzgerei gehen, wo gewöhnlich eine Katze im Fenster schlief. Sie konnte den Laden dann sofort wieder verlassen, doch allmählich gelang es ihr, sich längere Zeit dort aufzuhalten.

Zu diesem Zeitpunkt konnte sie auch in andere Läden gehen, in denen sich Katzen aufhielten.

Sie besuchte Freunde, die Katzen hatten. Da sie ihre Angst kannten, versuchten sie, ihr zu helfen. Bei einer Nachbarin zum Beispiel saß die Katze angeleint in der äußersten Ecke des Zimmers.

Sie stellte sich auch selbst kleine Aufgaben. Die Katze einer Freundin hatte Junge. Da sie wußte, daß die Jungen weder Krallen noch Zähne hatten, konnte Wendy eins aufnehmen und es im Arm halten.

Nach einiger Zeit schaffte sich Wendy selbst eine Katze an. Sie suchte sich einzureden: »Es ist für die Kinder« (die schon anfingen, die Katzenangst von ihr zu übernehmen) und »Ich brauch' das, um meine Therapie zu Ende zu bringen.« In Wirklichkeit hatte Wendy angefangen, Katzen zu mögen.

Bestimmte Handlungen können Ihre Ängste abschwächen

Hier geht es um eine andere Art von Lernen. Lernen durch Belohnung statt durch Assoziation. Wenn Sie einer Situation aus dem Wege gehen oder ihr entfliehen, ist die Verminderung der Angst Ihre Belohnung. Belohnung kann auf sehr subtile Art aber auch dazu führen, daß Ihre Ängste erhalten bleiben. Sie fürchten sich vor Ihrem Furchtgefühl und den physischen Symptomen, die es mit sich bringt. Diese Sekundärfurcht veranlaßt Sie, sich ständig mit der Angsterwartung und der Angst selbst zu beschäftigen. Die Art, wie Sie sich mit ihr auseinandersetzen, funktioniert als Belohnung. Sie bringen sich die Angst gewissermaßen selber bei.

Angstvermeidung, Flucht und die Furcht vor der Angst kommen alle aus einem Gefühl der Hilflosigkeit. Die Methoden des Anti-Angst-Trainings haben daher zum Ziel, Ihr Gefühl der Hilflosigkeit zu vermindern. Sie lernen, Ihr angststabilisierendes Verhalten zu beherrschen. Sie lernen, Ihre quälende Erwartungsangst zu stoppen, die Angstsituation durchzuhalten und herauszufinden, daß das, wovor Sie sich im Augenblick der Angst gefürchtet haben, selten eintrifft. So hören Sie auf, sich vor Ihrer Angst zu fürchten.

Fallbeispiel

Der dreiundzwanzigjährige John R., der gerade erst geheiratet hatte, fuhr nach Büroschluß im Bus nach Hause, als er seinen ersten Angstanfall bekam. Er dachte, die Beine würden ihm den Dienst versagen, und er würde ohnmächtig. Er stieg aus, kam irgendwie nach Hause, und seine Frau rief den Arzt an. Nach der Untersuchung versicherte der Internist John, daß er körperlich völlig gesund sei. Aber von diesem Augenblick an fürchtete sich John vor einem Wiederauftreten der Symptome. Der Angstanfall wiederholte sich in der U-Bahn (an der nächsten Haltestelle stieg er aus und eilte nach Hause) und in einem Aufzug. Danach hatte er Angst, überhaupt ein Fahrzeug zu benutzen, und richtete alles so ein, daß er mit dieser Angst leben konnte. Er benutzte die Treppe, um in sein Büro im dritten Stock zu gelangen. Er nahm eine Wohnung, die nur zwanzig Blocks von seiner Arbeitsstelle, guten Restaurants und Theatern entfernt war. Aber er fühlte sich wie ein Gefangener. Seiner Frau ging es ebenso. Sie ließ sich von ihm scheiden.

Als John zu mir kam, war er dreiunddreißig. Er hatte gerade ein demütigendes Erlebnis hinter sich. Mitten in einer Konferenz hatte er einen Angstanfall bekommen und mußte aus dem Zimmer laufen. Er erzählte mir: »Ich muß Unterhalt an Frau und Kind zahlen. Ich darf meine Stelle nicht verlieren.«

Gemeinsam gingen wir die Situationen durch, denen er aus Furcht vor einem Angstanfall aus dem Wege ging, und ordneten sie nach dem Grad der Angst, die er in den einzelnen Situationen erlebte. Er hielt Aufzüge für das geringste Problem und sagte: »Ich werde es wahrscheinlich schaffen, einen Aufzug zu nehmen, aber in U-Bahn oder Bus bekommt mich niemand hinein.«

Darum war es am einfachsten, die Therapie mit dem Aufzug in seinem Appartement-Haus zu beginnen; John war an ihn gewöhnt, und er befand sich gleich neben seiner Wohnungstür. Das Ziel war, ihn dazu zu bringen, den Aufzug über einen längeren Zeitraum zu benutzen. Daraus sollte er zweierlei lernen:

1. eine etwa auftretende Angstreaktion würde ihn nicht vernichten.

2. Stünde er die Reaktion durch, so würde die Angst allmählich nachlassen.

Seine erste Aufgabe war, mit dem Aufzug jeden Tag fünfundvierzig Minuten lang im Hause rauf- und runterzufahren. Schon nach wenigen Tagen wußte John, daß er imstande war, Aufzüge zu benutzen.

Als nächstes behandelten wir seine Angst vor U-Bahnen. Wir einigten uns, er sollte zu einer ruhigen Tageszeit eine halbe Stunde lang mit der U-Bahn fahren und eine Linie mit vielen Haltestellen nehmen, damit er sofort abbrechen konnte, wenn er es nicht schaffte. Er sollte dann an der Zielstation aussteigen, die Gegenlinie nehmen und die halbe Stunde zum Ausgangspunkt zurückfahren. Drei Wochen fand John immer neue Ausreden, sich vor dieser Fahrt zu drücken. Das war *konditionierte Vermeidung.* Schließlich sagte ich John, daß ich am Freitagmorgen etwas Zeit hätte, und falls er bis dahin noch nicht mit der U-Bahn gefahren wäre, sollte er in meine Praxis kommen. Ich würde mit ihm gehen, ihn in die U-Bahn setzen und selber den nächsten Zug nehmen. Falls er aber die Aufgabe am Freitag erledigt hätte, sollte er mich telefonisch benachrichtigen und den Termin streichen. Am späten Donnerstagabend wurde ich benachrichtigt, daß John um 22 Uhr durchgegeben hatte, er sei mit der U-Bahn gefahren.

Das war der Wendepunkt. Danach konnte John sein Vermeidungs-Verhalten ablegen (zum Beispiel hörte er auf, Konferenzen zu meiden, die in den oberen Stockwerken des Firmengebäudes stattfanden). Mit Stolz sah er, wie seine Angst und Panik immer mehr abnahmen. Als er es sogar schaffte, nach Nassau in Urlaub zu fliegen, betrachtete er seine Behandlung als abgeschlossen.

Worauf man beim Angstbeherrschungstraining besonders achten muß

1. Man muß wissen, wie das Nervensystem arbeitet.
Ihr Nervensystem hat die Fähigkeit, eine große Menge von Gefühlen und Emotionen zu verarbeiten. Diese Fähigkeit ist biologisch bedingt und angeboren. Ihr zentrales Nervensystem besteht aus dem Gehirn und dem Rückenmark. Es kontrolliert Ihre freiwilligen Bewegungen; mit seiner Hilfe können Sie Arme, Beine, Kopf und Rumpf dirigieren. Zu diesem System gehören auch die Denk- und Problemlösungszentren. Daneben haben Sie noch ein autonomes Nervensystem, das die nicht dem Willen unterworfenen Muskelbewegungen kontrolliert, außerdem das Verdauungssystem, den Blutkreislauf, das Herz, die Atmung, die endokrinen Drüsen. Dieser Teil Ihres Nervensystems wirkt am stärksten auf Ihre Gefühle und Emotionen ein. Eine Angstreaktion mit Herzjagen und Bauchschmerzen wird ausgelöst vom autonomen Nervensystem. Sie führen diese Reaktion nicht willentlich her-

bei; sie entzieht sich Ihrer Kontrolle, denn der Verstand ist dabei ausgeschaltet.

Wesentlich ist: Das autonome Nervensystem kann trainiert werden, auf Objekte und Situationen oder den bloßen Gedanken daran mit unangemessener Furcht zu reagieren. Diese Reaktionen erfolgen spontan und automatisch; die Denkzentren des Gehirns bleiben dabei aus dem Spiel. Das bloße Wort *autonom* bedeutet Unabhängigkeit vom zentralen Nervensystem und zeigt, daß weder Denken, Wollen, Motivation noch bewußtes Handeln Ihrerseits stattfinden.

Wie Sie Ihr autonomes Nervensystem trainiert haben, auf eingebildete Gefahr zu reagieren, können Sie ihm auch beibringen, nicht zu reagieren. Wenn Ihnen das Umlernen durch das Angstbeherrschungstraining gelingt und Sie die Furcht vor bestimmten Dingen wie Beruf, gesellschaftlichen Ereignissen, Aufzügen, Flugzeugen verloren haben, sind Sie auch alle Angstsymptome los.

2. *Sie müssen begreifen, wie Sie Ihre Ängste erlernt haben*

Direktes Lernen: Sie können unangemessene Reaktionen auf vielerlei Art erlernen. Vielleicht hatten sie ein schlimmes Erlebnis (Sie waren bei einem Flugzeugabsturz dabei) oder eine Reihe weniger tiefgreifender Erlebnisse dieser Art (Sie hören ständig von Flugzeugabstürzen). Vielleicht haben Sie jemanden in einer Angstsituation erlebt, und Sie richten sich in Ihrer eigenen Reaktion nach dieser Person. Auch können Eltern, Freunde, Lehrer oder Mitarbeiter Ihnen Ihre Angstgefühle beigebracht haben. (Als Sie noch Teenager waren, hat Sie Ihre Mutter gewarnt: »Mach dir klar, daß auf jeder Party jemand da ist, der dich kritisiert und dir dadurch den Abend verdirbt.« So bekommen Sie Angst vor Kritik oder vor Partys oder vor beidem.)

Verallgemeinerung: Ihre emotionale Reaktion beschränkt sich nicht auf die eine Situation, in der Sie sie erlernt haben. Sie überträgt sich auch auf andere Situationen.

Sie fürchten sich nicht bloß vor einer Katze. Ihre Furcht kann sich auch auf andere Lebewesen übertragen. Ich habe eine Frau behandelt, die Angst vor Menschen hatte, die sie in ihrem Gehabe an Katzen erinnerten.

Sie lernen, vor der elterlichen Autorität Angst zu haben. Diese Furcht kann sich auf andere Autoritätspersonen übertragen: Lehrer, Polizisten, Aufseher. Sie kann sich auf jeden übertragen, dem Sie Autorität zuschreiben: Verkäufer, Kellner, Poliere. Sie kann sich sogar auf absolut Fremde übertragen, die besonders selbstbewußt auftreten.

Fallbeispiel

Im College war Patty F. eine gute Studentin und bei allen beliebt. Während der Prüfungswoche des ersten Collegejahres hielt sie einen Vortrag vor einer Studentengruppe. Die durch Überarbeitung und

Examensdruck erzeugten Spannungen führten dazu, daß ihre Stimme bebte und ihre Hände zitterten. Eine Freundin sagte: »Ich habe dich noch nie so nervös gesehen.« Der Vorfall verfolgte Patty den ganzen Sommer. »Werde ich auch bei anderen Gelegenheiten so nervös werden?« . . . »Werden andere meine zitternden Hände sehen und merken, wie ängstlich ich bin?« fragte sie sich. Während ihres Abschlußjahres wurde ihre Furcht immer stärker. Nach dem Examen heiratete Patty ihren Collegeflirt. Sie wurde Lehrerin, aber die Angst breitete sich immer weiter aus. Sie hörte auf, Bridge zu spielen (wegen ihres Händezitterns), lud keine Freunde zum Dinner ein (sie würde es nicht schaffen, den Kaffee auszuschenken). Bald hörte sie auf, andere zu besuchen (sie hätten ihre Angst bemerken können). In der Klasse fürchtete sie sich davor, ein Buch in der Hand zu halten (die Schüler hätten ihr Händezittern sehen können). Patty hing ihren Beruf an den Nagel, und bald beschränkte sich ihr Umgang nur noch auf ihren Mann und ein befreundetes Ehepaar. Eine einzige, simple Furcht (»Jemand könnte meine Hände zittern sehen und glauben, ich bin nervös«) hatte sich auf fast alle Lebensgebiete übertragen. Die Furcht diktierte und ruinierte ihr Leben.

Anmerkung: Nicht alle Ängste sind erlernt. Es gibt Anhaltspunkte dafür, daß bestimmte Ängste mit dem Nervensystem zusammenhängen. Bei der Geburt haben Babys schon eine angeborene Schreckreaktion gegenüber Geräuschen. Einige Ängste wie die Furcht vor unbekannten Objekten, Tieren, Fremden beginnen schon in der frühen Kindheit und nehmen im Alter von drei bis vier Jahren ab. Andere Ängste – wie die Angst vor der Dunkelheit – treten gewöhnlich im Alter von zwei Jahren auf. Normalerweise verschwinden diese Kindheitsängste von selbst, wenn nicht durch einen Lernprozeß die Furcht erhalten bleibt. Ein furchtauslösendes Erlebnis in der Dunkelheit kann die Angst am Leben erhalten.

Einige Angstanfälle scheinen auch ohne vorhergehendes Lernen aufzutreten. Plötzlich erfaßt Sie, ohne einleuchtenden Grund, eine schreckliche Angst. Sie lernen diese Anfälle mit bestimmten Situationen zu assoziieren und erhalten sie dadurch am Leben.

3. Denken Sie darüber nach, wie bestimmte Handlungen Ihre Angst lebendig erhalten und Ihr Leben beeinflussen

Würden auch Sie sich den folgenden Angsttypen zuordnen?

Sieben Angsttypen:

Der Drückeberger: Sie weichen der Angstsituation aus. Eine Anwaltsgehilfin zum Beispiel, die große Angst vor Aufzügen hatte, gab ihren

Beruf auf und arbeitete in einer Boutique zu ebener Erde. Dann zog sie in eine Kleinstadt, wo sie in einem ebenerdigen Landhaus wohnen konnte.

Der Ausreißer: Sie setzen sich der Angstsituation zwar aus, aber suchen so schnell wie möglich wieder herauszukommen, ohne erst abzuwarten, daß die Angst wieder nachläßt. Sie haben zum Beispiel Angst vor großen Menschenansammlungen, zwingen sich aber dennoch, ein überfülltes Warenhaus zu betreten, werfen einen Blick auf die Käufermengen im Parterre und nehmen Reißaus.

Der Schwarzseher: Immer wenn Sie an eine drohende Gefahr denken, konzentrieren Sie Ihre Gedanken auf das Schlimmste und verrennen sich dann darein. Zum Beispiel denken Sie an ein sehr unwahrscheinliches Ereignis (»Das Flugzeug wird sicher abstürzen«) und reden sich ein, daß es unmittelbar bevorsteht, oder aber Sie konzentrieren sich auf ein wahrscheinlicheres Ereignis (»Auf der Party wird sich keiner für mich interessieren«) und übertreiben die Folgen (»Dies wird sicher mein ganzes Leben ruinieren«).

Der Manipulierer: Sie versichern sich ständig der Hilfe anderer, um die Furchtsituation gar nicht erst entstehen zu lassen (»Sperr die Katze doch bitte ins Badezimmer, wenn ich zu Besuch komme«) oder um besser darüber wegzukommen. Einigen bereitet diese Herrschaft über andere große Befriedigung. Eine Frau zum Beispiel, bei der auch nicht das geringste Anzeichen für einen drohenden Herzanfall vorlag, hatte trotzdem eine phobische Angst davor. Sie legte jedes leichte Unwohlsein als Zeichen eines unmittelbar bevorstehenden Anfalls aus und benutzte dies als Vorwand, um sich hinten und vorn von Freunden und Familienangehörigen bedienen zu lassen. Je mehr sie die Situation auskostete, desto stärker wurde ihre Angst. Hätte sie sich davon befreit, hätte sich keiner mehr um sie gekümmert.

Der Phantast: In der Angstsituation geht die Phantasie mit Ihnen durch. Möglicherweise bedienen Sie sich der Rationalisierung (»Natürlich sind alle Tiere Bazillenträger«), um Ihre Angstreaktionen vernünftig erscheinen zu lassen.

Oder Sie sind der typische Grübler. Statt wie der Schwarzseher ein Unglück vorherzusagen, sinnen Sie ständig vor sich hin, denken über jede Einzelheit nach, phantasieren über mögliche Folgen für sich und andere.

Der Kopflose: Sie setzen sich der Angstsituation aus, aber dann konzentrieren Sie sich so sehr auf Ihre Angstgefühle, daß Sie nicht mehr vernünftig reagieren können. Sie haben zum Beispiel eine solche Angst davor, auf einer Konferenz etwas sagen zu müssen, daß Sie, wenn es dazu kommt, entweder nicht genügend durchdacht haben, was Sie sagen wollen, oder sich völlig unangemessen verhalten – Sie werden rot und können kein Wort herausbringen oder fangen an zu reden, müssen sich aber mitten im Satz wieder hinsetzen.

Der im verborgenen Leidende: Sie verstecken Ihre Angst. Statt offen zuzugeben: »Ich habe Höhenangst«, sagen Sie: »Ich habe heute keine Lust, in dieses Restaurant zu gehen. Warum gehen wir nicht in das stille Lokal um die Ecke.« Der im verborgenen Leidende entwickelt oft auch eine andere Angst – er fürchtet, verrückt zu werden.

4. Machen Sie sich klar, daß eine direkte Beziehung zwischen der Stärke Ihrer Furcht und Ihrer Selbstbeherrschung besteht

Wenn Sie in einer Angstsituation relativ wenig Angst, aber noch weniger Selbstbeherrschung haben, bleibt die Angst bestehen. Wenn Sie starke Angst haben, Ihre Selbstbeherrschung aber noch stärker ist, wird die Angst vorübergehen. Am schlimmsten leiden Menschen mit großer Angst und wenig Selbstbeherrschung.

Das Anti-Angst-Training zielt darauf ab, die Heftigkeit der Angst zu vermindern und die Selbstbeherrschung zu verstärken. Jede in diesem Buch dargestellte Methode hat den Sinn, eines oder beide dieser Ziele zu erreichen. Die Freudschen Techniken der »Einsicht« und der »Suche nach den unbewußten Ursprüngen« sind nur wichtig, wenn sie uns diesen Zielen näherbringen.

Manchmal kann eine Angst eine wichtige persönliche Beziehung beeinflussen, obwohl diese Angst an sich nichts mit Menschen zu tun hat.

Fallbeispiel

Mit fünfzehn Jahren war Sally von ihren Eltern einmal allein gelassen worden. Sie war überzeugt, mit der Situation fertig zu werden, aber um zwei Uhr in der Nacht bekam sie Angst, rief ihre Tante an und flüchtete sich zu ihr. Die Angst blieb bestehen. Inzwischen ist Sally siebenundzwanzig Jahre alt und verheiratet, aber sie fürchtet sich, allein im Hause zu bleiben, aus Angst vor einem Überfall oder einer Vergewaltigung. Wenn ihr Mann, ein Vertreter, mehrere Wochen verreisen mußte, zog Sally zu Freunden. Das war auf die Dauer lästig. Ihr Mann mußte oft auf Geschäftsreisen verzichten. Seine Arbeit litt darunter. Er zeigte einerseits Verständnis, andererseits war er wütend.

Durch Angstbeherrschungstraining brachte ich Sally bei, daß sie ihre Angst prinzipiell durchstehen mußte, und ich lehrte sie Entspannungsübungen, um der Angst zu begegnen. Wir schickten den Mann auf eine Geschäftsreise, ließen ihn aber um vier Uhr nachts nach Hause kommen. Sie mußte also den größten Teil der Nacht allein sein. Wenn sie während dieser Zeit Angstzustände bekommen würde. sollte sie meinen Bereitschaftsdienst anrufen, der wiederum mich benachrichtigen würde. Sally rief nicht an. Sie führte diese Aufgabe zweimal erfolgreich durch. Dann blieb ihr Mann erst bis fünf und dann bis sechs Uhr morgens weg. Inzwischen konnte Sally ohne große Angst allein bleiben. Daß sie mit dieser einfachen Angst fertig wurde, wirkte sich günstig auf ihre Ehe aus und hob ihre Selbstachtung.

Manchmal kann eine einzige Angst Ihr ganzes Leben beeinflussen, ohne daß Sie etwas davon merken.

Fallbeispiel

Dick R., achtunddreißig Jahre alt, litt darunter, kein Selbstvertrauen zu haben. Dick stammte aus einer wohlhabenden Familie. Er schilderte seine Mutter als eine »selbstsüchtige Frau«, die im Hause eine gespannte, formelle Atmosphäre schuf, und seinen Vater als einen »Duckmäuser«, der ihn wenig beachtete. Dick war von Kindermädchen aufgezogen und dann in ein Internat geschickt worden. (»Bei der Postverteilung war ich der einzige, der keinen Brief erhielt.«) Durch diese Verhältnisse war in ihm die Angst entstanden: »Keiner gibt etwas um mich« . . . »Mich wird nie jemand gern haben« . . . »Ich muß mich mit einem Leben ohne Liebe abfinden«.

Und so geschah es auch. Die Angst trieb ihn in zwei Ehen, in denen er schon beim geringsten Liebesbeweis überglücklich war. Bei jeder Verstimmung oder Kritik war er überzeugt: »Sie liebt mich nicht.« Dadurch entstanden so viele Spannungen, daß beide Ehen in gegenseitigem Einvernehmen geschieden wurden. Aus Angst vor weiteren unglücklichen Ehen hatte sich Dick mehr und mehr von der Welt zurückgezogen. Er ging auch nicht mehr aus. Als erstes öffnete ich Dick die Augen, wie sehr seine Furcht sein Leben beeinflußt hatte. Er mußte sich bestimmte Vorfälle ins Gedächtnis zurückrufen, bei denen er die Dinge verdreht hatte, um seine Angst am Leben zu erhalten: Einmal zum Beispiel hatte sein Onkel einen Brief nicht beantwortet, und Dick hatte das ausgelegt als: »Er gibt nichts um mich.«

Ein andermal hatte sich seine erste Frau von einem früheren Freund zum Essen einladen lassen, und Dick hatte gedacht: »Sie weiß, daß mir das nicht paßt. Aber das ist ihr ja völlig egal.« Er sah auch ein, daß er nur deswegen so viele unverbindliche Liebesverhältnisse gehabt hatte, weil er gar nicht wissen wollte, ob eine Frau »wirklich etwas um ihn gab«.

Als zweites mußte Dick sich verschiedene Ereignisse der Vergangenheit ins Gedächtnis rufen und sich vorstellen, daß sie jetzt stattfänden: als ihm zum Beispiel seine Mutter erlaubt hatte, seinen Geschäftsfreunden eine Cocktailparty in ihrem Apartment in der Fifth Avenue zu geben und diese Erlaubnis wenige Tage vor dem Ereignis zurückgezogen hatte . . . als ihm Ehefrau Nummer eins vorgeworfen hatte: »Es macht keinen Spaß, mit dir zusammenzusein.« Immer wieder mußte Dick sich diese Situationen vorstellen, und allmählich lernte er, darauf mit einer Anwandlung von Trauer statt mit starker Angst zu reagieren.

Als er das konnte, ging Dick auch wieder aus.

Als drittes diskutierten wir Probleme, die sich ihm vielleicht einmal stellen würden, und zeigten ihm, wie er durch seine Fehlinterpretationen zu falschen Schlüssen kam. Wenn zum Beispiel eine Freundin über eine seiner Behauptungen verärgert sein sollte, bedeutete das noch nicht, daß ihn deshalb nie jemand lieben würde. Plötzlich erkannte Dick, daß er erstens viele Freunde hatte, die sich etwas aus ihm machten (was er völlig verdrängt hatte), und daß ihn zweitens seine früheren Frauen geliebt hatten; tatsächlich hatte ihn seine erste Frau schon häufig gebeten, sie wieder zu heiraten.

Dick begann, mit einer Frau zusammenzuleben. Da jedoch seine Angst, nicht geliebt zu werden, geringer geworden war, hatte er keine Eile, sich auf eine überstürzte Heirat einzulassen. So gab er der Beziehung eine Chance, sich zu entwickeln.

Bevor ich zur Verhaltenstherapie wechselte, hatte ich zwanzig Jahre nach der traditionellen Psychotherapie praktiziert. Deshalb kann ich verstehen, daß es vielen schwerfällt, sich auf die empirischen Methoden der Verhaltenstherapie und des Angstbeherrschungsprogramms einzustellen. Sie stellen konkrete Fragen, die eine konkrete Antwort verdienen.

Frage: *Muß ich wissen, woher meine Ängste kommen, bevor ich sie bekämpfen kann?*

Antwort: Nein. Viele wissen, wie ihre Ängste entstanden sind, ohne daß ihnen das weiterhilft. Für Sie ist es wichtig, zu wissen, was die Angst jeweils auslöst und was Sie tun, um die Angst am Leben zu erhalten.

Frage: *Sind Ängste erblich?*

Antwort: Einige Ängste – wie die Angst vor der Dunkelheit oder vor Schlangen, scheinen ererbt oder durch unser Nervensystem bedingt zu sein. Aber auch diese werden durch Erfahrungen beeinflußt. Die meisten Ängste sind erlernt.

Frage: *Welche Menschen sind am ehesten disponiert, ihre Phobie zu behalten?*

Antwort: Es gibt vor allem vier Typen, die dazu neigen, an ihrer Phobie festzuhalten:

1. Der Introvertierte, der seinem Innenleben besondere Aufmerksamkeit widmet und dadurch seine Angstgefühle nährt,

2. Ein Mensch mit einer fixen Idee, der mit seinen quälenden Gedanken nicht mehr fertig wird. Er vertieft sich in seine Phobien, verstärkt so seine Angst und unternimmt nichts, sie zu verändern.

3. Ein passiver Mensch ohne Selbstvertrauen, der sich mit seinen Pho-

bien abgefunden hat nach dem Motto: »So ist es eben . . . da kann man nichts dran machen.«

4. Ein verkrampfter Mensch, den fast alles nervös macht und der jede Angstreaktion übertreibt.

Frage: *Werden Phobien durch kulturelle Faktoren beeinflußt?*

Antwort: Ja. Kulturelle Strömungen begünstigen bestimmte Phobien. Im sechzehnten Jahrhundert war die Angst vor Dämonen, Hexen und Zauberei weit verbreitet. Im achtzehnten Jahrhundert fürchteten sich die Menschen vor Geschlechtskrankheiten. In unserem Jahrhundert dominieren Ängste vor Krebs, Herzkrankheiten, atomarer Zerstörung oder Gefahren aus dem Weltraum. Immer wenn etwas Neues entdeckt wird, entwickeln einige Menschen zwangsläufig Ängste vor der neu entstandenen Situation und äußern sie auf bisher unbekannte Art.

Frage: *Können nach Beseitigung der phobischen Reaktion nicht andere und viel schlimmere Symptome auftreten?*

Antwort: Wenn die schützende Phobie entfernt wird, obwohl sie noch eine Abwehrfunktion gegenüber unbewußten Konflikten hat, wird ein Mensch nach Freud andere Symptome entwickeln, die dem gleichen Ziel dienen. In Wirklichkeit kommt es aber gar nicht dazu. Kürzlich angestellte sorgfältige Untersuchungen haben ergeben, daß es nach Beseitigung einer Phobie nie oder sehr selten zur Entwicklung von Ersatzsymptomen kommt – so selten, daß wir uns nicht damit befassen müssen.

Sie brauchen nicht zu fürchten, daß Ihnen etwas Schlimmes zustößt, wenn Sie Ihre Phobie überwinden. Zögern Sie nicht, sich von ihr zu befreien.

Frage: *Was ist der Unterschied zwischen Angstbeherrschungstraining und Selbstbehauptungstraining?*

Antwort: Angstbeherrschungstraining und Selbstbehauptungstraining haben ein gemeinsames Ziel: Sie wollen Ihnen eine aktive Haltung gegenüber dem Leben vermitteln – mit anderen Worten, Ihr Problem wird angepackt. Doch beim Selbstbehauptungstraining konzentrieren wir uns auf Ihre Unfähigkeit, für sich selbst einzutreten (passives Verhalten) oder auf zu starke Reaktionen Ihrerseits (Aggressionsverhalten). Gewöhnlich legen wir das Hauptgewicht auf die sozialen Fähigkeiten, die Sie für eine vernünftige Beziehung zu den Menschen Ihrer Umgebung brauchen. Beim Anti-Angst-Training befassen wir uns mit erlernten Angstreaktionen auf vielen Gebieten. Wir wollen Ihnen helfen, diese Ängste wieder zu verlernen (ganz gleich, ob sie sich auf Objekte, Menschen, persönliche oder unpersönliche Situationen beziehen), so daß Sie Ihr Verhalten ändern und ohne Furcht reagieren können. Selbstbehauptungstraining und Angstbeherrschungstraining sind beides Methoden, die von Verhaltenstherapeuten eingesetzt werden. Sie sind auf die Änderung Ihres gegenwärtigen Verhaltens ausgerichtet und untersuchen nicht das Trauma Ihres Unbewußten.

Durch Anti-Angst-Training können Sie lernen, der Angst ins Auge zu sehen, sich mit ihr auseinanderzusetzen, mit ihr fertig zu werden und künftig angstfrei zu leben, so daß Sie der Mensch werden, der Sie sein möchten.

Bei seinem Amtsantritt 1933 sagte Präsident *Franklin D. Roosevelt*: »Das einzige, was wir fürchten müssen, ist die Furcht selbst – namenlose, unvernünftige, ungerechtfertigte Angst, die alle unsere Anstrengungen, Rückschritt in Fortschritt zu verwandeln lähmt.« In diesem Buch behandeln wir die persönlichen Lebenskrisen, die durch »namenlose, unvernünftige, ungerechtfertigte Angst« hervorgerufen werden. Unser Ziel ist, Ihnen zu helfen, persönlichen »Rückschritt« in psychologischen und praktischen »Fortschritt« zu verwandeln.

2. Kapitel

Wovor haben Sie Angst?

Was löst bei Ihnen irrationale Ängste aus?

Fürchten Sie sich vor bestimmten Objekten oder treten Ihre Ängste eher im Umgang mit Ihren Mitmenschen auf?

Sind alle Ihre Ängste gleich stark, oder äußern sich einige völlig harmlos, während andere Sie geradezu in Panik versetzen?

Wo ist bei Ihnen der beste Ausgangspunkt für das Anti-Angst-Training, das Ihrem Leben eine neue Wendung geben könnte? Um einer Angst zu begegnen, müssen Sie sich erst über Art und Ursachen dieser Angst klarwerden. Erst wenn in diesem Punkt Klarheit besteht, können Sie konstruktiv gegen die Angst vorgehen.

Beim Angstbeherrschungstraining brauchen Sie sich nicht mit allen Problemen auseinanderzusetzen, die Ihnen zu schaffen machen. Nur wenige Menschen fühlen sich wohl beim Gedanken an Fledermäuse, Blut, stürmische Seefahrten, Blamagen in der Öffentlichkeit, Geisteskrankheiten. Beim Angstbeherrschungstraining sind nur die Ängste wichtig, die Sie davon abhalten, sich im Beruf und zu Hause normal zu verhalten. Ein Chirurg, der kein Blut sehen kann, wird wohl etwas dagegen tun müssen. Ebenfalls ein Bauarbeiter, der Höhenangst bekommt.

Es gibt Ängste, die sich geradezu heimtückisch auswirken. Eine Frau, die vor der Berührung eines jeden Mannes einschließlich ihres eigenen zurückschreckt, kann keine glückliche Ehe führen. Eine Mutter kann keine geistig gesunden Kinder großziehen, wenn sie sich nicht an den Bedürfnissen der Kinder orientiert, sondern nervöse Reaktionen bis hin zum Wutausbruch die Oberhand gewinnen läßt. Viele Ängste haben eine heimtückische und lähmende Wirkung.

Mini-Angst, Midi-Angst, Maxi-Angst

Wenn Sie die Angst überwinden wollen, dürfen Sie nicht argumentieren: »Ist diese Angst vernünftig oder unvernünftig?« Statt dessen sollten Sie daran denken, wie sehr eine bestimmte Angst Ihr Leben durcheinanderbringt, Sie daran hindert, Ihre Ziele zu erreichen und der Mensch zu sein, der Sie sein möchten.

– Meine Frau Jean reagiert zum Beispiel überempfindlich auf Insekten. Sowie sie eins fliegen sieht, läuft sie nach Insektenspray, versprüht gewaltige Mengen und wird überaus nervös. Manchmal sieht sie Insekten fliegen, wo gar keine sind. Dies ist eine Mini-Angst. Der Hauptleidende dabei bin ich. Weil die Insekten sie so nervös machen, schafft sie eine gespannte Atmosphäre. Andererseits hat die Insektenangst für sie einen Schutzeffekt. Durch ihre Vorsichtsmaßnahmen bekommt sie auch nicht so viele Insektenstiche.
– Jean hat ständig Angst vor Zurückweisung. Als sie zum Beispiel die Redaktion von »Seventeen« verlassen hatte, hörte sie drei Monate nichts von einer früheren Kollegin, mit der sie befreundet gewesen war. Jean litt sehr unter dieser Zurückweisung: »Sie hat mich fallenlassen. Unsere gemeinsamen Jahre haben ihr nichts bedeutet. Sie ist nie meine Freundin gewesen.« Dann entdeckte Jean durch Zufall, daß ihre Freundin im Krankenhaus lag und schon seit Monaten wegen eines Bandscheibenschadens behandelt wurde. Sie hatte Jean nicht mit ihren Problemen belasten wollen. In diesem Fall handelt es sich um eine Midi-Angst. Sie hielt Jean davon ab, sich mit ihrer Freundin in Verbindung zu setzen und sich ihr gegenüber wie eine echte Freundin zu verhalten. Daneben erzeugte die Midi-Angst in Jean ein ungutes Gefühl wegen ihres eigenen Verhaltens.
– Von den einundzwanzig Jahren bei »Seventeen« arbeitete Jean siebzehn für eine hochtalentierte Chefredakteurin, die sehr hohe Anforderungen stellte. Sie verlangte von ihren Mitarbeiterinnen ungewöhnlichen Einsatz und harte Arbeit. Wer das brachte, wurde kaum je entlassen. Jean arbeitete in ihren Diensten zehn Stunden am Tag und wurde dabei in ganz Amerika als PR-Chefin bekannt. Aber die halbe Nacht lag sie wach mit dem Gedanken: »Sie wird mich an die Luft setzen.« Das war nun wirklich eine Maxi-Angst. Während Jean durch ihre Angst auf einem begrenzten Gebiet zu immer größeren Leistungen angespornt wurde, schadete sie ihrer eigenen Karriere. Statt darüber nachzudenken: »Wie kann ich beruflich weiterkommen?« grübelte sie: »Was soll ich tun, wenn sie mich rausschmeißt?«

Jean hat immer darauf bestanden, daß ihre Reaktionen völlig normal sind. »Ich werde stärker von Insekten gestochen als andere« . . . »Ellen hätte mich doch benachrichtigen können, daß sie krank ist. Sie hatte etwas mit ihrem Rücken und nicht mit ihrer Stimme« . . . »Mrs. Brown war schwierig. Man stand immer auf der Abschußliste.« Sie machte sich nicht klar, daß das Übertriebene ihrer Reaktion ihr Leben aus dem Gleis brachte.

Die fünf Grundformen der Angst

Die Einteilung der Ängste in verschiedene Kategorien hat nur einen Zweck: Ihnen zu helfen, gegen sie anzugehen. Obwohl alle Ängste gewisse Gemeinsamkeiten haben, gibt es doch genügend Unterschiede, um zu einer sinnvollen Klassifikation zu kommen. Nachstehend führe ich die wichtigsten auf:

1. *Angst vor Dingen und Örtlichkeiten.* Diese Art Angst ist leicht zu erkennen. Sie entspricht der landläufigen Vorstellung von einer Phobie. Bei Ihrer Reaktion auf Dinge und Örtlichkeiten können Sie übrigens das ganze phobische Register ziehen. Ich kenne Menschen, die Angst vor Tomaten, Spiegeln und Schnee haben. Fast alle Phobien dieses Typs haben einen griechischen Namen. Die folgenden sind die häufigsten:

Aiktiophobie	Angst vor scharfen, spitzen Instrumenten
Ailurophobie	Angst vor Katzen
Akrophobie	Höhenangst
Anthophobie	Angst vor Blumen
Aquaphobie	Angst vor Wasser
Astraphobie	Angst vor Blitzen
Aviaphobie	Angst vor dem Fliegen
Bakteriophobie	Angst vor Bakterien
Brontophobie	Angst vor Donner
Equinophobie	Angst vor Pferden
Herpetophobie	Angst vor Eidechsen, Reptilien, kriechenden, krabbelnden Lebewesen
Karzinomphobie	Angst vor Krebs
Klaustrophobie	Angst vor geschlossenen Räumen
Kynophobie	Angst vor Hunden
Melissophobie	Angst vor Bienen
Mysophobie	Angst vor Schmutz, Bazillen, Ansteckung
Nycotophobie	Angst vor Dunkelheit oder Nacht
Ophidiophobie	Angst vor Schnecken
Pathophobie	Angst vor Krankheit
Sitophobie	Angst vor Essen
Taphophobie	Angst vor dem Lebendigbegrabenwerden
Zoophobie	Angst vor Tieren

2. *Zwischenmenschliche und soziale Ängste.* Diese Ängste sind meist gar nicht so leicht zu erkennen. Zu ihnen gehören die Angst vor Zurückweisung, vor Zorn, Zärtlichkeit, Versagen und Erfolg. Zwei Faktoren erschweren es Ihnen, diese Art Angst herauszufinden und mit ihr fertig zu werden.

– Oft haben Sie ein kunstvolles System aufgebaut, um der gefürchteten Situation aus dem Wege zu gehen. Wenn Sie sich nie einer Herausforderung stellen, werden Sie auch nie erkennen, daß Sie vor Versagen Angst haben. Wenn Sie in Ihren Beziehungen zum anderen Geschlecht immer auf Distanz halten, merken Sie vielleicht nie Ihre starke Furcht vor Intimität und/oder Ihre Angst, verletzt zu werden.

– Sie erkennen vielleicht Ihre Angst und versuchen, sie zu rationalisieren, indem Sie nur das mit ihr verbundene Fünkchen Wahrheit und nicht Ihre übertriebene Reaktion wahrnehmen. Wenn in einer engen Partnerschaft etwas falsch läuft, fühlen sich die meisten Menschen enttäuscht, unglücklich und verletzt, aber nicht vernichtet. Das Leben geht weiter. Wer jedoch phobische Angst hat, verletzt zu werden, übertreibt die Gefahr, fühlt sich vernichtet, wenn sie Wirklichkeit wird, und geht immer weniger Risiken ein.

Um mit zwischenmenschlichen und sozialen Ängsten fertig zu werden, muß man erst die Grundangst oder Grundsituation herausfinden, die diese intensive Angst auslöst. Das ist natürlich schwieriger als ein Angstbeherrschungsprogramm für einen Menschen aufzustellen, der sich vor Aufzügen fürchtet.

3. *Angst vor inneren Ängsten.* Hier zeigt sich der phobische Aspekt mehr an den Angst- und Panikgefühlen selbst und an den damit verbundenen körperlichen Reaktionen, nicht so sehr an den Örtlichkeiten und Situationen, die diese Gefühle entstehen lassen. Man ängstigt sich vor Schwindelgefühlen, Herzklopfen, Leibschmerzen oder vor dem Erröten. Da Sie Ihre Gefühle nicht abschalten können, versuchen Sie die Situationen zu meiden, in denen sie auftreten. Weil sie aber überall auftreten können und manchmal »aus heiterem Himmel« kommen, versuchen Sie, immer mehr Örtlichkeiten zu meiden. Nimmt diese Angst vor inneren Ängsten extreme Formen an, heißt sie Agoraphobie (Platzangst, vom griechischen Wort Agora, das Markt- oder Versammlungsplatz bedeutet).

4. *Angst vor quälenden Gedanken.* Statt sich vor Ihren Gefühlen zu fürchten, fürchten Sie sich vor Ihren Gedanken. Solche Gedanken können Sie ganz plötzlich überfallen (»Ich werde einen Autounfall haben«). Sie werden unter einer Welle von Ängsten und Zwangsvorstellungen begraben und wiederholen ständig den gleichen Gedanken (»Ich habe auf der Party etwas Dummes gesagt«). So steigert sich Ihre Angst allmählich. Weil es sich bei diesen Gedanken – wie bei den inneren Ängsten – auch um innere Vorgänge handelt, kann man ihnen nicht wie Aufzügen und Tunneln aus dem Weg gehen. Sie können Ihren Gedanken noch schwerer entkommen als Ihren Gefühlen. Manchmal werden Sie sie nur los, wenn Sie ständig eine Zwangshandlung ausführen (zum Beispiel immer wieder die Hände waschen) oder sich einer Sache pausenlos vergewissern (zum Beispiel immer wieder nachprüfen, ob Sie die Tür auch wirklich abgeschlossen haben).

5. *Die abgeleiteten Ängste.* Manchmal ziehen bestimmte Probleme sekundäre Ängste nach sich. Besonders häufig erfahren das Menschen,

die unter Streß leben. Ein Patient, der unter starkem Arbeitsdruck stand, fürchtete sich plötzlich davor, in Restaurants zu gehen. Er stand so sehr unter Streß, daß seine Widerstandskraft nachließ und er furchtanfällig wurde.

Menschen, die die gesellschaftlichen Regeln nicht erlernt haben, können Ängste entwickeln, weil sie nicht wissen, wie sie sich zu verhalten haben. Howard zum Beispiel heiratete mit zwanzig und wurde mit fünfundvierzig Witwer. Er wußte nicht, wie er sich als alleinstehender Mann in mittleren Jahren gesellschaftlich verhalten sollte. Statt es zu erlernen, ging er gesellschaftlichen Verpflichtungen, die ihn verunsichern konnten, möglichst aus dem Wege. So wurde Howard, der während seiner Ehe ein normales gesellschaftliches Leben geführt hatte, zu einem Einzelgänger, der sich davor fürchtete, neue Bekanntschaften zu schließen. Der einzige Grund war Unkenntnis.

Machen Sie eine Bestandsaufnahme Ihrer Ängste

Angstregister I

Ziel: Erkennen Sie, welche Situation Ihre Angtreaktion auslöst.

Erster Schritt: Kaufen Sie sich eine große Kladde. Diese ist von jetzt an Ihr Arbeitsheft für das Anti-Angst-Training. Sie können sie für diese und alle anderen Übungen in diesem Buch benutzen. Begehen Sie nicht den Fehler, das Ausfüllen des Fragebogens für zu mechanisch oder simpel zu halten, und notieren Sie alles, was Ihnen zu Ihren Antworten einfällt: Beim Angstbeherrschungstraining haben gewöhnlich diejenigen am meisten Erfolg, die sich viele Notizen machen. Ein Tagebuch würde Ihnen ebenfalls helfen, Veränderungen in Ihrem Angstverhalten festzustellen.

Zweiter Schritt: Zeichnen Sie in Ihrem Arbeitsheft eine Tabelle mit sieben Spalten. Die Überschrift oben links sollte heißen: »Angst-Checkliste«. In den nächsten sechs Spalten halten Sie Ihre Angstreaktionen fest: keine, sehr wenig, wenig, viel, sehr viel, Panik. Beachten Sie, daß die festzuhaltende Reaktion Furcht, Angst oder jedes Gefühl des Unbehagens sein kann. Die Überschriften über den einzelnen Spalten lauten also folgendermaßen:

Angst-Checkliste: keine / sehr wenig / wenig / viel / sehr viel / Panik

Dritter Schritt: In der Spalte »Angst-Checkliste« tragen Sie jetzt die folgende Aufstellung der am häufigsten vorkommenden Ängste ein.

Lassen Sie am Schluß noch Platz für Ihre ganz persönlichen Ängste. Diese könnten besonders wichtig sein.

1. Blitz
2. Dunkelheit
3. Schmutz
4. Waffen
5. plötzliche Geräusche
6. Sirenen
7. Feuer
8. laute Geräusche
9. tiefes Wasser
10. Gewitter
11. Würmer
12. Friedhöfe
13. Hunde
14. Menschen, die einander tyrannisieren
15. verärgert sein
16. Tabletten
17. andere kränken
18. homosexuelle Gedanken
19. mit Angehörigen des anderen Geschlechts zusammensein
20. einen Raum betreten, wenn alle schon sitzen
21. ignoriert werden
22. Masturbation
23. Blut
24. Versagen
25. Fehler machen
26. Erfolg
27. in der Falle sitzen
28. hochgelegene Orte
29. Ärzte
30. Aufzüge
31. Spritzen
32. überfüllte Räume
33. Tote
34. Krankheit
35. verrückt werden
36. neue unbekannte Dinge
37. Flugzeuge
38. Anführer sein
39. Krach mit den Eltern
40. Tunnels
41. allein verreisen
42. ungewohntes Essen
43. Fremde
44. Autofahren
45. Leben nach dem Tode
46. von Gott gestraft werden
47. Gedanken ans Feueranzünden
48. Befehle erteilen
49. Tod eines geliebten Menschen
50. sexuelles Unvermögen
51. Liebe
52. Intimität
53. Verpflichtungen
54. Ehe
55. Kinder
56. Schwangerschaft
57. harmlose Spinnen
58. harmlose Schlangen
59. krabbelnde Insekten
60. fliegende Insekten
61. Ratten
62. Mäuse
63. Katzen
64. Beherrschung verlieren
65. von anderen ausgeschimpft werden
66. in Ohnmacht fallen
67. Schwindelgefühle
68. Erstickungsanfälle
69. unregelmäßiger Herzschlag
70. Hinfallen
71. große offene Plätze
72. Überqueren der Straße
73. Erröten
74. Vergnügungen
75. Krebs
76. Zahnärzte
77. Kranke
78. chirurgische Eingriffe
79. Kirchen
80. auf sich allein gestellt sein

81. Unfälle
82. Geldausgeben
83. den Arbeitsplatz verlieren
84. Gedanken an Selbstmord
85. Gedanken, ein geistig oder körperlich behindertes Kind zu bekommen
86. Entscheidungen treffen
87. bei der Arbeit beobachtet werden
88. kritisiert werden
89. in eine neue Wohnung ziehen
90. öffentlich sprechen müssen
91. Brücken
92. Verantwortung übernehmen
93. Körpergeruch
94. von zu Hause weggehen
95. Tests
96. unpassend gekleidet sein
97. brutal wirkende Menschen
98. häßliche Menschen
99. mißgestaltete Menschen
100. verhöhnt werden
101. andere Ängste

VIERTER SCHRITT: Tragen Sie jetzt in die sechs Spalten von links nach rechts ein, bis zu welchem Grade die einzelnen Punkt bei Ihnen unangenehme Gefühle hervorrufen. Schreiben Sie Ihre Antwort direkt daneben. Führen Sie auf, was Sie *in diesem Augenblick* empfinden, nicht wie Sie irgendwann in der Vergangenheit reagiert haben oder wie Sie Ihrer Ansicht nach reagieren sollten.

Achten Sie besonders auf den letzten Punkt »andere Ängste«. Das sind Ängste, die ich nicht aufgeführt habe, die aber für Sie persönlich wichtig sind. *Anmerkung:* Daß sie hier nicht aufgeführt wurden, heißt noch nicht, daß sie ungewöhnlich sind. Höchstwahrscheinlich teilen Sie sie mit vielen anderen. Einige meiner Patienten hatten folgende Ängste:

die Türen nicht abgeschlossen haben
sich hilflos fühlen
die Kündigung erhalten
ersticken
nicht in allen Dingen gleich hervorragend sein
Ozeanwellen
Vollmond
unzureichende Altersversorgung
eine wichtige Einzelheit bei der Arbeit übersehen

Eine Frau, die »Gewalttaten im Fernsehen« aufführte, fügte hinzu: »Ich habe mich gezwungen, einen dieser Filme anzusehen, und ich war dann tagelang in Wut und Angst und fühlte mich deprimiert. Dabei weiß ich nicht, ob ich Angst davor habe, verletzt und gedemütigt zu werden, oder davor, daß ich selbst aggressiv werde und mich dann schäme und Schuldgefühle habe.«

FÜNFTER SCHRITT: Wenn Sie dieses Buch ausgelesen haben und einige der Angstbeherrschungsmethoden auf Ihre Ängste angewandt haben, gehen Sie den Fragebogen noch einmal durch. Dabei könnten Sie eventuell feststellen, daß Sie Ängste haben, von denen Sie überhaupt gar nichts wußten.

Fallbeispiel

Mary und Fred A. suchten mich wegen ihrer Eheprobleme auf. In der ersten Sitzung redete vor allem Fred. Er beklagte sich, daß Mary im Haus nichts selbst machen konnte, ihn nie in Ruhe ließ und ihn ständig drängte, »etwas zu tun«. Er nannte sie »faul und überabhängig« und sagte: »Sie fragt mich immer: ›Was soll ich anziehen?‹ Sie ist achtundzwanzig Jahre alt. Sie sollte eigentlich wissen, was sie anziehen will.« Für Fred war Marys Abhängigkeit das Hauptproblem. Mary ihrerseits fand, daß Fred zuviel von ihr erwartete und nicht verstand, wie schwer ihr viele Dinge fielen. Sie sagte: »Anderen geht die Arbeit leicht von der Hand. Mir aber nicht.«

Unter den Formularen, die ich die beiden ausfüllen ließ, war auch das Angstregister I. Mary füllte es gewissenhaft und ehrlich aus und kam in der nächsten Woche zu mir, weil sie erkannt hatte, daß alle ihre Schwierigkeiten aus der Angst herrührten, Fehler zu machen. Sie sagte zu Fred und zu mir: »Plötzlich wußte ich, daß ich mein ganzes Leben lang Angst gehabt hatte, etwas falsch zu machen. Ich brauchte dabei gar nicht zu wissen, was andere darüber dachten . . . ich wußte selbst, wenn ich etwas falsch gemacht hatte, und fühlte mich unglücklich.« Mary war so abhängig geworden, weil sie unter allen Umständen vermied, »etwas zu tun« und auch mal einen Fehler zu riskieren.

Ich ließ Mary *absichtlich* allerlei Fehler begehen. Zuerst waren dies Fehler, von denen nur sie wußte . . . zum Beispiel staubte sie absichtlich ein von ihr geschätztes antikes Möbel nicht ab oder sie »vergaß«, neue Vorräte aus dem Lebensmittelgeschäft zu besorgen. Später machte sie absichtlich Fehler, die auch andere merken konnten – zum Beispiel ließ sie ein bestimmtes Gericht zu lange kochen oder sie wagte Kleiderkombinationen, die den Vorstellungen der Modezeitschriften nicht ganz entsprachen. Als Mary diese Aufgaben durchführte und sah, daß die Welt davon nicht unterging, ließ ihre Angst vor Fehlern nach. Sie wurde fähig, selbständiger und wie ein erwachsener Mensch zu handeln. Die Ehe besserte sich. Fred und Mary konnten Mary jetzt besser leiden.

Angstregister II:

Ziel: Erkennen Sie Ihre Angstauslöser und finden Sie heraus, wo das Angstbeherrschungstraining bei Ihnen einsetzen soll.

Erster Schritt: Suchen Sie die Ängste heraus, die Sie unter »sehr viel«

und »Panik« aufgeführt haben. Sehen Sie für jede Angst eine eigene Seite in Ihrem Arbeitsheft vor.

Zweiter Schritt: Zu jeder Angst beantworten Sie folgende Fragen:
Beispiel: Klaustrophobie

1. Wovor fürchten Sie sich in Wirklichkeit?
Fürchten Sie sich, daß Sie ersticken ... in einer Falle sind und nicht mehr aus dem Zimmer kommen ... nervös werden, ... in Panik geraten, anfangen, zu schreien und sich dadurch blamieren ... ohnmächtig werden?

2. Bei welchen Dingen ist Ihre Angst kleiner, bei welchen größer?
Ist es für Sie wichtig, ob die Tür offen oder geschlossen ist .. sehr wichtig, ein wenig, gar nicht? Hat es etwas zu bedeuten, wieviele Leute im Zimmer sind ... wie groß das Zimmer ist ... ob die Tür ein Schloß hat oder nicht? Falls Leute im Zimmer sind ... ist es wichtig, wie gut Sie sie kennen (einige geraten stärker unter Streß, wenn noch andere im Zimmer sind, andere wiederum fühlen sich unbehaglich, wenn sie allein sind)? *An diesen Einzelheiten erkennen Sie, nach welchem Muster Ihr Angstanfall abläuft.*

3. Was kann Ihnen schlimmstenfalls in dieser Situation passieren?
Sie geraten in Panik, schreien, stürzen aus dem Zimmer und jeder hält Sie für etwas merkwürdig ... Sie brechen zusammen, weil sie keine Luft mehr kriegen, müssen zum nächsten Krankenhaus gebracht werden und erleiden einen irreparablen Hirnschaden .. Sie sterben!

Dritter Schritt: Beantworten Sie die Frage, wie diese Ängste Ihnen mitspielen. Führen sie dazu, daß Sie bestimmte Situationen vermeiden? Beachten Sie dabei den Unterschied zwischen *aktiver Vermeidung* und *passiver Vermeidung*. Bei passiver Vermeidung tun Sie bestimmte Dinge *nicht* (bei Klaustrophobie zum Beispiel denken Sie: »Wenn ich zu der Versammlung gehe, werde ich in dem kleinen Raum Angst bekommen, also gehe ich besser nicht.«) Bei aktiver Vermeidung haben Sie das Gefühl, etwas tun zu müssen, um der gefürchteten Situation zu entgehen. (Sie denken zum Beispiel: »Wenn ich nicht aufstehe und nachsehe, ob keine der Türen abgeschlossen ist, werde ich mich wie in einer Falle fühlen.« So stehen Sie um drei Uhr in der Nacht auf und vergewissern sich, daß nirgendwo abgeschlossen ist ...)

VIERTER SCHRITT: Machen Sie eine Kostenanalyse. Fragen Sie sich: »Welchen Preis zahle ich für diese Ängste?« Gehen Sie folgende Fragen durch:

Welche Chancen sind mir beruflich wegen dieser Ängste entgangen?
Wie haben mir die Ängste gesellschaftlich geschadet?
Wie haben mir die Ängste in meinem Privatleben geschadet?
Wie sehr haben diese Ängste meinem Selbstgefühl zugesetzt?

Führen Sie bei Ihrer Antwort die betreffenden Situationen auf und taxieren Sie den Preis, den Sie gezahlt haben: Miniangst, Midiangst, Maxiangst.

FÜNFTER SCHRITT: Teilen Sie Ihre Ängste in Gruppen ein und berücksichtigen Sie dabei die Antworten, die Sie vorhin auf die Fragen gegeben haben. Ordnen Sie dabei alle die Ängste einander zu, die zusammengehören. Im folgenden zitiere ich, was eine meiner Patientinnen in den Rubriken »sehr viel« bis »Panik« aufgeführt hat (die Numerierung stammt aus dem Angstregister I):

2. Dunkelheit
7. Feuer
27. In der Falle sitzen
28. hochgelegene Orte
30. Aufzüge
31. Spritzen
56. Schwangerschaft
66. in Ohnmacht fallen
78. chirurgische Eingriffe
79. Kirche
81. Unfälle
91. Brücken
32. Überfüllte Räume
37. Flugzeuge
99. Mißgestaltete Menschen
101. Rolltreppen

Als die Patientin ihre Ängste nach Gruppen ordnete, ging sie ihre Antworten auf die Fragen aus dem Angstregister II durch. Sie hielt fest, daß sie sich bei einem Flug am wohlsten im Mittelteil einer Boeing 747 fühlte; daß sie in der Nähe eines Fensters das gleiche Schwindelgefühl erfaßte wie auf einer Brücke. Daraus schloß sie, daß ihre Angst vor Flugzeugen hauptsächlich Höhenangst war. Bei der Gruppierung richtete sie sich nach ihren Antworten auf die beim vierten Schritt gestellten Fragen und nicht nach dem ersten oberflächlichen Eindruck. Dabei entstanden die folgenden Gruppierungen:

Höhenangst
37. Flugzeuge
91. Brücken
101. Rolltreppen

Angst, in der Falle zu sitzen
27. In der Falle sitzen
30. Aufzüge
32. Überfüllte Räume
79. Kirche

Furcht vor körperlicher Entstellung
7. Feuer
31. Spritzen
56. Schwangerschaft

66. In Ohnmacht fallen
78. Chirurgische Eingriffe
81. Unfälle
99. Mißgestaltete Menschen

Sonstige Ängste
2. Dunkelheit

SECHSTER SCHRITT: Wählen Sie einen Ausgangspunkt für Ihr Anti-Angst-Training. Suchen Sie für den Anfang ein Gebiet heraus, das Ihnen viel bedeutet. Hier nämlich haben Sie die meisten Erfolgsaussichten. Das Prinzip ist, in der Gruppe, die am wichtigsten ist, *diejenige Angst herauszufinden, die noch am wenigsten ängstigt.*

- Gehen Sie die einzelnen Gruppen durch und entscheiden Sie, welche Angst im Augenblick Ihr Leben am stärksten beeinflußt. Bei dem oben zitierten Fall hatte *allgemein betrachtet* die Angst vor körperlicher Entstellung wahrscheinlich den stärksten Effekt auf das Leben der Patientin. Doch *im Augenblick* wirkte sich die Angst, »in der Falle zu sitzen«, für sie am negativsten aus; sie hinderte sie daran, eine Stelle zu suchen. So begannen wir das Training mit der Furcht, in der Falle zu sitzen.
- Geben Sie den Ängsten, die für Sie im Augenblick am wichtigsten sind, eine bestimmte Rangordnung, wobei schwächere Ängste oben und stärkere Ängste unten stehen. Nehmen Sie jetzt wieder das Angstregister I vor und überprüfen Sie, ob es schwächere Ängste gibt, die man in die gleiche Kategorie einordnen könnte. Nehmen Sie sie an der richtigen Stelle in Ihre Liste auf. Mit der geringfügigsten Angst machen Sie den Anfang. Wenn Sie mit Ihren kleinen Ängsten fertig werden, schwächen Sie dadurch auch die stärkeren Ängste dieser Gruppe ab, und Sie können sich dann leichter mit ihnen auseinandersetzen.

Wie sich Angst tarnen kann

Angst führt oft zu zwei Verhaltensformen, die Ihr Leben nachhaltig beeinflussen können: übertriebene Wachsamkeit und antiphobische Wiederholungshandlungen. Beide Angstformen führen zu komplizierten Reaktionen und lassen sich oft nur schwer als Teil einer Angstreaktion erkennen. Man weiß lediglich, daß man ohne ersichtlichen Grund bestimmte Dinge fühlt oder tut. Beide Verhaltensweisen spielen auf dem Gebiet der sozialen Ängste eine wichtige Rolle.

Übertriebene Wachsamkeit. In diesem Zustand ist die Angst sowie der Wunsch, der gefürchteten Situation aus dem Weg zu gehen, so stark, daß man ständig auf Anzeichen lauert, die für das Auftauchen der Angst typisch sind, und zweitens auf falsche Signale reagiert; man verhält sich, als wäre der Angstreiz tatsächlich vorhanden, *während er es in Wirklichkeit gar nicht ist.*

ERSTES BEISPIEL: John hat Angst, daß jemand auf ihn ärgerlich werden könnte. Wenn das passiert, verliert er die Beherrschung und schlägt blind zurück. Er ist so empfindlich gegenüber jedem Anzeichen von Ärger, daß er oft Ärger sieht, wo keiner ist. Sein Gegenangriff erfolgt rein automatisch.

– Im Büro stellt ein Kollege, der unter Termindruck steht, zum Beispiel eine ziemlich brüske Forderung an ihn. John antwortet mit einem Sarkasmus.
– Zu Hause hat sich seine Frau über etwas geärgert, was gar nichts mit ihm zu tun hat. Er reagiert, indem er sie anschreit und beschimpft.

John weiß nichts von seiner Angst. Er weiß nicht, daß er auf falsche Signale reagiert. Er weiß nur: »Ich kann mit niemandem auskommen.«

ZWEITES BEISPIEL: Roger hat starke Angst vor Kritik und reagiert überempfindlich auf diesem Gebiet. Um Kritik zu vermeiden, erweist er anderen ständig einen Gefallen (ohne daß sie ihn darum gebeten hätten), während er für sich selbst nie etwas fordert. Wenn andere ihn kritisieren, lächelt er, murmelt »tut mir leid« und ist tagelang durcheinander. Oft läßt er Briefe von Freunden ungeöffnet, weil er fürchtet, sie könnten Kritik enthalten. Wenn er zwei seiner Freunde auf einer Party miteinander reden sieht, denkt er: »Sie ziehen über mich her.« Er fragt andere auch ständig, worüber sie sich unterhalten haben. »Habt ihr über mich gesprochen?« Diese dauernde unangemessene Fragerei führt schließlich dazu, daß seine Kollegen ihn damit hänseln, »paranoid« zu sein. Als Roger in meine Sprechstunde kam, waren seine ersten Worte: »Ich habe einen Verfolgungskomplex.«

Wenn Sie herausfinden wollen, wo auch Sie hyperempfindlich reagieren, machen Sie sich folgendes klar:

– Während übertriebene Wachsamkeit oft dem Beziehungswahn der Paranoiker zu ähneln scheint (der Angst, daß Handlungen und Wörter der anderen sich auf einen selbst beziehen, während das gar nicht der Fall ist), hat sie mit Paranoia nichts zu tun. Meist rühren paranoide Vorstellungen aus einem schizophrenen Prozeß her, der in erster Linie biochemisch bedingt ist und medikamentös behandelt werden kann. Übertriebene Wachsamkeit ist hingegen erlernt. Aufgrund der Angst hat man gelernt, überempfindlich zu reagieren. Verlernen Sie die Angst, und Ihre Einbildungen verschwinden wieder.
– Wichtig ist, daß Sie sich Ihres hypervigilanten Verhaltens bewußt werden.

Antiphobische Wiederholungshandlungen: Auch wenn Sie alles tun, bestimmte Dinge, die Sie fürchten, zu vermeiden, passieren Ihnen diese doch immer wieder. Sie haben keine Macht darüber und auch keine Macht über Ihre Fehlreaktion, wenn die gefürchtete Situation eintritt. Nur eins steht in Ihrer Macht: Sie können alles schieflaufen lassen. Sie können sich so verhalten, daß Ihr Benehmen Ärger, Kritik, Zurückweisung oder jede beliebige andere befürchtete Reaktion hervorruft. Das ist das einzige, was in Ihrer Macht steht, und der Wunsch, wenigstens irgend etwas in den Griff zu bekommen, ist so stark, daß Sie willens sind, jeden Preis dafür zu zahlen. So setzen Sie sich der phobischen Situation immer wieder aus, erleben immer wieder die gleichen Enttäuschungen und verstärken damit jedesmal Ihr Verhaltensmuster.

Natürlich sind Sie sich gar nicht darüber klar, was Sie da eigentlich tun. Wahrscheinlich wissen Sie noch nicht einmal, daß Ihrem Verhalten eine Phobie zugrunde liegt. Sie merken nur, daß Sie eine zwanghafte Tendenz haben, bestimmte Situationen mit immer dem gleichen negativen Ausgang zu wiederholen. Wer dieses Verhaltensmuster durchbrechen will, muß als erstes den phobischen Kern erkennen.

Erstes Beispiel: Sally W., eine neunundzwanzig Jahre alte Sozialarbeiterin, kam in meine Sprechstunde, weil sie Probleme mit Männern hatte. Sie geriet immer wieder an Männer, die sich ihr gegenüber als hyperkritisch erwiesen und sie ständig beschimpften. Gelegentlich kam es dabei zu heftigen Temperamentsausbrüchen, manchmal sogar zu Schlägen. All diese Beziehungen waren schon nach kurzer Zeit nicht mehr auszuhalten, und Sally mußte sie beenden.

Sally hatte über das Problem nachgedacht und folgendes schon selbst festgestellt: Erstens, ihr Vater hatte sich ihr gegenüber genauso verhalten; zweitens, sie selbst suchte anscheinend Männer, die sie so behandelten; drittens, wenn sie mit netten, freundlichen Männern ausging, fühlte sie sich nicht recht wohl; viertens, sie handelte immer wieder nach dem gleichen Schema. Sally hatte jedoch nicht erkannt, daß sie phobisch auf die Kritik von Männern reagierte. Ihre Erfahrungen mit ihrem Vater hatten sie gelehrt, daß sie an dieser Situation kaum etwas ändern konnte. *Nur eins stand in ihrer Macht: durch die Wahl von Männern, die sich wie gehabt verhalten würden, die Situation willentlich herbeizuführen.* Trotz der unglückseligen Folgen hatte sie so doch den Eindruck, die Situation zu beherrschen.

Zweites Beispiel: Dan S. hatte Angst, »in der Falle zu sitzen«. In der High School und auf dem College hatte er eine leichte Klaustrophobie gehabt. Später schien die Klaustrophobie überwunden, hatte sich in Wirklichkeit aber in eine soziale Klaustrophobie verwandelt: die Furcht, in einer Beziehung zu einem anderen Menschen seine Freiheit zu verlieren. Dan hatte sich verlobt, aber als der Hochzeitstag näherrückte, bekam er plötzlich große Angst und das Gefühl, nicht mehr frei atmen zu können. Die Ähnlichkeit dieser Reaktion mit seiner früheren Klaustrophobie wurde ihm allerdings nicht klar. Die Angst wurde schließlich so stark, daß er die Verlobung löste. Doch weil er sich seine Macht über die Furcht beweisen mußte, verlobte er sich bald aufs neue. Als Dan zu mir kam, hatte er elf Verlobungen hinter sich!

Bei der Behandlung von Sally und Dan war ich mit dem Angstbeherrschungstraining sehr erfolgreich. In beiden Fällen kam es darauf an, daß die beiden Patienten ihr *Verhalten als kontraphobisch erkannten*. Wäre die Kernphobie nicht erkannt worden, wäre eine Behandlung nicht möglich gewesen.

Wie man versteckte Phobien herausfindet

Viele Ängste sind offensichtlich. Man weiß, ob man Angst hat, im vierzigsten Stockwerk aus dem Fenster zu gucken oder Krebs zu bekommen. Andere Ängste lassen sich nicht so leicht feststellen. Man weiß wohl, daß man Probleme hat, aber man macht sich nicht klar, daß sie durch Versuche bedingt sind, mit einer Phobie fertig zu werden. Ich nenne dies »die versteckten Phobien«. Die meisten von ihnen gehören zur Kategorie der »zwischenmenschlichen und sozialen Ängste«. Sie müssen lernen, diese Art von Phobie genauso gut zu erkennen wie die »Phobien vor Dingen und Örtlichkeiten«. Die unten aufgeführten Situationen habe ich sämtlich in meiner Privatpraxis oder in der New Yorker Payne Whitney Clinic kennengelernt. Wenn Sie die nachstehenden Fragen beantworten, stellen Sie sich vor, daß jede der angeführten Situationen mit etwas Angst gekoppelt ist.

Finden Sie heraus, welche Phobien Sie haben

1. Ihre Schwiegermutter ruft an und erzählt Ihnen von dem herrlichen, eleganten Luncheon, zu dem sie eingeladen gewesen ist. Was tun Sie?
a) Sie fragen, was die Gastgeberin angeboten hat, und merken sich das eine oder andere als Tip für ähnliche Gelegenheiten.
b) Sie fühlen sich unbehaglich und versuchen, das Gespräch so schnell wie möglich zu beenden. Sie denken: »Sie erzählt mir immer, wie großartig es bei anderen Leuten ist.«
c) Sie sagen: »Darum bist du also nicht mit mir zum Einkaufen gegangen.« Sie lösen damit einen Streit aus.
2. Sie haben eine gute Stelle im mittleren Management. Jede Woche müssen Sie einen Bericht über die Arbeit Ihrer Abteilung schreiben. Das macht Sie sehr nervös. Sie mußten auch an früheren Arbeitsplätzen solche Berichte für Ihren unmittelbaren Vorgesetzten schreiben, aber das bereitete Ihnen kaum Schwierigkeiten. In Ihrer jetzigen Stelle legen Sie den Bericht dem Präsidenten (einem sehr freundlichen Menschen) persönlich vor und diskutieren mit ihm darüber. Das macht Sie aufgeregt und kribbelig. Ihr Wochenbericht wird so spät fertig, daß Ihre Position in Gefahr ist. Was tun Sie?

a) Sie sehen sich nach einer anderen Stelle um.
b) Sie dringen auf eine Änderung Ihrer Pflichten, so daß die persönliche Diskussion entfällt.
c) Sie versuchen, mit dem Präsidenten auf allen möglichen anderen Gebieten in Kontakt zu kommen.
3. Sie schließen immer wieder neue enge Freundschaften. Doch je enger die Freundschaft wird, desto unbehaglicher fühlen Sie sich, bis Sie die Freundschaft einfach beenden müssen. Sie wissen auch den Grund. Je herzlicher Ihre Beziehungen werden, desto mehr reden Sie Ihrem Freund oder Ihrer Freundin nach dem Mund. Sie sagen nicht mehr, was Sie wirklich denken, sondern sind nur noch darauf bedacht, keine Mißstimmung aufkommen zu lassen. Was tun Sie?
a) Sie klagen sich an, daß Sie so gar keine Fähigkeit haben, Freundschaften zu pflegen, und sinnen ständig darüber nach, was mit Ihnen als Person nicht stimmt.
b) Sie bemühen sich noch mehr, nur »das Richtige« zu sagen.
c) Sie versuchen zu sagen, was Sie wirklich denken, und machen zunächst einen vorsichtigen Anfang bei unwichtigeren Dingen.
4. Sie sind eingeladen und sehen auf einer Party viele attraktive und interessante Vertreter des anderen Geschlechts. Was tun Sie?
a) Sie unterhalten sich mit den Leuten, die Sie am interessantesten finden, und versuchen, so sympathisch wie möglich zu wirken.
b) Sie unterhalten sich mit den interessanten Leuten, stellen aber fest, daß sie Ihnen wenig zu sagen haben.
c) Sie gehen den interessanten Leuten aus dem Weg und wenden sich den Gästen zu, die Sie weniger attraktiv und interessant finden.
5. In Ihrer Ehe kommt es zu Spannungen, weil Ihr Partner im Urlaub gern etwas Neues entdeckt, während Sie es vorziehen, vertraute Orte aufzusuchen, wo Sie Freunde oder Familienangehörige haben. Jetzt will Ihr Ehepartner, nach einem Jahr harter Arbeit, eine Kreuzfahrt zu ein paar entlegenen griechischen Inseln machen. Was tun Sie?
a) Sie weigern sich zu fahren und bestehen darauf, Ihre Eltern in Kalifornien zu besuchen.
b) Sie sagen: »Wir wollen dieses Jahr meine Eltern besuchen und nächstes Jahr nach Griechenland fahren. Mutter fühlt sich nicht wohl.«
c) Sie erklären sich damit einverstanden und besorgen sich Reiselektüre über Griechenland.
6. Sie befinden sich beruflich in einer Sackgasse. Sie wissen, daß Sie fähig sind, mehr zu leisten, kreativer zu sein, mehr Beachtung zu finden und vorwärtszukommen. Doch wenn Sie die Möglichkeit haben, etwas Herausragendes zu tun, erfinden Sie ein ganzes Dutzend Gründe, um sich zu drücken. Auf einer Konferenz zum Beispiel wird ein Problem durchdiskutiert, und Sie erkennen klar die ideale Lösung. Was tun Sie?
a) Sie denken sich alle möglichen Einwände gegen Ihre Lösung aus und rechtfertigen damit vor sich selbst, daß Sie überhaupt nichts sagen.

b) Sie gehen in Gedanken durch, was Sie sagen und wie Sie es ausdrükken wollen. Während der Konferenz bemühen Sie sich, alles genau so zu sagen, wie Sie es geplant haben.
c) Sie tragen Ihre Idee auf der Konferenz vor, aber so zögernd und stotternd, daß keiner richtig versteht, was Sie meinen.
7. Sie und Ihr Partner haben schon längere Zeit sexuelle Probleme. Das geht so weit, daß Sie sich bei jedem Zeichen von Zärtlichkeit, das möglicherweise zu Sex führen könnte, schon unbehaglich fühlen. Sie verbringen einen gemeinsamen Abend, haben aber nur das Gefühl von Spannung und Distanz. Was tun Sie?
a) Sie geben dem Druck nach und versuchen, zärtlich zu sein, obwohl Sie wissen, daß dies doch nur wieder zu sexuellem Versagen führen wird.
b) Sie rufen ein paar Freunde an und laden sie zu einem Drink ein.
c) Obwohl es Ihnen schwerfällt, diskutieren Sie die Situation mit Ihrem Partner und einigen sich, was Sie am liebsten an diesem Abend tun würden.
8. Sie haben viele Freunde und Bekannte, halten ständig Kontakt mit ihnen und unternehmen etwas miteinander. Diese gesellschaftlichen Aktivitäten lassen Ihnen wenig Zeit, die Bücher zu lesen, die Sie lesen wollen, oder Ihren Haushaltspflichten nachzukommen. Die liegengebliebene Arbeit türmt sich auf. Um sie zu erledigen, müßten Sie ein ganzes Wochenende darauf verwenden und auf Zerstreuung verzichten. Was tun Sie?
a) Sie sehen zu, daß Sie die Arbeit hinter sich bringen.
b) Sie bitten einen Freund, Ihnen beim Saubermachen zu helfen.
c) Sie beginnen mit der »Operation Reinemachen«, aber lassen bald nach, hängen sich ans Telefon und verbringen das Wochenende schließlich doch mit Besuchen und Partys.
9. Sie fürchten sich vor großen Höhen. Sie kennen einen Menschen, den Sie sehr gern haben und der im fünfundzwanzigsten Stockwerk eines Hochhauses wohnt. Sie haben schon mehrere seiner Einladungen, ihn zu besuchen, abgelehnt, langsam wird die Situation peinlich und es kommt zu einer Verstimmung. Jetzt lädt er Sie zum Dinner ein. Was tun Sie?
a) Sie finden wieder einen fadenscheinigen Vorwand, um abzulehnen.
b) Sie nehmen an, gehen zu der Party, aber schützen sehr bald Kopfweh vor und verabschieden sich schon früh.
c) Sie erzählen Ihrem Bekannten ganz offen, daß Sie Höhenangst haben.
10. Sie sind eine Frau, anerkannt, tüchtig, und Ihnen wird eine gute Position in einer anderen Firma angeboten. Sie würden die Stelle gern annehmen. Was tun Sie?
a) Sie nehmen sie an, freuen sich über die neue Aufgabe und versuchen Ihr Bestes zu geben.

b) Sie lehnen ab und sagen sich: »Wie es jetzt ist mit meiner Ehe und meinem Beruf, ist es genau richtig. Warum sollte ich etwas ändern?«
c) Sie nehmen die Stelle an und machen einen Fehler nach dem anderen. Sie leisten nicht das, was Sie leisten könnten.

Analyse der Antworten

1. Phobischer Komplex: Angst vor Kritik. Richtige Antwort: a). Statt Kritik zu sehen, wo Ihre Schwiegermuter gar keine beabsichtigte, geben Sie eine Antwort, die Ihre Anteilnahme und Ihr Interesse zeigt, und Sie erhalten ein paar Tips, die Ihnen bei ähnlichen Einladungen nützlich sein könnten.

Bei b) zeigen Sie einwandfrei Vermeidungsverhalten und bei c) reagieren Sie unangemessen und kränkend. Sie sehen Kritik, wo keine beabsichtigt war.

2. Phobischer Komplex: Angst vor Autoritäten. Richtige Antwort: c). Sie versuchen, etwas gegen Ihre Phobie zu unternehmen, indem Sie sich der Autoritätsperson stärker aussetzen. Spannung wird oft abgebaut, wenn man sich den phobischen Situationen absichtlich stellt, auch wenn das, wie in diesem Fall, nur den Sinn hat, daß Sie die Autoritätsfigur von einer menschlichen Seite kennenlernen. Die Antwort a) ist einwandfrei eine Vermeidung. Bei b) versuchen Sie Ihre Aufgaben zwar so umzumodeln, daß Sie sie wahrnehmen können, aber Sie unternehmen nichts, um mit Ihrer Phobie fertig zu werden.

3. Phobischer Komplex: Angst, einen nahestehenden Menschen zu verletzen. Richtige Antwort: c). Sie sagen jetzt, was Sie denken, gehen dem Problem nicht mehr aus dem Weg und setzen sich dem anderen stärker aus (Sie sagen zum Beispiel: »Ich habe es nicht gerne, wenn du eine halbe Stunde zu spät kommst und ich warten muß« ... »Es kommt mir nicht fair vor, wenn wir immer das tun, was du tun willst« ... »Nein, ich glaube, das ist keine gute Idee«).

Anmerkung: Es ist wichtig, daß Sie sich im voraus Gedanken machen, wie Sie den Antworten Ihres Partners am besten begegnen. So werden Sie mit der Situation leichter fertig und die Phobie läßt nach. Bei a) gehen Sie dem Vorurteil auf den Leim, die Phobie bedeute, daß mit Ihnen etwas nicht stimmt und Sie sich nur ändern können, wenn Ihre unbewußten Konflikte gelöst werden. Bei b) bleiben Sie bei ihrem phobischen Verhaltensmuster. Sie gehen von der falschen Voraussetzung aus, daß Sie um so besser fahren werden, je erfolgreicher Sie Ihrem Problem aus dem Weg gehen.

4. Phobischer Komplex: Angst vor Zurückweisung durch das andere Geschlecht. Richtige Antwort: a). Hier sind Sie bereit, Zurückweisung zu riskieren, um in Kontakt mit Leuten zu kommen, die Sie vielleicht interessieren könnten. Bei b) haben Sie das Unglück gewissermaßen selbst herbeigeredet. Ihre Erwartung einer Zurückweisung ist so stark, daß Sie sich verhalten, als wären Sie schon zurückgewiesen worden. Dadurch wird die Phobie verstärkt. Bei c) verringern Sie das Risiko der Zurückweisung, weil Sie glauben, daß die uninteressanten Leute Sie weniger leicht zurückweisen werden als die interessanten. Auch würde eine solche Zurückweisung Sie nicht so treffen.

5. *Phobischer Komplex: Angst vor Neuem (vor unbekannten Orten und Leuten).* Richtige Antwort: c). Hier stellen Sie sich der Angst, aber vielleicht gelingt es Ihnen, durch Ihre Lektüre das Gefühl der Fremdheit zum Teil loszuwerden. Noch wichtiger ist, daß während des Lesens Interesse an der Reise, ja vielleicht sogar Vorfreude entsteht – ein Gegenmittel gegen Ihre phobische Reaktion. Bei b) versuchen Sie, Ihr Vermeidungsverhalten sich selbst und Ihrem Partner plausibel zu machen. Bei a) handeln Sie nach der gleichen phobischen Routine, die Sie Ihr ganzes Leben befolgt haben. So können Sie Ihre Angst nie überwinden.

6. *Phobischer Komplex: Angst vor der Blamage.* Richtige Antwort: b). Indem Sie sich auf die Aufgabe statt auf die Angst konzentrieren, zeigen Sie sich der Situation gewachsen. Bei Antwort c) versuchen Sie die Situation zu meistern, aber Ihre Angst schlägt Ihnen ein Schnippchen. Bei a) rationalisieren Sie Ihr Vermeidungsverhalten. Dadurch fühlen Sie sich vielleicht im Augenblick wohler, aber Sie kommen beruflich nicht weiter.

7. *Phobischer Komplex: Angst vor sexuellem Versagen.* Richtige Antwort: c). Indem Sie anfangen, über Ihre Probleme zu sprechen, erkennen Sie, daß sich die Phobie vom Geschlechtsverkehr auf alle Formen von Zärtlichkeit zwischen Ihnen beiden übertragen hat. Dadurch, daß Sie miteinander reden und etwas tun, was Ihnen ein gutes Gefühl gibt (vielleicht ist das etwas so Einfaches wie eng beieinander zu sitzen), beginnen Sie den Übertragungsprozeß umzukehren. Bei b) fliehen Sie vor der phobischen Situation und bei a) gestatten Sie sich ein kontraphobisches Verhalten. Ohne Ihre Einstellung oder Ihre Handlungen zu ändern, wiederholen Sie die phobische Situation.

8. *Phobischer Komplex: Angst vor dem Alleinsein.* Richtige Antwort: a). Sie erledigen Ihre Arbeiten und ertragen das unangenehme Gefühl, allein zu sein. Sie werden merken, daß Sie es aushalten können, und stärken damit letztlich Ihr Selbstgefühl. Bei Antwort b) versuchen Sie, sich die Situation zu erleichtern, aber die Phobie triumphiert. Bei c) praktizieren Sie eine häufige Form der Vermeidung, die viele Phobiker fälschlich als Drückebergerei bezeichnen und die sie veranlaßt, sich ihrer Faulheit anzuklagen.

9. *Phobischer Komplex: Höhenangst.* Hier handelt es sich um zwei Ängste – *offensichtlich ist die Höhenangst, aber dahinter steckt die sekundäre Angst, daß andere Sie für etwas verrückt halten könnten.* Diese sekundäre Angst ist sehr häufig und gründet sich zum Teil auf die

Erfahrung, daß andere Ihre irrationalen Ängste nicht verstehen können. Viele Menschen leiden still vor sich hin und verbergen ihre Ängste, solange sie können. Richtige Antwort: c). Sie machen keinen Hehl aus Ihrer sekundären Phobie und stellen den anderen auf die Probe. Selbst wenn er Ihre Höhenangst nicht versteht, wird er doch begreifen, daß Ihnen etwas an seiner Freundschaft liegt. Sie können die Freundschaft dadurch vielleicht retten. Bei b) praktizieren Sie sowohl Flucht- wie Vermeidungsverhalten. Sie setzen sich der Situation aus, aber wenn die Angst in Ihnen hochkommt, rennen Sie weg (Flucht) und erfinden eine Notlüge. (Vermeidung der sekundären Phobie). Sie vermeiden es, zu erklären: »Ich habe Höhenangst.« Bei a) praktizieren Sie Vermeidungsverhalten gegenüber beiden Phobien.
10. Phobischer Komplex: Angst vor Erfolg. Richtige Antwort: a). Sie haben die Gelegenheit, beruflich voranzukommen, und Sie nehmen sie wahr. Bei b) ist die Antwort falsch, wenn Sie sich bei Ihrer Entscheidung von der Notwendigkeit leiten lassen, die Furcht vor dem Erfolg zu vermeiden, statt darüber nachzudenken, ob ein solcher Schritt an diesem Punkt Ihrer Karriere nicht der richtige ist. Unter bestimmten Bedingungen kann die Antwort aber auch für Sie richtig sein, wenn Ihre Entscheidung nämlich nicht von Angst diktiert wird, sondern es sich um Ihre freie Wahl handelt. Bei c) steigt Ihre Angst, je näher Sie dem Erfolg kommen. Ihr Urteil wird getrübt; Ihre Fehler häufen sich. Ihre Angst vor dem Erfolg gewinnt die Oberhand.

Diese Beispiele sollen Ihnen helfen, Ihre persönlichen versteckten Phobien herauszufinden. Schreiben Sie Ihre eigenen Problemsituationen nieder, denken Sie sich alternative Verhaltensweisen aus (schreiben Sie auch auf, wie Sie sich in dieser Situation verhalten haben oder verhalten werden) und versuchen Sie festzustellen, ob eine bestimmte Phobie im Spiel ist.

Wie Sie sich beim Anti-Angst-Training Ihre eigenen Ziele setzen

1. Wenn Sie nur eine leichte Phobie haben, die sie nur wenig stört, brauchen Sie nichts dagegen zu unternehmen. Einige Leute glauben, daß auch die unbedeutendste Phobie auf einen tiefsitzenden unbewußten und ungelösten Konflikt deutet. Wenn Sie zum Beispiel Angst vor Mäusen haben, so schließen Sie daraus auf phallische Zusammenhänge. Ihre Angst bedeutet angeblich, daß Sie Angst vor Penetration haben – in Ihrem Unbewußten wehren Sie sich dagegen, daß ein Mann in Ihre Scheide eindringt. Vergessen Sie alle diese symbolischen Bedeutungen. Bestellen Sie lieber einen Kammerjäger.
2. Versuchen Sie nicht, Ihre Angst zu rationalisieren. Hören Sie auf zu

sagen: »Meine letzte Rede war stümperhaft« . . . »Auf der letzten Party war man nicht nett zu mir« . . . »Alle werden sehen, wie nervös ich bin, und mich geringschätzen.« Konzentrieren Sie sich auf das, was Ihre Ängste und Ihre Reaktionen auslöst, nicht auf Ihre Rationalisierungen.

3. *Lassen Sie sich von Ihrem Hausarzt untersuchen.* Manchmal haben Ängste körperliche Ursachen. Niedriger Blutzucker kann zum Beispiel zu Schwindel- und Schwächeanfällen führen, die Sie für eine Angstreaktion halten.

4. *Machen Sie eine Liste der Phobien, die Sie in der Vergangenheit hatten, und erinnern Sie sich, was aus ihnen geworden ist.* Wahrscheinlich gab es in Ihrem Leben ein ständiges Kommen und Gehen von Phobien. Viele verschwinden von selbst. Andere wiederum nicht. Ängste der Kindheit und der Pubertät sind dafür die besten Beispiele. Ich nenne Ihnen ein paar von meinen eigenen:

- Angst vor Hunden. Obwohl ich kurze Zeit einen Terrier zum Spielgefährten hatte, fürchtete ich mich als Kind vor den meisten Hunden. Dies setzte sich fort bis zum Ende der Teenagerzeit, als ich auf einer Farm einen Ferienjob annahm. Zu meiner Arbeit gehörte auch, für die Hunde zu sorgen. Weil ich auf den Job angewiesen war, mußte ich meine Phobie überwinden. Und ich schaffte es. Heute habe ich keine Angst mehr vor Hunden.
- Angst, von einem Baseball verletzt zu werden. Diese Angst war besonders stark, als ich neun Jahre alt war und jeden Tag nach der Schule Baseball spielte. Ich ängstigte mich vor allem während der Turnstunde, wenn überall die Bälle flogen und ich schließlich mit Schlagen an der Reihe war. Je besser ich spielen lernte, desto geringer wurde meine Furcht. Als ich jedoch auf die High School kam, hörte ich auf, Baseball zu spielen. Ganz hat mich diese Furcht bis heute nicht verlassen. Wenn ich in einem öffentlichen Park an Baseballspielern vorbeigehe, bin ich immer sehr auf der Hut und suche so schnell wie möglich aus der Reichweite des Balls zu kommen.
- Im Wald nachts allein sein. Als ich das erste Mal nachts in einem Wald zeltete, konnte ich nicht schlafen. Jeder Bums und jedes Rascheln bedeutete »Gefahr«. Da ich in diesem Sommerlager eine Woche aushalten mußte, blieb mir nichts übrig, als damit fertig zu werden. Inzwischen habe ich wiederholt gezeltet, und mit der Wiederholung verschwand die Angst vollständig. Heute zelte ich gern allein im Wald.

5. *Denken Sie darüber nach, wie günstig es sich auf Ihr Leben auswirken wird, wenn Sie Ihre Ängste aufgeben.* Schreiben Sie auf, was Sie dann im Gegensatz zu heute alles tun könnten, welche Talente Sie aktivieren würden und wie sich Ihr ganzer Lebensstil ändern würde. Legen Sie diese Liste an einen Platz, wo Sie sie jeden Tag sehen. Sie wird Ihnen helfen, weiterzumachen, auch wenn es einmal schwierig wird.

6. *Passen Sie auf, daß Sie die richtige Angst diagnostizieren.* Manchmal

glauben Sie, daß Sie sich vor einer bestimmten Sache fürchten, und in Wirklichkeit ist es etwas ganz anderes. Ich habe festgestellt, daß zwei Ängste sehr häufig miteinander verwechselt werden:

a) Manche behaupten, daß sie sich vor Aufzügen fürchten, aber in Wirklichkeit haben sie Höhenangst.

b) Manche haben Ängste, die mit Brücken, Tunnels, Menschenmengen und Straßenverkehr zusammenhängen, während sie sich in Wirklichkeit vor einem Panikanfall fürchten.

Fallbeispiel

Jennie hatte eine Segelboot-Phobie, die zu vielen Eheschwierigkeiten führte. Ihr Mann war ein Segelfan, aber Jennie weigerte sich, seinem geliebten Boot auch nur nahezukommen. Selbst im Winter stritten sie sich über sein Hobby, wobei ihm Jennie Beschuldigungen an den Kopf warf wie: »Du hast kein Recht, mich so oft allein zu lassen.« Sie erklärte mir das alles sehr logisch: »Ich habe Angst, daß das Boot sich im Wind auf die Seite legt und umschlägt.«

Doch solange wir die Sache als Angst vor Segelbooten ansahen, kamen wir nicht weiter. Als sich kein Behandlungserfolg zeigte, versuchten wir, das Problem neu zu durchdenken. Zunächst hatte ich Jennie gefragt: »Können Sie schwimmen?« Sie hatte mit »Ja« geantwortet. Jetzt fragte ich sie: »Fürchten Sie sich vor dem Ertrinken?« Sie dachte einen Augenblick nach und sagte dann: »Das ist es. Ich fürchte mich vor dem Ertrinken. Es sind gar nicht die Segelboote.« Sie hatte diese Angst schon als Kind entwickelt, hatte sie rationalisiert und sich eingeredet: »Ich mache mir nichts aus Schwimmen.« Danach hatte sie nur noch Sonnenbäder genommen. Wir beseitigten Jennies Angst vor dem Ertrinken. Hinterher machte ihr das Segeln richtig Spaß.

---

7. *Wenn Sie eine Furcht losgeworden sind, heißt das nicht, daß Sie nicht eine neue entwickeln können.* Wenn das Leben Ihnen neue Probleme stellt, können sich auch neue Reaktionen einstellen. Oder Sie entdecken eine tiefversteckte Furcht, von deren Existenz Sie nie etwas wußten.

Fallbeispiel

Frank W., ein unverheirateter Künstler von zweiunddreißig Jahren, hatte jahrelang in einem Atelier unterm Dach Bilder gemalt. Schließlich machte er eine sehr erfolgreiche Ausstellung. Die Kritiker lobten seine Arbeiten, und innerhalb einer Woche waren alle seine Bilder verkauft. Der Kunsthändler setzte sofort eine neue Ausstellung für das nächste Jahr an. Plötzlich stellte Frank fest, daß er nicht mehr malen konnte. In seiner Not kam er zu mir.

Bei unseren Sitzungen kam heraus, daß Frank phobisch auf die Angst reagiert hatte,
a) daß er nicht genügend Bilder für die Ausstellung fertigbekommen würde,
b) daß die zweite Ausstellung nicht so gut wie die erste werden und der Händler ihn verachten würde.

Wir gingen bei unseren Übungen schrittweise vor und arbeiteten zunächst an seiner zweiten Angst. Ich machte zum Beispiel genau die Bemerkung, die Frank von dem Kunsthändler zu hören fürchtete: »Ich habe mir schon gedacht, daß Sie nur eine Eintagsfliege sind.« Frank machte Entspannungsübungen und dachte sich Antworten aus. Wir arbeiteten auch an seiner Unfähigkeit zu malen. In seinem Studio führte er eine Reihe einfacher Aufgaben durch, die ihn in Gang bringen sollten. So präparierte er zum Beispiel eine Leinwand. Auch diese Übung zielte darauf ab, ihn, während er dies tat, zu entspannen, so daß ihn das nachfolgende Malen nicht mehr so stark ängstigte. Diese Techniken waren erfolgreich. Frank begann wieder zu malen. Die Ausstellung wurde so gut, daß Frank aufgefordert wurde, Vorträge und Kurse zu halten und an Kunstseminaren teilzunehmen. Plötzlich merkte er, daß er Angst davor hatte, öffentlich zu sprechen, und er kam wieder zu mir, um etwas dagegen zu unternehmen. Wenn Frank nicht als Künstler erfolgreich gewesen wäre, hätte er vielleicht niemals entdeckt, daß Reden in der Öffentlichkeit für ihn ein Problem war.

---

8. Vergessen Sie nie, daß es zwei Ziele beim Anti-Angst-Training gibt: Sie wollen die Intensität Ihrer Angstreaktion vermindern und Ihr Gefühl der Herrschaft über die Angst verstärken. Wenn Sie das schaffen, muß die Angst weichen.

Erwarten Sie nicht, daß das durch Zauberei geschieht. Sie müssen sich zwingen, Dinge zu tun, vor denen Sie sich vielleicht fürchten. Sie werden die Angst durchstehen müssen, die Sie empfinden, wenn Sie diese Dinge tun. Sie müssen vielleicht sogar die Sicherheit lebenslanger Abwehrreaktionen aufgeben. Sie werden zeitweise entmutigt sein, wenn Sie Ihre Trainingsaufgaben zwar genau ausgeführt haben, aber immer noch das Gefühl nicht los sind: »Ich habe Angst – vor dem Aufzug, vor dem Flugzeug, vor Zurückweisung.« Machen Sie sich das ganz klar. Doch wenn Sie das Angstbeherrschungsprogramm genau durcharbeiten, haben Sie gute Aussicht, Ihre Angst zu beseitigen und dadurch vielleicht Ihr Leben zu verändern. Anderen ist es so ergangen. Warum nicht auch Ihnen?

3. Kapitel

Platzangst

Vor vierzehn Jahren wartete die damals neunundzwanzigjährige Mary W. in einer Schlange vor einem Kino. Plötzlich – »als würde ich von irgend etwas gepackt« – bekam sie einen Panikanfall. Ihr Herz klopfte, ihre Knie zitterten, sie fühlte sich wie von der übrigen Welt isoliert. Von diesem Augenblick an drehte sich Marys Leben nur noch um zwei Fragen – »Werde ich wieder einen Anfall bekommen?« – »Wie kann ich das verhindern?«. Seither vermeidet sie es, sich in Situationen zu begeben, denen sie nicht schnell entfliehen kann (z. B. Zugfahrten), und die sie möglicherweise beängstigen oder bedrücken könnten. Als Sekretärin hatte sie mehrfach die Chance, Büroleiterin zu werden; sie hat abgelehnt. So groß ist ihre Furcht vor einem neuen Anfall, daß sich ihr ganzes Leben nur noch zwischen den beiden Polen Wohnung und Büro abspielt. Sie wagt nicht mehr, mit ihrem Mann auszugehen. Sie ist nie wieder ins Kino gegangen.

Mary leidet unter Agoraphobie (Platzangst), und wie ihr ergeht es vielen ihrer Leidensgenossen. Außerhalb der Sicherheit ihrer eigenen vier Wände werden sie von lähmender Angst erfaßt. Besonders häufig tritt die Agoraphobie an überfüllten oder entlegenen Plätzen auf, vor allem, wenn man nicht schnell die Flucht ergreifen oder Hilfe holen kann, falls einen die Angst wieder zu überwältigen droht und einer der gefürchteten »Anfälle« beginnt. Menschen mit Platzangst fürchten sich auch, in Verkehrsmitteln zu fahren, die man nicht nach Belieben anhalten kann.

Laut Dr. Isaac M. Marks von den Bethlehem and Maudsley Hospitals in London ist Agoraphobie von allen Phobien die häufigste. Bei der Angst vor Krebs, Bazillen und Mäusen fürchtet man, daß einem Objekte der Außenwelt möglicherweise schaden können. Bei der Agoraphobie fürchtet man sich vor den Gefühlen, die *in einem selbst entstehen* – vor dem ausweglosen Panikgefühl, das einen überfällt und lähmt, das unfrei macht, isoliert und beschämt, so daß man nirgendwo mehr hinzugehen wagt.

Wenn auch Sie ein Opfer der Agoraphobie sind, sollten Sie diesen Zustand nicht länger hinnehmen. In den letzten zehn Jahren wurde Hunderttausenden dieser unglücklichen Männer und Frauen geholfen. Sie wurden nicht durch Medizin geheilt oder durch Ergründen der Ursachen ihres krankhaften Zustandes, sondern dadurch, daß sie lernten, ihr Verhalten zu ändern. Machen Sie sich klar, daß die Agoraphobie sich vornehmlich auf dreierlei Art auswirkt: durch Gefühle (der Angst), durch Gedanken (über die schrecklichen Dinge, die geschehen könnten) und durch das Verhalten in der angsterzeugenden Situation (zwecks Vermeidung). Wenn Sie an der Agoraphobie etwas ändern wollen, müssen Sie zunächst Ihr Verhalten ändern. Dann ändern sich auch Ihre Gedanken und Gefühle.

Grundlegende Fakten zur Agoraphobie

Was Furcht auslöst. Zum Auftakt Ihrer Behandlung werden Sie sich über die Art Ihrer Symptome klar. Wovor Sie sich auch im einzelnen fürchten (an einem überfüllten Ort zu sein, von zu Hause fortzufahren – sei es allein oder in Begleitung von Eltern oder Ehepartner –, einen Laden zu betreten, irgendwo anzustehen, allein im Hause zu sein), Sie fürchten sich *hauptsächlich* vor einem Panikanfall und seinen Begleitsymptomen. Dazu gehören Beklemmung, Schwäche, Herzklopfen, »weiche Knie«, Schwindel, aussetzender Herzschlag, das Gefühl, nicht tief durchatmen zu können, Schleier vor den Augen, Muskelschmerzen, die Vorstellung, daß Ihnen der Untergrund entgleitet, ein Gefühl, isoliert und irgendwie unwirklich zu sein. Vor allem leiden Sie unter Anfällen lähmender Panik und dem Verlangen, »nach Hause zu kommen, wo ich in Sicherheit bin«.

Diese Panikanfälle können überall und in jeder Situation auftreten. Die Betroffenen assoziieren ihre Anfälle mit dem Ort, an dem der Anfall zum ersten Mal auftrat: Kino, Straße, überfüllter Laden, Bus, Zug, Aufzug. Sie beginnen den Anfall zu erwarten und schon bevor sie sich diesen Situationen stellen, derart nervös zu werden, daß sie den Anfall direkt herbeiführen. Das Ergebnis: Sie erziehen sich entweder dazu, an diesen Orten Angstanfälle zu haben, oder sie meiden diese Orte völlig.

Sie erleben eine Reihe von Ängsten, die ihre Grundangst am Leben erhalten. Dadurch unterscheidet sich der Agoraphobiker vom normalen Menschen, der sich ja auch in Streßsituationen Sorgen macht. Dies sind die vier häufigsten Gefühle, die die Grundangst nähren:

- »Ich werde einen Herzanfall bekommen und sterben.«
- »Ich werde in Ohnmacht fallen und hinstürzen.«

Viele Agoraphobiker halten sich deshalb an allen möglichen Gegenständen fest; sie tasten sich gleichsam vom Feuermelder zum Laternenpfahl.

In einem Fall konnte eine Frau aus Angst hinzustürzen nicht auf den Aufzug warten. Sie rutschte auf Händen und Knien drei Treppen hoch und sagte dabei ständig vor sich hin »schnell, schnell, schnell«.

– »Ich werde wahnsinnig. Man wird mich in die Irrenanstalt bringen müssen.«
– »Ich werde die Beherrschung verlieren. Ich werde schreien, kreischen oder mich sonstwie lächerlich machen.« (In solchen Situationen liegen oft zwei Gefühle miteinander in Widerstreit. Sie wollen, daß ein guter Bekannter kommt und Ihnen hilft. Andererseits fürchten Sie, daß ein Bekannter kommen und Sie in diesem Zustand sehen könnte.)

Man fürchtet sich so sehr vor der Hauptangst, daß man sie von den verschiedenen Ängsten, die sie nur unterstützen, nicht mehr unterscheiden kann. Die verschiedenen Ängste vermischen sich miteinander und die Hauptangst triumphiert. Zwar entzieht sie sich jeder Kontrolle, doch wenn man die sie unterstützenden Ängste beherrscht und beseitigt, verschwinden schließlich auch die Panikanfälle.

Wichtig ist, daß es selten zu den erwarteten Extremfällen kommt. Man fällt nicht in Ohnmacht, stirbt nicht, wird nicht verrückt, verliert nicht die Beherrschung. Selbst wenn Sie etwas Unpassendes tun (zum Beispiel mitten im Gottesdienst aus der Kirche stürzen oder plötzlich den Bus verlassen und ein Taxi nehmen, bewahren Sie gewöhnlich Ihre Würde und tun nichts, was geradezu irrsinnig wirkt. *Die Gefahr, daß Ihnen etwas wirklich Schreckliches oder Verhängnisvolles zustößt, ist nicht größer als bei einem Menschen, der Ihre Ängste nicht hat.*

Was Platzangst verursacht. Es ist statistisch erwiesen, daß die Platzangst gewöhnlich in jungen Jahren zwischen achtzehn und fünfunddreißig beginnt. Einen Anfall von Platzangst kann fast jeder bekommen. Das hat nichts zu tun mit Intelligenz, Erziehung, Beruf, sozialem und ökonomischem Status, Religion oder ethnischer Zugehörigkeit. Es hat auch keinerlei Beziehung zu psychologischen Voraussetzungen; man kann in jeder Beziehung völlig »normal« sein und doch Platzangst bekommen. Auch die Geschlechtszugehörigkeit ist gleichgültig. Platzangst kommt bei Männern und Frauen gleich häufig vor. Sie hat jedoch die Tendenz, bei Frauen hartnäckiger zu sein. Dr. Marks schätzt, daß ungefähr 66 Prozent aller Agoraphobiker, die einen Psychiater aufsuchen, Frauen sind. In ihrer Übersicht aus dem Jahre 1970 berichtet Dr. Claire Weekes, daß von 528 Agoraphobikern 91 Prozent Frauen waren.

Platzangst ist weit verbreitet. Verschiedene Untersuchungen in den Vereinigten Staaten und Großbritannien zeigen, daß auf 1000 Menschen sechs schwere Fälle von Platzangst kommen. Doch viele Betroffene suchen niemals einen Psychiater auf oder leiden an leichteren Formen. Nach meiner eigenen Schätzung haben 12 von 1000 Amerikanern Platzangst.

Ungefähr drei von zehn Agoraphobikern litten vorher an Trennungsangst. Einer Patientin zum Beispiel fiel es schwer, das College zu besuchen, weil sie Angst hatte, sich von ihren Eltern zu trennen. Als ihr Vater zehn Jahre später starb, »kam sie mit dem Leben nicht mehr zurecht« und fühlte sich ängstlich und deprimiert. Heute mit vierundvierzig kann sie sich ohne Begleitung ihres Ehemanns nicht weiter als zwei Blocks von ihrem Haus entfernen. Ständig fragt sie: »Was wird nur aus mir, wenn ihm etwas zustößt?«

Die meisten wissen, wo sie ihren ersten Anfall hatten, und können ihn auch nach Jahrzehnten in allen Einzelheiten beschreiben. Gewöhnlich sehen sie die Ursache in irgendeinem Streß, den sie damals gerade durchstehen mußten: dem physischen Streß einer Krankheit, einer Operation oder sogar einer Geburt; starkem psychologischem Streß durch den Tod eines nahestehenden Menschen; Verlust des Arbeitsplatzes; Bruch eines Eheversprechens; weniger starkem, aber lang andauerndem Streß wie einer unglücklichen Ehe oder einer Reihe persönlicher Schwierigkeiten wie ständigem Geldmangel; oder einem Schockerlebnis (Eine Frau erzählte: »Vor zwanzig Jahren ist ein Fensterputzer vor meinen Augen aus einem Hochhaus gestürzt. Seither habe ich nicht mehr auf die Straße gehen können.«) Aus diesem Grund läuft Agoraphobie unter der Bezeichnung »Katastrophen-Syndrom«.

Es *scheint*, als lägen dem Anfall derartige Probleme zugrunde. In Wirklichkeit wissen die Fachleute aber nicht, was den ersten Anfall auslöst; warum unter gleichen Bedingungen einige Platzangst bekommen und andere nicht; warum sie sich gerade in diesem Augenblick einstellt und in dieser besondern Form äußert. Aber wenn wir auch nicht wissen, wodurch der Panikanfall ausgelöst wird, was ihn am Leben hält und wie man ihn erfolgreich behandelt: Bei vielen Agoraphobikern ist Streß im Spiel. Ich habe Männer kennengelernt, deren erster Anfall auftrat, als ihre Frau ein Kind geboren hatte. Ich habe mehrere Fälle gesehen, die durch Zuckerkrankheit oder durch Rauchen von Marihuana verschlimmert wurden. Der Anfall kann aber auch »aus heiterem Himmel« kommen.

In ihrem Abschlußjahr in Harvard belegten David L. und ein Freund ein Seminar bei Arthur Schlesinger. Eines Tages kam der Freund nicht. David fühlte sich »in der Gruppe wie ein Gefangener ... Ich merkte, wie meine Knie zitterten und meine Hände feucht wurden. Ich glaubte ohnmächtig zu werden. Ich konnte das Seminar nicht mehr mitmachen.« David ist heute vierzig, geschieden und arbeitet als Wirtschafsredakteur. Er fährt überallhin mit der Taxe (»Ich muß mein Transportmittel unter Kontrolle haben. Wenn ich nur höre, daß eine U-Bahn unter einem Fluß steckenbleibt, fange ich an zu zittern.«) David hat sich selbst die Diagnose Klaustrophobie gestellt. Er hat nicht erkannt, daß er in Wirklichkeit an Platzangst leidet.

Wie ein Panikanfall verläuft. Die Anfälle erfolgen im allgemeinen schnell und heftig. Gerade noch ist alles mit Ihnen in bester Ordnung; im nächsten Augenblick haben Sie den Anfall. Ich zitiere aus zwei Krankenberichten, die die Verzweiflung des Agoraphobikers zeigen.

FALL EINS: Hausfrau. »Wenn ich fertig angezogen bin, zittere ich schon am ganzen Leib und friere. Ich weiß nicht, ob ich mich wieder erkältet habe oder ob mit meinem Kreislauf etwas nicht in Ordnung ist. Ich zittere. Es wird immer schlimmer. Ich fürchte mich, nach draußen zu gehen. Ich fürchte mich vor allem. Alles entgleitet mir. Nächstes Mal werde ich vielleicht ohnmächtig . . . falle einfach tot um. Ich habe Angst, weil ich so zittere . . . weil ich mich so kalt, so unsicher fühle . . . als könnte ich mich auf meinen Körper nicht mehr verlassen . . . als könnte ich ohnmächtig werden . . . oder einen Anfall bekommen. Ich suche meine Sonnenbrille. Ich kann sie nicht finden. Ich werde verrückt. Ich werde nie mehr damit fertig werden. Es ist hoffnungslos.«

FALL ZWEI: Börsenmakler. »Ich gehe irgendwo hin (Supermarkt, Postamt, Bürogebäude). Ich habe Gleichgewichtsstörungen beim Gehen und alles sieht »falsch« aus und klingt anders und das Licht erscheint entweder ungewöhnlich hell oder trüb. Wenn ich dann mit der Arbeit anfange, werden die Gleichgewichtsstörungen immer schlimmer und ich werde schwindlig, als ging es mit mir zu Ende. Der Boden schwankt unter meinen Füßen. Vor meine Augen legt sich ein Schleier; es fällt mir schwer, zu lesen oder mich zu konzentrieren. Meine Muskeln sind schwach und zittern, wenn ich meine Arme bewege. Ich bekomme Angst, die sich bis zur Panik steigert. Mein Herz beginnt zu flattern. Ich breche in Schweiß aus, und ich bin am ganzen Körper heiß. Ich habe das Gefühl, ich kann nicht bleiben, wo ich bin, sondern muß nach draußen laufen, und wenn die Leute mir den Weg versperren, werde ich wütend und möchte sie beiseite stoßen. Wenn ich schließlich gehe, habe ich immer noch die gleichen Gefühle und habe Angst, daß ich es nicht mehr bis nach Hause schaffe. Wenn ich weit von zu Hause weg bin, ginge ich oft lieber ins Krankenhaus statt nach Hause.

Wenn der Anfall so eindeutig verläuft wie oben beschrieben, endet er mit dem Gefühl, daß die Symptome allmählich aus mir herausströmen, besonders aus meinem Gehirn, und zurück bleibt ein Gefühl der Müdigkeit und Erleichterung.«

Agoraphobiker sollten folgendes wissen:

- Der erste Anfall ist gewöhnlich der schlimmste. Die panischen Elemente verstärken sich bei späteren Anfällen nicht mehr. Sie können schwächer werden oder auch in ihrer Intensität sehr stark schwanken, aber schlimmer wird es nicht.
- Sie haben weder einen Gehirntumor noch Herzschwäche oder Epilepsie. Es gibt keinerlei Anhaltspunkte, daß Agoraphobie mit einer dieser drei Krankheiten in Zusammenhang steht.
- Ihre Grundangst ist die Angst vor Panikanfällen. In den neuen Lehrbüchern soll der Terminus *Agoraphobie* durch die Bezeichnung *phobischer Angstzustand* ersetzt werden.

Welche Vorsichtsmaßnahmen Agoraphobiker ergreifen. Wenn Agoraphobiker ins Kino, Theater oder zur Kirche gehen, ängstigen sie sich am wenigsten, wenn sie seitlich in der Nähe des Ausgangs sitzen, so daß sie schnell fortgehen können, wenn sie einen plötzlichen Anfall bekommen. Ein Telefon in der Nähe ist auch eine Hilfe. Sie ziehen eine Parterrewohnung einer Wohnung in höheren Stockwerken vor, die man nur mit dem Aufzug erreichen kann. Sie greifen auch gern nach irgendwelchen Stützen: Regenschirmen, Einkaufsrollern oder Kinderwagen. Sie bevorzugen einsame Straßen. Sie können leichter mit Bummelzügen, die oft halten, als mit Schnellzügen fahren. Gewöhnlich ziehen Agoraphobiker das Auto allen anderen Beförderungsmitteln vor, und sie können einen Wagen selbst über weite Strecken steuern, obwohl sie es bei einer Busfahrt kaum von einer Haltestelle zur nächsten aushalten. Allerdings müssen sie dichten Verkehr meiden. Manchmal fallen ihnen diese Fahrten leichter, wenn sie dabei am Haus eines Freundes oder Arztes vorbeikommen oder an einer Polizeistation. Die Möglichkeit, dort Hilfe zu bekommen, nimmt ihnen etwas von der Angst.

Viele Agoraphobiker fühlen sich am wohlsten in der Gesellschaft eines ihnen vertrauten Menschen, und sie werden von diesem Menschen abhängig. Andere fürchten sich davor, allein zu sein oder sich in einer Situation zu befinden, wo sie sich nicht schnell und ohne das Gesicht zu verlieren in Sicherheit bringen können. In schlimmen Fällen ist ihr Verlangen nach ständiger Gesellschaft eine schwere Belastung für Freunde und Verwandte. Einige können es nicht aushalten, auf dem Stuhl beim Zahnarzt oder Friseur (unter der Trockenhaube) zu sitzen, da sie sich in dieser Situation nicht schnell befreien können. Man spricht in diesem Zusammenhang vom »Frisiersessel-Syndrom«.

So denken sich Agoraphobiker ein Vermeidungsschema aus. Sie lernen, ihre Ängste mit den Situationen, in denen der Anfall auftrat, zu assoziieren und fangen an, diesen Situationen aus dem Wege zu gehen. Da sie fast überall einen Anfall bekommen können, ziehen sie sich immer mehr zurück. Viele Hausfrauen verlassen ihre Wohnung überhaupt nicht mehr.

Häufig entziehen sich Agoraphobiker der angsterregenden Situation durch die Flucht und bestärken sich dabei in der Überzeugung, daß ihre schlimmsten Ängste – Verrücktwerden, Totumfallen – wahr geworden wären, wenn sie in der Situation ausgeharrt hätten. Eine junge Frau, die für einen Innenarchitekten arbeitete, verfiel auf eine originelle Idee, wie sie einem Panikanfall im Büro entfliehen konnte. Vor einer Konferenz pflegte sie ihre Kontaktlinsen an einem »geheimen Ort« in der Damentoilette zu verstecken. Sie erzählt: »Mit dieser Ausrede konnte ich die Konferenz verlassen. Ich konnte ja nicht sagen: ›Ich werde verrückt.‹ Also sagte ich einfach: ›Ich muß meine Kontaktlinsen holen.‹«

Die Folgen. Platzangst hat viele Folgen.

– Sie können z.B. Angst davor haben, Medikamente einzunehmen. Medikamente haben oft Nebenwirkungen und führen zu Schweißausbrüchen oder Müdigkeit. Da Agoraphobiker so empfindlich auf körperliche Veränderungen reagieren, weigern sich viele, wenn es nicht dringend erforderlich ist, überhaupt irgendwelche Medizin einzunehmen. Sie lehnen selbst Aspirin ab. Andere werden in dem Bemühen, den Streß zu vermindern, von Tranquilizern oder Alkohol abhängig.

- Sie fühlen sich deprimiert. Eine Ursache dafür ist der phobische Angstzustand, in dem Sie sich befinden. Aber auch die Tatsache, daß Ihr Leiden Ihr Leben eingeengt und Ihre Selbstachtung erschüttert hat, führt zu Depressionen. Ein Betroffener sagt: »Ich fühle mich schrecklich isoliert und deprimiert. Ich bin nicht wie die anderen. Alle anderen laufen fröhlich herum, und ich bin so hilflos.«
- Sie fühlen sich wie ausgelaugt. Sie haben keine Energie. Sie können sich nicht dazu bringen, irgend etwas zu tun.
- Sie machen ständig Pläne und werfen sie wieder über den Haufen. Eine Frau erzählt: »Ich kann nichts im voraus planen – wenn ich an dem betreffenden Tag nervös oder aufgeregt bin, gehe ich doch nicht hin.«
- Sie glauben, daß die anderen Sie nicht verstehen. Eine Frau sagt: »Mein Mann hat mir zunächst geholfen, aber jetzt hat er die ganze Geschichte satt.« Platzangst wirkt sich auf den Ehepartner in Extremfällen so aus: Ihr Partner reagiert entweder sehr verärgert oder irritiert. Er verübelt es Ihnen, daß er ständig bereitstehen muß, Sie da- und dorthin zu bringen, oder daß Sie zwar ins Kino gehen wollen, aber nicht zu einer Party, wo viele Leute sehen könnten, »wie ich mich zum Narren mache«.

  Oder aber Ihr Ehepartner übernimmt die Rolle des liebevollen Beschützers. Dennoch schwingt dabei ein starkes Ressentiment mit. In seltenen Fällen passiert es auch, daß ein Mann den Zustand seiner Frau geradezu genießt. Ihm gefällt ihre Abhängigkeit. Ich hatte eine Patientin, die gute Fortschritte machte. Als sich ihr Zustand besserte, fing ihr Mann an, mit anderen Frauen auszugehen. Sie brach die Behandlung ab mit der Begründung: »Warum soll ich meine Platzangst aufgeben, wenn ich dadurch nur meinen Mann verliere.«
- Sie engen Ihr Leben ein. Sie können nicht in den Supermarkt oder in ein Warenhaus gehen. Sie können sich nicht allein ein Kleid kaufen oder ohne Begleitung ausgehen. Dieses Thema hat viele Variationen. Sie können z. B. mit Ihrer Freundin ausgehen, aber Sie können nicht an einem Frühstück teilnehmen, zu dem viele Gäste geladen sind.
- Sie geben sich die größte Mühe, daß niemand von dieser »schrecklichen Sache« erfährt. Marjorie D. z. B. ist eine sehr charmante Frau, die immer viel Besuch zu sich einlädt, aber sie hat ihr Haus seit 25 Jahren nicht allein verlassen. Sie ist sehr erfinderisch, wenn es darum geht, andere herbeizuzitieren, damit sie sie mitnehmen (»Mein Wagen streikt. Kannst du mich abholen?«). Wenn niemand kommt,

um sie abzuholen, findet sie einen einleuchtenden Vorwand, um die Einladung abzusagen (»Ich kann nicht – ich muß etwas ganz Wichtiges für Jim erledigen«). Wegen ihrer Angst vor Panikanfällen fliegt sie auch nicht, aber ihren Freunden erzählt sie: »Ich liebe mein Sommerhaus in Westhampton. Ich habe gar nicht den Wunsch, nach Europa zu reisen.« Nur ihr Mann weiß über ihren Zustand Bescheid. Nicht einer ihrer vielen Freunde hat auch nur die geringste Ahnung, daß irgend etwas mit ihr nicht stimmt.

– Sie fragen sich ständig: »Was wird geschehen, wenn ich einen Anfall bekomme?« ... »Warum ist gerade mir das passiert?«

Das »Warum« ist bedeutungslos. Sie selbst fügen sich etwas zu. Auch psychoanalytische Behandlung kann Ihnen nicht helfen. Sie versagt bei der Platzangst. Zum einen beginnt die Analyse zu sondieren und die Angst aufzuwühlen. Dadurch wird der Zustand verschlimmert. Zum anderen versucht die Analyse, zu den »Wurzeln« der Angst vorzudringen und nicht, etwas dagegen zu unternehmen. Aber bei der Agoraphobie kommt es gerade darauf an, *etwas dagegen zu tun.* Der Psychotherapeut sieht oft Patienten, die unter einer akuten Angst leiden, die sich nicht zu ändern scheint und die mit Phobien gekoppelt ist, die sich ständig verschlimmern. Scheinbar haben diese Ängste keinerlei Beziehung zueinander (Angst vor Tunnels und Brücken, vor offenen und geschlossenen Räumen). Oft gibt der Psychotherapeut auf, oder er sucht jahrelang nach einem Schlüssel im Unbewußten des Patienten.

Die Verhaltenstherapie kann jedoch helfen. In Veröffentlichungen zu diesem Thema wird von Erfolgen bei mindestens 85 % der Fälle berichtet. In der Payne-Whitney-Klinik führten wir zwei Gruppentherapien durch mit Patienten, die nicht allein reisen konnten. Nach sieben Wochen konnten alle vierzehn Patienten der beiden Gruppen allein durch New York fahren.

Zu Beginn der Behandlung müssen Sie sich zum Ziel setzen, sich der gefürchteten Situation zu stellen und die Panik durchzustehen. Wenn Sie bereit sind, den schlimmsten Panikanfall auszuhalten, ohne sich aus der Situation zurückzuziehen, werden die Panikgefühle nicht über Ihnen zusammenschlagen. Sie werden erfahren, daß Sie weder ohnmächtig werden noch einen Herzanfall bekommen oder gar sterben. Weder werden Sie verrückt noch verlieren Sie die Beherrschung. Wenn Sie sehen, daß die Angst Sie nicht zerstört, werden Sie sich nicht mehr vor ihr fürchten. Setzen Sie sich zum Ziel, in den gefürchteten Situationen immer längere Zeit auszuhalten. So werden die Panikanfälle allmählich an Häufigkeit abnehmen, bis sie schließlich ganz verschwinden.

Anmerkung: In unserer Gesellschaft gehört es zur traditionellen Rollenverteilung, daß die Männer ins Leben hinausgehen, um zu arbeiten. Weil sie ihren beruflichen Verpflichtungen nachkommen müssen, sind sie gezwungen, die Angstanfälle durchzustehen. So lernen sie, damit fertig zu werden, und die Platzangst verschwindet. Viele Frauen dagegen halten an ihrem Vermeidungsschema fest und stehen den Angstanfall niemals richtig durch. Ihre Platzangst bleibt bestehen. Aus diesem Grunde findet man Agoraphobie weniger häufig bei Männern als bei Frauen.

Vergessen Sie nicht, daß es sich bei der Agoraphobie um einen angsterregenden Zustand handelt, *der nicht gefährlich ist.* Alle Ihre Symptome haben eine einzige Ursache: Angst. Sie können Ihre Angst loswerden.

Behandlung der Agoraphobie

Nehmen Sie den Fall einer Frau, die schwimmen kann, sich aber vor tiefem Wasser fürchtet. Sie werfen sie da, wo das Schwimmbecken am tiefsten ist, ins Wasser. Sie bekommt Angst, schafft es aber, bis zum Rand zu schwimmen. Die Angst geht ganz von selbst vorüber. Sie muß vorbeigehen, falls die Frau es nicht geradezu darauf anlegt, sie zu verlängern. Wenn sie aus dem Wasser klettert, stoßen Sie sie wieder hinein. Dieses Mal empfindet sie schon weniger Angst und erholt sich schneller von ihrem Schrecken. Sie wiederholen dies einige Male, bis sie gar keine Angst mehr spürt. Auf dieser Erkenntnis beruht im wesentlichen die Behandlung der Agoraphobie. Man nennt dies Überfluten.

Behandlungsziele bei Agoraphobie

Ziel der Behandlung ist, daß Sie sich der Situation stellen. Folgende Schritte können Ihnen dabei helfen.

1. Machen Sie eine Liste der Behandlungsziele. Schreiben Sie alles auf, was Sie tun wollen und was Sie bisher vermieden haben.

Alles in dieser Liste sollte klar formuliert sein: »Allein zum Einkaufen gehen« ist zu vage. Versuchen Sie es mit »Lebensmittel im Supermarkt besorgen« oder »Strümpfe bei Karstadt kaufen«.

Denken Sie auch an Aufgaben, die Sie mit Leichtigkeit lösen können, d.h. Situationen, die Sie nur geringfügig in Angst versetzen; z.B. mit dem Aufzug drei Stockwerke nach unten fahren, den Wagen einen Häuserblock weiter zur Tankstelle fahren, auf einer Bank vor dem Haus sitzen. Für den Anfang brauchen Sie kinderleichte Aufgaben (das heißt Aufgaben, die *Ihnen* kinderleicht vorkommen).

Fallbeispiel

Rosalind T. nahm sich als erstes vor, »zu Saks zu gehen«. Sie wohnte vierzig Häuserblocks von Saks entfernt und dachte, sie könne es schaffen. Aber sie schaffte es nicht. Da ich sie nicht einmal dazu bringen konnte, wenigstens vor dem Geschäft zu stehen und das Schaufenster anzusehen, mußte ich einsehen, daß die Aufgabe zu schwer war. Ich bat sie, sich für den Anfang etwas Einfacheres auszusuchen, aber sie behauptete, es gäbe nichts Einfacheres. Wir waren in einer Sackgasse.

Eines Tages erwähnte Rosalind, daß sie versucht hatte, zu Saks zu gehen, aber nach wenigen Häuserblocks Angst bekommen und sich nach Hause geflüchtet hatte. Ich fragte: »Warum sind Sie bei dieser Kälte zu Fuß gegangen?« So kam heraus, daß sie schon seit Jahren nicht mit dem Bus gefahren war. Sie hatte sich so daran gewöhnt, in Manhattan alles zu Fuß zu erledigen, daß sie gar nicht auf den Gedanken kam, den Bus zu nehmen, oder auch nur zu erwähnen, daß sie das nicht konnte. Sie hatte sich auch zu sehr »geschämt«, mir zu erzählen, daß sie sich nicht weiter als vier Häuserblocks von ihrer Wohnung entfernen konnte. Zum gleichen Zeitpunkt bemerkte ich, daß sie immer mit einer Freundin in meine Praxis kam, die sie bei mir absetzte, in ein Café ging und sie 45 Minuten später wieder abholte.

Für Rosalind fanden wir einen einfacheren Anfang: fünf Häuserblocks weit gehen und dort eine Stunde bleiben.

Bei Agoraphobikern sieht jeder Behandlungsplan anders aus. Zur Übung schlage ich Ihnen jedoch einige Situationen vor, die Ihnen helfen sollen, Ihre persönliche Liste zusammenzustellen. Schreiben Sie folgende Liste auf jeden Fall in Ihr Arbeitsheft.

Aufgaben für Anfänger

- Halten Sie sich vor Ihrer Haustür auf – eine halbe Stunde, eine Stunde, zwei Stunden.
- Gehen Sie zur nächsten Ecke. Bleiben Sie dort eine halbe Stunde, eine Stunde, zwei Stunden. Gehen Sie *auf keinen Fall* fort, ehe die festgesetzte Zeit um ist. Lesen Sie, sehen Sie sich Schaufenster an, usw.
- Machen Sie eine Skizze von den Straßen in Ihrer Nachbarschaft, die Sie bisher gemieden haben. Gehen Sie zu verschiedenen Punkten, z. B. zu einer Kirche oder zu einem Postamt. Zeichnen Sie rot ein, bis zu welchem Punkt Sie sich vorgetraut haben. Erweitern Sie die roten Linien mit jedem neuen Punkt, bis Sie Ihr Ziel erreicht haben und die ganze Karte mit einem roten Liniennetz überzogen ist.
- Bleiben Sie allein zu Hause – eine Stunde, zwei Stunden, drei Stunden. *Anmerkung:* Einige Agoraphobiker fürchten sich bei dem

Gedanken, allein zu sein. Sie quälen sich mit der Vorstellung: »Was soll ich tun, wenn ich einen Panikanfall bekomme und allein bin?«

Fallbeispiel

Eine verheiratete Frau, deren Mutter im nächsten Häuserblock wohnte, vermochte nur dann allein zu bleiben, wenn sie wußte, daß sie ihren Mann oder ihre Mutter jederzeit erreichen konnte. Niemand anders zählte für sie. Immer wenn ihr Mann sein Büro verließ, mußte er Lorraine anrufen und ihr sagen, wo er hinging, wie lange er sich dort aufhalten würde und wie sie ihn telefonisch erreichen könnte. Wenn ihre Mutter zum Supermarkt, Kosmetiksalon oder auch nur in das kleine Café an der Ecke ging, mußte sie ihr ebenso Bescheid sagen. Ihr Mann und ihre Mutter mußten ihren Terminplan aufeinander abstimmen. Wenn sich der Mann z.B. auf dem Nachhauseweg befand, blieb die Mutter beim Telefon. Und wenn umgekehrt die Mutter ausging, mußte der Mann neben dem Telefon sitzen. In diesem Fall mußte die Mutter sie noch zusätzlich jede halbe Stunde anrufen.

Wir stellten Lorraine eine Aufgabe. Am nächsten Freitag war ihr Mann mit Geschäftsfreunden zwischen 11 und 13 Uhr zum Mittagessen verabredet, und er sollte ihr keine Telefonnummer hinterlassen. Auch die Mutter sollte ohne Angabe einer Telefonnummer ausgehen. Wir verabredeten auch, daß ich zu dieser Zeit nicht in meiner Praxis sein würde. Mann und Mutter sollten sie um 13 Uhr anrufen, und sie sollte dann mit mir um 13.15 Uhr telefonieren. Als sie mich anrief, berichtete sie, daß sie mehrmals während dieser »telefonlosen« Zeit das Gefühl gehabt hatte, einen Panikanfall zu bekommen – es traten die gleichen Gefühle der Angst und Atembeklemmung auf, bei denen sie sonst sofort zum Telefon gestürzt wäre. Da sie aber diesmal niemanden hatte, mit dem sie telefonieren konnte, mußte sie den Gefühlen freien Lauf lassen. Zu ihrer Überraschung bekam sie keinen Panikanfall, und sie begann zu lernen, daß alle diese Gefühle keineswegs aufkommende Panik signalisieren. Ihrem Ziel, sich von der Agoraphobie zu befreien, war sie um einen großen Schritt nähergekommen.

- Gehen Sie in einen nahe gelegenen Park und setzen Sie sich auf eine Bank – eine Stunde, zwei Stunden. Nehmen Sie sich eine Strickarbeit mit oder etwas zu lesen.
- Stellen Sie sich eine halbe Stunde lang an eine Bushaltestelle.
- Fahren Sie eine halbe Stunde lang in Ihrem Wohngebiet herum.

Zwischenübung:

- Überqueren Sie allein eine breite Straße mit Verkehr aus beiden Rich-

tungen (viele sagen: »Und wenn ich mitten auf der Straße zusammenbreche?«). Gehen Sie von einer Straßenseite zur anderen – sechsmal – zehnmal – zwanzigmal – sobald die Ampeln umschalten.
- Halten Sie sich im ersten Stock eines Warenhauses auf – eine halbe Stunde lang, eine Stunde, zwei Stunden.
- Stellen Sie sich auf einen Bahnsteig. Wählen Sie eine Zeit, zu der der Bahnhof weder überfüllt noch leer ist (ein verlassener Bahnsteig könnte andere Ängste wachrufen, die durchaus realistisch sein dürften).
- Gehen Sie außerhalb der Hauptgeschäftszeit, z. B. um 10.30 Uhr, in die Stadt und sehen Sie sich die Schaufenster an.
- Fahren Sie mit dem Aufzug eine halbe Stunde lang auf- und abwärts.
- Nehmen Sie sich als Autofahrer etwas vor, dem Sie bisher aus dem Weg gegangen sind (Verkehrszentren, Straßen in der City, Autobahnen), finden Sie heraus, welche Situation Ihnen Schwierigkeiten macht, und fahren Sie los.

Übungen für Fortgeschrittene:
- Gehen Sie während der Mittagszeit durch eine Hauptgeschäftsstraße.
- Gehen Sie ins oberste Stockwerk eines Warenhauses.
- Unternehmen Sie eine zweistündige Bus- oder Zugfahrt und kehren Sie wieder zum Ausgangspunkt zurück.
- Fahren Sie mit Ihrem Wagen durch sehr dichten Verkehr (oder suchen Sie sich die Situation aus, die Sie am meisten fürchten).

2. Ordnen Sie die einzelnen Punkte danach, wie schwer es Ihnen fällt, sich der betreffenden Situation auszusetzen. Konzentrieren Sie sich wiederum auf die einfacheren Situationen und benutzen Sie diese als Ausgangspunkt. Einer meiner Patienten taxierte den Schwierigkeitsgrad danach, wie viele wilde Pferde notwendig wären, um ihn in die einzelnen Situationen hineinzuziehen; z. B. bedurfte es eines kleinen Shetland-Ponys, um ihn dazu zu bringen, eine halbe Stunde lang an der Bushaltestelle zu stehen.

Vielleicht müssen Sie zunächst davon absehen, die schwierigeren Situationen einzuordnen. Im Augenblick können Sie sich noch nicht einmal vorstellen, daß Sie mit dem Aufzug in den dritten Stock eines Warenhauses fahren werden. Oder es ist vielleicht schon so viele Jahre her, seit Sie das zuletzt taten, daß Ihre Phantasie versagt und Sie die Schwierigkeit daher gar nicht einschätzen können. In diesem Fall warten Sie mit der Einschätzung der wirklich schwierigen Situationen bis später.

3. Versetzen Sie sich in die einzelnen Situationen und stehen Sie sie durch. Im Prinzip wäre es wahrscheinlich das beste, sich in die schwierigste Situation zu begeben, den Panikanfall auf sich zukommen zu lassen und ihn zwei, drei oder auch vier Stunden auszuhalten, bis die Angst nachläßt. Das ist jedoch reine Theorie. Selbst wenn Sie mit einem Therapeuten zusammenarbeiten, ist es sehr schwierig, sich dazu zu bringen, diese Aufgaben durchzuführen. *Setzen Sie sich den Situationen aus, die Sie verkraften können, und halten Sie sie eine vorher festgelegte Zeit lang durch – je länger, desto besser.* Der Ausgangspunkt hängt allein von *Ihnen* ab: von dem, was Sie tun können. *Anmerkung:* Die Betonung liegt auf tun. Es ist gleichgültig, was Sie während Ihres Tuns fühlen oder ob es Ihnen relativ leichtfällt. Wenn Sie sich dazu bringen können, etwas zu tun, tun Sie es.

Fallbeispiel

Folgendes Programm arbeiteten wir für Lydia A. aus, eine verheiratete Agoraphobikerin, die nicht imstande war, allein zu reisen.

- Als Lydia das erste Mal in meine Sprechstunde kam, ließ sie sich von ihrer Schwester vorher abholen, und beide fuhren mit dem Bus zu mir.
- Beim nächsten Mal holte die Schwester Lydia nicht ab. Sie wartete an der Bushaltestelle, die einen Häuserblock weit entfernt war. Gemeinsam fuhren sie zu mir.
- Die Schwester wartete an der Haltestelle. Lydia saß hinten im Bus, so daß sie ihre Schwester, die vorne saß, sehen konnte.
- Sie wechselten die Sitzplätze. Lydia saß nun vorn im Bus, wo sie ihre Schwester nicht sehen konnte.
- Die Schwester bestieg den Bus erst eine Haltestelle später als Lydia.
- Jetzt meinte Lydia, sie könnte einen Riesenschritt tun. Wenn die Schwester sie vom Bus abholen würde, könnte sie die Busfahrt allein machen. Lydia wählte eine Tageszeit mit geringem Verkehr (je dichter der Verkehr, desto langsamer der Bus). Lydia machte mehrere Fahrten. Sie hatte manchmal durchaus Panikanfälle, aber sie sah, daß sie mit ihnen fertig werden konnte, *ohne aussteigen zu müssen.*
- Sie schaffte jetzt die ganze Strecke zu mir (dreißig Häuserblocks) allein.
- Sie fuhr mit ihrer Schwester anderthalb Stunden vom Stadtzentrum nach Fort Tryon Park in der Bronx, und dann nahm sie allen Mut zusammen und schaffte es auch allein. Während dieser Fahrten traten immer mal wieder Panikanfälle auf, aber zeitweilig hatte sie ihre Platzangst auch ganz vergessen.

Doch sie wußte jetzt, daß sie ihre Panikanfälle aushalten konnte, ohne sich aufzuregen. Sie konnte gegen das Verlangen angehen, aus dem Bus zu fliehen. Sie konnte einfach dasitzen und »ruhig mitansehen, wie der Panikanfall vorbeiging«. Mit ihrem neugewonnenen Selbstbewußtsein ging sie eines Tages ganz allein zu Lord & Taylor, bekam in der Schuhabteilung zwar einen Panikanfall, blieb aber trotzdem und kaufte zwei Paar Sandalen. Die Agoraphobie war im Begriff, sich aufzulösen.

---

4. *Üben Sie jeden Tag.* Wenn Sie nicht üben, können Sie auch keine Fortschritte machen. Ich sage zu meinen Patienten: »Sehen Sie, ich bin in schlechter körperlicher Verfassung. Ich trainiere jeden Tag. An den Tagen, an denen ich trainiere, bessert sich meine Kondition. Aber an den Tagen, an denen ich nicht trainiere, komme ich nicht nur nicht weiter. Mein Zustand verschlechtert sich sogar etwas.« Das gleiche Prinzip gilt für die Platzangst. Mit jedem Tag, an dem Sie an Ihren Übungsaufgaben arbeiten, machen Sie Fortschritte. Wenn Sie es nicht tun, fallen Sie zurück. Sie müssen jeden Tag üben.

Anmerkung: Am Max-Planck-Institut in München müssen sich Menschen mit Platzangst einer zweiwöchigen Behandlung im Krankenhaus unterziehen. Vor der Krankenhausaufnahme halten sie in einer Liste fest, welche Situationen bei ihnen die Panikanfälle auslösen. Im Krankenhaus muß der Agoraphobiker es dann jeweils zwei Stunden lang in selbstgewählten Situationen aushalten. An jedem Behandlungstag, der acht Stunden dauert, sind vier Situationen zu bewältigen. Um das zu erreichen, machen die Therapeuten mit jedem Patienten einen Vertrag. Wenn der Patient sich weigert, eine dieser Situationen durchzustehen, wird er entlassen. Die Therapeuten des Instituts behaupten, daß nach zwei Wochen intensiver Praxis *alle* Patienten ihre Aufgaben ausführen können, obgleich die meisten von ihnen dabei immer noch Panikanfälle haben. Wenn sie nach der Behandlung mit den Übungen fortfahren, hören die Panikanfälle nach ein paar Wochen, manchmal allerdings auch erst nach Monaten auf.

Wenn Sie Ihre Übungen machen, müssen Sie zweierlei bedenken:

- *Machen Sie sich nicht von Tranquilizern oder Alkohol abhängig.* Davon hören die Panikanfälle nicht auf. Beides kann Ihre Spannungen zwar vermindern, so daß Sie sich der Situation leichter aussetzen können. Doch Sie können auch zu viel trinken oder von Drogen abhängig werden. Wenn Sie glauben, daß die Tranquilizer Ihnen helfen können, nehmen Sie sie nur mit Erlaubnis des Arztes. Wenn Sie sich das dritte Mal der Situation aussetzen, verringern Sie entweder die Dosis oder, besser noch, nehmen Sie gar nichts mehr.
  Es gibt Medikamente, die in sehr vielen Fällen die Panikanfälle zum Verschwinden bringen. Es handelt sich hauptsächlich um Antidepressiva, und die Fachleute sind sich nicht einig, welche am besten wirken. *Doch wenn Sie sich den Angstsituationen nicht systematisch aussetzen, werden die Angstanfälle wahrscheinlich sofort zurückkehren, sobald Sie das Medikament absetzen.*
- *Wenn Sie den Panikanfall während Ihrer Übungen bekommen, kommt alles darauf an, daß Sie ihn ruhig durchstehen.* Sie versuchen

nicht, Ihre Panikreaktion aufzuhalten, sondern lernen, daß Sie weder fallen noch ohnmächtig werden noch sterben noch als Verrückte abtransportiert werden.

Wenn Sie das lernen, wird die Angst verschwinden.

Zehn Gebote für den Panikanfall

I. Es spielt keine Rolle, ob Sie sich verängstigt, verwirrt, unwirklich oder unsicher auf den Beinen fühlen. Dabei handelt es sich nur um übertriebene körperliche Reaktionen auf Streß.

II. Die Tatsache, daß Sie diese Empfindungen haben, bedeutet noch nicht, daß Sie sehr krank sind. Diese Gefühle sind nur unangenehm und angsterregend, nicht gefährlich. Es wird Ihnen nichts Schlimmes zustoßen.

III. Lassen Sie Ihre Gefühle kommen. Sie befinden sich sowieso in ihrer Gewalt. Sie haben sie aufgebläht und dadurch noch verschlimmert. Hören Sie auf, sie aufzublähen. Laufen Sie vor der Angst nicht davon. Wenn Sie fühlen, wie die Panik sich in Ihnen ausbreitet, atmen Sie tief ein und entspannen Sie sich, wenn Sie ausatmen. Versuchen Sie es immer wieder. Versuchen Sie, wie im Weltraum im schwerelosen Zustand zu treiben (dies ist ein Bild, das Dr. Weekes gebraucht). Kämpfen Sie nicht gegen das Panikgefühl an. Akzeptieren Sie es. Sie können es.

IV. Machen Sie es sich so leicht wie möglich, aber fliehen Sie nicht. Wenn Sie auf der Straße sind, lehnen Sie sich gegen einen Pfosten oder gegen eine Wand. Wenn Sie sich in der Kosmetikabteilung eines Warenhauses aufhalten, suchen Sie sich einen Platz, wo es nicht gar zu voll ist. Wenn Sie in einer Boutique sind, sagen Sie der Verkäuferin, daß Sie sich nicht wohl fühlen und sich einen Augenblick hinsetzen möchten.

Springen Sie *nicht* in ein Taxi und flüchten Sie nicht panikartig nach Hause.

V. Verschlimmern Sie Ihre Panik nicht durch angstvolle Gedanken über Ihren Zustand und mögliche Folgen. Gestatten Sie sich kein Selbstmitleid und denken Sie nicht: »Warum kann ich nicht wie andere normale Menschen sein? Warum muß ich das alles durchmachen?« Akzeptieren Sie einfach, was mit Ihnen geschieht. Dann wird das, was Sie am meisten fürchten, gar nicht eintreten.

IV. Machen Sie sich vernünftig klar, was mit Ihrem Körper in diesem Augenblick geschieht. Denken Sie nicht: »Es wird etwas Schreckliches passieren. Ich muß hier raus.« Sagen Sie sich immer wieder vor: »Ich werde nicht stürzen, in Ohnmacht fallen, sterben oder die Beherrschung verlieren.«

VII. Warten Sie einfach, und geben Sie der Angst Zeit, vorüberzugehen. Laufen Sie nicht fort. Andere haben auch so viel Stärke bewiesen. Sie schaffen das ebenfalls. Wenn Sie aufhören, Ihre Panik mit angstvollen Gedanken zu verstärken, werden Sie merken, wie die Angst sich in Nichts auflöst.

VIII. Jetzt haben Sie eine Gelegenheit zu üben. Versuchen Sie die Situation so zu sehen. Selbst wenn Sie sich absolut isoliert fühlen, werden Sie auch dieses unangenehme Gefühl eines Tages verlieren. Schon sehr bald wird es Ihnen gelingen, die Panik durchzustehen und zu sagen: »Ich hab's geschafft.« Wenn Sie das sagen können, sind Sie Ihrem Ziel, die Furcht zu besiegen, schon sehr viel nähergekommen. Denken Sie an die Fortschritte, die Sie schon gemacht haben. *Nutzen Sie die Situation!*

IX. Versuchen Sie sich von dem Gedanken, was in Ihrem Innern vorgeht, abzulenken. Betrachten Sie, was um Sie herum vorgeht. Sehen Sie sich die Leute auf der Straße und im Bus an. Sie sind für Sie, nicht gegen Sie.

X. Wenn die Angst nachläßt, entspannen Sie sich, atmen Sie tief durch und tun Sie einfach, was Sie sich vorgenommen hatten. Denken Sie daran: Immer, wenn Sie mit einem Panikgefühl fertig geworden sind, wird Ihre Angst ein wenig geringer.

5. Rechnen Sie mit Nebenwirkungen und Rückschlägen. Während Ihrer Behandlung können zwei Dinge geschehen:

- *Selbst nach positiven Erfahrungen kann sich noch ein Gefühl der Niedergeschlagenheit und Leere einstellen.* Nebenwirkungen dieser Art sind ganz normal. Sie müssen nur wissen, daß es sich um temporäre Reaktionen handelt, die auch wieder verschwinden.

Fallbeispiel

Susan A. machte mit ihrem Behandlungsprogramm gute Fortschritte. Dann wagte sie einen großen Schritt und fuhr eine Stunde mit dem Zug, um eine Freundin in Westchester County zu besuchen. Acht Jahre hatte sie so etwas schon nicht mehr getan, weder allein noch in Begleitung. Als sie am Abend wieder zu Hause war, fühlte sie sich wie eine siegreiche Heldin. Doch am nächsten Morgen erwachte sie mit dem Gefühl absoluter Leere (sie hatte überhaupt keine Energie mehr). Dieser Zustand ängstigte sie so sehr, daß sie sich zwei Wochen lang weigerte, das Haus zu verlassen (was sie zwei Monate zuvor schon geschafft hatte). Wenn sie mit diesem Gefühl der Leere, das sich oft nach einem Übungserfolg einstellt, gerechnet hätte, wäre sie schneller damit fertig geworden.

- *Panikanfälle können immer wieder einmal auftreten.* Sie haben es zum Beispiel geschafft, zur Arbeit mit dem Bus zu fahren. Seit Wochen gelingt Ihnen das ohne Schwierigkeiten. Doch eines Tages bekommen Sie ganz plötzlich einen schlimmen Panikanfall und fliehen aus dem Bus wie ein olympiareifer Sprinter. Behalten Sie einen kühlen Kopf. *Fahren Sie so schnell wie möglich wieder Bus.* Denken Sie daran: Rückschläge stellen sich hauptsächlich unter drei Voraussetzungen ein:

1. Sie sind übermüdet
2. Sie haben Kummer oder stehen irgendwie unter Streß
3. Sie fühlen sich gesundheitlich nicht wohl.

Bei vielen Frauen erweisen sich die Panikanfälle am hartnäckigsten, die sich während der prämenstruellen Periode ereignen.

Ein paar Ratschläge für Familienangehörige

Familienangehörige von Agoraphobikern halten die Patienten oft für »schrecklich egoistisch«. Sie sind verärgert, daß ihnen so viel Zeit und Energie abgefordert wird. Oft fühlen sie sich manipuliert. Wenn eine Ihrer Angehörigen Platzangst hat, müssen Sie verstehen, daß das Leiden der Kranken nicht simuliert ist. Auch wenn es eine gewaltige Belastung für die Familie darstellt, so ist es doch keineswegs Absicht. Sie verhält sich so, weil sie versucht, in ihrer deprimierenden Situation Erleichterung zu erhalten.

Ihr Ziel sollte sein: der Kranken soviel wie möglich zu helfen. Das bedeutet, Sie müssen sich zu ihrer Verfügung halten. Wenn sie nur in Ihrer Begleitung aus dem Hause gehen kann, nehmen Sie sich die Zeit, sie bei Einkäufen, Spaziergängen, Restaurantbesuchen usw. zu begleiten. Schlagen Sie auch andere Unternehmungen vor, zum Beispiel den Besuch eines Museums oder einer Kunstgalerie, aber üben Sie keinen Druck aus. Druck erzeugt Streß.

Ermuntern Sie die Kranke zu allerlei kleinen Unternehmungen. Mancher Schritt, der Ihnen klein vorkommt, erscheint ihr riesengroß. Vergessen Sie nicht, daß Sie mit Ihrem Tun ganz bestimmte Absichten verfolgen. Sie wollen der Kranken ja ein Gefühl des Vertrauens vermitteln. Zum Beispiel verabreden Sie sich mit ihr um 14 Uhr in einem Warenhaus. Richten Sie es so ein, daß Sie zehn Minuten zu früh da sind. Wenn Sie verabreden, außerhalb des Warenhauses auf sie zu warten, warten Sie auch tatsächlich an der vereinbarten Stelle. Sehen Sie sich nicht auf der gegenüberliegenden Straßenseite die Schaufenster an. Falls Sie aus dem Geschäft herausstürzt, sollten Sie am verabredeten Platz stehen. Wenn Sie versprechen, telefonisch erreichbar zu sein, während sie eine Aufgabe durchführt, bleiben Sie in der Nähe des Telefons. Sorgen Sie dafür, daß Ihr Apparat nicht besetzt ist. Wenn jemand anruft, sagen Sie: »Ich rufe später zurück.«

Wenn die Kranke das Haus nicht verlassen kann, denken Sie sich ein Programm für sie aus. Ermahnungen wie »Du kannst dagegen angehen«, »Nimm dich zusammen«, und »Hör auf mit dem Quatsch!« helfen nicht. Wenn sie mit dem »Quatsch aufhören« könnte, würde sie es bestimmt tun. Seien Sie statt dessen konstruktiv. Wenn Sie gerne Kreuzworträtsel löst, bringen Sie ihr ein Rätselheft. Wenn sie gerne Handarbeiten macht, kaufen Sie Material und schenken Sie es ihr. Indem Sie ihr Leben im Haus aktiver gestalten, unternehmen Sie schon etwas gegen ihre Niedergeschlagenheit. Vielleicht gelingt es Ihnen sogar, sie dazu zu bewegen, das Haus zu verlassen.

Finden Sie die richtige Mitte zwischen Ermunterung und Druck. Fragen Sie zum Beispiel: »Glaubst du, daß du heute bis zur Ecke und zurück gehen kannst?« Geben Sie nicht auf, wenn sie »nein« sagt. Fragen Sie: »Was könntest du denn vielleicht heute tun?« Hierbei müssen Sie bedenken, daß Dinge, die Ihnen trivial vorkommen, für die Kranke schon allerhand sind. Zum Beispiel etwas so Einfaches, wie allein in den Waschsalon zu gehen, kann für sie schon ein sehr schwieriges Unterfangen sein.

Vor allem geben Sie ihr das Gefühl, daß Sie sie verstehen, sie gern haben und mit ihr fühlen und daß Sie überzeugt sind, es werde ihr besser gehen, wenn sie diese Mühe auf sich nimmt.

6. Manchmal hilft es dem Kranken, wenn er sich in einer schwierigen Lebenssituation bewährt hat. In höchster Not können sich Menschen zu großen Anstrengungen aufraffen. Im Konzentrationslager Theresienstadt zum Beispiel, wo während des Zweiten Weltkriegs 120000 Menschen (86 Prozent) starben oder in die Vernichtungslager geschickt wurden, verschwanden phobische Symptome entweder völlig oder besserten sich so sehr, daß die Häftlinge fähig waren zu arbeiten.

Fallbeispiel

»Es ist mein Traum, in den vierten Stock bei Bendel zu gehen und alles zu kaufen, was ich mir leisten kann.« Das war das erste, was ich von Margy A., einer großen, langbeinigen Frau aus dem Mittleren Westen, bei ihrem Besuch zu hören bekam. Margy war mit zwanzig nach New York gekommen und hatte schon mehrere Stellen gehabt, die sie aber immer wieder wegen ihrer Panikanfälle verlor (»Plötzlich hatte ich dieses unwirkliche Gefühl, ergriff meine Tasche, drückte auf den Aufzugknopf, verließ das Haus und kam drei Stunden lang nicht zurück.«).

Die Angst übertrug sich auch auf Aufzüge (»Ich kann mit dem Aufzug nach oben fahren, aber ich kann nicht aussteigen. Ich habe die Vorstellung, daß der Aufzug nicht zurückkommen wird und ich da oben in der Falle sitze. Ich kann nicht mehr atmen. Andere starren mich an und denken, ich sei verrückt.«).

Jetzt hat Margy, eine freischaffende Künstlerin, ihr Leben so programmiert, daß sie nur noch selten ausgeht. Sie hat auch einige Fortschritte gemacht. Zum ersten Mal hat sie einen Freund (»Ich habe immer Zweierbeziehungen vermieden, weil ich glaubte, ich wäre ihnen nicht gewachsen«). Er ist Kleiderfabrikant, und Margy ist »unglücklich, weil ich mit ihm nicht in die Geschäfte gehen kann«.

Wir machten ein Behandlungsprogramm für sie, und sie erreichte ihre Anfangsziele erstaunlich schnell: das Haus zu verlassen, auf die Straße zu gehen, Aufzug zu fahren. Dann passierte etwas sehr Unglückliches. Eine ihrer Übungsaufgaben bestand darin, zum Friseur zu gehen. Eines Tages nahm sie all ihren Mut zusammen und besuchte einen Frisiersalon im vierten Stock eines älteren Hauses, um sich die Haare waschen und legen zu lassen. Frisch frisiert und hochgestimmt wegen ihrer Leistung nahm sie den Aufzug. Er hielt im zweiten Stock. Ein junger Mann zerrte sie heraus, griff ihre Handtasche und vergewaltigte sie. Margy, die fünf Wochen zuvor kaum fähig gewesen war, auch nur einen Häuserblock weit zu gehen, bewahrte kühlen Kopf. Sie nahm sogar die Narben an der Schulter des Täters wahr, wodurch sie ihn später bei der Polizei identifizieren konnte.

An jenem Abend kam Margy noch um 23 Uhr zu mir. Aber sie war nicht in Panik. Sie sagte zu mir: »Ich dachte, Platzangst sei eine echte Angst. Das stimmt auch. Aber jetzt weiß ich, was wirkliche Angst im Vergleich zu meinen Angstvorstellungen ist.« Sie war mit der Situation fertig geworden und stolz darauf.

In der nächsten Woche ging Margy im vierten Stock bei Bendel (einem kleinen Geschäft, so daß es ihr leichter fiel), einkaufen. Sie ging ebenfalls in den fünften Stock zu Bloomingdale. Zum Vergleich kaufte sie auch zusammen mit ihrem Freund bei Lord & Taylor ein. Es ist noch zu früh, um sicher sagen zu können, daß sie ihr Leiden völlig überwunden hat, aber Margy weiß, daß sie zwischen zwei Dingen wählen muß: Sie kann entweder der Platzangst nachgeben und wieder alles mögliche meiden oder aber sie kann trotz ihrer Platzangst etwas unternehmen. Die Vergewaltigung hat ihr geholfen, zu mehr Selbstbewußtsein zu kommen. Sie sagt: »Ich weiß jetzt, daß ich Kraft in mir habe. Ich bin kein Nichts.«

---

7. *Auch wenn Sie schon lange an Platzangst leiden, können Sie geheilt werden.* Als junges Mädchen und im College hatte Lois M. manchmal Angstzustände gehabt, aber es war nichts Ernsthaftes. Sie heiratete einen Mitstudenten, wurde schwanger und hatte nach vier Monaten eine Fehlgeburt. Zwei Wochen danach hatte sie im Supermarkt ihren ersten Anfall von Platzangst. Zu Tode erschrocken ließ sie ihren vollen Einkaufskorb im Geschäft stehen, jagte nach Hause und rief den Arzt an. Ein EKG zeigte, daß ihr Herz in Ordnung war. Danach hatte Lois immer wieder Panikanfälle, bis sie das Haus nicht mehr allein verlassen konnte.

Psychotherapeutische Behandlung half ihr nicht. Zunächst zeigte ihr Mann Verständnis, aber nachdem er mehrere Jahre lang dreimal die Woche mit ihr zum Arzt hatte gehen müssen und erkannte, daß es immer schwieriger wurde, mit Lois zu leben, dachte er: »Das habe ich nicht nötig« und ließ sich von ihr scheiden. Lois zog wieder in die Vorstadt zu ihren Eltern. Sie wollte einen akademischen Grad erwerben und Sozialarbeiterin werden, aber das war nicht möglich; sie konnte das Haus nicht einmal verlassen, um an einer Hochzeit in der Familie teilzunehmen. Das ging mehrere Jahre so weiter. Mit zweiunddreißig führte diese hübsche, intelligente und charmante Frau ein Einsiedlerdasein. Voller Verzweiflung kam sie zu mir.

Wir arbeiteten ein Programm aus, das sie eineinhalb Jahre lang beschäftigte. Zuerst wagte sie nur kleine Schritte. Sie saß zwei Stunden lang vor ihrem Haus in einem Sessel. Sie fuhr jeweils eine halbe Stunde lang mit dem Wagen um den Block. Sie fuhr mit ihrer Mutter in den nächsten Supermarkt. Die Mutter holte sie dann nach einer Stunde dort ab. Schließlich schaffte Lois den Supermarkt allein. Es gelang ihr, in einem zwanzig Minuten entfernten Einkaufszentrum auf gleiche Weise einzukaufen.

Wir gingen jetzt zum Zwischenprogramm über. Zum Beispiel besuchte sie eine Kusine, die eine halbe Stunde entfernt wohnte. Zunächst begleitete sie die Mutter, danach schaffte sie es allein. Sie ging mit ihren Eltern zur Kirche. Nachdem ihr das mehrmals geglückt war, ging sie an einem Montagabend zu einem von der Kirche organisierten Gruppentreffen für Alleinstehende. Sie hatte vor, nach einer halben Stunde wieder zu gehen, aber sie traf so viele alte Schulfreunde, daß sie länger blieb. Ihr Ich sah sich bestätigt; die Männer mochten sie. Aber wenn sie sich mit ihr verabreden wollten, konnte sie nicht zusagen.

Wir gingen jetzt zu Übungen für Fortgeschrittene über. Lois besuchte eine Tante, die achtzig Kilometer entfernt in New Jersey wohnte. Sie nahm an einem Fotokurs in der High School teil (an sich interessiert sie die Fotografie nicht besonders; aber ihr Ziel war, den Kursus durchzuhalten). Sie fing an auszugehen und fuhr auch alleine in die Stadt. Schließlich gelang es ihr, einen der begehrten Ausbildungsplätze für Sozialarbeiterinnen zu erhalten. Sie war fest davon überzeugt, daß sie die Vorlesungen durchhalten und bei einem Panikanfall ruhig auf ihrem Stuhl sitzenbleiben könnte, bis er vorbei war. Als sie das letzte Mal zu mir kam, studierte Lois mit Eifer, hatte viele Freunde und eine eigene Wohnung. Manchmal bekommt sie noch Panikanfälle. Sie sagt: »Ich vergleiche sie mit den Wellen, wenn ich im Meer bade. Die Wellen überspülen mich, aber schließlich beruhigt sich die See auch wieder. Ich stehe die Panikanfälle durch und habe jetzt gelernt, daß ich trotzdem weitermachen kann.«

Auch Sie können das schaffen.

4. Kapitel
Die Behandlung der Angst

Das Anti-Angst-Training läßt sich mit der Kampfausbildung in der Armee vergleichen. In der Armee erhalten die Rekruten zunächst eine Grundausbildung. Sie lernen so fundamentale Dinge wie Befehlsempfang, Marschieren, Gewehrreinigen. Diese Techniken bilden dann die Basis für spezialisierte Kenntnisse, die man auf dem Schlachtfeld nötig hat.

Die gleichen Prinzipien gelten für das Anti-Angst-Training. Bestimmte Grundübungen sind die Basis für die tatsächliche Konfrontation mit der Angst.

In diesem Kapitel geben wir Ihnen die Grundausbildung, um mit folgenden Schwierigkeiten fertig zu werden:
1. dem Gefühl der Hilflosigkeit, das Sie so oft lähmt;
2. der Erwartung der Angstsituation;
3. der Angstreaktion selbst.

Wenn es Ihnen gelingt, eines dieser drei Probleme zu entschärfen, gewinnen Sie mehr Macht über Ihre Angst.

Lernen Sie die Techniken und wenden Sie sie an.

Wie man Hilflosigkeit überwindet

Angstreaktionen sind von der Stärke der Angst abhängig. Sie reichen von leichten, aber irritierenden Beschwerden und geringfügiger Muskelverspannung bis hin zu Qual, Schrecken, Panik. Alle diese Ängste haben eins gemeinsam: Sie haben das Gefühl, ihnen gegenüber hilflos zu sein. Sie können nichts gegen die Angst ausrichten, es sei denn, Sie bleiben den Angst auslösenden Dingen oder Ereignissen fern. Wenn die Angst erst einmal einsetzt, können Sie nichts mehr tun, um sie zu dämpfen. Da Sie nicht in der Lage sind, sie zu verringern, fühlen Sie, wie sie anwächst, bis Sie schließlich völlig die Kontrolle verlieren. Dieses Gefühl der Hilflosigkeit ruft sekundäre Ängste hervor, die Ihre automatischen Angstreaktionen verstärken, verlängern und verewigen.

Erstes Beispiel: Sie haben den Aufzug genommen, aber Ihre Angst wurde so stark, daß Sie aussteigen mußten, ehe Sie das Stockwerk erreicht hatten, das Sie erreichen wollten. In dem Gefühl, versagt zu haben, werfen Sie sich Ihre Hilflosigkeit und Ihre Angstreaktion vor. Sie stellen sich vor, was geschehen wird, wenn Sie den gleichen Aufzug noch einmal benutzen. Das löst bei Ihnen noch stärkere Hilflosigkeit aus, und Sie kommen zu der Überzeugung, daß die einzige Lösung für Sie darin besteht, Aufzüge völlig zu meiden. Auf diese Weise wird Ihre Aufzugphobie immer stärker.

Zweites Beispiel: Ein Vertreter, der beruflich viel fahren mußte, stand unter starkem Arbeitsdruck. Da er nicht wußte, wie sich die Streßgefühle abbauen ließen, bekam er vor allem Angst, daß sie sich verstärken könnten. Er hatte die Erfahrung gemacht, daß der Streß immer zunahm, wenn er in dichtem Verkehr fuhr. Folglich stellte er seinen Terminplan unter großen Schwierigkeiten um und wählte Fahrstecken, auf denen er dem dichten Verkehr aus dem Weg gehen konnte. Die Angst wuchs trotzdem, bis er schließlich aufhörte, an Wochenenden und während der Ferien die überfüllten Autobahnen zu benutzen. Heute löst schon der Gedanke an eine Fahrt in dichtem Verkehr jedesmal Angst und ein niederschmetterndes Gefühl der Hilflosigkeit aus. Er selbst bezeichnet sich als »Verkehrsmuffel«.

Bewußte Entspannung ist der Schlüssel, um mit diesen Gefühlen der Hilflosigkeit fertig zu werden. Entspannung allein genügt nicht. Sie müssen fähig sein, sich *bewußt* zu entspannen, und das Gefühl haben, daß Sie diese Technik in etwa beherrschen. Wer sich bei einer bestimmten Furcht *wenigstens zu zehn Prozent* entspannen kann, wird gewöhnlich besser mit ihr fertig als jemand, der weniger Furcht hat, aber nicht weiß, wie er Spannung abbauen kann.

Verstehen Sie sich auf die Kunst der bewußten Entspannung? Und wenn nicht, warum nicht? Die folgende Checkliste hilfte Ihnen, Ihre Streßprobleme zu analysieren.

Checkliste: Entspannung

1. Haben Sie eine angeborene Disposition für Streß? Ihr Nervenkostüm kann zum Beispiel besonders empfindlich sein. Wegen Ihrer erblichen Veranlagung reagieren Sie auf Streß schneller, stärker und wechselhafter als andere. Auf der einen Seite gibt es Menschen, deren Gefühle strapazierfähig sind und die nicht leicht in Wallung geraten; sie sind ruhig, phlegmatisch, ausgeglichen. Auf der anderen Seite gibt es Menschen, deren Gefühle leicht erregt werden; sie sind von Stimmungen abhängig, empfindlich, ängstlich, unruhig. Wenn Sie zu den letzteren gehören, haben Sie wahrscheinlich schon längst die Hoffnung aufgegeben, daß es Ihnen jemals gelingen wird, diese Reaktionen zu beherrschen. Doch möglich ist das. Vielleicht haben Sie sich nur das falsche Ziel gesetzt.

Nehmen Sie sich nicht vor, diese Reaktionen loszuwerden, sondern versuchen Sie, Ihre Reaktionen wenigstens teilweise unter Kontrolle zu bringen.

2. *Haben Sie falsche Vorstellungen von Entspannung?*

- *Sind Sie der irrigen Auffassung, daß hochgradiger Streß Ihre Arbeit verbessert oder bedeutender macht?* Viele meinen, wenn sie sich bei der Arbeit entspannt fühlen, nichts schaffen zu können. Wirklich gute Arbeit kann in ihren Augen nur unter Streß geleistet werden.
- *Benutzen Sie Streß als eine Art Schutzpanzer?* Einige glauben, daß sie verwundbar und verletztlich werden, wenn sie sich ein Gefühl der Entspannung gönnen.
- Ist für Sie Streß so etwas wie eine Versicherungspolice? Einige Leute sind *abergläubisch* und reden sich ständig ein: »Wenn ich mich vorher nur genug sorge und quäle, dann werden meine Befürchtungen nicht wahr.«

3. *Entzieht sich der Streß Ihrer Kontrolle, weil er körperliche Ursachen hat?* Voller Verzweiflung über ihren Kontaktmangel kam eine junge Frau zu mir. Sie hatte auch ständig Schmerzen in Rücken, Nacken und Schultern, und ich schickte sie erst einmal zu einer ärztlichen Untersuchung. Es stellte sich heraus, daß die Rückenschmerzen durch einen eingeklemmten Nerv verursacht wurden und in Nacken und Schultern ausstrahlten. Die körperliche Ursache hatte verstärkte seelische Ängste ausgelöst.

4. *Ist Streß Ihnen zu einer lieben Gewohnheit geworden?* Sie haben etwas Schweres erlebt (Scheidung, Tod des Ehepartners, Pensionierung, Ärger mit den Schwiegereltern, finanzielle Schwierigkeiten usw.) und mußten entsprechend schweren Streß durchhalten. Jetzt gehört das der Vergangenheit an, aber der Streß ist bei Ihnen zur zweiten Gewohnheit geworden, und Sie tun nichts, um ihn loszuwerden. Während einer längeren Arbeitslosigkeit wurden Sie zum Beispiel immer streßanfälliger. Sie gewöhnten sich so sehr an den Streß, daß er noch weiterwirkte, als Sie schon längst wieder eine Stelle hatten.

5. *Beherrschen Sie keine Entspannungstechniken?* Sie haben niemals gelernt, wie man Spannungen bewußt beherrschen kann. Statt dessen haben Sie sich unbewußt Ersatztechniken angewöhnt: Zerstreuungen (wie Fernsehen oder Essen), Arbeitswut (Sie stürzen sich mit Gusto in alle möglichen Aktivitäten), Genuß der kleinen Freuden des Lebens (zum Beispiel ein warmes Bad nehmen) und Rückzug aus dem Trubel (»Ich möchte endlich mal allein sein«). Diese indirekten Techniken können Ihnen zwar helfen, aber gewöhnlich reichen sie nicht aus – besonders nicht in Zeiten von Streß. Wenn Sie Ihrer Hilflosigkeit effektiv begegnen wollen, müssen Sie fähig sein, den Streß direkt zu kontern.

6. *Sind Sie mehr der Denkweise des Aristoteles als der des Galilei verhaftet?* Aristoteles lehrte, entweder ist etwas oder es ist nicht. Entweder beherrschen Sie Ihre Emotionen oder Sie tun es nicht. Wenn Sie Ihren

Streß zu 99 Prozent beherrschen, interpretieren Sie bei dieser Denkweise das verbleibende eine Prozent als außerhalb Ihrer Macht stehend. Sie fühlen sich entmutigt und sind von Ihrer Hilflosigkeit überzeugt. Nach Galilei läßt sich jedes Ding quantifizieren. Sie sagen sich: »Ich kann 10 Prozent meines Streß beherrschen. Ich will jetzt versuchen, 15 Prozent unter Kontrolle zu bringen.« Weil Sie eine realistische Vorstellung Ihrer Fähigkeiten haben und darauf aufbauen, verstärken Sie Ihre Kontrolle und tun etwas gegen Ihre Hilflosigkeit.

7. *Fühlen Sie sich gegenüber Streß hilflos?* Einige nehmen sich vor, etwas gegen ihre Spannungen zu unternehmen und entsprechende Techniken zu erlernen. Doch aus Passivität tun sie nichts. Wenn man solchen Menschen die Entspannungstechniken beibringt, lernen sie oft sehr schnell, wie man der Spannung aktiv beikommt.

8. *Haben Sie eine Entspannungsphobie?* Einige haben unmäßige Angst vor Entspannung. Ich kenne Leute, die sich so an das Gefühl der Spannung gewöhnt hatten, daß sie, wenn sie sich entspannten und nicht mehr unter Druck standen, Angst bekamen und glaubten, ihre Identität verloren zu haben. Andere wiederum wurden, als sie sich entspannten, von ihren Gefühlen überwältigt. Sie wurden wütend, fingen an zu weinen, hatten starkes sexuelles Verlangen und waren über die Reaktionen dann erschrocken. In meiner Praxis behandelte ich zum Beispiel einen meiner Patienten mit Entspannungstechniken. Da fing er zum erstenmal in seinem Leben an zu weinen. Als dieses seltsame neue Gefühl in ihm hochkam, bekam er es mit der Angst und baute seine Spannungen wieder auf.

Diese Angst vor Entspannung ist gewöhnlich nur ein Teilstück der größeren Angst, die Beherrschung zu verlieren, der Angst, »loszulassen«, die vielleicht der innerste Kern einer jeden Entspannungsphobie ist. Diese Angst (wenigstens in leichter Form) ist so weit verbreitet, daß ich während meiner Entspannungsübungen ständig den Satz wiederhole »Lassen Sie los«, in der Hoffnung, an diesem Punkt etwas Dekonditionierung zu erreichen.

Wenn Sie Ihre Antworten auf die obigen Fragen auswerten, beginnen Sie vielleicht zu verstehen, warum Sie der Entspannung bisher aus dem Weg gegangen sind. Diese Erkenntnis könnte dazu führen, daß Sie konstruktiv gegen Ihre Spannungen angehen.

Grundlegende Entspannungsübungen

Dieses Programm hat den Zweck, Ihnen zu zeigen, wie Sie sich in verschiedenen Situationen bewußt entspannen können. Sie erfahren, wie Sie Ihrer Hilflosigkeit wirksam begegnen. Die meisten Menschen erlernen die elementare Technik der Muskelentspannung (die wir in diesem

Kapitel vorstellen) genauso leicht wie das Radfahren. Und wer die Technik erst einmal beherrscht, kann sie genauso schnell anwenden wie er eine Zigarette anzündet.

Relaxationstherapie

Prinzip: Wenn Ihr autonomes Nervensystem eine Fehlreaktion auslöst, reagiert das dem Willen entzogene Muskelsystem, wie zum Beispiel der Kreislauf. Ihr Herz schlägt schneller und Ihr Blutdruck steigt. Die Fehlreaktion wirkt sich ebenfals auf die dem Willen unterworfenen Muskeln aus (also die Muskeln, die Sie beherrschen können). Diese verkürzen sich und ziehen sich zusammen. Die Muskelkontraktionen werden von Ihnen als Spannung empfunden; sie haben eine direkte Beziehung zu Ihren Angstgefühlen.

Sie können diesen angsterzeugenden Prozeß umkehren, indem Sie die Kontraktionen ausschalten. Dies ist die Technik der Progressiven Relaxation, die von dem Chicagoer Arzt Dr. Edmund Jacobson in den dreißiger Jahren entwickelt worden ist. Dr. Jacobsons Therapie beruht auf der wechselweisen Anspannung und Entspannung der Muskeln. Sie unterscheidet sich von anderen Entspannungstechniken (wie TM), weil die Entspannung auf einen Zustand bewußt erhöhter Anspannung folgt. Dieser Zustand verleiht ihr gleichsam Schwungkraft, so daß die Entspannung viel weiter geht, als wenn sie von einem niedrigeren Spannungsgrad ausgegangen wäre. Die Muskelspannung hat noch einen weiteren Vorteil: sie macht Ihnen bewußt, wo und wie Sie Ihre Spannungen erleben. Diese Kenntnisse helfen Ihnen, das Auftauchen von Spannungen als Signal zu bewerten und bewußt die Entspannung auszulösen. Bei der Relaxationstherapie behandeln Sie die Angst direkt und bewußt. Indem Sie lernen, Ihre Muskeln zu entspannen, beruhigen Sie Ihr autonomes Nervensystem und beeinflussen damit auch die dem Willen entzogenen Systeme (Ihr Blutdruck senkt sich zum Beispiel), und Sie ersetzen Ihre subjektiven Angstgefühle durch ein Gefühl der Entspannung und des inneren Friedens.

Methode: Im Anhang I finden Sie eine vollständige und eine abgekürzte Version der Relaxationstechnik. Die Übungen bestehen im wesentlichen aus drei Teilen:

1. Muskelspannung und -entspannung
2. Vertiefen des Entspannungszustands
3. Konditionierung der Entspannung mit der Assoziation einer beliebigen angenehmen Szene oder dem Wort »Ruhig«.

Warnung: Erwarten Sie keine Wunder. Dies sind Übungen. Wie bei jeder Technik lernen einige Menschen schneller, andere langsamer.

Durchführung

1. Erlernen Sie die Entspannungsübung (vollständige Version) und führen Sie sie jeden Tag im Liegen durch, bis Sie das Gefühl haben, daß Sie die Entspannungstechnik beherrschen. Folgende Tips können Ihnen dabei helfen:

- Ermitteln Sie Ihren Spannungsgrad mit Hilfe folgender Skala, die Ihre »subjektiven Störeinheiten« festhält:

0	25	50	75	100
vollkommen entspannt	gut entspannt		sehr angespannt	totale Spannung

  Null bedeutet, Sie haben überhaupt keine Spannung. Die Hundert am Ende der Skala bedeutet totale Spannung – den stärksten Spannungsgrad, den Sie sich vorstellen können. In diesem Augenblick liegt Ihre Spannung weder bei null noch bei hundert. Schon allein die Tatsache, daß Sie dieses Buch halten und diese Seiten lesen, setzt eine gewisse Muskelspannung voraus. Also können Sie nicht bei null sein. Wenn Ihre Spannung bei hundert läge, wären Sie nicht mehr fähig, diese Anweisungen zu lesen. Das Ziel der Entspannungsübungen ist, daß Sie nach Abschluß des Trainings der Null näher sind oder sie sogar erreicht haben.
- Halten Sie die Ergebnisse Ihrer Entspannungsübungen in Ihrem Arbeitsheft fest. Nehmen Sie eine Seite und zeichnen Sie drei Spalten ein. In die erste Spalte kommt das Datum, in die zweite der Spannungsgrad zu Beginn der Übung, in die dritte der Spannungsgrad nach Beendigung der Übung. Im Laufe der Zeit müßte es Ihnen gelingen, den Grad Ihrer subjektiven Störeinheiten zu verringern, und die schriftlich festgehaltenen Ergebnisse sollten Sie ermutigen.
- Alle nötigen Anweisungen für die Entspannungsübungen finden Sie im Anhang. Am besten sprechen Sie die Anweisungen auf Band. Sie spielen dann das Band nach Belieben ab und befolgen die einzelnen Instruktionen. Wenn Sie auf Band sprechen, versuchen Sie Ihrer Stimme einen beruhigenden, entspannten Ton zu geben. Halten Sie die einzelnen Muskeln jeweils sieben bis zehn Sekunden gespannt und nehmen Sie sich Zeit für die Entspannung, bevor Sie sich die Anweisungen zur Spannung der nächsten Muskelgruppe geben. Die Entspannungsübungen sollten etwas länger als zwanzig Minuten dauern.
- In einer Übung fordere ich Sie auf, sich eine angenehme Szene vorzustellen. Sie sollte möglichst neutral sein, das heißt, keine erregenden Elemente enthalten. Manche versetzen sich an den Strand oder aufs Land. Stellen Sie sich Ihre ganz persönliche Szene vor. Wenn es Ihnen schwerfällt, sich etwas vorzustellen, denken Sie einfach an das Wort »Ruhig«. Das geht meist genausogut.

- Machen Sie es sich bequem und lassen Sie sich nicht ablenken. Lokkern Sie Ihre Kleidung. Wählen Sie eine bequeme Position (Bett, Couch, Liegesessel, Fußboden). Die Beleuchtung sollte nur schwach sein. Kein Fernsehen. Machen Sie Ihre Übungen, wenn Sie allein sind – andere Leute oder Haustiere sind nicht zugelassen.
- Versuchen Sie, während der Übung nicht einzuschlafen. Zugegebenermaßen ist dieses Entspannungstraining eines der besten Mittel gegen Schlaflosigkeit. Doch wenn Sie dabei einschlafen, verfehlen Sie den Hauptzweck Ihrer Übung; nämlich Ihre Spannung bewußt kontrollieren zu lernen. Sie können nicht gleichzeitig schlafen und sich kontrollieren. Selbst wenn Sie die Übung benutzen, um besser einschlafen zu können, versuchen Sie wach zu bleiben, bis Sie sie beendet haben.

2. *Wenn Sie mit dem Entspannungstraining (vollständige Version) eine ziemlich tiefe Entspannung erreicht haben (vielleicht 10 oder weniger auf Ihrer Skala), gehen Sie zu der Kurzform über.* Diese dauert nur sieben Minuten. Besprechen Sie ein zweites Band und verfahren Sie nach dem gleichen Prinzip wie vorher.

3. *Machen Sie sich allmählich von den Tonbändern unabhängig.* Lernen Sie, sich im Liegen zu entspannen, ohne eins der Bänder zu benutzen. Zum Schluß müssen Sie dahingelangen, sich nach ein bis zwei Minuten die angenehme Szene vorzustellen und die Entspannung zu erreichen. Einigen hilft es, zunächst die Muskeln zu entspannen und sich dann die angenehme Szene vorzustellen.

4. *Wenden Sie die neu erlernten Fähigkeiten im täglichen Leben an.* Manchmal ergibt sich die Übertragung ganz spontan. Anderenfalls kann Ihnen folgende Methode helfen.

Schnelle Entspannungsübung
- Atmen Sie tief durch den Mund ein. Nicht weiteratmen. Geben Sie sich viermal das Kommando »Nicht atmen«, so daß Sie Ihren Atem etwa sieben Sekunden anhalten. Üben Sie mit Hilfe des Sekundenzeigers auf Ihrer Uhr, bis die den richtigen Rhythmus finden.
- Atmen Sie langsam aus.
- Wenn Sie ausatmen, denken Sie an Ihre angenehme Szene und entspannen Sie bewußt Ihre Muskeln.
- Machen Sie diese Übung immer zur vollen Stunde. Sie dauert ja nur sieben bis zehn Sekunden. Wenn eine angsterregende Situation auf Sie zukommt, achten Sie auf jedes Zeichen von Spannung und benutzen Sie diese Übung, um ihr zu begegnen.

5. *Nutzen Sie jede Gelegenheit, um diese Entspannungsübungen durchzuführen.*
- Machen Sie bewußte Entspannung zur täglichen Routine. Achten Sie besonders auf die ersten Zeichen geringer Spannung und unternehmen Sie sofort etwas dagegen.

– Denken Sie daran: auch der kleinste Fortschritt ist der Mühe wert. Und achten Sie darauf, daß Sie die galileische und nicht die aristotelische Denkweise benutzen.

Fallbeispiel

Eine Sekretärin fühlte sich unglücklich, weil ihr der Chef immer über die Schulter sah, wenn sie tippte. Sie hatte ihm gesagt: »Ich werde nervös, wenn Sie das machen.« Und er hatte geantwortet: »Es ist mein gutes Recht.« Immer, wenn er ihr über die Schulter sah, verspannten sich bei Margie Nacken und Schultern, und die Bauchmuskeln zogen sich zusammen. Sie versuchte es in diesen Situationen mit dem Entspannungstraining, sagte mir aber: »Es hilft nicht. Ich bin immer noch verkrampft und mache Fehler.« Als ich sie drängte, mir Einzelheiten zu erzählen, entdeckte ich, daß sie es aber doch geschafft hatte, die Schulter- und Armmuskeln zu entspannen. Ich konnte Margie dazu bringen, sich auf diesen ihren Erfolg zu konzentrieren und so war sie in der Lage, sich zu weiterer Entspannung zu motivieren, bis sie schließlich die Situation meisterte.

– Nutzen Sie die Entspannungstechniken, um Ihrer Hilflosigkeit in angsterregenden Situationen zu begegnen. Ein Manager zum Beispiel fürchtete sich davor, in Konferenzen das Wort zu ergreifen. Vor jeder Konferenz stand er so starke Angst durch, daß er bei Beginn der Sitzung nervös war wie ein Präsidentschaftskandidat am Vorabend des Wahltags. Er machte daher Entspannungsübungen. Vor jeder Konferenz sagte er seiner Sekretärin, daß er keine Telefongespräche annähme. Zehn Minuten lang entspannte er sich an seinem Schreibtisch. Wenn er den Korridor entlang zur Konferenz ging, machte er noch einmal seine Entspannungsübungen. Indem er so seine Erwartungsangst reduzierte, senkte er die Angst, die er auf der Konferenz durchstand, nach seiner eigenen Schätzung um 75 Prozent.

Wie man Erwartungsangst überwindet

Jane klammert sich an den Flugzeugsitz und sagt hysterisch: »Gleich geht das Flugzeug in Flammen auf und stürzt ab.«

Während der Aufzug nach oben jagt, schließt Mark die Augen und wartet, daß der Aufzug mit Getöse aus dem achtzigsten Stock abstürzt.

Allison sieht aus dem Fenster im vierten Stock und gerät in Panik. Sie schreit: »Ich falle raus . . . breche mir alle Knochen . . . aus.«

Aber Jane ist gar nicht im Flugzeug. Mark befindet sich nicht im Aufzug und Allison nicht im vierten Stock. Alle drei sind Opfer von Alpträumen am hellichten Tag, in denen sie ein Unglück *vorwegnehmen*. Und die Erwartungsangst führt unausweichlich zu einer echten Angstreaktion. Bei vielen stammt die quälende, demoralisierende Angstreaktion hauptsächlich aus der Angst, die sie im voraus durchlebt haben.

Sie sind immer auf der Hut. Empfindlich gegenüber allem, was auch nur entfernt mit ihrer Phobie zu tun hat, bemerken Sie Dinge, die anderen gar nicht auffallen würden.

Erstes Beispiel: Der Mann sagt: »Die Smiths wollen uns zum Dinner einladen.«

Die Frau mit Angst vor Aufzügen: »In welchem Stock wohnen sie?«

Zweites Beispiel: Ein Freund ruft an und lädt Sie zum Mittagessen ein. Ihre klaustrophobische Reaktion: »Ich wette, du führst mich in eins dieser kleinen dunklen Restaurants.«

Drittes Beispiel: Jemand erzählt Ihnen, daß er einen guten Job für Sie weiß. Ihr erster Gedanke: »Ob ich da auch fliegen muß?«

Sie bauen Ihre Reaktion selbst auf. Denken Sie daran: Ihre Angstreaktion beginnt nicht erst dann, wenn Sie sich in der angstauslösenden Situation befinden. Wenn Sie vor dem Fliegen Angst haben, kann sie schon einsetzen, wenn Sie Ihre Flugkarte kaufen – zwei Monate vor dem eigentlichen Reisetermin. Beim ersten Gedanken an die gefürchtete Situation fangen Sie an zu grübeln. Sie denken sich allerlei Schreckliches aus, das passieren könnte, und stellen sich vor, wie Sie sich retten. Bei anderen Ängsten verstärken schon die Worte *Tunnel*, *Aufzug*, *Doktor*, *Ratte* Ihre Spannung. Je näher das angsterregende Ereignis rückt, desto schlimmer wird Ihre Angst. Ihre Gedanken machen Sie anfällig für phobische Reaktionen und verstärken sie noch.

Sie proben Ihre Angstreaktion. Sie haben zum Beispiel Angst vor Vorstellungsgesprächen. Schon Tage vorher stellen Sie sich vor, wie verkrampft Sie während des Gesprächs sein werden, daß Sie das Falsche sagen werden oder Ihnen nichts zu sagen einfällt. Weil Sie in Ihrer Phantasie Ihre Aufregung immer wieder proben, regen Sie sich immer »gekonnter« auf. Wenn Sie sich schließlich dem Gespräch stellen, verhalten Sie sich genauso, wie Sie es vorher geübt haben; sie sitzen da und werden ständig nervöser.

Ihre angstvollen Gedanken machen sich selbständig und trennen sich von der eigentlichen Angst. Ergebnis: Selbst wenn Sie wissen, daß Ihre Angstreaktion verschwunden ist, kann Ihre Erwartungsangst dennoch weiterbestehen und Sie veranlassen, die Situation zu vermeiden. Eleanor zum Beispiel fürchtet, in Panik zu geraten, wenn sie mit der U-Bahn oder dem Bus fährt. Wenn sie tatsächlich fährt, ist alles mit ihr in Ordnung. Aber ihre Erwartungsangst ist so stark, daß sie sich kaum dazu überwinden kann, diese Verkehrsmittel zu benutzen.

Wenn Sie es lernen, Ihre Gedanken und Phantasien zu beherrschen, wird Ihre Erwartungsangst abnehmen, und Sie haben bessere Aussichten, mit der eigentlichen Angstsituation fertig zu werden. Dazu können Sie sich dreier Methoden bedienen:

Gedankenstopp: Sie verbieten sich alle trübsinnigen Gedanken.

Gedankentausch: Sie üben, »Ich schaffe das« zu denken statt immer nur »Ich schaff das nicht«. Bis das »Ich schaff das« so stark wird, daß es die Angstvorstellungen ersetzt.

Erfolgproben: Statt sich auszumalen, wie Sie versagen, stellen Sie sich vor, wie Sie die Situation erfolgreich meistern.

Gedankenstopp

Bei Menschen mit Erwartungsangst sind die Gedanken zwar oft bohrend und kreativ, aber der Wirklichkeit entrückt. Allein schon, weil sie fest an ihre Vorstellungen glauben, treffen diese dann auch ein (»self-fulfilling prophecy«). Wenn Sie sich ständig einreden: »Wenn ich fliege, bekomme ich bestimmt einen hysterischen Anfall«, laufen Sie Gefahr, so zu reagieren, daß Ihre Voraussage auch eintrifft. Eine Möglichkeit, die Gedankenkette zu unterbrechen, ist der Gedankenstopp.

Übung in Gedankenstopp
Ziel: Sich die Erwartungsangst abzugewöhnen.

ERSTER SCHRITT: Nehmen Sie in einem bequemen Sessel Platz. Stellen Sie sich etwas vor, daß Sie unter Kontrolle bringen wollen. Die meisten haben eine ganze Reihe von Erwartungsängsten. Konzentrieren Sie sich auf eine einzige oder nehmen Sie, wenn Sie die Übungen durchführen, von Mal zu Mal verschiedene Ängste vor. Lassen Sie die Angstvorstellung kommen. Das nämlich ist schon eine Form der Kontrolle.

ZWEITER SCHRITT: Sobald die Vorstellung in Ihnen Gestalt gewinnt, zerstören Sie sie, indem Sie sich den Befehl geben: STOP! Dann sagen Sie »Ruhig« und entspannen ganz bewußt Ihre Muskeln und lenken Ihre Gedanken auf einen angenehmen oder neutralen Gegenstand.

- Sie brauchen das STOP! nicht gerade zu schreien, aber sagen Sie es in dem knappen Befehlston eines Feldwebels. Stoßen Sie den Befehl aus sich heraus.
- Um wirken zu können, muß der Befehl STOP! wenigstens eine zeitweilige Unterbrechung in Ihren Angstvorstellungen erzeugen. Wenn der von Ihnen herausgestoßene Befehl diese Wirkung verfehlt, müssen Sie die Gedankenkette stärker durchbrechen. Wenn Sie zum Bei-

spiel STOP! sagen, hauen Sie gleichzeitig auf den Tisch oder auf die Schenkel. Hauen Sie so hart zu, daß Sie einen Schmerz fühlen und ein lautes Geräusch zu hören ist. Wenn das auch noch nicht reicht, befestigen Sie ein Gummiband an Ihrem Handgelenk und ziehen Sie ruckartig daran, daß es schnappt, wenn Sie STOP! sagen. Auch visuelle Vorstellungen können die Kraft des STOP!-Befehls verstärken. Stellen Sie sich das Wort STOP! in flammenden Lettern geschrieben vor oder denken Sie an einen Polizisten, der unmittelbar vor Ihnen warnend die Kelle hebt.

– Es ist auch gut, an die »angenehme oder neutrale Szene« zu denken, bevor man die Übung durchführt. Planen Sie Ihren nächsten Urlaub. Überlegen Sie sich, wie Sie sich ein Bücherregal zimmern können. Vermeiden Sie alle Gedanken, die mit der Angstsituation in Zusammenhang stehen.

DRITTER SCHRITT: Während jeder Übung wiederholen Sie fünfmal folgende Handlungskette: Ängstlicher Gedanke – STOP! – »Ruhig« – Muskelentspannung – ablenkender Gedanke. Für diese Kette benötigen Sie gewöhnlich zwischen dreißig Sekunden und einer Minute. Achten Sie darauf, daß Sie jedesmal die Erwartungsangst für einen Moment unterbrechen. Die Anzahl der Übungssitzungen richtet sich nach der Stärke Ihrer Erwartungsangst. Manchmal können Sie Ihre Gedanken in einer Sitzung unter Kontrolle bringen. Ich habe auch das andere Extrem erlebt, daß Patienten wochenlang üben mußten, um ein Resultat zu erzielen.

VIERTER SCHRITT: Bedienen Sie sich dieser Methode in allen Situationen, sowie Ihre Erwartungsangst anfängt, sich abzuspulen. Die beiden Hauptregeln beim Gedankenstopp heißen:

So bald wie und *jedesmal, wenn.*

So bald wie einer dieser Angstgedanken auftaucht, machen Sie die STOP!-Übung, sagen Sie »Ruhig«, entspannen Sie sich und denken Sie an etwas Erfreuliches. Wenn Sie dem Angstgedanken die Möglichkeit geben, sich breitzumachen, bekommen Sie ihn immer schwerer unter Kontrolle. Kommt der Gedanke innerhalb von zwei Sekunden, zwei Minuten oder zwei Stunden zurück, wiederholen Sie das Verfahren, *so bald wie* der Gedanke auftaucht. *Jedesmal, wenn* Ihnen ein beunruhigender Gedanke bewußt wird, sagen Sie »STOP!«. Auf diese Weise machen Sie den Gedankenstopp und das Entspannen zur Gewohnheit, statt sich in Gedanken zu vertiefen und die Spannung zu verschärfen. Mit jeder Übung verbessert sich Ihre Kontrolle.

Fallbeispiel

David S., frischgebackener Doktor der experimentellen Psychologie, hatte die Kernangst, seine Kollegen könnten herausfinden, daß er viel weniger wußte, als sie annahmen. Während des Doktorexamens war er froh gewesen, daß die Professoren keine Fragen aus »der langen Liste von Fragen, über die ich nichts weiß«, stellten. Jetzt suchte David eine Anstellung als Dozent. Das bedeutete Interviews mit Mitgliedern psychologischer Seminare, wobei potentielle Fakultätskollegen, manchmal allein und manchmal in Gruppen, seine Wissensgebiete überprüften. David hatte einen ausgezeichneten College-Abschluß gemacht und war sogar in den exklusiven Sigma-Chi-Klub aufgenommen worden. Aber jetzt, wo er eine Anstellung suchte, konnte er nur noch an lange Listen von Fragen denken, auf die er bei einem Interview keine zufriedenstellende Antwort würde geben können. Durch seine angstvollen Gedanken baute er so viel innere Spannung auf, daß er bei keinem der vereinbarten Vorstellungsgespräche erscheinen konnte.

David kam zu mir, und wir versuchten es mit dem Gedankenstopp-Programm. Unser Ziel war, ihn für die Interview-Situation fit zu machen. Sobald er merkte, daß eine seiner Erwartungsängste in ihm hochkam (»Was soll ich tun, wenn ich eine meiner Zeitschriften zu spät bekomme und einen wichtigen Artikel nicht gelesen habe?«), gab er sich die Kommandos STOP! – »Ruhig« – Entspannen. Da er sehr diszipliniert war, übte David dies systematisch und rigoros. Nach zwei Wochen hatte er seine Gedanken in der Gewalt und stellte fest, wie er sich auf seinen Spezialgebieten selbst interviewte und die entsprechenden Antworten gab. Es gelang ihm schließlich, eine Reihe von Interviews durchzustehen. Vor jedem Interview kehrten die angstvollen Gedanken zurück, und er mußte mit der Schnelligkeit eines Maschinengewehrs hervorstoßen: »STOP! – Ruhig« – Entspannen. Offenbar machte er seine Sache gut. Trotz der starken Konkurrenz heutzutage wurde er Assistenzprofessor an einer Universität der Ostküste.

Gedankentausch

Wenn Sie denken, phantasieren, grübeln oder träumen, erteilen Sie sich oft eine Reihe von Instruktionen, die zu phobischen Reaktionen führen. Diese Instruktionen werden Ihnen zur Gewohnheit. Eine Möglichkeit, eine Gewohnheit zu ändern, besteht darin, eine noch stärkere Gewohnheit dagegenzusetzen. Zum Beispiel kann man sich beibringen, keine

Angst zu haben. Beim Gedankentausch versuchen Sie nicht, Ihre Erwartungsängste direkt zu stoppen wie beim Gedankenstopp. Statt dessen denken Sie sich erstens eine Reihe von Gegengedanken aus, und zweitens verstärken Sie diese Gedanken ganz bewußt, bis sie stark genug sind, die angstvollen Gedanken zu überwältigen oder zu ersetzen. Die folgende Übung lehnt sich an eine Methode des kalifornischen Psychologen Dr. Lloyd Homme an.

Gedankentausch-Übung
Ziel: Ihre angstvollen Selbstinstruktionen durch kompetente zu ersetzen.

ERSTER SCHRITT: Rufen Sie sich eine Ihrer Erwartungsängste in Erinnerung. Schreiben Sie die Instruktionen, die Sie sich selbst erteilen, in Ihr Arbeitsheft (von den kleinen, detaillierten Instruktionen bis hin zu den großen, übermächtigen). Im folgenden zitiere ich die Selbstinstruktionen, die sich ein Mann mit einer Aufzug-Phobie erteilte.

1. »Wenn ich das Haus betrete, fange ich an, mir all die schrecklichen Dinge auszudenken, die mir im Aufzug passieren können.«

2. »Wenn ich das Haus betrete, passe ich auf, ob noch andere mit mir den Aufzug benutzen.«

3. »Ich sehe mich genau um, ob eine Treppe in der Nähe ist – für den Fall, daß ich oben hängenbleibe und nicht mehr zurückfahren kann.«

4. »Ich achte darauf, ob der Aufzug durchfährt oder ob er an jeder Etage hält. Ich mache mir Gedanken darüber, was passiert, wenn er in dem Teil steckenbleibt, wo man nicht aussteigen kann.«

5. »Im Aufzug stehe ich gleich beim Ausgang (oder ganz hinten). Meine Muskeln sind angespannt, und ich denke an all die schlimmen Dinge, die passieren können.«

6. »Ich achte auf das leiseste Geräusch und die geringste Schwankung und interpretiere sie als Signale, daß sich eine Katastrophe anbahnen könnte.«

ZWEITER SCHRITT: Für jede dieser Selbstinstruktionen entwerfen Sie jetzt eine Liste von Gegeninstruktionen. Ihr Ziel ist, gegen die Angst die Denkgewohnheit zu setzen, daß Sie alle Probleme bewältigen können. Der Mann mit der Aufzugphobie arbeitete folgende Liste aus:

1. »Wenn ich das Haus betrete, fange ich zwar an, mir all die schrecklichen Dinge auszudenken, die mir im Aufzug passieren können. Aber ich sage mir, daß sehr wenig Aussicht besteht, daß sich irgend etwas Schlimmes ereignen wird.«

2. »Wenn ich merke, wie ich aufpasse, ob auch andere Leute in den Aufzug steigen, sage ich mir, daß es überhaupt keine Rolle spielt, ob auch andere im Aufzug sind.«

3. »Wenn ich mich dabei ertappe, daß ich mich nach einer Treppe um-

sehe, sage ich mir, daß ich die Situation schon meistern werde, selbst wenn der Aufzug oben hängenbleibt.«

4. »Ich fange an zu denken, daß sehr wenig Aussicht besteht, daß sich etwas Schlimmes ereignet.«

5. »Wenn ich im Aufzug bin, entspanne ich bewußt meine Muskeln und denke an etwas Angenehmes.«

6. »Wenn ich ein ungewöhnliches Geräusch höre, sage ich mir, daß selbst, wenn etwas nicht in Ordnung ist, es sich wahrscheinlich nur um eine Lappalie handelt.«

DRITTER SCHRITT: Schreiben Sie jede dieser neuen Selbstinstruktionen auf ein Kärtchen. Die Reihenfolge spielt keine Rolle. Haben Sie die Kärtchen immer bei sich oder legen Sie sie an einen geeigneten Platz – ins Portemonnaie, auf den Nachttisch, neben das Telefon usw.

VIERTER SCHRITT: Nehmen Sie sich ein paar Handlungen vor, die Sie während des Tages häufig durchführen, zum Beispiel Kaffee oder Mineralwasser trinken, das Fernsehprogramm umschalten, mit einem Kamm durchs Haar fahren, die Hände waschen, einen Anruf machen. Jedesmal, *bevor* Sie eine dieser häufigen Handlungen durchführen, nehmen Sie die oberste Karte vor, lesen sie und sagen sich die Instruktion vor. Erst *dann* nehmen Sie Ihren ersten Schluck Kaffee, schalten den Fernseher um oder fahren sich mit dem Kamm durchs Haar. *Alternative:* Sagen Sie sich die neue Instruktion vor, bevor Sie etwas tun, das Ihnen Spaß macht – die Post lesen, Kuchen essen, einen Cocktail nehmen

FÜNFTER SCHRITT: Wenn Sie sich in der realen Angstsituation befinden, wiederholen Sie bewußt die Instruktionen und versuchen, sie zu befolgen. Dazu können Sie mehrere Wochen brauchen, aber Ihre angstvollen Gedanken dürften sich ändern und Ihre Angst abnehmen.

SECHSTER SCHRITT: Nachdem Sie Ihre Selbstinstruktionen eine Weile benutzt haben, fallen Ihnen vielleicht bessere Formulierungen ein. Zögern Sie nicht, die Argumente zu wechseln, aber ändern Sie sie nicht zu häufig. Ihr Ziel ist ja, jede neue Selbstinstruktion gründlich einzuüben, so daß sie sich bei Ihnen festsetzt.

Fallbeispiel

Anne E., eine junge Frau, die als Verwaltungsangestellte bei einem großen Unternehmen arbeitete, hatte zwei Jahre ein College besucht und mit mehreren guten Prüfungen abgeschlossen. Anne erhielt nun die Chance, auf Firmenkosten einen akademischen Grad zu erwerben. Doch der Gedanke an die Prüfungen versetzte sie in Panik. »Wenn die Firma mein Studium bezahlt, muß ich einen sehr guten Abschluß machen; sonst ist es Betrug am Unternehmen. Die Chefs werden denken, ich hätte die Förderung nicht verdient.« Wenn sie aber auf die Chance verzichtet hätte, wäre sie sich gedemütigt vorgekommen. Sie steigerte sich so in diesen Konflikt hinein, daß die einzige Lösung in einem Stellenwechsel zu liegen schien. Anne und ich arbeiteten folgende Gegenargumente aus: »Ich habe früher gute Examina gemacht und ich schaff das auch jetzt wieder; die Prüfung damals war schon eine gute Leistung« – »Ich kann während der Prüfung die Nerven behalten« – »Das einzige, was die Firma von mir erwartet, ist, daß ich mir Mühe gebe.« Anne tippte ihre neuen Gedanken auf Karteikarten und steckte sie in die Cellophanhülle ihrer Zigarettenpackung. Ehe sie sich eine Zigarette anzündete, las sie sich die oberste Karte vor, zündete dann die Zigarette an und steckte die Karte auf die Rückseite der Packung.

Das führte sie ungefähr zwanzigmal am Tag durch, meistens wenn auch andere im Zimmer waren. Nach zehn Tagen stellte sie fest, daß sie über ihre Ausbildung schon optimistischer dachte. Die ganze Kette der Erwartungsängste hatte im Juni eingesetzt; der Kurs sollte im September beginnen. Und Anfang September freute sie sich schon auf ihr Studium.

Erfolg proben

Wer unter Erwartungsangst leidet, stellt sich vor, wie er in der gefürchteten Situation von Angst überwältigt wird. Er probt seine Angstzustände. Bei der folgenden Übung (sie stützt sich auf eine Methode von Dr. Alan E. Kazdin, Professor der Psychologie an der Penn State University) proben Sie, wie Sie mit Ihren Ängsten fertig werden. Dabei entwerfen Sie *in Ihrer Phantasie* Szenen, in denen eine Modellperson ihre Ängste in der bewußten quälenden Situation meistert.

Wenn Sie sich Ihre Szenen ausmalen, folgen Sie dabei zwei Regeln:

1. Die Szenen müssen so geartet sein, daß Sie es sich mit ein wenig Praxis zumuten können, sie nachzuvollziehen. Wenn Ihnen das Modell zu weit voraus ist, denken Sie »das schaffe ich nicht« und geben auf.

2. Die Handlungen des Modells müssen zu einem positiven Ergebnis führen. Für viele von uns ersetzt ein Bild tausend Worte. Das trifft auch dann zu, wenn das Bild nur in Ihrer Phantasie besteht.

Übung im Proben von Erfolg
Ziel: Ihre Erwartungsängste umzustimmen, indem Sie in Ihrer Phantasie das Angstproben durch Erfolgproben ersetzen.

ERSTER SCHRITT: Denken Sie sich 12 bis 14 Szenen aus, die ein Modell in der gefürchteten Situation zeigen. Jede Szene sollte realitisch sein, leicht vorstellbar und relativ einfach. Das Modell sollte vom gleichen Alter und Geschlecht wie Sie sein. In jeder Szene lassen Sie das Modell eine bestimmte Angst ausstehen und sie meistern. Das Modell sollte seine Gefühle in Worte fassen. Jede Szene muß positiv enden.

Schreiben Sie die Szenen vor Beginn der Übung nieder und beachten Sie dabei die Regeln, die ich oben erläutert habe.

Szenenbeispiele bei Höhenangst:

ERSTE SZENE:
Szenenbeschreibung: Die Modellperson geht zu einem Fenster im fünften Stock, steht dort und sieht hinunter.

Szenenbewältigung: Das Modell sagt: »Ich fange an, mich ein wenig schwindlig und nervös zu fühlen, aber ich will mich entspannen.« Stellen Sie sich vor, daß das Modell nervös wirkt. Dann stellen Sie sich vor, wie er oder sie Atem holt und ausatmet. Sie sehen, wie sich der Körper des Modells entspannt.

Verstärkung: Stellen Sie sich vor, daß das Modell froh aussieht und sagt: »Ich hab's geschafft.«

ZWEITE SZENE:
Szenenbeschreibung: Das Modell fährt mit dem Auto über eine Hochrampe.

Szenenbewältigung: Das Modell sagt: »Ich spüre sehr deutlich, wie hoch diese Rampe ist, und ich fange an, mich zu verkrampfen. Ich werde mit dieser Verkrampfung fertig werden.« Stellen Sie sich vor, wie sich die Modellperson bewußt entspannt.

Verstärkung: Stellen Sie sich vor, wie die Modellperson über die Hochrampe fährt und ihre Verkrampfung in der Gewalt hat. Der Ehepartner sitzt daneben, schaut Sie bewundernd an und sagt: »Prima, wie du deine Angst in den Griff bekommst.«

Wenn Sie diese Übung machen, sollten Sie sich Szenen aussuchen, die auf Ihre spezifische Angst abgestimmt sind. Die Verkrampfung der Modellperson muß genau Ihrer eigenen entsprechen. Sorgen Sie dafür, daß der Verstärker für Sie auch wirklich verstärkend wirkt.

Die beiden vorangegangenen Szenen illustrieren zwei Regeln, die Sie befolgen sollten, wenn Sie sich Ihre eigenen Szenen ausmalen.

– Die erste Szene zeigt eine Modellperson, die die Situation zwar nicht gerade *meistert*, aber mit ihr *fertig wird*. Sie schafft es – wenn auch mit Angst. Sie kann die Situation nicht ohne Angst durchleben. Bei dieser Übung erzielt man die besten Ergebnisse, wenn das Modell mit der Situation nur so eben fertig wird. Nur die letzten beiden Ihrer zwölf Szenen sollten eine Modellperson zeigen, die die Situation meistert (die Modellperson steht vollkommen entspannt am Fenster).

– Die Szene zeigt, wie das Modell sich Instruktionen erteilt und der üblichen Hilflosigkeit in der gefürchteten Situation durch Befehle an sich selbst begegnet. In jeder Szene sollte das Modell sich einen Befehl erteilen und ihn erfolgreich ausführen.

ZWEITER SCHRITT: Stellen Sie sich die Szenen so vor, wie Sie sie niedergeschrieben haben. Halten Sie jedes Bild etwa 15 Sekunden vor Ihrem geistigen Auge fest. Es sollte ganz klar umrissen vor Ihnen stehen, ehe Sie zum nächsten übergehen.

Die Übung dauert gewöhnlich fünf bis zehn Minuten. Spielen Sie jede Szene eine Woche lang einmal täglich durch.

Dann überprüfen Sie die Szenen und nehmen Sie Veränderungen vor, wenn es nötig ist. Wiederholen Sie sie täglich für weitere zwei Wochen.

DRITTER SCHRITT: Begeben Sie sich in die gefürchtete Situation. Fahren Sie mit dem Aufzug. Nehmen Sie die U-Bahn. Betreten Sie das überfüllte Zimmer. Dann versuchen Sie ganz bewußt, sich so zu verhalten wie das Modell in Ihrer Phantasieszene. Erteilen Sie sich die gleichen Selbst-Instruktionen und befolgen Sie sie.

VIERTER SCHRITT: Bleiben Sie stets in der Übung, sowohl in der Phantasie als auch im täglichen Leben. Mit steigender Selbstbeherrschung ergibt sich gewöhnlich eine ständige Verminderung der Angst, die gleichzeitig Ihre Angstreaktion abschwächt.

Fallbeispiel

Henry M., ein dreißigjähriger Rechtsanwalt, hatte Aussicht, Juniorpartner in einem Anwaltsbüro zu werden. Das bedeutete, er würde Prozesse übernehmen müssen. Henry fürchtete, nervös zu sein, zu stottern und vor Gericht eine schlechte Figur zu machen. Er stellte sich vor, wie er die Geschworenen und den Richter ansah und nicht wußte, was er sagen oder wo er die Hände lassen sollte. Eine Szene probte er immer wieder durch: während er einen Zeugen vernahm, konnte er ein bestimmtes Papier nicht finden und wirkte dadurch lächerlich. In Wirklichkeit hatte Henry keinen Grund anzunehmen, daß eine solche Katastrophe wirklich eintreten könnte. Er war schon in Prozessen aufgetreten und hatte, abgesehen von ein wenig Beklemmung, keinerlei Probleme gehabt. Seine Schwierigkeit lag allein in seiner irrationalen Erwartungsangst.

Als ersten Schritt beim Erfolgproben ließen wir Henry mehrmals in den Gerichtssaal gehen, um reale Prozesse zu verfolgen. Seine Aufgabe war, besonders auf Anwälte zu achten, deren Stil dem seinen ähnelte und deren Arbeit er bewunderte. Einen bestimmten Rechtsanwalt machte er zu seiner Modellperson. Die folgenden Szenen benutzte Henry beim Erfolgproben:

Die Modellperson erhebt sich und wendet sich an den Richter. Henry sieht, wie sich das Modell anspannt, und stellt sich dann vor, wie es laut sagt: »Ich verkrampfe mich. Ich will mich bewußt entspannen.« Henry stellt sich vor, wie das Modell sich entspannt und dann zu dem Richter genau so spricht, wie er es gern getan hätte.

– Er sieht, wie die Modellperson sich an die Geschworenen wendet. In seiner Vorstellung stottert das Modell und scheint blockiert. Henry stellt sich vor, wie das Modell laut spricht: »Ich fühle mich blockiert; ich will mich entspannen.« Er beobachtet, wie sich die Muskeln des Modells entspannen, und stellt sich dann eine Szene vor, in der das Modell fließend und gewandt zu der Jury spricht und genau weiß, was es sagen will.

Wir hatten neun Szenen, in denen er mit der Situation so eben fertig wurde, und wir ließen zwei folgen, in denen er sie meisterte. In den letzteren stellte sich Henry zwei Situationen vor, in denen die Modellperson sich besonders gut in der Gewalt hatte:

1. Völlig entspannt legte das Modell dem Richter einen bestimmten Punkt dar.

2. Er saß auf seinem Stuhl und folgte dem Verfahren aufmerksam, aber entspannt.

Zwei Wochen lang spielte Henry alle elf Szenen dreimal täglich durch. Als er danach in meine Sprechstunde kam, sagte er zu mir: »Ich weiß gar nicht, worüber ich mir soviel Sorgen gemacht habe. Natürlich werde ich es schaffen.«

Wie können Sie erkennen, welche von den drei Übungen – Gedankenstopp, Gedankentausch oder Erfolgproben – Sie als erste versuchen sollten? Wenn Sie zum Therapeuten gehen, würde dieser eine detaillierte Analyse Ihrer Erwartungsangst vornehmen und würde danach entscheiden, welche Übung die besten Ergebnisse zeitigen würde. Sie selbst haben zu wenig Abstand von der Situation. Ich empfehle Ihnen, mit der Übung zu beginnen, die Ihnen am leichtesten erscheint. Grund: Sie brauchen einen gewissen Anfangserfolg, um gegen Ihre gewohnte Hilflosigkeit etwas ausrichten zu können. Wenn die Übung nicht genug bringt, gehen Sie zu einer der beiden anderen über. Machen Sie niemals mehr als zwei gleichzeitig. Das würde Sie nur verwirren.

Vieleicht finden Sie heraus, daß Ihre Angst gar nicht mehr besteht.

Elaine zum Beispiel war nur einmal in ihrem Leben geflogen, und das vor zwanzig Jahren. Dieser Flug ängstigte sie so stark, daß sie sich in den nächsten zwanzig Jahren weigerte, ein Flugzeug zu betreten. Endlich überredete sie ihr Mann, nach Mexiko in Urlaub zu fliegen. Als sie erst einmal im Flugzeug saß, merkte Elaine, daß sie überhaupt nicht nervös war. Während der langen Jahre, in denen sie Fliegen einfach vermieden hatte, war die Furcht irgendwie verschwunden. Als sie später darüber nachdachte, kam sie zu dem Ergebnis, daß jahrelanges Ansehen von Flugreklame im Fernsehen und die Reden ihrer Freunde, die so lässig von ihren Flugreisen erzählten, ihre Ängste ausgelöscht hatten.

Allein schon die Verringerung Ihrer Angst kann dazu führen, daß Sie mit Ihrer Angst fertig werden.

Fallbeispiel

Mona L., eine sehr attraktive und ehrgeizige PR-Managerin, fürchtete sich vor Partyeinladungen. Sie wußte zum Beispiel, daß sie am nächsten Montag an einer Party teilnehmen mußte. Am Freitag davor begann sie schon, sich zu quälen: »Sicher werde ich das Falsche anhaben und alle werden es merken« . . . »Der Raum wird voll von Leuten sein, die ich nicht kenne« . . . »Wenn ich auf jemanden zugehe, den ich nicht kenne, und eine Unterhaltung beginne, wird er wahrscheinlich einfach weggehen« . . . »Ich geh zusammen mit meiner Vorgesetzten, aber ich kann mich ja nicht den ganzen Abend an sie klammern. Wenn ich früh fortgehe, wird sie denken, daß ich bei solchen Parties eine schlechte Figur mache.« Mona ging zu der Party, und weil sie so verkrampft war, blieb sie nur zehn Minuten und rannte dann wieder weg.

Ein paar Wochen später mußte sie wieder an einer Party teilnehmen. Diesmal benutzte sie den Gedankenstopp. Obwohl sie auch jetzt nervös war, war sie doch in der Lage, sich zu unterhalten, und freute sich sogar über all die netten Leute und die Chance, neue Kontakte herzustellen. Als sie die Party verließ, war sie rundum mit sich zufrieden.

Wie man die Angstreaktion reduziert

In der Situation selbst besteht Ihre Angstreaktion aus zwei Teilen:

1. der eigentlichen Reaktion
2. dem, was sie tun, um die Angstreaktion zu vergrößern und ihre Wirkung zu verstärken.

Am häufigsten wird die Angstreaktion dabei durch falsche Atemtechnik intensiviert.

Falsche Atemtechnik

Wenn Sie Angst bekommen, verändert sich Ihre Atmung. Sie nehmen zuviel Sauerstoff auf und Sie spüren eine Reihe körperlicher Reaktionen (wie Schwindel, Herzklopfen), die die Situation noch bedrohlicher erscheinen lassen. Diese Symptome sind das Ergebnis falscher Atemtechnik. Wenn Sie Angst bekommen, atmen Sie flacher. Wie wenn Sie bei körperlicher Anstrengung nach Luft schnappen, erhöht sich der Sauerstoffgehalt des Blutes. Bei schwerer körperlicher Anstrengung verbrauchen Sie diesen Sauerstoffüberschuß, während er bei einer Angstreaktion nicht abgebaut wird. Folglich verändert er das Gleichgewicht von Säuren und Basen im Blut und verursacht körperliches Unwohlsein – Schwindel, Herzklopfen, weiche Knie. Das verstärkt wiederum die Angstreaktion und wird zur Ursache neuer Ängste. Viele glauben bei diesen Symptomen, einen Herzanfall zu haben, und suchen schleunigst das nächste Krankenhaus auf.

Wollen Sie prüfen, ob Sie zu heftig atmen, wenn Sie Ihre Angstsymptome haben, so versuchen Sie, bewußt den Kohlendioxydgehalt Ihres Blutes zu erhöhen. Stülpen Sie ganz einfach eine Papiertüte über Mund und Nase und atmen Sie drei Minuten lang in die Tüte ein und aus. *Benutzen Sie keine Plastiktüte.* Fast ebenso wirkungsvoll ist es, wenn Sie beide Hände über Mund und Nase gewölbt halten und ungefähr drei Minuten durch die Nase atmen.

Da durch diese Techniken der Kohlendioxydgehalt des Blutes erhöht wird, kommt es, wenn Sie wirklich stoßweise atmen, zu einer deutlichen Verminderung der körperlichen Symptome.

Wenn Sie so vor sich selbst demonstriert haben, daß Ihre Symptome durch zu heftiges Atmen wenigstens teilweise verschlimmert werden, sollten Sie sich etwas ganz Einfaches zur Gewohnheit machen. Jedesmal, wenn Ihre Angstreaktion einsetzt, halten Sie einfach den Mund fest geschlossen und atmen durch die Nase. Notfalls pressen Sie die flache Hand auf den Mund. Setzen Sie das so lange fort, bis die Symptome verschwinden.

Systematische Desensibilisierung

Der dreijährige Billy Jones fürchtet sich vor der See. Seine Mutter ist so vernünftig, ihn nicht zu zwingen, ins Wasser zu gehen. Statt dessen führt sie ihn an der Hand bis zum Wellenrand und hebt ihn hoch, wenn eine Welle kommt. Als Billy sich beruhigt hat, ermutigt ihn Mrs. Jones, zunächst einen Fuß in die Welle zu halten, sich dann bis zum Knöchel vorzuwagen und schließlich hineinzuwaten. Billy überwand seine Ängste, indem er eine Situation zum Ausgangspunkt nahm, die ihm kaum Angst einflößte. Dann näherte er sich schrittweise seiner Kernangst (wahrscheinlich die Angst, von den Wellen überspült zu werden) und machte den nächsten Schritt erst, wenn er ein Stück Angst überwunden hatte.

Ohne es zu wissen, wandte Mrs. Jones bei Billy die Technik der systematischen Desensibilisierung an, die bei der Heilung von Angst eine so wichtige Rolle spielt.

Systematische Desensibilisierung geht von der Erkenntnis aus, daß Sie irgendwann gelernt haben, auf einen bestimmten Reiz automatisch und irrational mit Furcht zu reagieren – das kann die geschlossene Tür eines Flugzeugs sein oder der Blick aus dem Fenster eines Hochhauses oder Autofahren in dichtem Verkehr. Desensibilisierung zielt darauf ab, Sie so umzuerziehen, daß Sie auf die Flugzeugtür, das hochgelegene Fenster und den Verkehr künftig ohne Angst reagieren. Ist diese Umerziehung abgeschlossen – das heißt, Sie haben die furchterregende Situation mehrmals durchgestanden, ohne eine gestörte Reaktion zu zeigen –, sind Sie die Angst los.

Systematische Desensibilisierung verlangt von Ihnen dreierlei:

1. Sie müssen wissen, wie man sich bewußt entspannt. Sie können nicht gleichzeitig entspannt und verängstigt sein. Üben Sie die Muskelentspannungsübungen aus Anhang I so lange, bis Sie sich jederzeit entspannen können.

Mit etwas Übung können sich die meisten Menschen sofort entspannen, wenn sie sich eine »angenehme Szene« vorstellen (zum Beispiel am Strand liegen und sich in der Sonne aalen).

2. Sie müssen eine »Hierarchie« von Übungssituationen ausarbeiten, das heißt, Sie müssen die angsterzeugenden Situationen nach dem Grad ihrer Stärke ordnen. Sie müssen mit einer Situation beginnen, bei der nur ein wenig Angst aufflackert (bei Höhenangst zum Beispiel aus dem Fenster des ersten Stocks sehen). Sie wollen also mit der ersten Übung nicht schon die Spitze des Empire State Building erreichen – wenn Sie das täten, würden Sie wahrscheinlich niemals dorthin gelangen. Die Spitze des Empire State Building ist vielmehr Ihr letzter Schritt.

Wenn Sie Ihre Übungssituationen auswählen, haben Sie die Wahl zwischen zwei Möglichkeiten:

a) Sie können sich reale Situationen aussuchen, in die Sie sich dann auch hineinbegeben. Sie können sich zum Beispiel in einem Buch das Bild eines krabbelnden Insekts ansehen, oder Sie stellen sich an ein Fenster im dritten Stock, oder Sie fahren eine Station mit der U-Bahn. Dies ist *Systematische Desensibilisierung in der Realität.*

b) Sie brauchen aber nicht wirklich an einem Fenster zu stehen. Sie können sich auch einfach vorstellen, da zu stehen, und diese Vorstellung als Ihre Übungssituation betrachten. Das ist *Systematische Desensibilisierung in der Phantasie.*

3. Ob Sie sich nun bei Ihrer Desensibilisierung für die Phantasie oder die Realität entscheiden, Sie arbeiten sich schrittweise von Situation zu Situation vor, *entspannen sich nach jedem Schritt und tun erst den nächsten, wenn Sie die vorhergehende Situation wirklich gemeistert haben.*

Systematische Desensibilisierung versucht nicht, Ihnen Ihre Furcht wegzurationalisieren, Ihnen Einsichten zu vermitteln oder tiefliegende, unbewußte Konflikte aufzudecken. Es ist ein sehr direktes Übungsverfahren, das Sie lehrt, ohne Angst auf Situationen zu reagieren, die Sie vielleicht schon jahrelang gelähmt haben.

Als erster hat in den vierziger Jahren Andrew Salter, ein führender New Yorker Psychotherapeut, diese Methode beschrieben.

Die heutzutage angewandten Behandlungsmethoden wurden während der fünfziger Jahre von Dr. Joseph Wolpe, der jetzt an der Temple University School of Medicine lehrt, entwickelt und erprobt. Seit der Zeit ist die Systematische Desensibilisierung Gegenstand von mehr wissenschaftlichen Experimenten gewesen als jede andere psychotherapeutische Methode (die Fachliteratur verzeichnet mehrere hundert Studien über Zehntausende von Phobikern). Alle Experimente zeigen immer wieder, daß die Methode zu tatsächlichen Änderungen im Leben dieser Menschen führt und daß *diese Änderungen Bestand haben.*

Vorbereitung auf die Systematische Desensibilisierung

1. *Wählen Sie die Angst aus, die Sie bearbeiten wollen.* Anfangen sollten Sie mit derjenigen Ihrer »schwerwiegenden« Ängste, bei der Sie sich noch am wenigsten fürchten. Wenn Sie zum Beispiel in einem Flugzeug, Tunnel oder Aufzug Angst haben, eingeschlossen zu sein, diese Angst aber am wenigsten in einem Aufzug verspüren, so benutzen Sie den Aufzug als Ausgangspunkt.

2. *Entscheiden Sie sich, ob Sie es vorziehen, sich in der Realität oder in der Phantasie zu desensibilisieren.* Dies ist Ihre ganz persönliche Entscheidung. Einige wollen die realen Angstsituationen durchstehen und dabei entspannt bleiben. Andere ziehen es vor, Phantasiesituationen zu benutzen und erst allmählich das Selbstvertrauen aufzubauen, das es ihnen ermöglicht, die angsterregenden Situationen im tatsächlichen Leben anzugehen. Wieder andere kombinieren die Methoden; sie benutzen die Phantasiesituationen zur Übung und gehen dann hin und führen sie in der Realität aus. Im nächsten Kapitel wollen wir Ihnen zeigen, wie diese Methoden Menschen geholfen haben, die ihr ganzes Leben in Angst verbracht haben.

3. *Bauen Sie sich eine Hierarchie auf.*

a) Wenn Sie Ihre Hierarchie entwerfen, brauchen Sie eine Methode, mit der Sie abschätzen können, wie stark die Störung ist, die eine bestimmte Situation bei Ihnen auslöst. Benutzen Sie dafür ein sogenanntes Angstthermometer. Dieses Thermometer beginnt bei null und endet mit hundert. Sie bewerten eine Situation mit null, wenn die Störung keinerlei Steigerung aufweist. Sie haben zum Beispiel Höhenangst, aber die Störung macht sich erst bemerkbar, wenn Sie den vierten Stock erreichen. Sehen Sie dagegen aus einem Fenster des zweiten Stocks (oder tun es nur in der Phantasie), wird die Höhenangst nicht stärker. Ihr Angstthermometer zeigt null an.

Hundert wird erreicht, wenn sich Ihre Angst aufs äußerste steigert. Schlimmer kann sie nicht mehr werden. Viele Ängste, sogar sehr schwerwiegende, erreichen nicht die Hundertmarke. Aber Werte von 80 oder 90 sind ja auch schlimm genug.

Jede gestörte Reaktion muß irgendwo zwischen null und hundert liegen. Indem Sie abschätzen, wo Ihre Reaktion auf dem Angstthermometer bei den einzelnen Situationen anzusetzen ist, erhalten Sie die Stufenreihe, die Sie für die Hierarchie brauchen.

b) Stellen Sie für die Furcht, die Sie reduzieren wollen, eine Angsthierarchie auf. Sie sollten zwischen zwölf und zwanzig Stufen aufführen. Dabei kann es sich um Situationen handeln, die Sie erlebt haben oder erleben könnten oder die Sie zu erleben fürchten. Wählen Sie relativ unkomplizierte Situationen und suchen Sie sich Szenen aus, die verschiedene Störgrade auslösen. Wenn Sie sich zum Beispiel vor einem elektrischen Schlag fürchten, so kann das Anstellen des Radios auf dem Angstthermometer bei null liegen. Einen Stecker in eine Steckdose zu stecken, könnte bei 75 angesetzt werden, einen leichten Schlag zu erhalten bei 90. Ermitteln Sie also mit dem Angstthermometer den jeweiligen Störungsgrad.

Wenn Sie für jede Situation die Anzeige auf dem Angstthermometer festgestellt haben, schreiben Sie die Situationen auf Karteikarten und ordnen Sie sie nach ihrer Rangfolge. Dabei können Sie eventuell feststellen, daß Sie sich noch zusätzliche Situationen ausdenken müssen, um Lücken in der Hierarchie auszufüllen. Überprüfen Sie die Hierarchie, um sicherzustellen, daß sie folgenden Voraussetzungen entspricht:

- Sie beginnt bei einem niedrigen Wert. Sehen Sie zu, daß Sie unter 20 für je 5 Punkte eine Situation finden.
  Es darf keine großen Lücken geben. Zwischen den einzelnen Angstthemen sollten nicht mehr als 10 Punkte Abstand sein. Wenn es sich um ein sehr problematisches Angstgebiet handelt, erfinden Sie für alle fünf Punkte ein neues Thema.– Die Hierarchie sollte den Kern der Phobie treffen – das Schlimmste, was passieren kann. Damit ist Ihre stärkste Angst gemeint: das Flugzeug stürzt tatsächlich ab, Sie sterben langsam und unter großen Schmerzen an Krebs, der tollwütige Hund wirft Sie um und geht Ihnen an die Gurgel, Sie sitzen allein im Zimmer, ohne einen einzigen Freund oder Bekannten zu haben.

Der Aufbau einer Hierarchie läßt sich besonders gut an der Höhenangst demonstrieren. Folgende Hierarchie stellte ich für einen Versicherungsvertreter auf, dessen Einkommen sehr darunter litt, daß er keine Kunden besuchen konnte, die höher als im fünften Stock wohnten. Seine Kernangst war, er könnte aus dem Fenster stürzen und »auf der Straße zerschmettert liegenbleiben«. Die ersten Anzeichen der Angst zeigten sich im dritten Stock. Seiner Ansicht nach hatte er von da an guten Grund anzunehmen, tot zu sein, falls er hinunterfiele. Oberhalb des fünfzehnten Stocks wuchs die Angst nicht mehr weiter (»Wer vom fünfzehnten Stock fällt, wird genauso zerschmettert wie jemand, der vom fünfzigsten stürzt«). Ob die Fenster besonders groß waren, ob er auf einer Terrasse stand, ob er sich hinauslehnte – alles machte ihm einen Sturz wahrscheinlich und verstärkte seine Angst.

In diesem besonderen Fall benutzten wir Phantasieszenen. Man hätte jedoch die gleiche Hierarchie für eine Desensibilisierung in der Realität benutzen können. Der Patient wäre unter Umständen nicht in der Lage gewesen, sich in diese Situationen zu begeben (zum Beispiel hätte er eventuell keinen Zutritt zu einer Terrasse im fünfzehnten Stock gehabt) und er hätte wahrscheinlich schon im zweiten Stock Angst gehabt, denn bei Themen in der Realität wird die Störung stärker erlebt als in der Phantasie. Und natürlich hätte er in der Realität den letzten Punkt nicht durchgeführt.

Hierarchiesituationen	Wert auf dem Angstthermometer
1. Auf einer Terrasse im dritten Stock stehen.	10
2. Aus einem Fenster im vierten Stock sehen.	15
3. Aus einem Fenster im fünften Stock sehen.	20
4. Aus einem Fenster im sechsten Stock sehen.	25
5. Auf einer Terrasse im sechsten Stock stehen.	30
6. Aus einem Fenster im siebten Stock sehen.	35
7. Aus einem Fenster im achten Stock sehen.	40
8. Aus einem Fenster im zehnten Stock sehen.	45
9. Aus einem Fenster im zwölften Stock sehen.	50
10. Aus einem Fenster im fünfzehnten Stock sehen.	55
11. Das gleiche, aber das Fenster ist groß und die Fensterbank sehr niedrig.	60
12. Am Geländer einer Terrasse im fünfzehnten Stock stehen und hinuntersehen.	65
13. Das gleiche, aber sich über das Geländer lehnen.	70
14. Das gleiche, aber sich über das Geländer auf die Straße gleiten lassen.	75

Als seine Desensibilisierung bis zu Punkt acht fortgeschritten war, besuchte er zum ersten Mal seit Jahren wieder Leute im siebten Stock. Er berichtete, er habe sich zunächst unbehaglich gefühlt, aber das habe sich dann bald gegeben. Nachdem er die ganze Hierarchie durchgearbeitet hatte, konnte er überall hingehen, auch wenn er manchmal noch eine Beklemmung fühlte, die sich nicht abschütteln ließ. Als er nach sechs Monaten wieder in die Praxis kam, war auch dies Unbehagen gänzlich verschwunden. Nach zwei Jahren schrieb er mir auf einer Karte aus dem Urlaub: »Ich hab' nur noch das Problem, daß es mir immer schwerer fällt, mich an meine Ängste zu erinnern.«

c) Es folgen einige Tips für den Aufbau einer Hierarchie:

- Fangen Sie mit einer Hierarchie an, die Sie bewältigen können. Wenn Sie Angst vor Spritzen haben und eine Hierarchie mit realen Szenen aufbauen wollen, so sind Sie vielleicht in der Lage, sich eine Anzeige anzusehen, auf der eine Injektionsnadel abgebildet ist. Falls Sie eine Hierarchie mit Phantasieszenen aufbauen wollen, stellen Sie sich vor, daß ein anderer sich in Ihrer Situation befindet.
- Manchmal hat eine Hierarchie Lücken, die Sie ergänzen müssen. Wenn Sie z.B. aus einem Fenster im 4. Stock schauen, zeigt Ihr Angstthermometer 20; schauen Sie aber im 5. Stock aus dem Fenster, so sind es schon 40! Sie können diese Lücke durch folgende Situation ergänzen: entweder Sie sehen zusammen mit einem guten Freund aus dem Fenster im 5. Stock, oder Sie tun es am frühen Morgen, wenn Sie sich gut ausgeruht fühlen.
- Wenn Sie Ihre Hierarchie aufbauen, so machen Sie möglichst genaue Maß- oder Zeitangaben!

  Entfernung: Sie sind 100 m von einem Hund entfernt – 50 m ... 10m. Sie sind 100 m von einem knurrenden Hund entfernt ... 50 m ... 10 m ... usw.

  Zeit: Sie fahren eine halbe Stunde mit dem Bus ... eine Stunde ... zwei Stunden usw.

  Größe: Das Fahrzeug auf der Straße neben Ihnen ist ein Kleinwagen ... eine Limousine ... ein kleiner Lastwagen ... ein riesiger Lastzug.

  Höhe: Die Brücke ist direkt über dem Wasser ... 3 m über dem Wasser ... 9 m über dem Wasser.

d) Stimmen Sie Ihre Hierarchie auf Ihren persönlichen Fall ab. Ihre Behandlung muß individuell sein, damit sie zum Kern *Ihrer persönlichen Ängste* vordringen kann. So können z.B. zwei Leute mit Angst vor Aufzügen völlig verschiedene Phantasie-Hierarchien haben.

Aufzugphobie, Phantasiehierarchie I

Tim J. war ein Vertreter, dessen Kunden in Hochhäusern mit Aufzügen wohnten. Oft stieg er 15 bis 18 Stockwerke hoch. Seine Kernangst war, er könne in einem kleinen Raum ersticken (Menschen mit Klaustrophobie erleben ihre Angst oft als Druck auf der Brust, das Atmen fällt ihnen schwer und sie fürchten zu ersticken – was jedoch nie geschieht). Tim fühlte sich besonders verängstigt, wenn der Aufzug keinerlei Öffnung aufwies (»hat er ein Gitter oder ein Fenster?«). Zu schaffen machten ihm auch die Größe des Aufzugs (je kleiner der Aufzug, desto größer die Angst) und die Anzahl der Leute im Aufzug (am einfachsten war es für ihn in einem Aufzug mit Selbstbedienung, wenn er allein damit fuhr. Jede weitere Person im Aufzug nahm ihm etwas Platz weg, und das ängstigte ihn). Wenig störten ihn hingegen das Alter des Fahrstuhls, Schlingern, rasselnde Geräusche oder die Fahrtdauer.

Für unsere Hierarchie benutzten wir einen Aufzug, der keinerlei Öffnung hatte. Wir verkleinerten ihn dann systematisch und ließen auch systematisch immer mehr Leute in den Aufzug einsteigen. Dazu maßen wir die Größe jedes Aufzugs mit Schritten aus, so daß sich der Patient eine ziemlich genaue Vorstellung machen konnte.

Hierarchiesituationen	Werte auf dem Angstthermometer
1. In einem Aufzug 8 × 10 Schritt, allein	5
2. In einem Aufzug 6 × 6 Schritt allein	10
3. In einem Aufzug 5 × 5 Schritt, allein	15
4. In einem Aufzug 4 × 5 Schritt, allein	20
5. In einem Aufzug 4 × 4 Schritt, allein	25
6. In einem Aufzug 4 × 3 Schritt, allein	30
7. In einem Aufzug 4 × 3 Schritt, mit einem Kind	35
8. In einem Aufzug 4 × 3 Schritt, mit einem Erwachsenen	40
9. In einem Aufzug 3 × 3 Schritt, allein	40
10. In einem Aufzug 3 × 3 Schritt, mit einem Erwachsenen	45
11. In einem Aufzug 3 × 3 Schritt, mit zwei Erwachsenen	50
12. In einem Aufzug 3 × 3 Schritt, mit drei Erwachsenen	55
13. In einem Aufzug 2 × 3 Schritt, allein	60
14. In einem Aufzug 2 × 3 Schritt, mit einem Erwachsenen	65
15. In einem Aufzug 2 × 3 Schritt, mit zwei Erwachsenen	70
16. In einem Aufzug 2 × 3 Schritt, mit zwei Erwachsenen und einem Kind	75
17. In einem Aufzug 2 × 3 Schritt, Tim steht eingezwängt zwischen soviel Leuten, wie der Aufzug nur fassen kann	80
18. In einem Aufzug 2 × 3 Schritt. Aufzug ist vollbesetzt. Es ist sehr stickig und Tim hat Atembeklemmungen.	85

Aufzugphobie, Phantasiehierarchie II

Mary F., Studentin im höheren Semester, vermied, irgendwo hinzugehen, wenn sie dabei einen Aufzug benutzen mußte. Ihre Kernangst: der Aufzug könnte steckenbleiben, sie wüßte nicht, was sie tun sollte und würde in Panik geraten. Wenn jemand, dem sie vertraute (z. B. ihr Freund), mit ihr im Aufzug fuhr, hatte sie keine Angst. Sie hatte auch sehr wenig Angst, wenn ein Mann in Uniform oder jemand, den sie für »kompetent« hielt, z. B. ein Polizist, anwesend war. Sie fürchtete sich vor älteren Aufzügen, Schlingern (es signalisierte ihr: »Wir werden steckenbleiben«) und vor längerem Aufenthalt im Aufzug. Sie hatte keine Höhenangst.

Hierarchiesituationen	Werte auf dem Angstthermometer
1. In einem ziemlich alten Aufzug, der quietscht und schlingert; Fahrstuhlführer ist anwesend	5
2. In einem ziemlich alten Selbstbedienungsaufzug. Ein Polizist fährt mit ihr (sie steht etwas unter Druck, da sie nicht weiß, wann er aussteigen wird)	10
3. In einem wackligen Selbstbedienungsaufzug mit einem Polizisten, der im gleichen Stock aussteigt	15
4. In einem alten, wackligen Selbstbedienungsaufzug mit Polizist als Mitfahrer. Aufzug bleibt stecken. Polizist sagt ruhig: »Entspannen Sie sich. Man wird uns rausholen.«	20
5. In einem steckengebliebenen Aufzug mit dem Freund, der ein wenig besorgt aussieht	25
6. Allein im Aufzug, der schlingert, quietscht, aber mit mäßiger Geschwindigkeit fährt	25
7. Allein im Aufzug, der schlingert, quietscht und sich sehr langsam vorwärtsbewegt	30
8. In einem steckengebliebenen Aufzug mit einem fremden Mann, der ein wenig besorgt aussieht	35
9. Der einzige Mitfahrende steigt aus, und die Aufzugtür öffnet sich nur sehr langsam	40
10. Am Ziel angekommen, öffnen sich die Türen gerade weit genug, daß sie sich hindurchzwängen kann	45
11. Allein, gerade eingestiegen. Aufzug braucht eine lange Zeit, bis er sich in Bewegung setzt	50
12. Allein, zwischen zwei Stockwerken. Aufzug hält kurz an, fährt dann weiter	55
13. Allein, zwischen zwei Stockwerken steckengeblieben. Der Alarm wird ausgelöst. Sie hört, wie am Aufzug gearbeitet wird	60
14. In einem Aufzug, allein und zwischen zwei Stockwerken hängengeblieben. Kein Anzeichen, daß etwas unternommen wird.	65
15. Allein im Aufzug und zwischen zwei Stockwerken steckengeblieben. Eine sehr lange Zeit vergeht, ohne daß etwas unternommen wird. Sie weiß nicht, was sie tun soll.	70

e) Versuchen Sie, Ihre Hierarchie auszufeilen. Die vorangehenden Beispiele und diejenigen im Anhang II können Ihnen Anregungen geben. Verzweifeln Sie nicht, wenn Ihr erster Versuch nicht perfekt ist; beim ersten Mal ist es am schwierigsten. Wenn Sie Ihre Hierarchie fertig haben, schreiben Sie jeden Punkt auf eine separate Karteikarte. Legen Sie das Thema, das am wenigsten Angst erzeugt, zuoberst und das mit dem höchsten Wert auf dem Angstthermometer zuunterst. Jetzt können Sie mit Ihrer systematischen Desensibilisierung beginnen.

Selbst-Desensibilisierung mit realen Situationen

Wenn möglich, sollten Sie gegen Ihre Angst in Situationen des täglichen Lebens vorgehen. Dabei machen Sie echte Angstgefühle durch und empfinden auch das gesteigerte Selbstgefühl, das sich einstellt, wenn man ein echtes Problem gemeistert hat. Sie haben ein gutes Gefühl, wenn Sie es tatsächlich geschafft haben, die U-Bahn, den Bus, den Zug oder das Flugzeug zu nehmen.

Übung
Ziel: An Hand der Hierarchie zu üben und zu lernen, in der Angstsituation ohne Angst zu reagieren.

ERSTER SCHRITT: Nehmen Sie die niedrigste Angststufe in Ihrer Hierarchie und begeben Sie sich in die Angstsituation.

ZWEITER SCHRITT: Während Sie sich in der Angstssituation befinden, machen Sie Entspannungsübungen. Wenn Sie sich beruhigt haben, können Sie sich wieder aus der Angstsituation entfernen.

DRITTER SCHRITT: Wiederholen Sie das mehrere Male (zum Beispiel mit dem Aufzug in den fünften Stock fahren). Sie können dies direkt hintereinander tun oder zu verschiedenen Zeiten am gleichen Tag oder auf mehrere Tage verteilt – aber lassen Sie nicht mehr als zwei oder drei Tage dazwischen aus. Wiederholen Sie das immer wieder, bis Sie sich in der früheren Angstsituation vollkommen entspannt fühlen.

VIERTER SCHRITT: Gehen Sie zum nächsten Angstthema über und wiederholen Sie das Ganze. Bleiben Sie am Ball, entspannen Sie sich bei jeder Stufe, bis Sie die gesamte Angsthierarchie bewältigt haben.

FÜNFTER SCHRITT: Es könnten Schwierigkeiten auftauchen. Gehen Sie eine oder zwei Stufen in Ihrer Hierarchie zurück, wenn Sie längere Zeit nicht geübt oder etwas Böses erlebt haben, das Ihre Angst verschlimmert, oder wenn Sie auf der augenblicklichen Stufe keine Fortschritte machen.

Fallbeispiel

Martha D., Hausfrau und Mutter dreier Kinder, wohnte in Great Neck, einem ungefähr vierzig Kilometer von New York entfernten Vorort. Sie konnte nicht Auto fahren und daher nur mit dem Zug nach New York gelangen. Martha hatte ihr ganzes Leben lang Angst vor Zügen gehabt (»Was passiert, wenn es ein Zugunglück gibt?«). Für sie arbeiteten wir folgendes Programm aus:

– Von Great Neck aus brauchte der Zug zwei Minuten bis zur nächsten Station. Marthas erste Aufgabe war, diese kurze Strecke zu fahren und sich dabei völlig zu entspannen. Ganz gleich, wie gut sie sich fühlte, wenn sie diese Station erreicht hatte, sollte sie aus dem Zug steigen, zum Taxistand gehen und ein Taxi nach Hause nehmen. Sie mußte drei- bis viermal üben, bis sie völlig entspannt fahren konnte.
– Als zweite Übung fuhr sie wieder mit dem Zug zur nächsten Haltestelle, stieg aus, überquerte die Gleise, wartete auf den nächsten Zug zurück nach Great Neck und stieg ein. Sie machte dies einmal täglich an fünf aufeinanderfolgenden Tagen. Zu diesem Zeitpunkt bemerkte Martha, daß ihre Furcht merklich nachgelassen hatte.
– Martha übersprang dann mehrere Stationen und fuhr fünf Stationen weit bis zur Haltestelle Jamaica. Wieder kam sie mit dem Gegenzug zurück. Jetzt berichtete mir Martha, daß die Zuggeräusche nicht mehr drohendes Unheil ankündigen, sondern eine einlullende Wirkung auf sie ausübten.
– Wir beschlossen, jetzt die ganze Strecke nach New York zu fahren. Das war zu schwierig. Sie kam bis Manhattan, aber geriet so in Angst, daß sie ein teures Taxi nach Great Neck zurück nahm. »Meine Angst ist mit voller Wucht zurückgekehrt«, erzählte sie mir.
– Daraufhin *wiederholte Martha die gesamte Hierarchie*; sie begann mit der kurzen Fahrt zur nächsten Haltestelle und der Taxifahrt nach Hause. Diesmal fügte sie eine Zwischenstufe ein. Nachdem sie wieder bis Jamaica gekommen war, legte sie beim nächsten Mal einen Stopp in Woodside ein, ehe sie die ganze Fahrt nach New York und vor allem »die Fahrt unter dem East River, vor dem ich solche Angst habe«, antrat. Sie wiederholte die Fahrt zur Station Woodside siebenmal.
– Jetzt versuchte sie wieder nach New York zu fahren – diesmal mit Erfolg. Das Ganze dauerte fünf Monate.

Versuche haben gezeigt, daß man sich nicht in die wirkliche Situation begeben muß, wenn man eine Änderung herbeiführen will. Sie brauchen auch nicht jede Situation in Ihrer Angsthierarchie einzeln durchzuspielen. Wenn Sie sich in Gedanken in die Angstsituation versetzen und sich dann entspannen, ist die systematische Desensibilisierung in der Phantasie genauso wirksam.

Dies setzt jedoch drei Dinge voraus:

1. Sie müssen fähig sein, sich bewußt zu entspannen.

2. Sie müssen sich die Szenen in Ihrer Hierarchie vorstellen können und das Gefühl haben, daß Sie sie wirklich erleben.

3. Sie müssen imstande sein, geringfügige Angststeigerungen zu erkennen, wenn Sie sich den einzelnen Stufen Ihrer Angsthierarchie zuwenden. Achten Sie auf leichte Muskelverspannungen, die überall im Körper auftreten können, und auf Beschwerden im Hals, in der Brust und im Unterleib. Achten Sie auch auf Veränderungen Ihres seelischen Gleichgewichts, auf Unbehagen, Furcht oder Gereiztheit. Es gibt Menschen, die die Spannung nur dann erleben, wenn sie wirklich in einem Aufzug sind. Wenn Ihnen das auch so geht, können Sie mit der Phantasie-Methode nichts anfangen.

Wenn ich in meiner Praxis bei einem Patienten Desensibilisierung in der Phantasie anwende, muß er sich auf die Couch legen. Ich stelle schwächeres Licht ein und schalte das Telefon ab. Als nächstes gehe ich die Entspannungsübungen in der Kurzform durch. Wenn der Patient entspannt ist, beginne ich mit der ersten Stufe der Hierarchie, die wir ausgearbeitet haben. Ich lese sie ihm vor. Ich sage ihm, er solle sich die Situation vorstellen. Wenn er diese Stufe klar vor seinem geistigen Auge sieht, bitte ich ihn, mir durch Heben des Fingers ein Zeichen zu geben. Wenn er mir das Zeichen gibt, daß er die Situation klar vor sich sieht, bitte ich ihn, das Bild fünf Sekunden festzuhalten, und dann signalisiert er mir mit dem Finger, ob sich während dieser Übung erhöhte Spannung eingestellt hat. Er signalisiert mir auch ungefähr, wie stark diese Steigerung war. Ich trage ihm dann auf, zu der Vorstellung seiner »angenehmen Szene« überzugehen oder das Wort »ruhig« zu denken, und gebe ihm fünfunddreißig bis vierzig Sekunden Unterweisung in Entspannung. Wenn er entspannt ist, wiederhole ich die beunruhigende Szene. Ist er imstande, sich die Szene zweimal hintereinander ohne wachsende Erregung vorzustellen, gehe ich zur nächsten Stufe der Hierarchie über.

In Wirklichkeit ist ein Therapeut hier gar nicht nötig. Der Laie erhält in diesem Buch erstmals Anweisungen zur systematischen Selbst-Desensibilisierung in der Phantasie, die so noch nie im Druck erschienen sind.

Übung

Erster Schritt: Machen Sie es sich behaglich – legen Sie sich hin oder setzen Sie sich in einen Liegesessel. Schalten Sie schwache Beleuchtung ein. Sorgen Sie dafür, daß Sie eine halbe Stunde lang nicht gestört werden. Legen Sie Ihre Karteikarten mit der Hierarchie in greifbare Nähe.

Zweiter Schritt: Seien Sie vollkommen entspannt. Sie müssen völlig entspannt sein, bevor Sie sich Ihre erste Hierarchieszene vorstellen.

Dritter Schritt: Stellen Sie sich Ihre erste Szene vor (die mit dem geringsten Spannungsgrad).

Vierter Schritt: Bei dem ersten Anzeichen von Unruhe verbannen Sie die Szene aus Ihrem Kopf und konzentrieren Sie sich wieder auf Entspannung. Fahren Sie fort, bis Sie wieder ganz entspannt sind.

Fünfter Schritt: Wiederholen Sie Ihre Szene. Es kommt der Augenblick, wo Sie das Bild der Angstszene ungefähr fünf bis zehn Sekunden ohne ein Gefühl vermehrter Unruhe festhalten können. An diesem Punkt verbannen Sie die Szene wieder aus Ihrem Kopf und entspannen Sie sich. Wenn Ihnen das zweimal nacheinander möglich war, betrachten Sie dieses Thema als erledigt und gehen Sie zu der nächsthöheren Angststufe in der Hierarchie über. Verfahren Sie so mit jeder Karte Ihrer Hierarchie.

Einige Warnungen:

- Beschränken Sie Ihre Übungszeit auf eine halbe Stunde. Das schließt Ihre Entspannungszeit mit ein. Bei längerem Üben kann es passieren, daß Sie mit der Konzentration nachlassen oder einschlafen.
- Nehmen Sie sich zwei oder drei Sitzungen pro Woche vor.
- Zu Beginn jeder neuen Sitzung stellen Sie sich zunächst wieder die letzte Szene vor, die Sie in der vorangehenden Sitzung geschafft haben.
- Achten Sie darauf, daß Sie sich die Situation genauso vorstellen, wie Sie sie für Ihre Hierarchie ausgearbeitet haben. Ändern Sie sie während der Übung nicht ab, ganz gleich, wie vernünftig die neue Idee Ihnen im Augenblick auch vorkommen mag. Wenn sie Ihnen so wichtig erscheint, daß Sie Ihre Hierarchie sofort abändern wollen, unterbrechen Sie die Übung und formulieren Sie Ihre Hierarchie neu. Sie könnten ja gemerkt haben, daß Sie einen wichtigen Punkt ausgelassen haben.

Eine Frau hatte zum Beispiel unüberwindliche Angst bei der Vorstellung, unter der Trockenhaube zu sitzen. Schließlich erkannte sie, daß sie einen wichtigen Punkt vergessen hatte – das von der Trockenhaube ausgehende Hitzegefühl, das sie mit der Angst, in der Falle zu sitzen, assoziierte. Nachdem sie diesen Punkt ihrer Hierarchie hinzugefügt hatte, erreichte sie gute Desensibilisierungsergebnisse, die sie ins wirkliche Leben übertragen konnte. Wenn Sie gegen die Spannung mit Entspannungsübungen angehen, können Sie auch ein ganz anderes Verständnis der Angstsituation gewinnen. Sie können zum Beispiel feststellen, daß Ihre Angst durch die Vibrationen des Aufzugs, die Sie durch die Schuhsohlen spüren, ausgelöst wird und nicht durch Geräusche. In diesem Falle ändern Sie Ihre Hierarchie ab, aber tun Sie dies nicht mitten in der Übung.

Es läßt sich nicht vorhersagen, wie oft Sie die Szenen wiederholen müssen. Manchmal werden Sie feststellen, daß eine bestimmte Szene wegen der voraufgegangenen Szenen, die Sie bereits gemeistert haben, alle Schrecken verloren hat. Es kann Ihnen aber auch passieren, daß Sie eine Szene fünfzehn- bis zwanzigmal wiederholen müssen, bevor Sie sie völlig ruhig durchstehen können. Solange sich die Spannung vermindert, machen Sie im gleichen Stil weiter.

– Wenn trotz mehrfacher Wiederholungen die Spannung, die ein bestimmtes Thema in der Hierarchie erzeugt, sich nicht vermindert, legen Sie sich folgende Fragen vor:
  Haben Sie sich zwischen den Szenen genügend entspannt? Überprüfen Sie Ihren Spannungsgrad. Vielleicht müssen Sie etwas mehr Zeit für die Entspannung ansetzen.
  Haben Sie in der vorhergehenden Szene wirklich *alle* Nervosität vertreiben können? Kehren Sie zu ihr zurück, wiederholen Sie sie mehrere Male und versuchen Sie dann die schwierige Situation noch einmal. Vielleicht geht Ihre Spannung diesmal doch zurück.
  Ist der Sprung zwischen dieser Szene und der voraufgehenden zu groß? Vielleicht müssen Sie die Lücke mit einer neuen Szene schließen.

Wenn alle diese Vorschläge nichts helfen, können Sie davon ausgehen, daß irgend etwas an der von Ihnen formulierten Situation nicht stimmt. Wahrscheinlich ist sie zu schwierig. Brechen Sie ab. Denken Sie sich eine andere Situation aus oder formulieren Sie die Situation neu, damit sie leichter wird.

Weil Sie so viele Details beachten müssen und weil das Timing so wichtig ist, erfordert die systematische Desensibilisierung große Anstrengungen Ihrerseits. Einige Menschen haben dabei keine Probleme. Andere würden es leichter schaffen, wenn sie bei jedem Schritt ständig neue Instruktionen erhielten, als würden sie tatsächlich mit einem Therapeuten zusammenarbeiten. Mit Hilfe eines Tonbandgerätes können Sie sich diese Instruktionen selber geben. Als Hilfe für Leser, die diese Methode anwenden wollen, habe ich einen Text für die systematische Desensibilisierung in der Phantasie abgefaßt. Sie finden ihn in Anhang III. Sprechen Sie diesen Text einfach auf Band.

Sie machen Fortschritte mit der Desensibilisierung in der Phantasie, wenn Sie fühlen, wie die Spannung in einer bestimmten Szene mit jeder

Wiederholung nachläßt, oder wenn Sie feststellen, daß Sie sich die Szene ohne Angstreaktionen über immer längere Zeitspannen vorstellen können.

Natürlich müssen Sie die reduzierten Ängste aus der Vorstellung in die Wirklichkeit übertragen. Darauf kommt es bei dieser Methode an.

Fallbeispiel

»Jeden Tag verbrachte ich in Angst. Die lächerlichsten Lappalien – zum Beispiel Einkaufen – versetzten mich in Panik. Ich war schwindlig, hatte Herzklopfen und lebte total isoliert. Wenn ich auf die Straße ging, hatte ich das Gefühl, vor allen Leuten die Kontrolle über mich zu verlieren, ich meinte schreien zu müssen, und ich ging wie auf Watte. Das Gefühl begann in den Knien und breitete sich von da weiter aus. Ich konnte nicht einmal ruhig bis zur nächsten Ecke gehen. Wenn ich das Haus verließ, fürchtete ich, ich könnte nicht mehr zurückkommen.«

So beschreibt Carolyn A., heute vierzig und eine erfolgreiche Rechtsanwältin in New York, ihr Leben im Jahre 1972. Damals hatte ihre Platzangst einen Punkt erreicht, wo sie nicht mehr arbeiten konnte, in Bussen, U-Bahnen und Aufzügen Angstanfälle bekam und in ihrer Wohnung im zweiten Stock förmlich gefangen saß, da sie sich fürchtete, ohne ihren Mann noch irgendwo hinzugehen. Ein schlimmer Zustand.

Den ersten Schritt zur Besserung hatte sie selbst gemacht. Sie entschloß sich, Jura zu studieren. (»Wenn ich nicht aufgehört hätte, so vor mich hin zu vegetieren, wäre ich verrückt geworden.«) Sie suchte sich die Hochschule nach der Art ihrer Aufzüge aus. (»Die Hochschule, die ich mir aussuchte, hatte alte Aufzüge mit Fahrstuhlführern und Geländern, an denen ich mich festhalten konnte, aber ich nahm fast immer die Treppe.«) Da sie keine öffentlichen Verkehrsmittel benutzen konnte, fuhr sie drei Jahre mit dem Auto zu den Vorlesungen. Nach dem Examen stand sie vor einem grundsätzlichen Problem: »Ich kann nicht über die Straße gehen oder einen modernen Aufzug benutzen. Ich muß irgendwo in der Provinz im ersten Stock eines Gebäudes arbeiten.« Doch ihr erstes Vorstellungsgespräch bei einer berühmten Anwaltsfirma sollte im fünfundfünfzigsten Stock eines Wolkenkratzers stattfinden. Verzweifelt kam sie zu mir und flehte mich an: »Ich habe in einem Monat diesen Termin. Können Sie mir helfen?«

Bei Carolyns Behandlung kam es darauf an, daß sie die Angst vor einem Panikanfall verlor. Sie mußte ihn durchstehen und dabei lernen, daß er zwar furchterregend, aber nicht gefährlich war, und daß sie nicht tot umsinken oder sich in der Öffentlichkeit lächerlich machen würde. Wir begannen mit der Aufzugphobie, weil Carolyn diesen Vorstellungstermin hatte, der so wichtig für sie war. Die Behandlung bestand aus vier Teilen:

- *Entspannung:* Ich brachte ihr die Entspannungsübungen bei und sprach sie für sie auf Band, damit sie sie zweimal täglich zu Hause üben konnte. Meine Absicht war, ihr eine Methode an die Hand zu geben, mit der sie sich bewußt entspannen konnte und die ihr im Aufzug etwas mehr Sicherheit geben würde.
- *Systematische Desensibilisierung in der Phantasie bei Fahrten im Aufzug und bei Angstvorstellungen im Zusammenhang mit Aufzügen.* Zweck: Die Intensität der Angst zu vermindern. In meiner Praxis stellte sich Carolyn verschiedene Situationen mit zunehmenden Angstgraden vor: »Morgen muß ich mit einem Aufzug fahren« ... »Ich gehe in ein Gebäude und sehe eine blitzblanke Stahltür an einem Aufzug« ... »Ich gehe in den Aufzug« ... »Ich gehe in den Aufzug und kann mich nirgendwo festhalten« ... »Ich bin allein im Aufzug« ... Nach jeder Angstvorstellung mußte sich Carolyn entspannen. Erst wenn sie sich die Situation ohne Angst vorstellen konnte, durfte sie zur nächsten übergehen.
- *Praxis in der Realität.* Absolutes Treppenverbot. Carolyns Aufgabe: mehrmals am Tage in ihrem Haus mit dem Aufzug rauf- und runterfahren.
- *Systematische Desensibilisierung in der Phantasie für ihre Kernangst vor Panikanfällen und körperlichem Unwohlsein.* Carolyn nahm sich in ihrer Vorstellung Hierarchien vor wie »Ich bin schwindlig« ... »Ich habe weiche Knie« ... »Ich bekomme einen Panikanfall«. Wiederum mußte sie sich entspannen und jeden lähmenden Angstgedanken überwinden, ehe sie zu der nächsten Vorstellung überging.

Der Tag des Interviews war gekommen. Der Termin war für 9.30 Uhr angesetzt. Um 9.20 Uhr rief sie mich an und sagte hysterisch: »Ich bin hier unten in der Halle. Ich kann nicht in den Aufzug gehen.« Ich entspannte sie per Telefon und gab dann den Befehl »geh jetzt zum Aufzug und steig ein«. Carolyn erinnert sich: »Ich tat es wie unter Hypnose. (Es war keine Hypnose; sie war auf einen Zustand der Entspannung konditioniert worden.) Den ganzen Weg nach oben hielt ich mich an irgendeiner kaputten Stelle fest. Ich war schwindlig und dachte, ich würde zusammenbrechen. Aber ich schaffte es. Als ich im fünfundfünfzigsten Stock ankam, hätte ich das Mädchen im Empfang küssen mögen.«

Carolyn bekam diesen Job nicht. Doch zwei Wochen später eroberte sie sich eine Position bei einer angesehenen Anwaltsfirma, die sie noch heute hat – im vierzigsten Stock eines Wolkenkratzers. Sie setzte die Behandlung mit systematischer Desensibilisierung noch zwei Monate fort (schließlich überwand sie sogar ihre schlimmste Angst: »Eines Tages wird man mich irgendwo mit starrem Blick und schlohweißem Haar finden.«) Sie übte ebenfalls »Annäherungsverhalten«, indem sie mit dem Bus von und zur Arbeit fuhr statt mit dem Taxi, in überfüllte Läden ging und jeweils zwei/drei/vier Stunden allein zu Hause blieb.

Aber die Fahrt mit dem Aufzug hatte die Wende gebracht. Dadurch verlor sie ihre schlimme Angst vor Panik, so daß sie sich in eine Situation begeben konnte, wo sie mit Panik rechnen mußte.

Carolyn fährt auch heute noch nicht gern allein im Aufzug, aber sie tut es. Sie sagt: »Ich komme mir sehr tapfer vor, daß ich mit meinen Problemen fertig geworden bin. Heute fühle ich mich vollwertig und nicht mehr wie ein Mensch zweiter Klasse.«

---

5. Kapitel

Die Angst vor »Dingen«

Sie wissen es ganz genau, wenn Sie sich vor »Dingen« fürchten: vor Tunnels, Aufzügen, Flugzeugen, Tieren, Insekten, Höhen – vor Gegenständen und Örtlichkeiten.

Sie wissen ganz genau, wo die Angstreaktionen auftreten (im Aufzug, in der U-Bahn), was sie auslöst (Vibrationen, die Anzahl der Fahrgäste), und wie sie sich auf Sie auswirken. Oft wissen Sie, was Ihnen alles Schlimmes passieren kann (»Der Aufzug kann zwischen zwei Stockwerken steckenbleiben«, »Er wird abstürzen«). Selbst wenn Sie es nicht wissen (»Ich weiß nur, daß ich Angst habe«), steht es für Sie außer Zweifel, daß Ihre Ängste zum Beispiel durch den Aufzug ausgelöst werden, der in Extremfällen Ihre Aktivität einschränkt und Ihr Leben einengt.

Da Sie so genau wissen, was Sie in Angst versetzt, können Sie die »Ding«-Phoebie leichter kurieren als andere Ängste. Das eindeutige Wissen vergrößert die Chancen der Behandlung, die denn auch meist zum Erfolg führt.

Die häufigsten »Ding«-Phobien

Angst vor dem Aufenthalt an bestimmten Stellen: Aufzügen, Rolltreppen, Tunnels, großen Räumen, kleinen Räumen, hohen Gebäuden, Brücken. Mit mehr oder minder ausgeprägten Klaustrophobien müssen sich sehr viele herumschlagen. Einige reagieren auf Situationen dieser Art mit Panik oder Streß; andere können schon die Vorstellung einer solchen Situation nicht aushalten. Die Angst taucht immer dann auf, wenn Sie sich in einem kleinen, geschlossenen Raum befinden, wo Sie sich eingesperrt oder gefangen fühlen. Verschlossene Türen verschlimmern Ihre Situation. Gewöhnlich gehen klaustrophobische Angstanfälle mit Beklemmungen auf der Brust einher. Diese erschweren die Atmung, und der Betroffene fürchtet zu ersticken. Besonders unwohl fühlen sich einige Klaustrophobiker, wenn sie in einem Raum das Fenster nicht öffnen können; wenn sie sich im Souterrain befinden oder sich durch ihre Kleidung irgendwie beengt fühlen. Das Gefühl, eingesperrt zu sein, stellt sich bei einigen Betroffenen sogar in offener Landschaft ein. Ich kenne Menschen, die dieses Gefühl auf der Autobahn haben. Sie fürchten, falls etwas schiefgehen sollte, in einer »Falle« zu sitzen, da sie ja erst bei der nächsten Ausfahrt von der Autobahn herunter können.

Einige Klaustrophobiker verlieren in solchen Situationen die Beherrschung. Eine Frau zum Beispiel, die in Wyoming auf einer engen Straße durchs Gebirge fuhr, legte sich plötzlich auf den Boden des Wagens und schrie: »Ich muß sterben.« Doch wie bei den meisten »Ding«-Ängsten tritt das am meisten Gefürchtete selten ein: wie bei der Platzangst verliert man kaum je völlig die Beherrschung, erstickt nicht, fällt nicht in Ohnmacht, stirbt nicht.

Viele Menschen mit Höhenangst fürchten sich davor, mehr als einen Meter über dem Erdboden zu sein, ganz gleich, ob sie sich im Flugzeug befinden oder auf einer steilen Treppe. Sie fühlen sich schwindlig oder haben das Gefühl »Ich falle hin«, »Ich bin erledigt«. Der Schwindel kann so stark werden, daß alles um sie herum unwirklich erscheint. Begeben sie sich wieder nach unten, verschwinden die Symptome. Höhenängste können sehr spezifisch sein: einige Menschen fürchten sich vor hohen Gebäuden, aber Fliegen in großer Höhe macht ihnen nichts aus. Andere fürchten sich nur dann vor Höhe, wenn kein Schutzgitter da ist; ist eines vorhanden, finden sie nichts dabei, von großen Höhen nach unten zu sehen.

Bei Rolltreppen macht vielen die Höhe Angst. Manche haben aber auch Angst zu fallen oder werden von der Vorstellung gequält, ein anderer könnte auf sie fallen und sie umreißen. Ich kenne eine Frau, die es auf der Rolltreppe nur aushalten konnte, wenn sie beim Fahren nach oben sah. Sie blickte also selbst beim Abwärtsfahren nach oben und glaubte, sie würde sich noch abstützen oder zur Seite springen können, falls jemand fallen sollte.

Oft interpretieren Phobiker ihre Ängste falsch. Sie denken zum Beispiel, daß sie Angst vor Aufzügen haben, aber in Wirklichkeit fürchten sie sich vor der Höhe, in die der Aufzug fährt. Oder sie glauben, sie haben Angst vor Brücken, doch in Wirklichkeit fürchten Sie sich, weil die Brücke so hoch über dem Wasser liegt.

- *Angst vor äußeren Einflüssen:* vor Dunkelheit, Feuer, Gewitter, Blitz, Hitze oder Kälte. In einem Fall hatte eine ältere Frau Arthritis, und der Doktor riet ihr zu einer »Wärmebehandlung«. »Gehen Sie während des Sommers viel in die Sonne.« Da sie Angst vor einem Hitzschlag hatte, weigerte sie sich, den Anweisungen des Arztes zu folgen, und hielt sich ständig in klimatisierten Räumen auf. Als ihr Mann im Juli geschäftlich nach Griechenland reisen mußte, lehnte sie es ab, ihn zu begleiten (»Da ist es mir zu heiß«). Eine andere Frau sagt: »Ich habe Angst, daß Temperaturen unter Null mir schaden könnten. Ich gehe gar nicht erst nach draußen, wenn es zu kalt ist, und im Winter gehe ich manchmal mehrere Wochen nicht zur Arbeit.«

Einige Menschen leben in ständiger Angst vor Feuer. Sie fühlen sich in jedem Haus unwohl, weil sie fürchten, daß es in Brand geraten könnte. Einige brauchen bloß die Feuerwehr zu hören und denken schon: »Mein Haus brennt ab.«

Da sie sich vor Dunkelheit fürchten, schlafen viele Erwachsene mit abgedunkeltem Licht. Oft hat diese Angst in der Kindheit begonnen und nie wieder aufgehört.

Bei Gewittern fürchtet man sich meist vor dem Rollen des Donners oder auch davor, vom Blitz erschlagen zu werden. Leute mit Angst vor Donner haben oft einen sicheren Raum (ein kleines Zimmer ohne Fenster), wo sie sich bei Gewitter verstecken, weil sie »dem drohenden Verhängnis entgehen« wollen. Einige stecken den Kopf unters Kissen. Andere verstopfen sich die Ohren, um den Lärm nicht hören zu müssen. Eine Frau tropfte zusätzlich Wachs auf die Ohrenstopfen, und um ganz sicherzugehen, nahm sie auch noch Ohrenschützer. Sie hatte trotzdem Angst, weil sie bei soviel Ohrenschutz nicht mehr merken konnte, wann das Gewitter vorbei war.

Leute mit Gewitterangst haben eine verblüffende Fähigkeit, ein Gewitter vorherzusagen. Viele behaupten, besser zu sein als der Wetterdienst.

– *Angst vor Tieren und Insekten:* Diese Art Angst beginnt gewöhnlich in der Kindheit, und der Erwachsene kommt dann nicht mehr von ihr los. Am häufigsten sind Ängste vor Hunden, Katzen, Mäusen, Reptilien (besonders Schlangen), wild lebenden Tieren (Skunks, Eichhörnchen, Waschbären), Vögeln und Fledermäusen. Insektenangst kann verschiedene Formen annehmen. Man kann sich ganz allgemein vor Insekten fürchten oder ganz konkret vor Spinnen, fliegenden und stechenden Insekten wie Bienen und Wespen, krabbelnden Insekten wie Ameisen und Raupen. Eine Frau fuhr auf der Montauk-Autobahn, als ihr ein Insekt zum Fenster hereinflog. Sie brachte den Wagen auf der überfüllten Autobahn zum Stehen und schrie: »Tarantel!« Sie erinnert sich: »Ich hätte beinahe alle anderen und mich selbst umgebracht.«

Die meisten Ängste vor Tieren und Insekten entstehen bei deren Anblick, oft sogar durch Abbildungen. Am häufigsten sind zwei Kernängste:

1. Die Angst, mit dem Tier in Berührung zu kommen.

2. Die Angst, körperlichen Schaden zu nehmen: von einem Hund gebissen oder von einer Katze gekratzt zu werden (»Sie springen auf den Tisch, und man weiß nicht, was sie alles tun könnten«). Man könnte von einer Biene gestochen oder von einer giftigen Spinne gebissen werden. Die Fledermaus könnte sich in den Haaren verfangen, beißen oder

einem sogar das Blut aussaugen. Eine Frau sagte von Schlangen: »Ich habe keine Angst, daß die Schlange mich tötet. Es ist mehr das Gefühl, daß sie sich um mich schlingen wird, der Schauder vor ihrer Berührung.«

Leute mit diesen Ängsten sind gewöhnlich seit Jahren Tieren und/ oder Insekten mit Erfolg aus dem Weg gegangen. Eine wissenschaftliche Untersuchung zeigt, daß Angst vor Tieren bei Frauen am häufigsten vorkommt. Bis zur Pubertät ist sie bei Jungen und Mädchen gleich häufig, aber danach bleibt die Angst gewöhnlich nur bei den Mädchen bestehen.

Angst vor Verkehrsmitteln wie Flugzeugen, Bussen, Zügen, U-Bahnen, Aufzügen. Oft weist diese Angst klaustrophobische Elemente auf, häufiger noch liegt ihr ein bestimmtes traumatisches Geschehen zugrunde, irgendein aufwühlendes Erlebnis. Es kann einem selbst oder einem Freund zugestoßen sein, oder man hat es von anderen gelesen. Oft lösen auch die in den Nachrichten gemeldeten Verkehrsunfälle solche Ängste aus (500 Menschen sind bei einem Flugzeugabsturz ums Leben gekommen; im dichten Feiertagsverkehr ereignete sich eine Massenkarambolage). Auch spielt es eine Rolle, wer am Steuer sitzt. Einige fürchten sich, wenn sie selbst fahren, andere, wenn ein anderer steuert.

Menschen mit Angst vor Verkehrsmitteln praktizieren sehr häufig Vermeidung. Wenn sie in die angsterregende Situation hineingezwungen werden, reagieren sie mit bösen Vorahnungen, Unrast und Nervosität. Manchmal stellen sich auch körperliche Reaktionen wie Übelkeit und Erbrechen ein.

Angst vor Krankheit und/oder ärztlicher Behandlung: Sie können vor bestimmten Krankheiten Angst haben wie z.B. Krebs, Geschlechtskrankheiten oder Herzanfällen. Bei dieser Phobie reagieren die Betroffenen besonders empfindlich auf jedes körperliche Anzeichen, das auf die Krankheit hindeuten könnte. Eine Frau erzählte: »Bei jedem kleinen Schmerz weiß ich, es ist Krebs.« Diese Krankheitsphobien unterscheiden sich von Hypochondrie dadurch, daß es sich hierbei gewöhnlich um Angst vor einer bestimmten Krankheit handelt und nicht um Ängste vor mehreren. Manchmal liegt der Phobie die Angst vor dem Sterben zugrunde, aber noch öfter ist es die Angst vor körperlichen Schmerzen oder die Furcht, sich nicht mehr helfen zu können oder entstellt zu werden (viele Frauen leben in ständiger neurotischer Angst vor einer Brustamputation). Hierher gehört auch die phobische Angst vor ärztlicher Behandlung: die Angst vor Injektionen, durch Medikamente hervorgerufenem körperlichem Unwohlsein, dem Arzt, der an dem Patienten herumtastet, internistischen Untersuchungen wie z.B. einer Darmspiegelung. Einige fürchten sich vor dem Anblick von Blut. Bei diesen Ängsten kann der Patient tatsächlich im Behandlungszimmer des Arztes ohnmächtig werden.

Viele ängstigt der Gedanke, sich übergeben zu müssen. Ein junger

Mann z. B. hatte Krebs, aber eine Krebsart, die auf chemische Behandlung besonders gut anspricht. Einige der Medikamente verursachten jedoch regelmäßig Übelkeit und Erbrechen. Er führte sein Angst darauf zurück, daß er als junger Mann Magenbeschwerden bekam und sich oft erbrechen mußte, wenn sein jähzorniger Vater ihn anschrie oder schlug. Jetzt kann er sich nicht dazu bringen, in die Klinik zu gehen und sich die Spritzen geben zu lassen, die sein Leben retten würden.

– *Ungewöhnliche Phobien:* Unter bestimmten Bedingungen können Angstreaktionen durch fast alles ausgelöst werden. Ich habe z. B. gerade sechs Patienten behandelt, die sich vor Kaugummi fürchteten. Eine Patientin wurde so aufgeregt, wenn sie auf der Straße jemanden auf Kaugummi herumkauen sah, daß sie sich, um nicht schreien zu müssen, in die Hand biß, bis Blut herunterlief.
  Man kann sich vor Feuerwerkskörpern fürchten, die in der Entfernung explodieren. Einen Patienten schauderte bei dem Gedanken, sie könnten näher kommen, aber seltsamerweise hatte er gar keine Angst, als sie in der Nähe explodierten.
  Man kann sich vor Puppen fürchten (Pädiophobie), Bärten (Pogonophobie), Blumen (Anthophobie), vor dem Zubettgehen (Klino-Phobie), vor Bäumen (Dendrophobie), Schreiben (Graphophobie), vor untätigem Herumsitzen (Thaasophobie). Es gibt noch bizarrere Phobien: Angst vor Ballons (sie könnten plötzlich explodieren), Verkehrsampeln, Spiegeln, Knöpfen, der Farbe Rosa und vor Leuten, die sich gerade die Fingernägel schneiden. Die Großmutter von James Thurber fürchtete sich vor Lampenfassungen, aus denen die Birnen herausgeschraubt waren; sie konnte »fühlen«, wie sie Elektrizität ausströmten.

Wer bekommt diese Phobien?

Die Opfer dieser »Ding«-Phobien sind oft besonders starke, selbstbewußte und kreative Persönlichkeiten. Wenn man sich vor Katzen, Injektionen und hohen Gebäuden fürchtet, bedeutet das noch nicht, daß man verrückt ist. Einige weltberühmte Persönlichkeiten leiden oder litten unter eben diesen Ängsten.

Spencer Tracy hatte Angst vor dem Fliegen. Ebenso erging es Judy Garland, die sich auch vor Bühnenauftritten, Autos und dem Betreten überfüllter Läden fürchtete. Albert Camus hatte phobische Angst vor dem Autofahren; durch eine Ironie des Schicksals starb er bei einem Autounfall, als ein Freund den Wagen steuerte. Freud selbst fürchtete sich vor Reisen. Angeblich mußten Mamie Eisenhowers Chauffeure kilometerweite Umwege machen, um Strecken zu benutzen, die über Brücken statt durch Tunnels führten.

Vor vielen Jahren machte der inzwischen verstorbene J. Edgar Hoover, Direktor des Bundeskriminalamts, eine Fahrt nach Kalifornien. Als der Chauffeur nach links abbog, wurde der Wagen von einem anderen Auto von hinten gerammt. Der Direktor, der auf der linken Seite hinter dem Fahrer gesessen hatte, bekam einen Stoß. Von da an weigerte er sich, noch einmal auf dem linken Rücksitz zu sitzen (er nannte ihn den »Todessitz«) und verbot, bei Autofahrten links abzubiegen. Daraufhin mußten seine Chauffeure höchst komplizierte Strecken austüfteln, um Direktor Hoover ohne Linksabbiegen von Ort zu Ort zu befördern.

Genauso wie Direktor Hoover bei dem Gedanken an eine Linkskurve zu einem Nervenbündel wurde, kann es einem unternehmungslustigen Reisenden, der furchtlos um die ganze Welt jettet, ergehen, wenn er sich nur vorstellt, im dichten Verkehr auf einer Ausfallstraße von Los Angeles zu fahren. Und die selbstbewußte Geschäftsfrau bekommt das Zittern, wenn sie mit dem Aufzug höher als in den dritten Stock fahren muß.

Wie man sich mit seinen Phobien arrangieren kann

In der Auseinandersetzung mit Ihren »Ding«-Ängsten haben Sie verschiedene Methoden entwickelt. Sie achten auf Gegenstände, die Ihre Angst vermindern können (im Aufzug halten Sie sich z. B. an einem Handgriff fest), oder Sie richten Ihr Leben so ein, daß Sie das, wovor Sie sich fürchten, nicht tun müssen.

Fallbeispiel

Ellen P., eine attraktive Bucheinkäuferin um die vierzig, bekennt sich ganz offen zu ihrer Höhenangst. Sie weiß nicht, wie sie entstand (»Ich bin in einer Kleinstadt aufgewachsen und habe nie einen Wolkenkratzer gesehen, bis ich mit zwanzig in die Großstadt zog.«) Aber jetzt ertappt sie sich dabei, wie sie gesellschaftlich und beruflich immer alles so einrichtet, daß sie sich nicht in hohen Gebäuden aufhalten muß. Ihr Büro liegt im vierten Stock und hat keine Fenster. Ihre Wohnung ist im zweiten Stock eines Appartementhauses. Wenn ein Freund mit ihr ein Restaurant im obersten Stock eines Hochhauses besuchen will, sagt sie entschieden nein. Sie räumt ein: »Wenn der Beruf es erfordert, schaffe ich auch den zwanzigsten Stock, aber wenn ich in ein Büro komme, das nur aus Fenstern besteht, fange ich an zu zittern. Wenn ich Alpträume habe, drehen sie sich immer um Hochhäuser.«

Um mit ihrer Höhenangst fertig zu werden, hat Ellen ein phantasievolles System von »Alternativen« ausgearbeitet. Wenn sie zum Beispiel nach New York fährt, um die für Public Relations zuständige Dame bei Doubleday & Co. (deren Geschäftsräume im fünfunddreißigsten Stock liegen) zu treffen, weigert sie sich, nach oben zu kommen. Ellen erzählt: »Wir treffen uns im Café. Und ich komme damit durch.« Bei Hotelreservierungen verlangt sie ausdrücklich ein Zimmer in den unteren Stockwerken. Einmal mußte sie in einem unbekannten Hotel in Atlanta, das einen Paternoster hatte, absteigen. Ellen sagte: »Ich brauche ein Zimmer im zweiten oder dritten Stock, oder ich werde nicht buchen.« Der Portier hatte Verständnis und antwortete: »Das geht in Ordnung. Wir haben immer drei oder vier Zimmer für Leute mit Höhenangst.«

Vor kurzem fuhr Ellen nach Chicago, um an dem Jahreskongreß des Amerikanischen Buchhändlerverbands teilzunehmen. Eine von einem Verleger gegebene Cocktailparty fand im Mid-America Club im obersten Stockwerk eines Wolkenkratzers statt.

Sie erinnert sich: »Obwohl ich den Ehrengast aus beruflichen Gründen sehr gern kennenlernen wollte, reichte mir ein Blick, und ich versuchte, ein Taxi herbeizuwinken. Als das nicht klappte, stand ich, so schien mir, stundenlang auf der Straße, unschlüssig, ob ich nun zu der Party gehen sollte oder nicht. Aus geschäftlichen Gründen war meine Teilnahme wichtig; so ging ich schließlich in die Halle und nahm den Aufzug. Als er nach oben fuhr, dachte ich, daß das Gebäude kippen und ich vor Angst sterben würde. Als ich die Tür öffnete, war der PR-Mann des Verlegers im Vorraum. Ich war so zittrig und blaß, daß er mich mit den Worten »Was ist denn mit Ihnen los?« begrüßte. Ich konnte nicht einmal antworten. Auf der Party hatte ich nur noch den Wunsch, mich gegen die Wand zu pressen. Meine Hände zitterten so stark, daß ich nicht einmal einen Drink halten konnte. Ich blieb zwar, aber der PR-Mann mußte mit mir im Aufzug herunterfahren. Ich hätte die Rückfahrt nicht allein antreten können.

Ellens Geschichte verrät nicht nur ihre Hilflosigkeit und die genaue Kenntnis ihrer Angstauslöser, sondern zeigt auch, wie sie gelernt hat, sich mit der Furcht zu arrangieren.

- *Die Methode der kreativen Vermeidung.* Da Ellen eher eine aktive als passive Lebenseinstellung hat, sind ihre Vermeidungsversuche besonders kreativ. Sie läßt sich Hotelzimmer im zweiten Stock reservieren und trifft Geschäftsfreunde in Cafés zu ebener Erde. Sie ist ihrer Phobie immer noch ausgeliefert, aber sie nutzt ihre Kreativität, um diesen Zustand so erträglich wie möglich zu halten.
- *Versuche, sich mit der Angst zu arrangieren:* Wenn die Vermeidung nicht gelingt, tut sie ihr möglichstes, um die Höhenangst so gering wie möglich zu halten. Zum Beispiel läßt sie sich von jemand anders im Aufzug begleiten. Kunstgriffe wie diese beherrschen alle Phobiker. Andere praktizieren *Betäubungstechniken*, die gegen Angstauslöser praktisch immun machen. Die häufigste Methode ist, vor einem Flug

vier Martinis zu nehmen und ihn in einem alkoholischen Dämmerzustand zu überstehen. Andere schlucken Tranquilizer, ehe sie sich der Angstsituation aussetzen. Alkohol und Medikamente können Ihnen zwar in der augenblicklichen Situation helfen, da beide im Grunde aber nur Mittel zur Vermeidung oder Flucht sind, verewigen sie auf die Dauer die Angst. Sie beweisen Ihnen Ihre Hilflosigkeit; wenn Sie sie nehmen, haben Sie dabei ein schlechtes Gewissen.

– *Das Abwägen zwischen Unbehagen und Verlangen:* Als ihr Verlangen stärker war als ihre Angst, konnte sich Ellen dazu zwingen, den Aufzug zu der Party zu nehmen. Viele Phobiker wägen ab zwischen Unbehagen und Verlangen. Um zu bekommen, was sie unbedingt haben wollen, nehmen sie die schlimmsten Angstreaktionen auf sich. Ein vierunddreißigjähriger, geschiedener Mann, der in Philadelphia lebt, fürchtet sich zum Beispiel vor sämtlichen Verkehrsmitteln. Seine siebenjährige Tochter wohnt in Urbana, Illinois. Gregg schafft es, zu ihr zu fliegen, »weil ich meine Tochter sehen will«.

Andere lassen sich auf die Angstsituation gar nicht erst ein. Die Schauspielerin Mureen Stapleton lehnte es ab, in den Rainbow-Room im fünfundsechzigsten Stock des Rockefeller Centers zu kommen, um hier eine Auszeichnung für ihre schauspielerische Leistung entgegenzunehmen. Man mußte ihr den Preis unten überreichen.

Andere setzen sogar eher ihr Leben aufs Spiel, als daß sie die Angstreaktion riskieren (sie haben zum Beispiel beängstigende Krankheitssymptome, können sich aber nicht überwinden, zum Arzt zu gehen).

Analysieren Sie mit Hilfe von Ellens Beispiel Ihre eigene Methode, mit der Angst vor »Dingen« fertig zu werden. Wahrscheinlich hilft es Ihnen, wenn Sie die Antworten auf die folgenden Fragen in Ihr Arbeitsheft eintragen:

1. Was ist Ihre eigene Methode der Vermeidung? Was tun Sie, um der Angstsituation möglichst wenig ausgesetzt zu sein?

2. Wie versuchen Sie sich in der Angstsituation zu arrangieren? Benutzen Sie Betäubungstechniken?

3. Wie wägen Sie zwischen Unbehagen und Verlangen ab? Unter welchen Bedingungen würden Sie die Angstreaktion auf sich nehmen?

Wenn Sie diese Fragen beantworten, wird Ihnen Ihre Angst nicht mehr ganz so mysteriös vorkommen, und vielleicht erhalten Sie Anhaltspunkte, wie Sie sich mit Ihrer »Ding«-Phobie auseinandersetzen können.

Der Ursprung Ihrer Angst

Viele wissen genau, wie ihre Furcht begann. Ein Klaustrophobiker erzählt: »Als ich acht war, fuhr ich mit der Familie in ein Hotel in den Berkshires. Wir saßen zehn Minuten lang in einem Aufzug fest. Von daher datiert meine Angst, eingesperrt zu sein.«

Ein Mann mit Angst vor Vögeln berichtet: »Mein älterer Bruder hielt mir die toten Vögel vors Gesicht, die mein Vater geschossen hatte. Seitdem habe ich Angst beim Anblick eines toten Vogels. Ich habe Angst vor dem Schwimmen, weil ich im Wasser einen toten Vogel finden könnte.«

Ein Mann mit Angst vor Feuer sagt: »Als ich sechs war, hatten wir in der Schule eine Feuerübung. Man führte uns durch einen anderen Ausgang. Ich verirrte mich. Von da an hatte ich Angst vor Feuer. Ich fühle mich schon beim Anblick eines Streichholzes unbehaglich.«

Obgleich es vielen Leuten große Genugtuung bereitet, zu wissen, wie ihre Phobie begann, wiederhole ich noch einmal, daß dieses Wissen für die Behandlung ohne Bedeutung ist.

Das kann man besonders gut an reaktiven Phobien beweisen. Sie können ein böses Erlebnis gehabt haben, zum Beispiel einen Autounfall. Danach haben Sie Angst vor Autofahrten. Es steht außer Zweifel, wie Ihre Phobie begann. Aber trotz dieses Wissens nimmt die Phobie nach einem ganz bestimmten Schema zu. Ungefähr zwei Wochen nach dem traumatischen Erlebnis werden Sie sich ihrer bewußt. Gewöhnlich haben Sie zunächst eine ziemlich leichte Reaktion und sind überrascht über diese Angst. Aber immer, wenn Sie in den nächsten Monaten mit Autos in Berührung kommen, verschlimmert sich Ihre Angst. Langsam entsteht ein Schema von Vermeidungs- und Fluchtverhalten; es entwickelt sich ein genereller Spannungszustand. Dabei kann das Wissen um die Ursache Ihrer Phobie die Furcht erhöhen. Immer wieder gehen Ihnen die unangenehmsten Elemente Ihres Traumas durch den Sinn, und so steigert sich Ihre Angst ständig.

Die Behandlung der »Ding«-Phobien

Die systematische Desensibilisierung eignet sich am besten zur Behandlung von »Ding«-Phobien. Bei dieser Methode nähert man sich der gefürchteten Situation schrittweise, und bevor man jeweils den nächsten Schritt macht, begegnet man der Spannung mit Entspannung. Experimente haben gezeigt, daß die systematische Desensibilisierung bei »Ding«-Phobien in 80 bis 90% der Fälle zur Heilung führt.

Systematische Desensibilisierung in der Realität

Es lohnt sich, als erstes eine Desensibilisierung in der Realität zu versuchen:

1. Weil »Ding«-Phobien immer ganz spezifisch und konkret sind, kann man oft sehr gute Realitätshierarchien aufstellen.

2. Sie ersparen sich damit einen Schritt. Wenn Sie es zunächst mit der Desensibilisierung in der Phantasie versuchen, müssen Sie noch einen weiteren Schritt tun, um die Desensibilisierung auf die Realität zu übertragen. Auch vermittelt es Ihnen größere Genugtuung und mehr Selbstvertrauen, wenn Sie eine schwierige Situation im wirklichen Leben gemeistert haben. *Anmerkung:* Ganz gleich, für welche Methode Sie sich entscheiden, nehmen Sie Ihr Arbeitsheft vor und protokollieren Sie sorgfältig Ihre Fortschritte. Wie bei allen Angstbeherrschungsübungen machen diejenigen die besten Fortschritte, die darüber Buch führen.

1. Um eine brauchbare Realitätshierarchie aufzustellen, benötigt man gute Einfälle und genaue Ortskenntnisse. Wer Rolltreppen fürchtet, kennt sicher irgendeine ganz kurze Rolltreppe, mit der er anfangen kann. Dann wagt er sich langsam an immer längere und steilere Rolltreppen. Wer Angst vor Brücken hat, fängt am besten mit einer kleinen, kurzen Brücke an und geht dann zu immer längeren über. Bei Bus- und U-Bahnfahrten kann man die Länge der Fahrten vorher genau festlegen. Suchen Sie in Ihrer näheren Umgebung nach geeigneten Haltestellen, Brücken, Fenstern usw.

Martin E., ein vierundzwanzig Jahre alter Assistenzprofessor, hatte Höhenangst. Seine Angstreaktion setzte immer im dritten Stock eines Gebäudes ein, wo er das Gefühl bekam: »Ich hab keinen Grund mehr unter den Füßen. Ich falle.«

Martin begann seine Realitäts-Desensibilisierung im dritten Stock. Er tat dreierlei. Erstens fand er eine Stelle *ohne Fenster*, gewöhnlich einen Korridor. Dort entspannte er sich und ging wieder. Er wiederholte das so lange, bis er sich in diesem Stockwerk ohne Angst aufhalten konnte, allerdings nur in einer gewissen Entfernung vom Fenster. Zweitens erhöhte er die Spannung. Er stellte sich im dritten Stock *in die Nähe eines Fensters* und machte seine Entspannungsübungen. Nach vier oder fünf Wiederholungen gelang ihm das, ohne nervös zu werden. Drittens *öffnete* er im dritten Stock *ein Fenster*, lehnte sich ein wenig hinaus und entspannte sich, bis er das ohne Angst durchstehen konnte.

Martin wiederholte diesen Drei-Phasen-Prozeß im vierten, fünften und sechsten Stock, und zwar in Büros, Wohnungen von Freunden und Klassenräumen. Er konnte keinen geeigneten siebten Stock entdecken, aber er kundschaftete Räume im achten und neunten Stock aus. Von da stieß er bis ins elfte, zwölfte, vierzehnte und fünfzehnte Stockwerk vor.

Dann nahm er sich einen Wolkenkratzer vor und stellte sich die Aufgabe, in immer höheren Stockwerken auf die Toilette zu gehen und aus dem Fenster zu sehen. Da die Fenster in diesen Toiletten nicht zu öffnen waren, konnte er sich nicht hinauslehnen, aber er schaffte es, bis zum vierundzwanzigsten Stock vorzudringen.

Dieser Prozeß nahm ungefähr vier Monate in Anspruch. Zum Schluß stellte Martin sich auf die Probe. Er fuhr die 107 Stockwerke aufwärts zum Windows-on-the-World-Restaurant im World Trade Center von Manhattan. Martin hatte zwar kein Geld für das kostspielige Dinner, aber er ging herum und sah aus dem Fenster. Zuerst fühlte er sich etwas unbehaglich, doch es gelang ihm, sich zu entspannen. Nach ungefähr zwanzig Minuten war das Unbehagen vorbei. Martin ging wieder, in dem Wissen, daß er seine Phobie besiegt hatte.

2. *Wenn Sie Ihre Hierarchie aufstellen, beziehen Sie Zeit- und Entfernungsfaktoren mit ein.* Bei »Ding«-Phobien ist das von besonderem Nutzen. Man kann nicht nur verschiedene Situationen nutzen, sondern auch die Zeitspanne vergrößern, die man in der Situation verweilt.

Fallbeispiel

Pam hatte eine Klaustrophobie. Sie konnte zwar in kleine Zimmer gehen, aber immer nur mit schrecklicher Angst. Neuerdings war ihr aufgefallen, daß sie Aufzügen und U-Bahnen auswich. Auch vermied sie es, zum Friseur zu gehen, weil sie es nicht aushalten konnte, daß ihr ein Frisierumhang umgelegt wurde. Ihr fiel ebenfalls auf, daß sie sich selbst zu Hause immer unbehaglicher fühlte, wenn Türen geschlossen waren. Sie hatte angefangen, die Badezimmertür offenstehen zu lassen.

Bei der Behandlung ordneten wir zunächst die einzelnen Räume ihrer Wohnung einer Hierarchie zu. Am wenigsten Angst hatte sie im Wohnzimmer (es hatte große Fensterflügel), dann kam das Schlafzimmer, das Badezimmer, und ganz zuletzt rangierte eine winzige Speisekammer, die halb so groß wie das Badezimmer war und eine Tür, aber keine Fenster hatte. Zunächst hielt sie sich bei geschlossener Tür im Wohnzimmer auf, bis sie sich unbehaglich fühlte. Mit einer Stoppuhr hielt sie fest, wie lange sie es da ausgehalten hatte, und dann ging sie aus dem Raum und entspannte sich. Sie verbrachte immer längere Zeitspannen im Wohnzimmer, bis sie die ersten Zeichen von Angst spürte. Als sie es geschafft hatte, bei geschlossener Tür zwanzig Minuten dort auszuhalten, ging sie zum Schlafzimmer über. Sie wiederholte dort die gleiche Prozedur, dann schaffte sie es im Badezimmer und schließlich in der Speisekammer. Als sie die Speisekammer hinter sich gebracht hatte, merkte sie, daß sie sich jetzt auch bei anderen Gelegenheiten frei von Angst fühlen konnte. Sie konnte die U-Bahn nehmen, Aufzüge benutzen und, was das Beste war, einmal die Woche zum Friseur gehen.

---

3. *Brauchen Sie Bilder und Anschauungsmaterial, um Ihre Realitäts-Desensibilisierung zu üben.* Oft rufen Bilder und Objekte, die Sie an die Angstsituation erinnern, eine eindeutige Angstreaktion hervor. Ein Mann mit Krebsphobie zum Beispiel wurde schrecklich aufgeregt, wenn

er Anzeigen der Amerikanischen Krebsgesellschaft sah. Ein anderer, der sich vor ärztlicher Behandlung fürchtete, bekam Angst beim Geruch von Arzneien; wir begannen seine Realitäts-Desensibilisierung mit kleinen Probepackungen von Medikamenten.

Fallbeispiel

Joan hatte Angst vor Spinnen (»Wenn eine auf mich zuläuft, stehe ich da und zittere.«) Dies wirkte sich negativ auf ihr Leben aus, da ihr Mann gern auf dem Lande war, aber Joan die Stadt nicht verlassen mochte (»Da gibt es bestimmt Spinnen«). Wir benutzten Fotografien und anderes Material, als wir unser Programm ausarbeiteten.

- Ihr Mann schnitt aus naturwissenschaftlichen Zeitschriften Bilder mit Spinnen heraus, klebte sie auf Pappe und ordnete sie nach ihrem Schreckensgrad. Joan fürchtete sich zu sehr, um das selbst tun zu können. Die Illustration, die die geringste Angst auslöste, war die Karikatur einer Spinne aus einem Kinderbuch. Sie nahm das Bild, sah es sich an, bis sie die ersten Anzeichen der Angst spürte, drehte es um und entspannte sich. Als sie es drei bis vier Minuten ohne Angst ansehen konnte, nahm sie sich die Karikatur wieder vor. Diesmal sah sie sie nicht nur an, sondern berührte sie auch. Zuerst konnte sie gerade eben mit dem Finger über das Bild wegschnippen, dann überkam sie schon die Angst. Schließlich konnte sie mehrere Minuten lang die Hand auf dem Bild halten. Auf diese Weise ging sie den ganzen Packen durch.
- In einem Kunstgewerbegeschäft kaufte ihr Mann eine Anzahl verschiedener Spinnen. Auch bei ihnen ging sie genauso vor wie bei den Bildern. Zuerst sah sie sie an (ihr Mann brachte sie allmählich immer näher). Dann berührte sie sie.
- Ihrem Mann gelang es, präparierte Spinnenexemplare zu kaufen. Zuerst sah Joan die Spinnen in einem Glaskasten an, bis sie sich beruhigt hatte; dann wurden sie aus dem Glaskasten genommen. Zuletzt berührte sie sie.
- Weil es so schwierig war, lebende Spinnen zu bekommen, band ihr Mann einen Faden um eins der präparierten Exemplare. Er zog es über den Tisch. Zuerst sah sich Joan die Spinne an, dann versuchte sie, nach ihr zu greifen. Daraus wurde ein Spiel. Er versuchte, sie daran zu hindern, die Spinne zu fangen.

An diesem Punkt fuhren die beiden los, um einen Freund auf dem Lande zu besuchen, etwas, das Joan seit Jahren vermieden hatte. Ich erteilte ihr den Auftrag: »Sehen Sie sich nach lebenden Spinnen um.« Bei dieser ersten Expedition sah sie nicht eine einzige und war enttäuscht. Beim zweiten Ausflug aufs Land sah sie eine Spinne und merkte, daß sie keine Angst mehr hatte.

Fallbeispiel

Obwohl sie ihren Verlobten sehr liebte, konnte Pauline R. sich nicht entschließen zu heiraten. Aus Angst vor Injektionsnadeln konnte sie sich dem Bluttest nicht unterziehen. Bei der Behandlung sah sie sich zunächst Abbildungen von Injektionsnadeln an, die ich aus medizinischen Zeitschriften herausgeschnitten hatte. Als nächstes lieh ihr ein befreundeter Arzt eine Spritze, die sie sich zunächst ansah, dann berührte und schließlich in die Hand nahm. Darauf fand ihr Verlobter eine Spielzeug-Spritze (man konnte nicht richtig damit spritzen). Pauline sah zu, wie sich Joe mit der Nadel piekte, dann versuchte sie es bei ihm und dann er wieder bei ihr. Schließlich ermöglichte ihr ein befreundeter Arzt, in einem Krankenhaus bei Blutentnahmen zuzusehen. Dabei lernte Pauline etwas sehr Wichtiges: auch andere Leute waren bei Injektionen nervös, aber sie konnten sich beherrschen und es durchstehen. Sie versuchte, sich an ihnen an Beispiel zu nehmen. So schaffte sie schließlich den Bluttest und konnte heiraten.

4. *Manchmal brauchen Sie keine genau formulierte Hierarchie.* Einige Fälle bieten sich für eine Realitätsdesensibilisierung geradezu an. Ich selbst habe z. B. eine leichte Form von Höhenangst. Vor einigen Jahren besuchte ich die Uxmal-Ruinen auf der Halbinsel Yucatan in Mexiko. Ich hielt mich an einer Kette fest und war so auf die Spitze einer der Pyramiden geklettert, als mich plötzlich meine lebenslange Höhenangst überkam und ich mich entsetzlich schwindlig fühlte. Ich beschloß, mich gegen diese Furcht zu desensibilieren.

Vorsichtig kletterte ich die Pyramide rückwärts hinunter. Als ich unten angekommen war, machte ich die Kurzform der Entspannungsübung und begann, noch einmal auf die Pyramide zu klettern. Dabei achtete ich darauf, daß ich ständig nach unten sah. Ich hatte schon ein Drittel zurückgelegt, als ich mich wieder schwindlig fühlte. Ich blieb stehen und machte Entspannungsübungen, bis ich ohne Anzeichen von Angst hinuntersehen konnte.

Das ganze dauerte ungefähr vier Minuten. Dann kletterte ich weiter, bis sich die nächste Angstreaktion ankündigte. Wieder machte ich die Routineentspannung. Schließlich – nach fünf oder sechs Stopps – erreichte ich die Spitze. Jetzt gelang mir, was ich vor fünfundvierzig Minuten nicht geschafft hatte: Ich stand auf der Plattform und sah ohne Panikgefühle nach unten.

Hinweis für Einwohner und Besucher von Manhattan: Ich bin fest überzeugt, daß das Guggenheim-Museum erbaut wurde, um Leute von ihrer Höhenangst zu kurieren. Eine sich windende Rampe führt den Besucher höher und höher, und von jedem Punkt sieht er direkt in die Tiefe. Ein Kunststudent, der unter Höhenangst litt, kletterte so lange, bis er Angst bekam. Dann entspannte er sich und folgte genau den

Regeln der Realitätsdesensibilisierung. Schließlich gelangte er nach oben.

5. *Lassen Sie sich von Freunden und Verwandten helfen.* Das kann auf dreierlei Weise geschehen.

- Sie können Ihnen Anschauungsmaterial zu Ihrem Angstthema beschaffen, wie es der Ehemann in dem oben geschilderten Spinnenfall tat.
- Sie können Sie begleiten, wenn Sie an Ihre selbstgestellte Aufgabe gehen, und dazu beitragen, daß Sie weniger Angst empfinden. Eine Frau hatte z. B. Angst vor Aufzügen. Die erste Aufgabe in ihrer Hierarchie war, vor einer Aufzugtür zu stehen, aber nicht hineinzugehen. Ihre zweite Aufgabe: wenn sich die Tür öffnete, einen Fuß hineinzusetzen und ihn schnell wieder zurückzuziehen. Roz konnte sich einfach nicht dazu bringen. Das kleine Stückchen zwischen Fußboden und Aufzug türmte sich vor ihr wie eine undurchdringliche Barriere auf. Ihr Freund half ihr weiter. Eine Hand legte er beruhigend in die ihre, mit der anderen hielt er die Aufzugtür offen. Mit so gestärktem Vertrauen schaffte sie es zum ersten Mal seit Jahren, einen Aufzug zu betreten. Er arbeitete die ganze Hierarchie mit ihr durch. Dann ging sie zurück und schaffte es allein.

  Sie können diese Methode auch zu Hause anwenden. Wenn Sie z. B. klaustrophobisch sind, bitten Sie Ihren Ehepartner oder einen guten Freund, vor der Tür zu stehen, während sie sich für immer längere Zeitspannen einschließen.
- Sie können verstärkend auf Sie wirken. Bitten Sie Ihren Ehepartner oder Lebensgefährten, Ihre Freunde und Kollegen, Sie bei jedem Schritt, den Sie auf dem Weg zu Ihrem Ziel zurücklegen, zu loben. Bei Martha z. B., der Frau mit der Zugphobie, wirkten sich die Kinder verstärkend aus. Sie führten über ihre Fortschritte Buch, und ihr achtjähriger Sohn überreichte ihr Papierorden mit Goldsternen. Als sie einen Rückfall hatte und wieder von vorn beginnen mußte, tröstete sie ihr zehnjähriger Sohn: »Mach dir keine Sorgen, Mami. Das schaffst du schon.«

  Nachdem sie die letzte einstündige Zugfahrt geschafft hatte, schenkte er ihr eine Zeichnung von einem Zug. Ein Pfeil zeigte auf eins der Fenster, und darunter stand: »Das ist Mami.«

6. *Beachten Sie, daß Realitätsdesensibilisierung unter Umständen viel Zeit und Geld erfordert.* Sie müssen sich an den Ort begeben, wo Sie üben können, und Sie müssen sich für die Übungen Zeit nehmen. Das kann ein großes Hindernis sein.

Ein Mann, der am Berg furchtbare Angst vor einem Autounfall hatte, besonders an dem steilen Berg in der Nähe seiner Wohnung, löste das Zeitproblem, indem er seinen dreiwöchigen Urlaub für das Angstbeherrschungstraining opferte. Er suchte sich zwanzig verschiedene Berge aus und teilte sie in fünf Gruppen, je nach der Angst, die sie hervorriefen. Die erste Gruppe war die harmloseste, die vierte war »sehr schlimm«, am schlimmsten aber war der steile Berg in der Nähe seiner Wohnung. Während seines Urlaubs benutzte er seinen Wagen nur zu seinem Desensibilisierungstraining.

Die Berge der ersten Gruppe fuhr er viermal täglich hinauf. Er brauchte vier Tage, bis er das schaffte. Nach zehn Tagen war er bis zu dem schrecklichen Berg der Gruppe fünf vorgedrungen. Zuerst versuchte er es um fünf Uhr morgens, da zu dieser Zeit keine Gefahr bestand, einem anderen Wagen zu begegnen. Jeden Morgen wiederholte er das drei- oder viermal. Dann änderte er die Zeit auf 6.30 Uhr, später auf 14 Uhr und schließlich auf 17 Uhr, also Hauptverkehrszeit. Am Ende seines Urlaubs hatte er die Bergphobie auskuriert.

In einem anderen Fall trug ein geplagter Manager aus der Wall Street, der sich vor Tieren fürchtete, seine Übungszeiten so auf seinem Terminkalender ein, als ginge er zweimal wöchentlich zum Therapeuten. Er rechnete aus, was ihn jede Sitzung kosten würde, kürzte sein Gehalt entsprechend (er war schließlich Geschäftsmann!) und gab das Geld für Taxifahrten zum Bronx-Zoo aus.

Systematische Desensibilisierung in der Phantasie

Die Realitätsdesensibilisierung hat gewisse Nachteile. Vielleicht sind Sie nicht in der Lage, sich in die Situation zu begeben, die zur Reduzierung Ihrer Ängste am besten geeignet wäre. Oder es ist Ihnen nicht möglich, die Hierarchie aufzubauen – schließlich kann man nicht auf Befehl ein Gewitter herbeizaubern. Manchmal paßt es auch gerade nicht – Sie können nicht üben, wann immer Sie wollen.

Aus diesen Gründen ist die Desensibilisierung in der Phantasie manchmal effektiver. Sie können sich so viele Blitze vorstellen, wie Sie wollen. Sie können sich die genaue Länge des Tunnels ausmalen oder in der Phantasie erleben, wie der Doktor an Ihnen herumtastet. Die folgenden Beispiele sollen Ihnen helfen, die Phantasie-Desensibilisierung auf Ihre eigenen Ängste anzuwenden.

1. Sie können die Angst jederzeit abrufen; Sie brauchen nicht zu warten, bis sie auftritt.

Fallbeispiel

Maryann L., eine Frau Anfang vierzig, fürchtete sich vor Gewittern und verbrachte viel Zeit damit, den Himmel nach schwarzen Wolken abzusuchen. Ihre Kernangst war das Rollen des Donners. Der Lärm vorbeifahrender Lastwagen, die sie gar nicht sah, konnte schon Angstreaktionen auslösen. Ohne Ohrstopfer konnte sie nirgendwo hinfahren. Auf dem Land war ihre Angst schlimmer als in der Stadt.

Wir stellten folgende Phantasie-Hierarchie für sie auf:

- Sie sieht sich zu Hause einen Fernsehfilm an, und die Schauspielerin sagt: »Ich glaube, es gibt ein Gewitter.«
- Sie liest in der Zeitung die Überschrift: »Heftige Gewitter im Mittleren Westen.«
- Die Wettervorhersage im Radio meldet: »Mit zwanzigprozentiger Wahrscheinlichkeit sind heute nacht Gewitter zu erwarten.«
- Sie ist mit ihrem Mann zu Hause und hört Donnerrollen in der Ferne, aber das Gewitter ist schon fast vorbei.
- Sie ist mit ihrem Mann in einem Hotel auf dem Lande und hörte lautes Donnerrollen in der Ferne.
- Sie ist allein zu Hause und hört einen mäßig lauten Donnerschlag.
- Sie ist allein zu Hause und hört einen lauten Donnerschlag, auf den ein zweiter folgt. Das ganze dauert ungefähr fünf Sekunden.
- Sie ist auf dem Lande, und ein Gewitter tobt direkt über ihr. Das Donnern scheint gar nicht mehr aufzuhören.

Während sie die Desensibilisierung durchführte, bemerkte Maryann, daß sie den Wetterberichten immer weniger Beachtung schenkte (»Ich war ganz plötzlich kein wandelndes Barometer mehr.«) Sie war auch ganz allgemein viel entspannter, weil die verschiedenen Straßengeräusche sie nicht mehr nervös machten. Einige Monate nach Abschluß der Behandlung fuhr Maryann mit ihrem Mann aufs Land. Als er feststellte: »Es sieht nach einem Gewitter aus«, antwortete Maryann: »Ach, das macht nichts.«

Bei der Phantasiedesensibilisierung kann man sich auf kommende Ereignisse vorbereiten, was bei der Realitätsdesensibilisierung natürlich nicht möglich ist.

Fallbeispiel

Im 1. Kapitel erzählte ich von Roger, der seinen Doktor machte, aber dann solche Angst vor dem Abschlußexamen bekam, daß er zehn Jahre lang als Versicherungsvertreter arbeitete. Während dieser Zeit studierte er unaufhörlich, konnte aber kein Examen ablegen. Völlig niedergeschlagen kam er zu mir. Roger hatte zwei Kernängste: a) daß er das Examen nicht bestehen würde. b) daß er sich die Examensfragen ansehen würde und keine davon beantworten könnte. Wir arbeiteten folgende Hierarchie aus:

Hierarchiesituationen	Werte auf dem Angstthermometer
1. Er studiert. Es sind noch vier Wochen bis zum Examen	5
2. Er studiert. Es sind noch drei Wochen bis zum Examen.	10
3. Er studiert. Es sind noch zwei Wochen bis zum Examen.	15

4. Er hört von einem Kollegen, der vor einem Jahr durchgefallen ist. 20
5. Er studiert. Es ist noch eine Woche bis zum Examen. 25
6. Er verläßt das Prüfungszimmer und ist ziemlich sicher, daß er bestanden hat. 30
7. Mit der Post bekommt er die Nachricht, daß er bestanden hat, aber nur ganz knapp. 35
8. Er studiert. Er hat noch einen Tag bis zum Examen. 40
9. Im Prüfungszimmer – er sieht sich die Fragen an und glaubt, daß er die meisten beantworten kann. 45
10. Er sieht sich die Prüfungsfragen an, und einige erscheinen schwierig. 50
11. Er steht am Morgen des Prüfungstages auf. 55
12. Er findet die Benachrichtigung in der Post, daß er einen Teil des Examens bestanden hat, in einigen Fächern die Prüfung aber wiederholen muß. 60
13. Er geht in das Prüfungszimmer und nimmt dort Platz. 65
14. Er sieht sich die Prüfungsfragen an und kann mit den meisten nichts anfangen. 70
15. Er sieht sich die Prüfungsfragen an und kann nicht eine beantworten. 75
16. Er bekommt mit der Post die Benachrichtigung, daß er durchgefallen ist. 80
17. Er erhält die Benachrichtigung, daß er im Examen so schlecht abgeschnitten hat, daß er die Prüfung auf keinen Fall wiederholen darf. 85

Roger und ich arbeiteten fünf Monate zusammen. Der Tag des Examens kam, und er bestand. Heute praktiziert er als Arzt und ist glücklich. Er hat seine Angst, die sein Leben zu vernichten drohte, allein durch Phantasiedesensibilisierung besiegt.

Fallbeispiel

Die Geburt ihres ersten Kindes war für Emily W. schwierig und schmerzvoll gewesen. Im Kreißsaal war etwas schiefgelaufen. Die Ärzte und Schwestern beachteten sie nicht und versorgten sie auch nicht richtig. Drei Jahre später wurde Emily wieder schwanger. Sie wünschte sich das Baby zwar, konnte aber immer nur denken: »Wird diese Geburt auch wieder so schmerzvoll und langwierig wie die erste?« Diese Angst verursachte soviel Streß, daß sie mich konsultierte.

In der Phantasie gingen wir eine Anzahl von Szenen durch, in denen sich der Schmerz ständig steigerte. Zum Beispiel: »Sie befinden sich im Kreißsaal und haben Wehen, die etwas Schmerz verursachen« . . . »Sie haben Wehen, die mäßig starke Schmerzen verursachen, aber sie gehen vorüber . . .« – »Sie haben Wehen mit mäßig starken Schmerzen, und der Schmerz läßt nicht nach«. Während wir die Hierarchie durcharbeiteten, nahm ihre Angst vor der Niederkunft ab. Dies merkten nicht nur sie selbst, sondern auch ihr Arzt und ihr Mann. Als Emily dann tatsächlich die ersten Wehen spürte, rief sie ihren Mann im Büro an. Er trug ihr auf: »Nimm ein Taxi. Wir sehen uns im Krankenhaus.« Emily hatte überhaupt keine Angst. Tatsächlich war sie so entspannt, daß das Baby im Taxi zur Welt kam.

---

3. Sie können sich vor etwas fürchten, das vielleicht gar nicht eintritt.

Fallbeispiel

Norman lebte in der ständigen Angst, Krebs zu bekommen. Bei dem geringsten Anzeichen (einem kleinen braunen Fleck auf seinem Unterarm, einem leichten Husten) rannte er zum Doktor. Er rechnete immer mit dem Schlimmsten (»Ich weiß, eine Operation wäre zwecklos; der Krebs würde nur an anderer Stelle wieder auftauchen«). Dann starb einer seiner Freunde an Krebs. Als Norman das erfuhr, ging er nach Hause und fing an zu heulen. Da es für diese Furcht keine Realitäts-Desensibilisierung gab, versuchten wir es über die Phantasie.

- Bei einer Unterhaltung hört er, daß ein ihm Unbekannter an Krebs gestorben ist.
- Bei einer Unterhaltung hört er, daß jemand wegen Krebs ins Krankenhaus gekommen ist, aber die Ärzte glauben, daß sie den Krebs rechtzeitig entdeckt haben.
- Der Doktor sagt zu ihm: »Es sieht ein wenig verdächtig aus. Wir machen besser ein paar Tests mit Ihnen.«
- Der Doktor sagt zu ihm: »Sie haben einen kleinen Tumor, aber er sieht gutartig aus.«
- Er ist im Krankenhaus und wird gegen Krebs behandelt.
- Er ist im Krankenhaus. Die Krebsoperation liegt schon hinter ihm, und er fühlt sich schwach und hat starke Schmerzen.
- Er liegt im Krankenhaus und siecht langsam an Krebs dahin. Er weiß, daß die Therapie nicht angeschlagen hat und daß er bald sterben muß.

Diese Phantasie-Desensibilisierung hatte Erfolg. Norman hörte auf, sich bei dem Gedanken, er könnte möglicherweise einmal Krebs bekommen, zu ängstigen. Als sein Schwager an Leberkrebs erkrankte, bewahrte er die Ruhe, so daß er seiner Frau den nötigen Beistand geben konnte.

---

4. Sie können die Situationen genau auf Ihren Bedarf zuschneiden.

Fallbeispiel

Ken, heute über vierzig, hatte seit seiner Kindheit Angst vor Hunden. In letzter Zeit hatte sich seine Furcht verschlimmert. Wenn er auf dem direkten Weg von der Arbeit nach Hause ging, kam er an einer Tierhandlung vorbei, die kleine Hunde im Schaufenster hatte. Um diesen Anblick zu vermeiden, machte Ken immer einen Umweg. So sah seine Phantasie-Desensibilisierung aus:

- Er ist im Naturkunde-Museum und betrachtet die Nachbildung eines Hundes mit echtem Fell, aber ohne Zähne. Er stellt sich vor, daß er dem Hund die Hand ins Maul legt.
- Die gleiche Szene, aber der Hund hat Zähne. Ken legt seine Hand ins Maul und fühlt die Zähne.
- Mehrere Szenen mit einem Hund, der einen Häuserblock entfernt ist. Anfangs ist der vorgestellte Hund klein, aber von Szene zu Szene wird er größer und furchteinflößender.
- Mehrere Szenen, in denen der Hund sich in der Phantasie Meter um Meter nähert.
- Schlußszene – ein riesiger Hund spring ihn mit wütendem Geknurr an und reißt ihn zu Boden.

Danach konnte Ken ohne Angst an der Tierhandlung vorbeigehen. Er besuchte einen Freund, der einen Hund hatte. Zum ersten Mal konnte er ihn streicheln. Bei unserer nächsten Sitzung sagte er zu mir: »Plötzlich wurde mir klar, wieviel größer ich bin als der kleine Spaniel.«

Kombinierte Desensibilisierung

Wenn man die Realitäts- und Phantasietechniken miteinander verbindet, erhält man eine sehr wirkungsvolle Methode der Angstreduzierung.

Übung

Erster Schritt: Stellen Sie eine Realitätshierarchie auf. Erst gehen Sie sie in der Phantasie durch, dann in der Realität.

Zweiter Schritt: Wenn es in der Hierarchie noch Lücken gibt, die Sie nicht mit realen Situationen auffüllen können, so nehmen Sie Phantasieszenen. So könnten Sie sich zum Beispiel mühelos an ein Fenster im zweiten Stock begeben, haben aber keine Gelegenheit, an ein Fenster im dritten, vierten oder fünften Stock zu gelangen. Ihr Angstthermometer zeigt, daß die Lücke zwischen dem zweiten und dem sechsten Stock zu groß ist (sie beträgt mehr als zehn Punkte). Sie brauchen also ein paar Zwischenstufen. Diese Lücken können Sie durch Ihre Phantasie auffüllen: Sie stellen sich vor, an Fenstern im dritten, vierten und fünften Stock zu stehen. So erhält Ihre Hierarchie alle Stufen einer Realitätshierarchie plus die notwendigen Ergänzungen durch die Phantasie.

Dritter Schritt: Mit Hilfe Ihrer Karteikarten oder eines Tonbands arbeiten Sie jetzt jeden Schritt in der Hierarchie zunächst in der Phantasie durch. Wenn Sie in Ihrer Vorstellung die einzelnen Situationen ohne Angstreaktion geschafft haben, gehen Sie sie in der Realität durch. Bleiben Sie mit der Realitätsdesensibilisierung zwei oder drei Schritte hinter der Phantasiedesensibilisierung zurück. Wenn Sie zum Beispiel Punkt drei Ihrer Realitätshierarchie vornehmen wollen, warten Sie ab, bis Sie Punkt fünf in der Phantasie geschafft haben. Wenn Ihnen die realen Situationen Schwierigkeiten bereiten (selbst bei Wiederholung vermindert sich die Spannung nicht), versuchen Sie es noch einmal in der Phantasie. Manchmal kann man zwei parallele Hierarchien nebeneinander haben.

Fallbeispiel

Meine Frau Jean erwähnte im 1. Kapitel, daß sie mich geheiratet hat, weil ich »der einzige Mann war, der ihre Fahrkünste nicht kritisierte«. Sie kann zwar Auto fahren, aber sie haßt es. Vor einigen Jahren sagte ich ungeschickterweise zu ihr: »Warum fährst du überhaupt, wenn du solche Angst hast?« So gab sie es ganz auf.

Kürzlich hatte ich Probleme mit meinen Augen. Im August wußte ich, daß meine Fahrerlaubnis, die Ende Dezember ablief, nicht erneuert werden würde, wenn meine Augen bis dahin nicht in Ordnung wären. Daraufhin faßte Jean den Entschluß, mehr Selbstvertrauen am Steuer zu entwickeln, und bat mich, sie zu desensibilisieren. Wir verbrachten den August in Rowayton, einem kleinen Dorf an der See in Connecticut.

Jean hat hauptsächlich Angst vor Autofahrern, die hinter ihr hupen, vor dem Linksabbiegen an Kreuzungen, vor Geschwindigkeiten über fünfzig Stundenkilometern und vor Fahrten in der Dunkelheit (sie war noch nie im Dunkeln gefahren). Wir stellten die folgenden Phantasie- und Realitätshierarchien auf. Beachten Sie, daß ich in beiden Hierarchien mit im Auto sitze. Eigentlich sollte sie auch Aufgaben einfügen, bei denen sie allein fuhr, aber sie antwortete: »Dann geht das Angstthermometer zu Bruch!«

Phantasie-Hierarchie	Realitäts-Hierarchie
1. Mit Herbert nach Rowayton fahren	
2. Mit Herbert zum Einkaufszentrum in Darien fahren	
3. Mit Herbert gegen Mittag auf der Schnellstraße fahren (wenig Verkehr).	1. Nach Rowayton und zurück fahren (im ganzen drei Kilometer).
4. Mit Herbert auf der Schnellstraße fahren; ein Lastwagen auf der Nebenspur.	
5. Mit Herbert auf der Schnellstraße fahren; ein Bus auf der Nebenspur.	2. Nach Darien und zurück fahren (zusammen zehn Kilometer).
6. Mit Herbert auf der Schnellstraße fahren, ein großer Lastzug auf der Nebenspur.	
7. Links abbiegen, um auf die Schnellstraße zu kommen.	3. An Kreuzung links abbiegen.
8. Auf der Schnellstraße fahren. Ein Wagen hinter Jean hupt und setzt zum Überholen an.	
9. Auf der kurvenreichen zweispurigen Straße fährt ein Wagen hinter Jean.	4. Um 10 und um 14 Uhr nach links in die Schnellstraße einbiegen (wenig Verkehr). Fahrt von Rowayton nach Darien und zurück auf der Schnellstraße.
10. Zwei Wagen hinter ihr auf der Landstraße.	
11. Eine Kolonne hinter ihr auf der Landstraße.	
12. Eine Kolonne hinter ihr auf der Landstraße. Alle hupen.	5. Über die Schnell- und Nebenstraßen zum Haus von Anita Berke fahren (18 Kilometer). Rückfahrt.
13. Eine Kolonne ist hinter ihr. Hupen. Sie muß an einer Kreuzung nach links abbiegen. Sie muß anhalten und hält dadurch die Kolonne auf.	
14. Nachts auf der Schnellstraße fahren. Alle Wagen fahren hohe Geschwindigkeiten.	6. Nachts nach Rowayton fahren.
15. Sie fährt nachts auf einer zweispurigen Landstraße mit Verkehr. Sie sieht die Lichter eines entgegenkommenden Autos.	7. Nachts nach Darien fahren. Nachts zu Anita fahren.
16. Sie fährt nachts auf der Landstraße. Ein Auto kommt ihr entgegen, und hinter ihr befindet sich eine ganze Wagenkolonne.	

Während des Augusts schaffte es Jean, die Hälfte von Punkt sieben in der Realitätshierarchie zu schaffen, aber sie konnte sich nicht überwinden, nachts zu ihrer Freundin Anita zu fahren. Sie sagte immer: »Tu du das. Ich kann es nicht.« Im Dezember mieteten wir für die Zeit zwischen Weihnachten und dem 2. Januar wieder das Haus in Rowayton. Meine Fahrerlaubnis lief Ende des Jahres ab, und Silvester gab Anita eine große Party. Wenn wir daran teilnehmen wollten, mußte uns Jean nach Hause fahren.

Die ganze Woche übte Jean unermüdlich und schwankte zwischen Selbstvertrauen und Angstanwandlungen: »Wie soll ich uns bloß zurückfahren ... dieses schreckliche Linksabbiegen ... die dunkle Landstraße, wo die anderen Autos mich anhupen.« Am 31. Dezember brütete sie den ganzen Tag über möglichen Fahrstrecken, da sie das Gefühl hatte, daß sie uns auch hinfahren mußte, falls sie uns jemals zurückbringen wollte. Als wir losfuhren, mußte ich sie an das Licht erinnern; in ihrer Nervosität hatte sie vergessen, wo der Schalter saß.

Wir kamen hin. Jean unterhielt alle Gäste mit ihrer Heldentat, als hätte sie den Nobelpreis für Literatur gewonnen. Als sie zurückfuhr, tauchten neue Schwierigkeiten auf – anfängliche Hagelschauer wuchsen sich zu einem gewaltigen Schneesturm aus. Aber sie brachte uns nach Hause, obwohl sie am Berg vor unserem gemieteten Haus hängenblieb und direkt unter einem Parkverbotsschild parken mußte (sie bekam eine Verwarnung). Sie rannte ins Haus, tanzte im Wohnzimmer herum und schrie: »Ich hab's geschafft. Ich hab's geschafft.«

Am nächsten Tag stellte sie triumphierend eine neue Hierarchie auf, die begann mit »*Allein* nach Rowayton fahren.« Aber sie tat etwas noch Wichtigeres. Jean hat viele Sachbücher und Artikel verfaßt. Jahrelang hatte sie die Idee, einen Roman zu schreiben, der wie eine Bombe einschlagen sollte. Obwohl die Verleger sie ermutigten, hatte sie Angst davor. »Das schaffe ich nicht«, sagte sie.

Nachdem sie ihre neue Autofahrerhierarchie aufgestellt hatte, sagte Jean zu mir: »Ich will noch etwas tun« und verschwand bis zum Dinner im Schlafzimmer. Mit einem Packen Konzeptpapier kam sie wieder heraus. Als wäre es die größte Selbstverständlichkeit, gab sie mir den Packen und sagte: »Mir kam gerade die Idee, mit meinem Roman anzufangen. Schließlich, Herbert, wenn ich von Anita um zwei Uhr nachts im Schneesturm auf der Schnellstraße zurückfahren kann, dann kann ich sicher auch etwas so Einfaches schaffen wie einen Roman schreiben.«

So hatte Jean, als sie die eine Angst besiegt hatte, auch gleich die zweite überwunden.

---

6. Kapitel
Soziale Ängste

Von allen Ängsten, die den Menschen befallen, lassen sich die sozialen Ängste am schwersten enttarnen. Diese Ängste können ein Leben beherrschen – ja sogar ruinieren, ohne daß man etwas von ihrer Existenz, ihrer Wirkung und ihrer Macht ahnt.

Vielleicht sind Sie sich darüber im klaren, daß Sie im Umgang mit anderen gewisse Schwierigkeiten haben. Sie wissen, daß Sie aggressiv sind und durch Ihr dominierendes Wesen andere beiseite stoßen. Oder Sie wissen, daß Sie einsam und schüchtern sind, ständig ausgebeutet werden und daß es in Ihrem Leben wenig Liebe und menschliche Nähe gibt.

Sie halten diese Ängste für »neurotisch« und machen dafür eine unglückliche Kindheit oder die Fehler und Unzulänglichkeiten Ihrer Mitmenschen verantwortlich. Sie haben nicht begriffen, daß viele (nicht alle) dieser Schwierigkeiten aus ganz bestimmten sozialen Ängsten herrühren.

Erstes Fallbeispiel

Bob ist einsam, hat wenig Freunde und noch weniger Freundinnen. Gelegentlich ruft ihn mal ein Freund an, aber selten übernimmt er selbst die Initiative. Auf den wenigen Partys, zu denen er kommt, kann er sich nur dann interessant unterhalten, wenn ein anderer die Unterhaltung beginnt. Bob gibt offen zu: »Ich gehe nicht aus mir heraus, weil ich fürchte, zurückgewiesen zu werden.« Obwohl er ganz ehrlich scheint, hat er doch nicht begriffen, daß es sich bei seiner Angst vor Zurückweisung um eine soziale Phobie handelt, die für sein gesamtes unbefriedigendes Verhältnis zu seinen Mitmenschen verantwortlich ist. Genauso wie Leute mit »Ding«-Phobien Aufzügen, Hunden oder Arztpraxen aus dem Weg gehen müssen, muß sich Bob aus jeder Situation heraushalten, in der ihm auch nur die geringste Zurückweisung drohen könnte.

Zweites Fallbeispiel

Mary dagegen führt ein sehr aktives soziales Leben. Ihr Problem: Ihre Beziehungen zu Männern sind meist unbefriedigend. Das läuft immer nach dem gleichen Schema ab: Sie macht eine neue Männerbekanntschaft; die beiden treffen sich häufig und ziehen nach kurzer Zeit zusammen. Doch nach wenigen Wochen verliert die Beziehung ihren Reiz, und nach zwei oder drei Monaten kommt es zum Bruch. Mary ist zwei, drei Wochen tief bekümmert, aber schon nach einem Monat knüpft sie eine neue Beziehung an. Das Spiel beginnt von vorn.

Mary weiß, daß sie nervös wird, wenn sie allein ist. Sie erzählt ausführlich, wie »schrecklich einsam« sie als einziges Kind war und daß ihre Eltern »nichts um sie gegeben« haben. Doch Marys gegenwärtigen Problemen liegt mehr zugrunde als nur die bösen Erinnerungen. Sie ist phobisch gegen das Alleinsein. Das gibt ihrem Sozialleben etwas Unstetes und erklärt ihre kurzen, unglücklichen Liebesverhältnisse. Männer sind für sie nicht Partner oder Liebhaber, sondern ein Mittel, die Einsamkeit zu vertreiben. Auf dieser Basis kann sich keine gute Partnerschaft entwickeln. Ihr ganzes Sozialleben hat nur ein einziges Ziel: der Angst vor dem Alleinsein zu entgehen.

Soziale Ängste sind ganz anders

Soziale Ängste sind anderen Ängsten insofern ähnlich, als auch sie automatisch bestimmte Reaktionen auf besondere Situationen, Menschen und Ereignisse auslösen. Wenn die gefürchtete Situation aufzutauchen droht, versucht man, ihr zu entkommen. Wenn man ihr nicht entfliehen kann, steigern sich Angst und Spannung. Doch soziale Ängste unterscheiden sich auch von anderen Ängsten. Es sind diese Unterschiede, die es so schwermachen, diese Ängste zu erkennen, und die es ihnen ermöglichen, unser Leben so nachhaltig zu beherrschen.

- *Soziale Ängste rufen eine Vielzahl gestörter Reaktionen hervor.* Außer zu Angst kann es zu Schuldgefühlen, Verärgerung, Ressentiments und Depressionen kommen. All diese Reaktionen führen zu Vermeidung, Flucht und/oder dem Abbruch der Beziehungen, und sie können Ihr ganzes soziales Leben bestimmen. Sie können diese Reaktionen genauso ablegen, wie die automatischen Angstreaktionen.
- *Der Mensch, um den sich Ihre Ängste drehen, reagiert auf Ihr Verhalten, und dadurch wird die Situation noch komplizierter.* Wie ver-

ängstigt und nervös Sie auch sein mögen, der Aufzug, das Flugzeug oder das kleine Zimmer bleiben sich immer gleich. Doch bei den sozialen Ängsten reagieren die anderen *auf Ihre Art der Reaktion.* Das Ergebnis: Oft beschwören Sie durch Ihre Angst unnötigerweise genau das Ereignis herauf, vor dessen Eintreten Sie sich fürchten.

Erstes Beispiel: Da Sie sich vor Zurückweisung fürchten, gehen Sie nicht aus sich heraus. Das führt dazu, daß sich die anderen auch nicht mehr um Sie kümmern, und Sie werden tatsächlich zurückgeweisen.

Zweites Beispiel: Ihre Eltern haben Sie fortwährend kritisiert. Um dem Vorwurf, »ungezogen« zu sein, zu entgehen, sind Sie immer lieb und artig gewesen. Diese Reaktion ist inzwischen automatisch geworden. Wenn Ihr Mann Sie zum Beispiel kritisiert, geben Sie sich stets versöhnlich und übertrieben nett. So verstärken Sie nur die Kritik und bringen ihn dazu, Sie noch mehr zu kritisieren.

Weil Menschen Gegenreaktionen zeigen, können schon leicht gestörte Reaktionen zu schlimmen Konsequenzen führen. Sie haben eine Art Schneeball-Effekt. Eine leichte Verstimmung Ihrerseits teilt sich dem anderen mit, und er fühlt sich unbehaglich. Das führt wiederum dazu, daß Sie sich noch mehr aufregen, und ehe Sie sich versehen, ist aus einem kleinen Anlaß ein Rieseneklat geworden.

○ *Selbst geringfügige Verstimmungen können schlimme Folgen haben.* Denn soziale Situationen sind komplex. Selbst in der einfachsten Situation kann ein ganzes Bündel von Gefühlen auftauchen. Darunter können auch Angstgefühle sein. Solange die Angst zusammen mit positiveren Gefühlen auftritt, bleiben die Angstgefühle im Rahmen, und Sie haben sie in Ihrer Gewalt. Es gelingt Ihnen, Ihr Ziel im Umgang mit den anderen zu erreichen, zum Beispiel Ihre Ansichten zu äußern, sich auf einer Party gut zu unterhalten oder eine Meinungsverschiedenheit beizulegen. Wenn ursprünglich geringfügige Angstreaktionen sich verschlimmern, breiten sie sich aus und verdekken andere Gefühle. Durch Ihre Fehlreaktionen wird auch Ihr übriges Verhalten in Mitleidenschaft gezogen.

Situation: Sie gehen zu einer Cocktail-Party, auf der Sie mit vielen Fremden zusammenkommen.

○ *Konstruktive Einstellung:* Sie treten in das Wohnzimmer Ihres Nachbarn und fühlen sich etwas beklommen, aber Sie sind bei dem Gedanken, neue Bekanntschaften zu schließen, auch freudig erregt, voller Neugier, wer wohl sonst noch kommen wird, und voller Hoffnung, daß Sie jemand »Besonderen« kennenlernen werden. Sie versuchen, sich in die Gewalt zu bekommen, besinnen sich auf Ihre gesellschaftlichen Fähigkeiten und fangen an, sich mit verschiedenen Leuten zu unterhalten. Sehr bald finden Sie jemanden, der Ihr Interesse für Reisen, Skifahren oder das Renovieren alter Scheunen teilt.

Sie werden spontaner und ungezwungener. Sie fangen an, sich mehr oder minder (das hängt von der Party und den Leuten ab) wohl zu fühlen.

- *Destruktive Einstellung:* Sie konzentrieren Ihre ganze Aufmerksamkeit auf Ihre leichte Beklommenheit und verlieren darüber positivere Gefühle – wie freudige Erregung, Neugier oder Hoffnung – aus den Augen. Weil Sie nur noch an Ihre Nervosität denken können (auch wenn diese nicht besonders stark ist), fangen Sie an, eine Katastrophe vorauszusehen, ehe Sie noch auf der Party ankommen. Wenn Sie die Gäste nacheinander begrüßen, konzentrieren Sie sich so sehr auf Ihre Angstreaktionen, daß Sie Ihre gesellschaftlichen Fähigkeiten nicht einsetzen können. Ihre krampfhaften Versuche, eine sprunghafte Unterhaltung herbeizuführen, bleiben ohne Erfolg. Ihr Fehler: Statt sich vorzunehmen, sich auf der Party gut zu unterhalten, denken Sie immer an Ihre Angst und wie Sie sie möglichst gering halten können.

Wenn Sie sich ändern wollen, müssen Sie zunächst Ihre besonderen sozialen Ängste, die Sie beseitigen wollen, genau fixieren.

Häufige soziale Ängste

In den zwischenmenschlichen Beziehungen treten Ängste gegenüber Autoritätspersonen, Gleichgestellten und Untergebenen auf; gegenüber großen Gruppen und in Zweierbeziehungen; gegenüber Vertretern des gleichen oder des anderen Geschlechts; gegenüber Alten und Jungen, Krüppeln, Kranken, Reichen, Armen, Dicken und Dünnen. Ich habe Patienten gehabt, die Angst vor großen Menschen hatten, und andere wiederum fürchteten sich vor kleinen. Trotz dieser Mannigfaltigkeit sind einige Ängste häufiger als andere. Im folgenden schildere ich die sieben gängigsten Angstkategorien, die mir in meiner Praxis begegnet sind.

1. Die Angst, angeguckt zu werden. Oft hat diese Angst keinen eigentlichen Inhalt. Sie merken nur ganz einfach, daß Sie ein anderer ansieht (nicht etwa anstarrt, sondern nur ansieht), und Sie bekommen Angst. Zum Beispiel unterhalten Sie sich in einer Gruppe, lassen eine Bemerkung fallen, und alle anderen sehen Sie an. Sie fühlen sich unbehaglich und hören auf zu reden. Der nächste Schritt: Vermeidung. Um die Gefahr, daß andere Sie ansehen, so weit wie möglich zu verringern, beteiligen Sie sich gar nicht erst an der Unterhaltung. Ihre Angst tritt vielleicht nicht nur in eigentlichen Kontaktsituationen auf. Um zu verhindern, daß man Sie ansieht, verstecken Sie sich zum Beispiel im Zug oder Bus hinter einer Zeitung. Doch trotz Ihrer ständigen Vermeidungsversuche sehen die Leute Sie eventuell immer noch an. Deshalb bewegen Sie sich in der Öffentlichkeit stets in einer Art Alarmzustand. Die gleiche Angst führt oft dazu, daß einem das Sprechen vor Publikum Schwierigkeiten bereitet.

2. *Die Angst, daß man Ihnen Ihre Nervosität ansieht.* Im Unterschied zur obigen Angst ist diese Angst fundiert. Sie zeigen Ihre Nervosität durch äußere Anzeichen wie Händezittern, Erröten, Zittern der Stimme. Da Sie sich fürchten, daß andere diese Anzeichen bemerken, lehnen Sie Einladungen ab, bei denen die Gastgeberin Kaffee, Tee oder alkoholische Getränke servieren wird. Wenn Sie die Einladung annehmen, nehmen Sie die Tasse oder das Glas, stellen sie vorsichtig vor sich hin und nehmen sie nicht wieder hoch. Das Schlimmste, was Ihnen jetzt passieren könnte, wäre, daß jemand sagt: »Ihre Hand zittert ja. Warum sind Sie denn so nervös?« Aber die äußeren Zeichen brauchen sich bei dieser Angst noch nicht einmal einzustellen. Schon ein subjektives Angstgefühl kann die nervöse Reaktion in Gang setzen.

Anmerkung: Manchmal hilft es schon, dem äußeren Zeichen von Nervosität einen Namen zu geben. Patienten, denen die Hände leicht zitterten, empfahl ich, »Überanstrengung beim Tennis« vorzuschützen. Wenn sie auf einer Party merkten, daß ihnen die Hände zitterten, sollten sie sagen: »Ich habe meinen Arm beim Tennis überanstrengt.« Ob sie davon nun Gebrauch machten oder nicht, diese Krücke im Hintergrund ermöglichte es ihnen, zur Party zu gehen. Anderen Patienten, die leicht ins Schwitzen kamen, riet ich, anderen gegenüber von »Transpirationsallergie« zu sprechen – diese »komische Allergie« führe nicht zu verstopfter Nase oder tränenden Augen, sondern lasse sie schwitzen. Solche Etikettierung löste zwar nicht das Problem, aber sie ermöglichte es ihnen, sich in die Angstsituation zu begeben.

3. *Die Angst, in der Beziehung zu anderen Menschen die Freiheit zu verlieren.* Die Betroffenen rationalisieren diese Angst häufig durch Erklärungen wie »ich möchte die Verantwortung nicht übernehmen« oder »dann könnte ich ja nicht mehr tun, was ich will«. Sie glauben keine Wahl zu haben. In Wirklichkeit handelt es sich bei dieser Angst um soziale Klaustrophobie. Viele der Betroffenen hatten früher Angst, in einem kleinen Raum gefangen zu sitzen. Sie wurden mit dieser Angst zwar fertig, übertrugen sie aber auf zwischenmenschliche Situationen.

4. *Die Angst, »ertappt« zu werden.* Sie fürchten, daß andere vor Ihnen zurückschrecken und Sie zurückweisen, wenn sie Sie »wirklich kennten« oder wenn herauskommt, »was Sie in Wirklichkeit sind«. Oft wissen Sie noch nicht einmal, welche Eigenschaften »herauskommen« könnten. Doch einige haben darüber ganz klare Vorstellungen: »Man wird merken, daß ich dumm . . . töricht . . . schlecht . . . unfähig . . . bin.« Selbst wenn das teilweise zutrifft, verursacht das nicht Ihre Angst. Ängste sind nicht so rational.

Diese Angst führt dazu, daß man jede menschliche Nähe vermeidet. Ihre zärtlichen Empfindungen machen Ihnen Angst, weil sie zu größerer Intimität führen könnten. Wenn Sie anderen näherkommen und eine gegenseitige Zuneigung entsteht, wächst die Gefahr sozialer Bloßstellung. Ergebnis: Zeichen von Zärtlichkeit und Liebe bei Ihnen und anderen setzen eine Angstreaktion und das Vermeidungsschema in Gang.

5. *Die Angst vor negativen Gefühlen.* In diese Kategorie fallen eine ganze Reihe von Ängsten, die Ihren Lebensstil beeinflussen können. Dazu gehört vor allem die Angst vor *Ärger* und *Kritik*. Sie fürchten sich, Ärger oder Kritik zum Ausdruck zu bringen, oder Sie haben Angst, daß ein anderer Sie kritisiert. Ihre Angst kann ganz generell oder spezifisch sein und kann sich auf Autoritätspersonen, Vertreter des anderen Geschlechts und Menschen, denen Sie nahestehen, beziehen. Eine sechzigjährige Frau beichtet: »Ich habe immer solche Angst vor Kritik gehabt, daß ich nie etwas mit meinem Leben angefangen habe.«

6. *Die Angst, etwas allein zu tun.* Diese Angst geht oft mit Einsamkeit und Depression einher. Gewöhnlich handelt es sich dabei nicht um ein intensives Gefühl, sondern um ein Gefühl leichten Unbehagens. Am Sonnabendnachmittag würden Sie zum Beispiel gern ins Kino gehen oder einen Spaziergang machen. Aber es ist keiner da, der mit Ihnen gehen könnte, und Sie fühlen sich unbehaglich bei dem Gedanken, allein zu gehen. Oft wissen Sie gar nicht, warum Sie dieses Mißbehagen fühlen, aber Sie geben dem Gefühl einfach nach. Sie bleiben lieber zu Hause, als daß Sie etwas allein unternehmen. Wenn Sie deprimiert sind, wird es Sie aber noch stärker deprimieren, wenn Sie zu Hause bleiben. Wenn Sie einsam sind, werden Sie so kaum die Möglichkeit haben, neue Menschen kennenzulernen.

Wenn Sie sich entschließen, etwas allein zu unternehmen, und das auch einige Zeit durchhalten, kommt es bei dieser Angst oft zu dramatischen Entwicklungen. Viele können oder wollen das nicht durchhalten. Statt dessen bleiben sie ans Haus gebunden und denken: »Es könnte ja jemand merken, daß ich allein bin, und glauben, ich wäre unbeliebt.«

7. *Die Angst, mit anderen nicht zurechtzukommen.* Dazu gehört zum Beispiel *die Angst, ignoriert zu werden*, oder *die Angst, es könnte während einer Unterhaltung eine peinliche Pause entstehen.* Bei der letzteren kann es zu einer solchen Panikreaktion kommen, daß man mit etwas völlig Unangebrachtem herausplatzt oder sich davor scheut, überhaupt noch etwas zu sagen. Es gibt noch viele andere Ängste dieser Art. Doch innerhalb dieser Kategorie verdienen fünf Ängste besondere Aufmerksamkeit, weil sie so häufig sind und sich so negativ auswirken:

○ *Die Angst, nicht gemocht zu werden.* Dies ist die häufigste soziale Phobie und auch die destruktivste. Oft, wenn andere Sie nicht leiden mögen, reagieren Sie darauf mit einem schlechten Gewissen. Sie sagen sich: »Ich habe etwas falsch gemacht. Irgend etwas muß mit mir nicht stimmen, sonst würde man mich nicht ablehnen.« Um dieser Situation zu entgehen, läßt man sich von jedermann ausnutzen und ist »immer nett« zu anderen. Man tut alles, was man kann, um sich bei anderen lieb Kind zu machen, und macht sich dabei oft selbst etwas vor, weil man seine eigenen Wünsche unterdrückt, nicht für seine Rechte eintritt und seine Würde opfert. Hand in Hand mit diesen Gefühlen geht die Angst, *andere unabsichtlich zu verletzen.* Sie führt auch zu ähnlichen Konsequenzen. Jeder Ausdruck von Eigenständigkeit, jedes Eintreten für die eigenen Rechte birgt ja das Risiko, andere zu kränken. So treten Sie nie für Ihre Rechte ein.

Bei beiden Ängsten verfehlen Sie Ihre eigentlichen Ziele. Sie lassen sich nicht mehr von Ihren eigenen Interessen und Ihrer Selbstachtung leiten; statt dessen machen Sie es sich zum Ziel, »bei allen beliebt zu sein« – was kaum zu schaffen ist. Vergessen Sie nicht, daß sich das Leben der anderen nicht um Ihre Person dreht. Ihre Reaktionen richten sich nicht allein nach dem, was Sie sagen oder tun. Die anderen haben ihre eigenen Bedürfnisse, Gefühle, Depressionen und Sorgen. Vielleicht hat der andere gerade unerwartet eine große Gehaltserhöhung bekommen und könnte die ganze Welt umarmen, auch Sie – ganz gleich, was Sie sagen oder tun. Oder er ist gerade ungerechterweise gefeuert worden und ist mit aller Welt zerfallen, auch mit Ihnen – ganz gleich, was Sie sagen oder tun.

- *Die Angst, dumm zu wirken.* Der bloße Gedanke, etwas zu tun, das andere für lächerlich halten, erfüllt Sie mit Angst. Gleichzeitig haben Sie Angst, etwas zu tun, was *Sie* für töricht halten (meist urteilen Sie selbst viel härter als Ihre Freunde es tun würden). Weil alles, was Sie sagen oder tun, das Risiko birgt, auf andere töricht zu wirken, entwickeln Sie immer mehr Hemmungen und unterlassen immer mehr Dinge. Weil spontanes und kreatives Tun Ihnen viel zu gefährlich erscheint, halten Sie sich an Dinge, die abgedroschen, spießig und konventionell sind – und machen sich auf diese Art selbst zu einer »trüben Tasse«.

  Eng verbunden mit dieser Phobie ist die *Angst, etwas falsch zu machen.* Sie verläuft nach ähnlichem Muster und hat ähnliche Konsequenzen, doch gewöhnlich wirkt sie sich nicht so verheerend aus. Keiner möchte schließlich absichtlich dumm wirken oder etwas Falsches tun, aber die meisten nehmen dies Risiko auf sich und erhalten sich ihre Spontaneität. Schwierig wird es erst, wenn die Ängste übermächtig werden.

- *Angst vor Zurückweisung.* Diese Angst verhindert nicht nur, daß Sie im Umgang mit anderen aus sich herausgehen. Wie die Angst, »nicht gemocht zu werden«, führt sie oft dazu, daß Sie anderen auf Kosten Ihrer eigenen Interessen und Ihrer Selbstachtung in allem nachgeben. Sie führt dazu, daß Sie sich ganz auf andere einstellen. Jedes flüchtige Mienenspiel oder jede Unzufriedenheit signalisiert eine mögliche Zurückweisung. Sie interpretieren jede Meinungsverschiedenheit oder Enttäuschung als Zurückweisung, und diese erscheint Ihnen als vernichtende Katastrophe, mit der Sie nicht fertig werden können.

Warnung: Obwohl soziale Ängste an sich schon sehr versteckt sind, haben sie die Tendenz, sich in dieser Richtung noch zu verstärken. Zum Beispiel, wenn sie zu *Hypervigilanz* und *kontraphobischer Wiederholung* führen. Ich wiederhole, bei übertriebener Wachsamkeit sind Sie so empfindlich in dem besonderen Bereich Ihrer Angst, daß Sie Gefahren sehen, wo keine sind – Sie glauben zum Beispiel, daß Ihre Freundin sie kritisieren wollte, obwohl sie nur eine allgemeine Bemerkung gemacht hat. Bei kontraphobischer Wiederholung bringen Sie sich immer wieder in die Situation, die Sie fürchten, und haben Ihr Versagen schon vorprogrammiert – zum Beispiel haben Sie wirkliche Angst vor »kastrierenden« Frauen, aber Sie geraten dennoch immer wieder an diesen Typus und die Beziehung läuft immer wieder schief. Dieses Verhalten kann Ihr Leben nachhaltig beeinflussen, ohne daß Sie merken, daß eine spezifische Angst dabei im Spiel ist. Seien Sie auf der Hut vor diesen zwei Verhaltensweisen.

Übung: Fixieren Sie Ihre sozialen Ängste
Ziel: Herauszufinden, ob Ihre sozialen Probleme durch besondere Ängste hervorgerufen werden.

ERSTER SCHRITT: Schreiben Sie auf, auf welchen Gebieten Ihre hauptsächlichen sozialen Schwierigkeiten liegen. Dabei kann es sich um Schwierigkeiten in sozialen Situationen handeln (Partys, persönliche Unterhaltungen), in der Ausübung bestimmter Handlungen (eine Unterhaltung zu beginnen, sich mit einer Frau zu verabreden) oder im Erreichen bestimmter Ziele (enge Freundschaften zu schließen). Sie tun vielleicht das eine oder andere, aber Sie sind mit Ihrem Tun nicht zufrieden und haben ein ungutes Gefühl dabei. Die Liste kann auch Dinge enthalten, vor denen Sie sich zu drücken suchen.

ZWEITER SCHRITT: Stellen Sie sich in jeder Situation die Frage: »Wovor habe ich Angst?« Es kann sich dabei um eine der schon genannten häufig vorkommenden sozialen Ängste handeln oder um eine Angst, die für Sie von besonderer Bedeutung ist. Ziehen Sie dabei das Angstregister aus Kapitel zwei zu Rate.

DRITTER SCHRITT: Beantworten Sie jetzt in Ihrem Arbeitsheft zu jeder Angst die folgenden Fragen:

1. Können Sie sich erinnern, wann Sie sich zuerst dieser Angst bewußt geworden sind?
2. Haben Sie irgendeine Vorstellung, wie Sie diese Angst erlernt haben?
3. Hat die Angst in der Vergangenheit dazu geführt, daß Sie zu Ihrem eigenen Schaden bestimmte Situationen vermieden haben oder versuchten, Ihnen zu entkommen?

4. Kennen Sie jemanden mit einer ähnlichen Angst? Welche Auswirkungen hat sie auf diese Person?

5. In welchen der nachstehenden Situationen tendiert Ihre Angst dazu, besonders stark zu werden?

O in persönlichen – in unpersönlichen Situationen
O bei Angehörigen des gleichen Geschlechts – des anderen Geschlechts
O bei oberflächlichen Beziehungen – bei engen Beziehungen
O bei Vorgesetzten – bei Untergebenen
O in Situationen, bei denen Gefühle eine Rolle spielen – in Situationen, bei denen Gefühle keine Rolle spielen
O in Zweierbeziehungen – in der Gruppe

Waren Sie sich vor Beginn der Übung über diese bestimmte Angst im klaren, und wußten Sie, welche Auswirkungen Sie hat? Wenn ja, was haben Sie bisher versucht, um damit fertig zu werden?

VIERTER SCHRITT: Nehmen Sie sich die Ihrer Ansicht nach stärkste soziale Angst vor. Dies kann eine Angst sein, die sich in mehreren sozialen Situationen bemerkbar macht (zum Beispiel: Ängste, anderen gegenüber die Initiative zu ergreifen, einen Vertreter des anderen Geschlechts zu einer Party einzuladen und eine Party zu geben, können alle aus der Angst vor Zurückweisung resultieren). Sie sollten die Angst auswählen, bei der Sie das Gefühl haben: »Das bin *ich*.« Das ist die soziale Angst, gegen die Sie als erstes etwas unternehmen müssen. Wenn zwei Ängste ungefähr gleich wichtig sind, entscheiden Sie sich für die Angst, bei der Sie die größte Chance haben, sie zu überwinden.

Wie Sie Ihre sozialen Ängste ändern können: ein Verhaltensplan

Korrigieren Sie Ihre falschen Ansichten

Viele Ihrer sozialen Ängste entstehen, weil Sie soziale Situationen und Zusammenhänge nicht richtig einschätzen. Als Sie heranwuchsen, haben Sie sich Ansichten über Ihre soziale Umwelt angeeignet, die wenigstens teilweise falsch und irrational sind. Diese falschen Ideen führen dazu, daß Sie die Handlungen und Worte anderer falsch interpretieren, und diese Fehlinterpretation setzt Ihre Ängste in Gang. Einige dieser falschen Ansichten sind sehr verbreitet:

»Wenn ich nur das Richtige tue, werden mich die Leute mögen und nett zu mir sein.« Daraus folgern Sie dann: »Wenn die Leute nicht nett zu mir sind, habe ich etwas falsch gemacht.« Diese Fehlinterpretation führt dazu, daß Sie Ihr Leben lang ein schlechtes Gewissen haben. Mit solch egozentrischem Denken stellen Sie Ihre eigene Person in den Mittelpunkt des Universums.

Während es zutrifft, daß die meisten Menschen auf Ihr Verhalten ihrerseits reagieren, existieren sie doch ganz unabhängig von Ihnen, und ihr Leben dreht sich keineswegs um Sie.

Jean zum Beispiel hatte sich mit der Frau eines Lektors ganz gut verstanden. Plötzlich brach jeder Kontakt ab. Sie telefonierte mit ihr. Man einigte sich, daß man »sich bald einmal sehen wollte«, aber Jeans Bekannte rief weder zurück, noch wurde ein Termin abgemacht. Jean quälte sich mit dem Gedanken: »Ich habe etwas falsch gemacht.« Aus dieser irrigen Annahme zog sie eine Reihe ihr ganz logisch erscheinender Schlüsse: »Er hält nichts von mir als Autorin« ... »er hat ihr verboten, mit mir zu verkehren« ... »er hat ein schlechtes Gewissen, weil sein Verlag so wenig Geld auf mein Buch gewendet hat«. Daraus zog sie den falschen Schluß: »Sie wollen nichts mit mir zu tun haben.« Kürzlich entdeckte Jean, daß der Mann ihrer Bekannten seit Monaten berufliche Schwierigkeiten hatte und schließlich gefeuert worden war. Seine Frau und er hatten nur noch daran gedacht, wie sie ihre Hypotheken tilgen und den College-Besuch ihrer beiden Kinder finanzieren, nicht aber wie sie Jean einmal einladen konnten.

- »Wenn ich ein normaler Mensch wäre, würde ich in Gesellschaft nicht so nervös werden.« Auch hier gehen Sie von falschen Voraussetzungen aus:

1. Sie glauben, daß die anderen es merken, wenn Sie Angst haben. In Wirklichkeit sind Ihnen Ihre Symptome äußerlich gar nicht anzumerken.

2. Sie sehen die anderen an, bemerken an ihnen keine Anzeichen von Nervosität und folgern daraus, daß jene sich absolut wohl fühlen.

3. Sie gehen noch einen Schritt weiter und glauben, Sie sollten sich ebenfalls wohl fühlen. Weil das aber nicht der Fall ist, muß irgend etwas mit Ihnen nicht stimmen. Sie sind nicht »normal«. Doch in vielen Situationen – wenn man zum Beispiel in ein Zimmer geht, in dem sich nur Fremde befinden – ist eine gewisse Beklommenheit eine ganz »normale« Reaktion.

- »So wie mein Leben jetzt ist, so wird es immer sein.« Sie glauben zum Beispiel, daß Sie nie verwinden werden, wenn Ihnen übel mitgespielt worden ist. Solche Wunden hinterlassen Narben, aber das Gefühl vergeht, und Sie gehen gestärkt aus der Krise hervor. Der Mythos, daß etwas »für immer« sein wird, nimmt Ihnen die Kraft, läßt Sie kein Risiko mehr eingehen und führt zur Passivität.
- Es gibt auch noch viele andere irrige Auffassungen: »Wenn ich nicht an der Spitze bin, bin ich nichts« ... »Mein Wert als Person hängt davon ab, was andere von mir denken« ... »Es ist herrlich, populär und berühmt zu sein; es ist schrecklich, unpopulär und mittelmäßig

zu sein« ... »Um glücklich zu sein, muß ich bei allem, was ich tue, Erfolg haben« ... »Alle müssen mich gern haben«.

Es reicht nicht, wenn Sie Ihre falschen Ansichten nur erkennen. Sie müssen auch etwas dagegen tun.

- *Lesen Sie.* Lesen ist ein gutes Mittel, falsche Vorstellungen über die soziale Umwelt zu ändern. Es gibt viele ausgezeichnete Bücher. Einige behandeln soziales Verhalten ganz allgemein, andere spezialisieren sich auf bestimmte Themen wie Wiederheirat oder Neubeginn nach einem Todesfall oder Scheidung. Fragen Sie Ihren Bibliothekar um Rat.
- *Gestehen Sie sich Ihre irrationalen Ansichten schonungslos ein und arbeiten Sie daran, sie zu ändern.* Dr. Albert Ellis, ein New Yorker Psychologe und Direktor des Instituts für fortgeschrittene Studien in rationaler Psychotherapie, hat eine neue Therapie entwickelt, die »Rational-Emotive Therapy«. Um die Persönlichkeit zu ändern, wendet er die sogenannte A-B-C-D-Methode an.

A ist das *aktivierende* Ereignis (*activating* event), das die Störung auslöst. Zum Beispiel eine Party oder Kritik durch andere.

C ist die Konsequenz *(consequence)* der Störung. (Sie sind nervös, deprimiert, unzufrieden mit sich selbst.)

B sind die Ansichten (*belief* system), die sich zwischen das aktivierende Ereignis und seine Konsequenz einschieben. Sie geben dem aktivierenden Ereignis seine Bedeutung und verleihen ihm die Macht, eine Fehlreaktion auszulösen. Die Ansichten lassen sich in zwei Gruppen einteilen:

Rationale Ansichten: Dies sind die Ansichten, die die reale Situation widerspiegeln. (Wenn sie meine Einladung ablehnt, werde ich schrecklich enttäuscht sein. Hoffentlich passiert das nicht.) Diese rationale Einstellung erlaubt Ihnen, die Situation im richtigen Rahmen zu sehen und eine Entscheidung zu treffen, ob Sie überhaupt das Risiko eingehen wollen, Ihre Freundin einzuladen.

Irrationale Ansichten: Diese falschen Ansichten machen aus einer harmlosen oder im schlimmsten Fall unbehaglichen Situation eine drohende Katastrophe, bei der Ihr Überleben oder Ihre Integrität als Person auf dem Spiel stehen. (Wenn sie meine Einladung ablehnt, heißt das, daß ich als Mensch nichts tauge, und ich werde nie eine Partnerin finden, mit der ich glücklich sein kann.) Wenn Sie der Reaktion Ihrer Freundin (»Tut mir leid, aber ich habe dieses Wochenende zu tun«) eine solche Bedeutung beilegen, wird Ihre Angst vor Zurückweisung immer schlimmer.

D steht für Auseinandersetzung *(disputation)*. Sie müssen Ihren irrationalen Ansichten mit Logik und Aktivität zu Leibe rücken. Nur so können Sie sie durch rationaleres Denken ersetzen.

Fallbeispiel

Susan E., eine erfolgreiche Geschäftsfrau, suchte mich gleich nach ihrem dreißigsten Geburtstag auf, weil sie sich »eine gute Partnerbeziehung wünschte, die möglicherweise zur Ehe führen könnte«. Obwohl sie viele Freunde hatte, fühlte sie sich einsam und häufig deprimiert. Sie hatte eine Reihe kurzer Liebesverhältnisse hinter sich. Alle ihre Schwierigkeiten schienen sich um die Angst zu drehen, sie könnte »ertappt« werden. In ihrer Familie hatte die Auffassung geherrscht: Je mehr die Leute über einen wissen, desto mehr Munition haben sie gegen einen. So war Susan der irrationalen Ansicht, daß Offenheit bestenfalls Mißachtung und schlimmstenfalls schwere Kränkungen erzeugen würde. Wir beschlossen, die A-B-C-D-Technik anzuwenden.

Aktivierendes Ereignis: Als sie sich das sechste Mal mit einem Mann traf, den sie wirklich gern mochte, erzählte er Susan sehr offen von seinen Karriereplänen und gewissen emotionalen Schwierigkeiten mit seinen Eltern. Sie wollte ihm genau so offen antworten, konnte es aber nicht. Statt dessen erzählte sie »charmante Geschichten«.

Konsequenz: Susan erzählte mir: »Nach diesem Abend fühlte ich mich sehr leer, und ich wußte, daß er von mir enttäuscht war.« Anscheinend war er das auch. Er rief nur noch ein einziges Mal an und forderte sie nicht noch einmal auf, mit ihm auszugehen. Susan hatte die Chance vertan, eine gute Partnerbeziehung herzustellen.

Als Susan die traurige Konsequenz ihrer *irrationalen Meinung* erkannt hatte (»Alles, was ich sage, kann man als Waffe gegen mich brauchen«), setzte sie sich damit auseinander und ersetzte sie durch *rationale Ansichten*: »Man wird nie um seiner selbst willen geliebt werden, wenn man anderen nicht zeigt, wie man wirklich ist« . . . »Menschliche Nähe ist nicht möglich, wenn man den andern nicht ›in sich hineinsehen‹ läßt« . . . »Obgleich es einige Menschen gibt, die das, was man sagt, gegen einen verwenden, so kommt das doch relativ selten vor. Oft, wenn auch nicht immer, wird man es merken, bevor man sich wirklich näherkommt. Auf jeden Fall muß man das Risiko auf sich nehmen, offen zu sein. Man sollte nicht aus Angst sein Recht auf Liebe verspielen.«

Ich stellte Susan zwei Aufgaben, damit sie sah, was wirklich passierte, wenn sie anderen eine Chance gab, »ihr auf die Schliche zu kommen«.

1. Sie sollte genau festhalten, wann sie bewußt vermied, etwas Persönliches über sich zu erzählen. In ihrem Arbeitsheft sollte sie niederlegen, wie sie sich in dieser Situation und unmittelbar danach fühlte.

2. Sie sollte Erinnerungen an bedeutungsvolle Ereignisse in ihrem Leben ausgraben und sie nach und nach einem ausgewählten Personenkreis erzählen. Wiederum sollte sie in ihrem Arbeitsheft festhalten, wie sie sich bei diesen Erzählungen und unmittelbar danach fühlte.

Susan erkannte bald selbst, daß sie sich um so elender fühlte, je mehr sie zurückhielt, und daß es ihr um so besser ging, je mehr sie die anderen »in sich hineinsehen« ließ. – Wenn sie jetzt einen Freund trifft, und sie hat den Wunsch, ihm etwas über sich preiszugeben, so ist sie dazu imstande, obwohl ein gewisses Angstgefühl geblieben ist. Ihre Äußerungen kommen immer spontaner, ohne daß sie groß darüber nachdenken muß, was sie tut. So hat sie ein Denkschema, das ein Leben lang für sie gegolten hatte, abgelegt.

Nehmen Sie sich Susans Fall zum Beispiel, wenn Sie Ihren eigenen A-B-C-D-Plan aufstellen. Vielleicht hilft es Ihnen, wenn Sie daran denken, was der stoische Philosoph Epiktet um 50 n. Chr. schrieb: »Der menschliche Geist wird nicht so sehr durch die Ereignisse selbst als vielmehr durch die Beurteilung dieser Ereignisse verstört.«

Reduzieren Sie Ihre Ängste direkt

Wenn Sie erst einmal Ihre Ängste und die Ereignisse, die sie auslösen, identifiziert haben, können Sie ihnen genau wie in anderen Fällen mit Hilfe des Anti-Angst-Trainings begegnen. Systematische Desensibilisierung kann bei sozialen Ängsten genauso wirkungsvoll sein wie bei den »Ding«-Phobien. Wie ich in Kapitel 4 ausgeführt habe, nähern Sie sich der gefürchteten Situation allmählich, Schritt für Schritt. Bei jedem Schritt treten Sie Ihrer Nervosität mit Entspannungsübungen entgegen, bis Sie keine Angst mehr spüren. Erst dann, und auf keinen Fall früher, gehen Sie zum nächsten Schritt über.

Sie können die Desensibilisierung in der Realität oder in der Phantasie durchführen. Doch in der Realität kann sie schwierig werden. Soziale Situationen ändern sich. Sie sind nicht vorhersagbar. Sie können zwar immer wieder zum dritten Stock hochfahren, bis Sie vollkommen ruhig sind, aber in sozialen Dingen gibt es dafür kein Äquivalent.

Statt dessen benutzen Sie eine *simulierte Realitätsdesensibilisierung.*

- Da bei den meisten unserer sozialen Ängste andere Menschen eine Rolle spielen (zum Beispiel, was sie zu Ihnen sagen oder Sie zu ihnen), brauchen Sie einen Partner, der Ihnen behilflich ist.
- Schreiben Sie auf, welche Äußerungen auf Ihrem Problemgebiet Ihnen zu schaffen machen, und ordnen Sie sie (das ist Ihre Hierarchie).

○ Lassen Sie Ihren Partner jetzt die erste Äußerung vortragen. Sie wenden bewußte Entspannung an. Der Partner wiederholt die Äußerung, bis Sie dabei ganz ruhig bleiben können. Auf diese Weise gehen Sie die ganze Hierarchie durch.

Fallbeispiel

Philip W. kam zu mir mit einem Eheproblem. Er glaubte, daß die Schuld allein bei ihm lag. Zu Hause war er launisch, mißgestimmt und bekam gelegentliche Wutausbrüche. Er fürchtete, daß seine Frau auf ihn ärgerlich werden würde, wenn er offen sagte, was ihm wirklich gefiel und was nicht. Dadurch war allmählich eine starke Mißstimmung in ihm entstanden, die ihn launisch machte. Im Laufe der Unterhaltung wurde klar, daß er sich davor fürchtete, daß Frauen (nicht Männer) auf ihn ärgerlich werden könnten.

Wir arbeiteten folgende Hierarchie aus:

Frau sagt leicht verärgert: »Ich bin wirklich verärgert, daß du das getan hast.«

Frau sagt mit Ärger in der Stimme: »Wie konntest du bloß so blöd sein?«

Frau sagt noch ärgerlicher und mit erhobener Stimme: »Du alter Schwachkopf! Man sollte nicht glauben, daß so was lebt.«

Frau sagt mit kreischender Stimme: »Du bist der größte Dummkopf, der mir je begegnet ist. Ich will nichts mehr mit dir zu tun haben, du Idiot.«

Als Partnerin wählte Philip eine Kusine, der er vertraute und bei der er sich ganz sicher fühlte. Als sie den ersten Satz sprach, hatte Philip eine starke Angstreaktion. Er fühlte sich schuldig und deprimiert. Dann machte er seine Entspannungsübungen. Als die Szene wiederholt wurde, schlug seine Reaktion in starken Zorn um. Bei fortschreitender Desensibilisierung verschwand der Zorn. Als er die simulierte Realitätsdesensibilisierung abgeschlossen hatte, war Philip zu folgender Erkenntnis gekommen: Nicht die Furcht, daß eine Frau zornig auf ihn werden könnte, lähmte ihn so, sondern die Furcht, er könnte auf eine Frau zornig werden. Seine gelegentlichen unbeherrschten Wutausbrüche hatten diese Angst nur noch verstärkt.

Als ihm dies klar wurde, *vertauschten* er und seine Kusine die Rollen. Er machte jetzt die zornigen Bemerkungen und nach jeder eine Entspannungsübung, bis er frei von unangebrachter Angst war.

Nächster Schritt: Er führte die simulierte Realitätsdesensibilisierung mit seiner Frau durch. Zunächst spielte sie die verärgerte Frau; dann vertauschten sie die Rollen, und er spielte den verärgerten Mann. Plötzlich bemerkte Philip, daß seine Mißstimmung verschwunden war und daß seine Ehe sich merklich gebessert hatte. Zum erstenmal war er in der Lage, seine Gedanken zu äußern. Diese

Übungen hatten einen interessanten Nebeneffekt. Seine Kusine, die nie bemerkt hatte, daß auch sie auf diesem Gebiet Probleme hatte, erzählte Philip, daß sie sich jetzt in ihrer Ehe freier fühlte und daß »mehr Leben« in ihre Ehe gekommen war.

Die gleiche simulierte Realitätsdesensibilisierung können Sie durchführen, wenn Sie befürchten, andere könnten sehen, daß sie nervös sind.

- Mit Ihrem Partner simulieren Sie verschiedene Grade der Nervosität: ganz leichtes Händezittern, ziemlich auffälliges Händezittern, das Händezittern wird so auffällig, daß man es nicht mehr übersehen kann, die Hand zittert so auffällig, daß Sie kaum noch ein Glas halten können, Ihre Hand zittert so, daß Sie das Glas hinfallen lassen. Simulieren Sie bei jeder Situation die nervösen Symptome, so daß der Partner sie bemerkt. In diesem Augenblick beenden Sie die Szene, setzen einen Wert auf Ihrem Angstthermometer fest, entspannen sich und wiederholen das Ganze, bis Sie alle Szenen beherrschen.
- Sie simulieren leichtes bis mäßiges Händezittern und legen sich ein paar Sätze zurecht, die Ihr Partner sagen könnte. Zum Beispiel: »Stimmt was nicht?« . . . »He, deine Hand zittert ja« . . . »Bist du wirklich so nervös?« . . . »He, du bist ja schrecklich nervös« . . . »Du solltest mal zum Arzt gehen« (sieht Sie stark irritiert an) »He, du bist wohl nicht mehr ganz bei Trost«. Stellen Sie bei jeder Äußerung Ihren Wert auf dem Angstthermometer fest, entspannen Sie sich und wiederholen Sie das Ganze, bis Sie Ihre Angstreaktion unter Kontrolle haben.

In vielen Fällen werden Sie wahrscheinlich Ihre Phantasie gebrauchen müssen, um sich gegen Ihre sozialen Ängste zu desensibilisieren. Da soziale Situationen gewöhnlich kompliziert sind, brauchen Sie möglicherweise viele Szenen und *mehrere Hierarchien* für die gleiche Angst. Ein siebenundzwanzigjähriger Mann zum Beispiel hatte Angst, man könnte ihn ansehen. Wir benutzten drei Hierarchien und begannen mit Situationen in der Öffentlichkeit (hier war seine Angst am geringsten), gingen dann zu sozialen Situationen über und schließlich zu beruflichen Situationen (hier hatte er am meisten Angst, angesehen zu werden).

Als Ergebnis der Phantasie-Desensibilisierung werden Sie möglicherweise noch mehr erreichen als eine sofortige Besserung dieser Symptome. Sie könnten merken, daß Sie neue konstruktivere Gefühle entwickeln und flexibler in Ihren Reaktionen werden, wenn Sie Ihre Angst verlieren.

Fallbeispiel

Carol J., eine fünfundzwanzigjährige Lehrerin, kam zu mir, weil sie Probleme mit Männern hatte. Sie hatte eine lähmende Angst vor

Zurückweisung. Ihre Kernangst war: Sie könnte wegen einer anderen Frau zurückgewiesen werden. Am schlimmsten würde es sein, wenn diese Frau auch noch ihre persönliche Freundin wäre. Carol hatte keine Schwierigkeiten, einen Mann anzurufen, mit dem sie sich gerne treffen wollte. Wenn jedoch die Möglichkeit bestand, er könnte sie zurückweisen, konnte sie nicht anrufen. Zu mir sagte sie ganz einfach: »Ich weiß, daß etwas mit mir nicht stimmt.«

Für sie arbeiteten wir die folgende Phantasie-Hierarchie aus:

- Bob, ein früherer Klassenkamerad, erwähnt, daß er sich mit ihrer Freundin Anne verabredet hat.
- Steve, ein Mann, mit dem sie sich mehrmals getroffen hat, sagt, daß er so in der Arbeit steckt, daß er heute abend keine Zeit zu einem längeren Telefongespräch hat. Carol hatte ihn angerufen.
- Steve erzählt ihr, daß er übers Wochenende viel zu tun hat und sich nicht mit ihr treffen kann.
- Sie sieht einen Mann, mit dem sie sich vor mehreren Monaten mehrmals getroffen hat, mit einem anderen Mädchen die Straße hinuntergehen.
- Sie ist in einem Restaurant mit einem Mann, den sie gelegentlich trifft, und er erwähnt, wie attraktiv er eine Frau am Nebentisch findet.
- Steve hat sie eine Woche lang nicht angerufen.
- Eine Freundin erzählt, daß sie Steve mit Anne im Café gesehen hat.
- Steve sagt, sie wollten gute Freunde sein, aber nicht mehr.
- Nach einem Krach stürmt Steve aus ihrer Wohnung und schlägt die Tür laut hinter sich zu.
- Stuart, ein anderer Mann, mit dem sie mehrmals ausgegangen ist, nimmt sie zu einer Party mit, aber unterhält sich den ganzen Abend mit einer anderen Frau.
- Stuart erzählt ihr, daß er sich entschlossen hat, eine andere Frau zu seiner festen Freundin zu machen.
- Steve erzählt ihr, daß er eine Freundin hat, die sie nicht kennt, und daß er mit ihr zusammenziehen will.
- Steve erzählt ihr, daß er mit Anne verlobt ist.

Wir machten gute Fortschritte mit dieser Phantasie-Desensibilisierung, als Carol mir folgendes Erlebnis berichtete. In der Woche zuvor hatte sie in einer Kneipe eine neue Männerbekanntschaft gemacht. Sie hatten Telefonnummern ausgetauscht (sie hatte ihn um die seine gebeten). Nachdem sie einige Tage auf seinen Anruf gewartet hatte, rief sie ihn am Mittwochabend an. Er war nicht zu Hause, und sie hinterließ die Nachricht, er möchte sie anrufen. Er tat es nicht. Am Freitag rief sie ihn wieder an. Diesmal hatte sie ihn am Apparat, und sie unterhielten sich sehr gut. Während des Gesprächs erwähnte Carol, daß sie an diesem Abend in die Kneipe gehen würde.

Henry sagte, er würde auch kommen. Carol ging um 21 Uhr dorthin, aber Henry kam nicht vor 0.30 Uhr.

Dieser Vorfall enthält mehrere Elemente, die als Zurückweisung eingestuft werden könnten. Früher wäre Carol eingeschnappt gewesen, als Henry sie nicht zurückrief, hätte eine Freßorgie veranstaltet oder hätte in der Kneipe miese Laune bekommen, als er nicht auftauchte. Sie wäre entweder gegangen oder hätte ihn zurückgewiesen, als er dann endlich kam. Statt dessen war sie zwar enttäuscht, als er nicht anrief, aber schaffte es, ihn wieder anzurufen. In der Kneipe hatte sie sich mit Bekannten ausgezeichnet unterhalten, und als Henry auftauchte, unterhielt sie sich auch sehr gut mit ihm. Hinterher gingen sie beide noch in ein Café. Er verabredete sich mit ihr. Am nächsten Tag war sie ganz stolz auf sich. Sie berichtete mir: »So möchte ich immer sein. Hoffentlich halte ich das durch.«

Ergreifen Sie die Initiative

1. Setzen Sie sich konstruktive Ziele. Konzentrieren Sie sich auf eine Aufgabe. Auf einer Party sollte zum Beispiel Ihr Ziel sein, jemanden zum Tanzen aufzufordern. Wenn Sie darüber nachgrübeln, wie Sie verhindern können, auf der Party nervös zu werden, haben Sie sich das falsche Ziel gesetzt. Hier sind einige grundlegende Punkte, die Sie beachten sollten:

- Schreiben Sie auf, welche Ziele Sie bei gesellschaftlichen Anlässen künftig verfolgen wollen. Setzen Sie sich das zum Ziel, was Sie gerne erreichen möchten. Ihr Ziel sollte klar definiert und positiv sein: es muß sich um etwas handeln, das Sie vernünftigerweise von sich erwarten können. Sie haben zum Beispiel Angst vor Zurückweisung, und Sie wollen einen Bekannten anrufen, den Sie mehrere Monate nicht gesprochen haben. Ihre Ziele könnten dann sein:
  a) so unterhaltend wie möglich erzählen, was Sie in der letzten Zeit getan haben;
  b) den anderen zu ermutigen, das gleiche zu tun;
  c) sich am Schluß des Gesprächs zu einem Drink nach der Arbeit verabreden.

  Konzentrieren Sie sich auf diese Ziele und finden Sie heraus, was Sie tun müssen, um sie zu erreichen. Obwohl schon die Ausrichtung auf eine Aufgabe Ihre Angst vermindern wird, ist es besonders das Setzen spezifischer Ziele, das Ihren geschickt verschleierten Ängsten entgegenwirkt.
- Konzentrieren Sie sich auf Ihre Handlungen, nicht auf Ihre Gefühle. Wenn Sie sich zu sehr mit Ihren Gefühlen befassen, fühlen Sie sich dadurch nur gelähmt, und Ihre Aufgabe wird noch schwieriger. Falls

Sie dann überhaupt noch den Telefonanruf machen, führt das zu einer wenig befriedigenden Unterhaltung. Wenn Sie zuviel Gewicht auf Gefühle legen, verschlimmert sich die Angst nur.

- Konzentrieren Sie sich auf das, was Sie tun, nicht auf das, was der andere tun könnte. Natürlich müssen Sie auch den anderen in Ihre Überlegung einbeziehen, aber Ihr Hauptziel ist, ihn so zu lassen, wie er ist. Auf diesem Gebiet kann man sowieso nicht viel ausrichten. Sie können niemals die Garantie haben, daß er nicht wütend wird, Sie zurückweist oder Sie ignoriert. Sie wollen vielmehr herausfinden, was Sie, wenn er sich so verhält, tun können, um auf Ihr konstruktives Ziel hinzuarbeiten und Ihre Selbstachtung zu bewahren.
- Haben Sie sich immer schon ein Ziel zurechtgelegt, »falls das Schlimmste passieren sollte«. Denken Sie vorher darüber nach. Wenn Ihr Bekannter Sie wirklich zurückweist, was könnte dann zum Beispiel Ihr Ziel sein? Wenn Sie jedes Ziel formulieren, sehen Sie dem gefürchteten Ereignis nicht ganz so hilflos entgegen und sind nicht so gelähmt, wenn es tatsächlich eintritt.

Damit Sie ein Gefühl dafür bekommen, wie man sich Ziele setzt, lösen Sie die folgenden Aufgaben. Die Übung soll sich gegen Angst vor Kritik richten – genau das, wovor auch Sie sich fürchten. Überlegen Sie sich ein konstruktives Ziel für jede Situation, bevor Sie sich die Antworten ansehen.

Anti-Kritik-Übung

Erste Situation: Die Lehrerin Ihres Kindes bittet Sie um ein Gespräch und sagt Ihnen, daß Sie den siebenjährigen Jimmy zu sehr unter Druck setzen, wenn Sie ihn morgens für die Schule fertig machen. Er kommt oft in Tränen aufgelöst an.

Zweite Situation: Ihre Frau sagt zu Ihnen: »Sex mit dir wird immer langweiliger. Du gehst nicht genug aus dir heraus. Vielleicht solltest du zum Psychotherapeuten gehen, um weniger verkrampft zu sein.«

Dritte Situation: Ein guter Freund sagt zu Ihnen: »Ich glaube, ich sollte dir etwas sagen. Bist du dir darüber im klaren, daß du ständig anderen ins Wort fällst und daß das sehr lästig ist?«

Im folgenden sage ich Ihnen, was Sie antworten könnten. *Anmerkung:* Vielleicht fallen Ihnen andere und bessere Antworten ein. Meine Antworten sollen Ihnen nur als Anhaltspunkt dienen.

Erste Situation: Die Lehrerin

Ihr Ziel: Ihrem Kind zu helfen. Das können Sie nur, wenn Sie sich genauer informieren.

Was Sie sagen könnten: »Letztes Jahr war er gar nicht so. Können Sie mir sagen, warum Sie glauben, daß sein Zuhause daran schuld ist.« Mit dieser Antwort geben Sie der Lehrerin eine Chance, ihre Auffassung zu begründen und Vorschläge zu machen.

Angstfallen, die man vermeiden sollte: Schustern Sie sich nicht selber die Schuld zu (»Er schlägt mir nach; wir sind beide nervöse Typen«), und werden Sie nicht gleich ausfällig gegenüber der Lehrerin (»Sie haben kein Recht, mir vorzuschreiben, wie ich mein Kind erziehen soll«).

ZWEITE SITUATION: Ihre Frau kritisiert Sie als Sexpartner

Ihr Ziel: Festzuhalten, daß das Problem beide Partner angeht und nicht nur Sie allein, und auf eine konstruktive Lösung zu sinnen.

Was Sie sagen könnten: »Ja, wir haben da ein Problem. Was können wir deiner Ansicht nach dagegen tun?«

Angstfallen, die man vermeiden sollte: Übernehmen Sie nicht für alles die Verantwortung (»Ich bin an allem schuld«), und holen Sie nicht zu einem unfruchtbaren Gegenschlag aus (»Das ist alles deine Schuld. Du hast dich immer noch nicht von deiner Mutter gelöst«).

DRITTE SITUATION: Der Freund, der Ihnen sagt, daß Sie anderen ständig ins Wort fallen.

Ihr Ziel: Anzuerkennen, daß der Freund es gut mit Ihnen meint und daß man auf Kritik am besten reagiert, indem man darüber nachdenkt und etwas zu ändern versucht.

Was Sie sagen könnten: »Danke, daß du mir das gesagt hast. Ich habe nie darüber nachgedacht. Ich werde jetzt darauf achten.«

Angstfallen, die man vermeiden sollte: Defensive Haltung (»Ich versuch doch nur, die Unterhaltung ein bißchen lebendiger zu machen«) und Gegenangriff (»Ich sage wenigstens etwas. Du öffnest ja nie den Mund«).

2. *Machen Sie Schluß mit der Vermeidung.* Wie auch bei anderen Angstproblemen resultieren die destruktiven Folgen Ihrer Sozialängste nicht so sehr aus der Angst selbst als vielmehr aus der Vermeidung, zu der sie führen.

Sie vermeiden es, andere zu »kränken«, und lassen sich dadurch ausnutzen.

Sie vermeiden Zurückweisung, indem Sie sich anderen gegenüber passiv verhalten und schließlich nur noch in Ihren eigenen vier Wänden sitzen.

Sie vermeiden, daß andere Sie ansehen, und nehmen darum nicht an einer Unterhaltung teil. So hält Sie jedermann für langweilig und uninteressant.

Oft bemerken Sie es nicht einmal, daß Sie Vermeidung praktizieren. Sie sind viel zu sehr mit Rationalisierungen beschäftigt wie »ich bin müde« . . . »ich habe so viel zu tun«. Sie finden unter Umständen nicht einmal heraus, was Sie eigentlich fürchten, bis Sie mit der Vermeidung aufhören und Ihre Passivität aufgeben.

Fallbeispiel

John E., ein Ingenieur in Philadelphia, hatte nur wenige Freunde. Den Grund sah er darin, daß er ein »schlechter Unterhalter« war. Er war sich wohl bewußt, daß er es tunlichst vermied, sich an Unterhaltungen zu beteiligen, macht dafür aber weniger die Angst als vielmehr mangelnde gesellschaftliche Gewandtheit verantwortlich.

Wir arbeiteten ein Programm aus. Johns erste Aufgabe: jeden Mittag mit ein paar Kollegen zum Essen zu gehen. Das hatte er bisher vermieden, weil er nicht genügend Geschick für Small Talk hatte. John entdeckte, daß er sich durchaus an einer Unterhaltung beteiligen konnte, solange sich das Gespräch nicht um seine Person drehte. Er wurde ängstlich und furchtsam, wenn sich das Gespräch ihm zuwandte. Dann konnte er die zugrundeliegende Angst selbst identifizieren: »Wenn ich von mir spreche, werden die anderen mich für arrogant halten.« Er hatte nie gewußt, daß er Angst hatte, von anderen für arrogant gehalten zu werden. In der Rückschau wurde ihm jetzt klar, wie verheerend sich das auf sein Leben ausgewirkt hatte. Zum Beispiel hatte er es abgelehnt, im College Präsident des Mathematikklubs zu werden. Auch seine Freundin warf ihm immer vor, »kalt und unnahbar« zu sein, weil er nie von sich sprach.

Solange wie Sie die Vermeidung nicht aufgeben, kommen Sie auch von Ihrer Furcht nicht los, die Sie in bestimmten Situationen erfaßt. Wenn Sie sich Aufgaben gegen die Angst stellen, überwinden Sie Ihr Vermeidungsverhalten und haben den Mut, der Angst ins Auge zu sehen.

Angstaufgaben

Ziel: Sich bewußt Angstsituationen auszusetzen, die man bisher vermieden hat.

ERSTER SCHRITT: Entscheiden Sie sich, welche Angst Sie als erste angehen wollen.

ZWEITER SCHRITT: Schreiben Sie die Situationen auf, die Sie bisher vermieden haben. Stellen Sie sich dazu einige Schlüsselfragen. Wenn Sie sich zum Beispiel vor Zurückweisung fürchten, so fragen Sie sich: Was für Menschen bin ich bisher aus dem Weg gegangen: Männern, Frauen, Älteren, Jüngeren, Intelligenten, Erfolgreichen? Meide ich auf einer Party irgendeinen bestimmten Typ? Vermeide ich es, mich mit bestimmten Leuten zu verabreden?

DRITTER SCHRITT: Leiten Sie aus jeder Situation, die Sie aufgeschrieben haben, eine Aufgabe ab. Entscheiden Sie sich, in welcher Reihenfolge

Sie die Aufgaben anpacken wollen. Sie müssen dabei wahrscheinlich Kompromisse schließen. Es kann zum Beispiel sehr leicht sein, sich mit Barbara zu verabreden. Sie macht jedoch gerade eine Europareise und kehrt in den nächsten zwei Monaten nicht zurück. Margie einzuladen ist schwieriger, aber sie ist wenigstens da. Daher machen Sie es zu Ihrer ersten Aufgabe, sich mit Margie zu verabreden.

VIERTER SCHRITT: Handeln Sie. Ihre Aufgabe ist nicht, ohne Nervosität oder Angst zu handeln. *Ihre Aufgabe lautet vielmehr zu handeln.* Es folgen zwei Angstaufgaben, die Patienten von mir ausgeführt haben.

Angst vor Unterhaltung

- O Sagen Sie zu den Mitbewohnern in Ihrem Haus »guten Morgen« und »guten Abend«.
- O Ohne eine Antwort zu erwarten, reden Sie mit Leuten, die neben Ihnen im Bus sitzen, vor dem Kino mit Ihnen in der Schlange warten oder im Konzert neben Ihnen Platz genommen haben. Ihre Bemerkungen können ganz einfach sein: »Ob der Bus wohl noch kommt?« ... »Der Film soll sehr gut sein« ... »Finden Sie die Sonate auch so gut?«
- O Setzen Sie sich mit einem engen Freund in Verbindung, den Sie lange nicht mehr gesehen haben.
- O Gehen Sie zum Strand, in die Badeanstalt oder in einen Gymnastikkurs. Unterhalten Sie sich mit ein paar Fremden.
- O Laden Sie jemanden zum Lunch ein – jemanden, mit dem Sie noch nie vorher zum Essen waren.
- O Laden Sie einen Freund, den Sie schon lange aus den Augen verloren hatten, zu einem Drink ein.
- O Erzählen Sie einem guten Freund etwas Wichtiges über sich selbst, was Sie noch nie jemandem erzählt haben.

Angst, etwas allein zu tun

- O Gehen Sie allein im Park spazieren.
- O Gehen Sie allein ins Kino.
- O Gehen Sie allein ins Museum.
- O Essen Sie allein in einem guten Restaurant.
- O Machen Sie allein einen Wochenendausflug (Die Patientin besuchte eine Stadt in ihrer Nähe, wo sie noch nie gewesen war, und sah viele interessante Sehenswürdigkeiten).

○ Fahren Sie allein in Urlaub.

Wenn Sie auch die besten Vorsätze haben, sind Sie vielleicht doch nicht in der Lage, Ihre Angstaufgaben durchzuführen. Wenn das Ihr Problem ist, versuchen Sie es mit der geheimen Verstärkung, die Dr. Joseph R. Cautela, Psychologie-Professor am Boston College und früher Präsident der Gesellschaft für die Förderung der Verhaltenstherapie, für das Angstbeherrschungstraining entwickelt hat. Cautelas Technik arbeitet mit der Phantasie, um die Vermeidung zu reduzieren. Das Prinzip: Wenn man ein bestimmtes Verhalten verstärken will, muß man es belohnen. Bei der geheimen Verstärkung nehmen Sie sich ein bestimmtes Verhalten vor, das Sie praktizieren wollen; Sie stellen sich vor, daß Sie diese Handlung ausführen; daher verstärken Sie die Ausführung Ihrer Handlung durch die Phantasie. Das geht folgendermaßen vor sich:

Übung

Ziel: Die Vermeidung zu reduzieren, indem Sie Übungen machen und das, was Sie tun wollen, in der Phantasie verstärken.

Erster Schritt: Nehmen Sie sich eine Aufgabe vor, die Ihnen Schwierigkeiten macht, und überlegen Sie sich, was Sie in der bestimmten Situation tun müssen.

Zweiter Schritt: Unterteilen Sie die Handlung, die Sie sich vornehmen, in einzelne Abschnitte. Zum Beispiel könnten Sie große Angst vor dem Alleinsein haben. Sie wollen nun eine bestimmte Handlung ausführen können, zum Beispiel allein ins Museum gehen. Die Handlung zerfällt in folgende Abschnitte:

○ Sie ziehen zu Hause Ihren Mantel an.
○ Sie steigen in den Bus und fahren allein in die Stadt.
○ Sie lösen eine Eintrittskarte.
○ Sie sehen sich in einer der Galerien ein Gemälde an.
○ Sie sitzen in der Cafeteria des Museums und trinken allein eine Tasse Kaffee.
○ Sie bleiben eine Stunde im Museum und sehen sich die Bilder an.
○ Sie setzen sich allein auf eine Bank und ruhen sich aus.
○ Sie verlassen das Museum.
○ Sie fahren mit dem Bus nach Hause.

Dritter Schritt: Suchen Sie sich einen Verstärker. Sie können dazu alles nehmen, was Ihnen in Ihrer Vorstellung Vergnügen macht. Es braucht nicht in Zusammenhang mit der Handlung zu stehen, die Sie verstärken wollen. Es kann zum Beispiel die Vorstellung sein, daß Sie im Pazifik schwimmen, einen kalorienreichen Nachtisch verspeisen, hören, wie andere von Ihnen sagen »Sie sind großartig« oder den Pulitzer-Preis gewinnen. Was bei dem einen wirkt, muß nicht unbedingt auch bei einem anderen wirken. Solange der Verstärker *Ihnen* ein gutes Gefühl gibt, nehmen Sie ihn.

VIERTER SCHRITT: Lesen Sie den ersten Punkt auf Ihrer Liste und versuchen Sie, ihn sich vorzustellen. Wenn Sie ihn deutlich vor sich sehen, sagen Sie sich »Verstärkung« und schalten Sie sofort auf Ihre verstärkende Vorstellung um. Wiederholen Sie dies zehnmal und gehen Sie dann zum nächsten Punkt über. Machen Sie die Übung jeden Tag, bis Sie dieses Verhalten auch im täglichen Leben praktizieren können. Wenn Sie das eine Woche lang zehnmal am Tag tun, kommen Sie auf siebzig Konditionierungsversuche pro Woche und auf dreihundert pro Monat. Ehe die Konditionierung gelingt, können mehrere hundert Versuche nötig werden. Erwarten Sie keine Hexerei und verlieren Sie nicht den Mut.

FÜNFTER SCHRITT: Wenn sich die Gelegenheit bietet, führen Sie die Handlung, wie Sie es vorher auch in der Phantasie getan haben, Schritt für Schritt durch. In der realen Situation können Sie sogar Ihre verstärkende Vorstellung einschalten. Zum Beispiel, Sie sind im Museum und sehen sich einen Renoir an. Lassen Sie nicht zu, daß Ihnen Gedanken durch den Kopf gehen wie: »Jemand wird mich hier allein sehen und denken, daß mich keiner mag.« Sehen Sie sich statt dessen das Bild an, sagen Sie »Verstärkung« zu sich selbst und lassen Sie Ihre angenehme Vorstellung vor sich aufsteigen.

SECHSTER SCHRITT: Wenn Sie merken, daß diese Methode bei einer Verhaltensweise hilft, nehmen Sie die nächste vor und wiederholen Sie das Ganze.

3. Programmieren Sie sich für den Erfolg: Manchmal sind Ihre Ängste nur sekundär. Es fehlt Ihnen einfach an den gesellschaftlichen Fähigkeiten. Meine Frau hat mir gestanden, daß sie vor ihrem fünfundzwanzigsten Lebensjahr niemals zu einer Cocktail-Party gehen konnte, ohne zu denken: »Das werde ich nicht überleben« und daß sie oft noch vor der Haustür Reißaus nahm. Erst mit dreißig schaffte sie es, ihre erste Dinner-Party zu geben. Heute ist sie eine vollendete Gastgeberin und ist auf Cocktail-Partys so versessen wie jemand, der gerade eine Diät macht, auf Kuchen. Besser als jeder Therapeut kann sie Ihnen zum Thema »gesellschaftliche Fertigkeiten« Ratschläge erteilen.

Wie gewinne ich Selbstvertrauen?

Von Jean Baer

Wenn jemand zu mir Sonnabend morgen sagen würde: »Heute abend mußt du zwanzig Personen zum Dinner bewirten«, würde mir das nichts ausmachen. Wenn ich zu einer Cocktail-Party gehen müßte, wo mich alle ignorieren, würde ich es fertigbringen, auf einen Fremden zuzugehen und zu sagen: »Guten Tag, ich bin . . .« Der Grund: Ich bin ein Dieb. Ich stehle von anderen gute Ideen und probiere sie für mich selbst aus. Im folgenden erläutere ich so etwas wie »Des Plagiators Leitfaden zum gesellschaftlichen Erfolg«.

a) *Entwickeln Sie Ihre Fähigkeiten zur Konversation:* Unterhaltung – ob Monolog, Zweier- oder Gruppengespräch – erfordert eine gewisse Anstrengung und Übung.

- *Bereiten Sie sich auf Konversation vor:* Üben Sie sich im Small Talk, wie Sie sich zum Beispiel im Bridge perfektionieren würden.
- *Lesen Sie Zeitschriften und Bücher, so daß Sie wissen, was in der Welt vorgeht, und darüber diskutieren können:* Wenn Sie Bescheid wissen, wird es Ihnen leichter fallen zu sagen: »Ich denke . . .« Ich zum Beispiel sammle Themen für Small Talk. Neulich las ich in »Town and Country« eine Geschichte über die Creme der Pariser Gesellschaft. Der Artikel enthüllte, daß »der 92jährige Herzog de Levis Mirepoix seinen Stammbaum auf die Familie der Jungfrau Maria zurückführt. Man behauptet sogar, daß er seine Gebete immer noch mit ›Liebe Cousine‹ beginnt«. Ich notierte meinen Fund. Einige Abende danach waren wir mit einem anderen Ehepaar zusammen aus, und unsere Unterhaltung geriet immer mehr ins Stocken. Ich erzählte die kleine Geschichte. Alles brach in Gelächter aus, und der Abend war gerettet.
- *Lernen Sie, andere aus der Reserve zu locken:* Das erreicht man nicht durch taktlose Fragen (Wieviel haben Sie für das Kleid gezahlt?), sondern durch eine Unterhaltung, die es dem anderen ermöglicht, aus sich herauszugehen. Versuchen Sie es mit Bemerkungen wie: »Als ich Sie zuletzt sah, lasen Sie . . . Hat Ihnen das Buch gefallen?« oder »Ich weiß nicht, ob ich Präsident Carters Politik in dieser Frage richtig finde. Was halten Sie davon?«
- *Sprechen Sie über sich selbst:* Sie brauchen nicht aller Welt von Ihrem Nervenzusammenbruch zu erzählen, aber Sie können Äußerungen fallenlassen, die etwas über Sie verraten: »Auf großen Parties bin ich immer etwas schüchtern« . . . »Ich wurde kürzlich geschieden und bin gesellschaftlich etwas aus der Übung«.
- *Bereiten Sie ein paar gute Anekdoten vor:* Proben Sie sie laut zu Hause durch. Beobachten Sie sich im Spiegel, während Sie sie erzählen. Gestikulieren Sie zu stark mit den Händen? Können Sie Ihre Geschichte kürzen und sie doch interessant schildern? Für Notfälle

habe ich zwei Geschichten auf Lager. Die eine handelt von fünfzig nackten Männern, die mir in Samarkand ein Ständchen darbrachten, die andere vom Friedhof meiner Familie in Belleville, Illinois. Sie wären erstaunt, wie viele Stichworte es gibt, bei denen ich meine Friedhofsgeschichte vom Stapel lassen kann: »Familie«, »Verwandtschaft«, »Spargel« (der Friedhof liegt mitten in einem Spargelfeld), »Wuthering Heights« (er erinnert an die Szene, wo Merle Oberon herumirrt und »Heathcliff« schreit), »Kosten«, »Verpflichtung« etc.

Warnung: Erzählen Sie keine Geschichten, die die meisten Leute nicht interessieren.

Ich komme aus dem Pressemilieu. Die meisten meiner Verwandten haben sich ihr ganzes Leben lang Gedanken über die Formulierung ihres Nachrufs in der »New York Times« gemacht. Ich habe eine herrliche Geschichte über die letzte Bitte, die mein Vater auf dem Sterbebett äußerte: »Jean, tu mich nicht mit nur ein paar Zeilen ab. Sorg dafür, daß mein Tod etwas Raum einnimmt.« Ich habe diese Geschichte immer wieder erzählt, bis ich merkte, daß sich die meisten dabei unbehaglich fühlten. Jetzt erzähle ich sie nur noch Zeitungsleuten, die sich mit der Geschichte identifizieren und ihr deshalb etwas abgewinnen können.

- *Lernen Sie, wie man eine Unterhaltung beginnt:* Stören Sie die Unterhaltung anderer nicht. Halten Sie sich zurück, wenn zwei Leute in ein Gespräch vertieft sind. Versuchen Sie, sich an Leute, die keinen Gesprächspartner haben, anzuschließen oder an eine Gruppe. Machen Sie irgendeine Bemerkung, die die Aufmerksamkeit auf Sie lenkt. Dadurch zeigen Sie Ihre Zugehörigkeit zu der Gruppe und Ihr Interesse an der Unterhaltung. Das Gespräch kann sich zum Beispiel um Skifahren in der Schweiz drehen. Ergreifen Sie die Gelegenheit und sagen Sie: »Das erinnert mich an etwas, was in Vail passiert ist . . .«, und dann legen Sie los. Präparieren Sie auch ein paar Sätze für Leute, die auf jeder Party dabei sind: »Was für ein schickes Hemd . . . Kleid . . . Kostüm! Wo haben Sie es bekommen?« . . . »Was für eine große Gesellschaft. Wie wird die Gastgeberin nur mit all der Arbeit fertig?« . . . »Kennen Sie den Gastgeber persönlich? Ich bin ein Kollege von ihm.«
- *Lernen Sie, ein Gespräch zu beenden:* Ein paar geschickte Wendungen: »Die Gastgeberin ist jetzt endlich allein. Wir wollen uns mit ihr unterhalten« . . . »Ich höre, daß man drüben über die Bürgermeisterwahl spricht. Wollen wir uns nicht an dem Gespräch beteiligen?« . . . »Entschuldigen Sie mich bitte. Ein Freund von mir ist gerade hereingekommen. Ich möchte ihn gern begrüßen« . . . »Ich würde mich noch gern länger mit Ihnen unterhalten, aber wir wurden ja gebeten, die Runde zu machen. Bis auf später«. Wenn Sie sich langweilen, suchen Sie sich einen anderen Gesprächspartner. Warten Sie, bis der Langweiler eine Pause einlegt, um Luft zu schnappen, und sagen Sie:

»Das ist ja faszinierend. Davon hatte ich keine Ahnung« und fügen Sie schnell hinzu: »Wollen wir uns nicht mit den Jones unterhalten.« Wenn Sie den anderen wiedersehen möchten, sorgen Sie dafür, daß Sie seinen Namen erfahren.

- *Lernen Sie, mit Beleidigungen fertig zu werden:* Im menschlichen Umgang bekommt jeder mal eine Beleidigung zu hören, ob das nun absichtlich oder unabsichtlich geschieht. Stecken Sie die Beleidigung nicht einfach ein. Sie sollten etwas sagen, was Ihr Selbstbewußtsein wiederherstellt, und nicht etwas, das darauf abzielt, den anderen zu ändern. Es ist gut, wenn Sie sich für den Notfall ein paar Sätze zurechtlegen: »Mensch, hast du heute schlechte Laune« . . . »Sollte das eine Beleidigung sein?« . . . »Das verrät nur Ihre Unsicherheit. Haben Sie sich über irgend etwas aufgeregt?« Sie wollen es dem anderen heimzahlen. Beginnen Sie Ihre Antwort auf keinen Fall mit »ich« oder »weil«. Wenn Sie so anfangen, klingt Ihre Antwort gleich defensiv.

b) *Gehen Sie ganz bewußt daran, Ihren Bekanntenkreis zu erweitern:* Bekanntschaften kann man überall schließen, bei der Wohnungssuche, in einem Volkshochschulkurs oder auch im Zoo (geschiedene Väter führen zum Beispiel ihre Kinder an Wochenenden in den Zoo, um ihnen die Löwen und Tiger zu zeigen). Die Grundregel lautet: Wenn Sie zu Hause herumsitzen, werden Sie niemanden kennenlernen.

- *Nehmen Sie sich etwas vor:* Tun Sie etwas, was Ihnen Spaß macht und was Sie auch durchhalten. Gehen Sie ins Café oder zu kulturellen Veranstaltungen. Spielen Sie ein Musikinstrument in einer Bar, oder spielen Sie Bridge, Schach oder Backgammon. Arbeiten Sie ehrenamtlich, zum Beispiel in der Politik, bei Spendenaktionen oder Gemeindeprojekten. Wählen Sie aber Ihre Zielgruppe mit Bedacht aus. Sie müssen der Angelegenheit ein besonderes Interesse abgewinnen können. Wenn Sie gut Tennis spielen, verbringen Sie Ihren Urlaub in einem Tenniscamp. Wenn Sie Rechtsanwalt sind, versuchen Sie es vielleicht mit einem politischen Verein. Schließen Sie sich keiner Gruppe an, die Sie nicht wirklich interessiert, Sie werden sich sonst nicht am richtigen Platz fühlen.
- *Versuchen Sie, in der Gruppe aktiv zu sein:* Wenn Sie passiv bleiben, werden Sie nie richtig dazu gehören. Suchen Sie sich einen Ausschuß aus, in dem Sie gerne mitarbeiten würden. Schreiben Sie einen Brief, in dem Sie darlegen, welche Voraussetzungen Sie dafür mitbringen. Genau das tat ich, als ich neu im Auslandspresseklub war und dort Mauerblümchen spielte. Ich schrieb an die Leiterin des Bewirtungsausschusses, und schon bald agierte ich als Gastgeberin und bot mit großer Sicherheit Platten mit Käsehäppchen an. Weil ich etwas zu tun hatte, verlor ich meine Schüchternheit.
- *Erneuern Sie alte Bekanntschaften:* Manchmal verliert man den Kontakt zu Leuten, die man eigentlich recht gern mag. Ich habe eine

Tendenz dazu, da ich ewig unter Termindruck stehe. Die Zeit vergeht, und ich denke: »Ach, das ist schon so lange her. Sie haben bestimmt kein Interesse mehr.« Gibt es einen früheren Bekannten, den Sie gerne einmal wiedersehen würden? Rufen Sie ihn an und vereinbaren Sie einen Termin.

c) *Erkennen Sie Ihre Rechte, und handeln Sie entsprechend:* Sie haben das Recht, Ihre Meinung zu äußern, eine Einladung abzulehnen, um Dinge zu bitten, die Sie gerne hätten – zum Beispiel können Sie das Restaurant nennen, in das Sie am liebsten gingen, oder sagen, wie Sie den Sonntag verbringen möchten. Vielleicht kennen Sie Ihre Rechte, haben aber Angst, sie offen zu äußern. Versuchen Sie, darüber zu jemand anderem zu sprechen. Schon dadurch könnte Ihre Angst nachlassen. Ich zum Beispiel wurde in der Vorstellung erzogen, daß Frauen hinter Männern zurückzustehen haben. Das ist auch heute noch eins meiner Hauptprobleme. Nachdem mein Mann und ich »Sag nicht Ja, wenn Du Nein sagen willst« geschrieben hatten, bekam ich einen Brief von der Redakteurin für Frauenangelegenheiten an einer Zeitung in Texas, in dem sie mich um ein Interview bat. An jenem Abend sagte ich zu Herbert: »Wir haben das Buch zusammen geschrieben. Du bist die Autorität. Ich habe kein Recht auf das Interview. Ich werde ihr schreiben, daß Sie mit dir sprechen soll.« Als die Worte heraus waren, wußte ich sofort, wie lächerlich ich mich benahm. Ich machte das Interview allein.

d) *Wie man Cocktail-Partys richtig nutzt.*

- *Kommen Sie rechtzeitig auf der Party an, am besten als erster oder wenigstens als zweiter oder dritter:* Dann hat die Gastgeberin Zeit, Sie vorzustellen, und Sie haben die Chance, die wichtigsten Gäste kennenzulernen. Später können Sie sich zwanglos unter die Gäste mischen, und Sie haben nicht das lähmende Gefühl, das sich einstellt, wenn man in eine Party hineinplatzt, die schon auf dem Höhepunkt ist, und die Gastgeberin sagt: »Hier ist ein Drink. Machen Sie sich reihum bekannt und fühlen Sie sich wie zu Hause.«
- *Unterhalten Sie sich nicht nur mit Gleichaltrigen:* Schaffen Sie sich einen Bekanntenkreis, der aus Älteren und Jüngeren besteht. Auf einer Party lernte ich ein reizendes Ehepaar kennen, das älter als meine Eltern ist, und wir sind heute eng miteinander befreundet.
- *Achten Sie auf gutes Benehmen:* Rufen Sie die Gastgeberin am nächsten Tag an und bedanken Sie sich bei ihr. Verabreden Sie sich nicht zum Lunch mit Leuten, die Sie auf der Party kennengelernt haben, und übergehen dabei die Gastgeberin.
- *Pflegen Sie neue Bekanntschaften:* Lassen Sie die Bekanntschaft mit Leuten, die Sie auf der Party kennengelernt haben und die Ihnen gefielen, nicht einschlafen.

e) *Laden Sie Gäste zu sich ein:* Wenn Sie niemanden in Ihr Haus einladen, werden Sie auch nicht eingeladen. Kaufen Sie das Partyzubehör, das man zu einer Einladung braucht (Gläser, Geschirr etc.). Eignen Sie sich drei Standardrezepte an. Meine Gäste bekommen seit Jahren bei mir das gleiche – ich mache immer Paella, Huhn mit Trauben oder Poule au Pot. Wenn Sie nicht kochen können, gibt es Ausweichmöglichkeiten. Ich hatte einmal dreißig Gäste zu einer Party eingeladen, als ich meine Chefin am Tag vor der Party nach Philadelphia begleiten mußte. Ich kam fast um, wendete aber eine Katastrophe ab, indem ich meine Kupferkasserolle zum nächsten spanischen Restaurant trug und das Dinner kaufte. Als die Gäste sagten: »Wie hast du das bloß geschafft«, antwortete ich: »Ach, das war halb so schlimm.«

Wichtige Regel: Versuchen Sie, durch Einladungen Ihren Bekanntenkreis zu erweitern. Wenn ich Gäste einlade, so sind das zu einem Viertel alte Freunde, in deren Gesellschaft ich mich sehr wohl fühle, zur Hälfte Bekannte, die ich ziemlich gut kenne, und zu einem Viertel Leute, die ich gerne näher kennenlernen möchte. Übrigens, wenn Sie jemanden zu sich einladen, so ist das ein ausgezeichnetes Mittel, eine enge Freundschaft anzuknüpfen. Vor Jahren hatte ich auf Partys bei anderen Leuten eine Frau kennengelernt, die mir sympathisch war. Aus Schüchternheit zögerte ich, die Initiative zu ergreifen. Als ich dann einmal eine große Party gab, lud ich sie und ihren Mann ein. Sie kamen. Aus diesem Anfang entstand eine Freundschaft. Heute ist sie nicht nur meine Buch-Agentin, sondern auch meine beste Freundin.

f) *Lernen Sie, allein auf Reisen zu gehen:* Der Gedanke, allein zu reisen, scheint viele Leute einzuschüchtern, die normalerweise gar nicht ängstlich sind. Hier ein paar gute Tips:

- *Reisen Sie, wohin Sie reisen möchten, und richten Sie sich dabei nicht nach den Empfehlungen der Reisebüros:* Lesen Sie. Der Reiseteil Ihrer Zeitung kann Ihnen zum Beispiel Tips geben. Aber wählen Sie Ihren Ferienort nicht nach einer zwei Jahre alten Empfehlung aus. Der Ort kann inzwischen Nepp geworden sein.
- *Besorgen Sie sich Einführungsschreiben, bevor Sie losfahren:* Noch besser, bitten Sie Ihre Freundin, an deren Freundin zu schreiben, daß Sie kommen wollen und wann das sein wird. Wenn Sie noch zwischen Paris und Peru schwanken, und Sie haben Empfehlungen für Peru, aber nicht für Paris, fahren Sie nach Peru.
- *Nutzen Sie berufliche Verbindungen:* Hat Ihre Firma ein Büro in Übersee? Eine Frau, die an einer der traditionellen Universitäten im Osten der USA Leiterin der Personalabteilung ist, plante eine Englandreise. Sie schrieb sieben Kollegen an britischen Universitäten und drückte den Wunsch aus, sie kennenzulernen. Alle schickten ihr Einladungen zum Lunch oder Tee.
- *Sehen Sie sich an, was die verschiedenen Reisegesellschaften zu bieten haben:* Die meisten haben Programme wie »Meet the Dutch«. Wenn Sie im Ausland sind, gehen Sie ins Reisebüro und finden Sie heraus, welche Programme zum Kennenlernen von Land und Leuten angeboten werden.

- *Wenn Sie nicht mehr zwanzig und auch nicht aufsehenerregend schön sind, gehen Sie in ein großes Hotel:* Gehen Sie dahin, wo viele Leute zusammenkommen – zum Beispiel Restaurants, Swimming-pool, Bar oder Foyer. Ich habe zwei meiner besten Freunde im Foyer des Hotel Bristol in Paris kennengelernt.
- *Unternehmen Sie etwas:* Wenn Sie in Ihrem Hotelzimmer sitzen und sich einsam fühlen, haben Sie nur das zweifelhafte Vergnügen Ihrer eigenen Gesellschaft. Sehen Sie sich etwas an. Machen Sie einen Tagesausflug mit dem Bus. Lösen Sie eine Fahrkarte nach Glyndebourne, und machen Sie die Hin- und Rückfahrt mit dem Zug. Gehen Sie in die Oper. Denken Sie daran, auf Reisen können Sie ein ganz anderer Mensch sein. Es ist viel einfacher, offen und freundlich zu sein, wenn Ihnen nicht alle Ihre alten Freunde dabei zusehen.
- *Entscheiden Sie sich auch einmal für ein apartes Reiseziel:* Wenn Sie wollen, besuchen Sie die großen Hauptstädte, aber gehen Sie auch an einen Ort, der etwas aus dem Rahmen fällt. Zu meinen schönsten Erinnerungen gehören eine Fahrt auf dem Amazonas und meine Reise nach Samarkand. An solchen Orten treffen Sie nur verwandte Geister. Wer würde sonst schon dahin fahren?

Das Wesentliche an all diesen Tips: Ihre Selbstachtung nimmt zu, wenn Sie mehr versuchen. Eine Bekannte sagte zu mir: »Ich mach das nun alles, aber ich habe immer noch Angst, daß man mich ablehnt. Wozu ist es also gut?« Ich antwortete ihr: »Du lernst, unter Menschen zu gehen und zurückgestoßen zu werden, und merkst so nebenbei, daß das gar nicht so schlimm ist.«

Wenn aus Freundschaft Liebe wird

Wenn Sie einen anderen Menschen liebgewinnen, tauchen neue soziale Ängste auf. Sie werden leichter verwundbar. Wenn Sie lieben, riskieren Sie, verletzt zu werden. Wenn ihnen alles gleichgültig ist, kann man Sie auch nicht so leicht treffen. Doch die meisten Menschen sehnen sich nach Liebe. Ohne Liebe finden sie keine Erfüllung.

Verschiedene Ängste können der Entstehung einer engen Beziehung entgegenwirken.

- *Die Angst, keine enge Beziehung zu haben.* In diesem Fall stürzen Sie sich Hals über Kopf in eine Verbindung und geben ihr gar nicht erst die Möglichkeit, sich zu entwickeln. Weil Sie nicht warten können und Furcht und Verlangen in Ihnen sehr stark sind, gerät die Beziehung Ihnen ins Phantastische. Sie sehen den anderen ganz falsch, übersehen absichtlich seine Fehler und entscheiden sich für einen Menschen, der Sie mit Sicherheit verletzen und betrügen wird. Am Ende fühlen Sie sich völlig vernichtet.

- *Die ständige Angst, den anderen zu verletzen.* Dadurch behandeln Sie ihn wie eine zerbrechliche Porzellanfigur. Sie können nicht sagen, was Sie wirklich denken, wesentliche Gefühle können Sie nicht miteinander teilen. Sie errichten zwischen sich eine Mauer, und so verschlechtert sich eine Beziehung, die vielversprechend begonnen hat.
- *Die Angst vor der Verantwortung.* Intimität hat bestimmte Grenzen. Sie können sich zum Beispiel nicht mit jedem Mann und jeder Frau, die Sie kennenlernen, verabreden. Auch müssen Sie die Verantwortung übernehmen, dem anderen in schwierigen Lebenslagen zu helfen, zum Beispiel wenn er kurz vor einer Heirat steht. Manchen fällt diese Verantwortung zu schwer. Sie erblicken darin einen lästigen Zwang.
- *Die Angst, ausgenutzt zu werden.* Sie tun etwas freiwillig für einen anderen, und dann haben Sie das Gefühl, daß er Sie ausnutzen wird. Sie werden übervorsichtig, sehen Manipulation und fühlen sich ausgenutzt, obwohl davon gar keine Rede sein kann.

Wenn Sie wollen, daß aus einer Freundschaft Liebe werden soll, so achten Sie auf drei Gefahrensignale:

1. *Seien Sie auf der Hut, wenn Sie sich an ein Verhältnis klammern, das keine Zukunft hat.* Ein Mädchen ging sechs Jahre lang mit einem Mann. Sie wollte ihn heiraten. Er gab ihr sehr deutlich zu verstehen, daß er sie nicht heiraten wollte. Sie aber ließ sich nicht beirren: »Wenn ich ihn nicht heirate, werde ich eine alte Jungfer. Ich muß ihn haben.«

2. *Seien Sie auf der Hut, wenn Sie sich nicht trauen, etwas zu sagen, was für Sie wichtig ist.* Eine Frau hatte ein Verhältnis mit einem geschiedenen Mann, den sie nur selten sah. Sie war viel allein. Unzufrieden und in dem Bewußtsein, daß es nicht gut für ihre Beziehung war, wenn sie sich so wenig sahen, machte sie ein paar schüchterne Versuche, darüber zu sprechen. Er wischte alles vom Tisch. Sie gab es auf, mit ihm über das Thema zu sprechen.

Das Verhältnis lief noch eine Weile weiter, aber schließlich löste es sich auf, was für beide verletzend war.

3. *Seien Sie auf der Hut, wenn Sie merken, daß Sie etwas tun, was Sie Ihre Selbstachtung verlieren läßt.* Roger ging mit einem Mädchen, das in seiner Nähe arbeitete. Sie bestand darauf, mit ihm jeden Abend nach der Arbeit auszugehen. Roger hatte die Gewohnheit, sich mit Freunden oder Kollegen zu einem Drink zu treffen. Als er Joan das sagte, antwortete sie: »Wenn du mich wirklich liebtest, würdest du mich bei jeder Gelegenheit sehen wollen.« So traf sich Roger weiter mit ihr und verlor dabei alle Selbstachtung. Wenn eine Beziehung dazu führt, daß Sie Ihre Selbstachtung verlieren, kann nichts Gutes daraus entstehen.

Wenn Ihnen diese oder andere Gefahrenpunkte deutlich werden, müssen Sie die zugrundeliegenden Ängste erkennen und bewußt darangehen, sie zu überwinden.

Emerson hat zwei Äußerungen getan, die man auf das Gebiet der sozialen Ängste anwenden kann:

- »Wer nicht jeden Tag eine Angst überwindet, der hat die Lektion des Lebens nicht gelernt.«
- »Wir müssen uns selbst gehören, bevor wir anderen gehören können.«

7. Kapitel

Die enge Partnerschaft

Menschen verlangt es nach Nähe. Sie brauchen jemanden, der ihnen nahesteht. Ohne engen Kontakt fühlt der Mensch sich unausgefüllt – es fehlt etwas Wichtiges im Leben. Doch alle möglichen Ängste, die dem Betroffenen gar nicht immer klarwerden, hindern ihn nur zu oft, dieses für ihn so wichtige Gefühl zu erleben.

Was Nähe bedeutet

Unter Nähe verstehen wir, das Leben mit einem anderen zu teilen, ihn zu verstehen und von ihm verstanden zu werden. Im Idealfall führt eine enge Beziehung zum Einklang der Gefühle, zwar nicht in dem Sinne, daß Sie wissen, was der Partner fühlt, aber daß Sie intuitiv und direkt erleben, was der andere als Teil des eigenen Ichs empfindet. Sie erleben Freude oder Leid des Partners wie ein Schweregefühl im eigenen Arm: Er ist nicht Ihr ganzes Selbst, aber ein wichtiger Teil Ihres Selbst. Wenn Sie diese teilweise Verschmelzung mit einem anderen erreichen können, überschreiten Sie Ihre eigenen Grenzen. Gleichzeitig erleben Sie eine gesteigerte Erfüllung Ihres Selbst als Individuum. Sie brauchen sich nicht hinter einem emotionalen Vorhang zu verbergen. Sie können Ihre Hemmungen vergessen und sich so geben, wie Sie sind. Sie können ganz Sie selbst sein. Sie sind mehr Sie selbst als je zuvor, und doch sind Sie mehr als Sie selbst.

Die verschiedenen Arten von Nähe

Es gibt viele Formen menschlicher Nähe.

Partnerschaft und ihre Grenzen

Kräfte von außen können einer Beziehung Grenzen setzen, zum Beispiel die Situation selbst oder die zur Verfügung stehende Zeit. Oder man setzt der Verbindung wegen seiner eigenen Bedürfnisse enge Grenzen.

1. *Wenn der engen Beziehung durch die Situation Grenzen gesetzt sind.* Aus gemeinsamen Erlebnissen kann sich ein Zusammengehörigkeitsgefühl entwickeln. Wenn man zum Beispiel in einer Gruppe reist, schaffen die gemeinsamen Reiseabenteuer ein Gefühl der Zusammengehörigkeit. Je intensiver das Erlebnis, desto größer die Nähe. Soldaten im Einsatz erleben dieses Gefühl der Gemeinsamkeit mit ihren Kameraden ganz besonders stark. Selbst zwischen Luftpiraten und Geiseln stellt sich ein Zusammengehörigkeitsgefühl ein – was den polizeilichen Einsatzkommandos bei Geiselnahmen nur zu gut bekannt ist.

Dieses Gefühl der Nähe bildet sich auch zwischen Arbeitskollegen heraus, die in einem engen Gefühls- und Gedankenaustausch leben, obwohl sich die Lebenskreise der einzelnen nur am Rande berühren. So sprechen zum Beispiel ein Manager und sein Assistent über alles mögliche, sie teilen miteinander Erfahrungen, Gefühle, Gedanken, die sie niemandem sonst anvertrauen würden. Oft geschieht das nach der Arbeit bei einem Drink oder einem Essen. Dabei müssen die beiden durchaus nicht vom gleichen Geschlecht sein. Doch im Gegensatz zu gängigen Auffassungen spielt Sex bei einer überraschend großen Zahl solcher Beziehungen keine Rolle. Wenn es aber doch der Fall ist, ist Sex eher ein Nebenprodukt als die Ursache der engen Beziehung.

2. *Wenn der Beziehung durch die Zeit Grenzen gesetzt sind.* Diese Situation stellt sich oft in einem Liebesverhältnis ein, besonders wenn einer der Partner verheiratet ist. Oft entsteht sie auch zwischen Freunden. Die Zeit, die man miteinander verbringt, kann erfüllt sein von innigen Gefühlen und kann große Befriedigung geben, aber dann geht jeder wieder seines Weges. Die wesentlichen Anstöße für das eigene Leben werden nicht aus dieser Beziehung geschöpft.

Die Beziehung zwischen Patient und Therapeut ist auch ein Beispiel für zeitlich begrenzte Nähe. Während der kurzen Sitzung können sehr starke Gefühle und ein tiefes gegenseitiges Verstehen aufkommen. (Wenn der Patient dieses Gefühl erlebt, wird es Übertragung genannt; erlebt es der Therapeut, heißt es Gegenübertragung.) Leider sind Patient und Therapeut oft nicht imstande, solche Nähe in anderen Lebenssituationen zu erfahren.

3. *Wenn der Beziehung psychologische Grenzen gesetzt sind.* Hier wird nur ein Teil des eigenen Selbst durch die Situation erfaßt. Typisch dafür ist intellektuelle Gemeinsamkeit. Während meines Studiums diskutierte ich zum Beispiel psychologische Probleme – Tatsachen, Experimente, Theorien, Spekulationen – mit anderen Studenten. Man hielt nichts zurück, hatte keine Angst, für töricht, dumm oder ignorant zu gelten. Statt dessen waren wir ganz frei miteinander und sprachen unsere Gedanken offen aus. In diesen Diskussionen gewannen wir ein Gefühl intellektueller Gemeinsamkeit, Wärme und Nähe – aber Gefühl

war nur zweitrangig, weil sich unsere Gemeinsamkeit hauptsächlich auf den Intellekt beschränkte.

4. *Pseudo-Nähe.* Es gibt Menschen, die es nach Nähe verlangt, die sie aber wegen ihrer Ängste und Hemmungen nicht erreichen können. Sie machen sich jedoch etwas vor und reden sich ein, diese Nähe zu erleben. In Wirklichkeit ist sie kaum oder überhaupt nicht vorhanden.

Mich konsultierte zum Beispiel ein Ehepaar wegen seines zwanzigjährigen Sohnes, der Depressionen hatte, sich abkapselte und auch im College nicht zurechtkam. Bei unserem Gespräch erzählten sie mir: »Wir waren immer eine glückliche Familie. In all den Jahren unserer Ehe gab es nicht eine einzige Auseinandersetzung – nicht einmal ein böses Wort.« Als ich mich aber weiter mit ihnen unterhielt, konnte ich keinerlei Harmonie und keinen Austausch echter Gefühle erkennen – nur Worte, Platitüden und Lügen. Sie hatten ihren Sohn nach dem gleichen Muster erzogen. Er war jedoch stärker als sie. Da er zur Ehrlichkeit fähig war, konnte er mit der Lüge nicht leben. So bekam er Depressionen. Für ihn gab es noch Hoffnung; für die Eltern nicht.

Die engstmögliche Partnerschaft

Dieser Beziehung sind durch Zeit oder Situation keine Grenzen gesetzt. Zu ihr gehört, daß man die Banalitäten des Alltags ebenso miteinander teilt wie Erlebnisse, die Herz und Seele unmittelbar berühren. Ihr sind auch psychologisch keine Grenzen gesetzt. Vielmehr hat sie zum Ziel, daß man an jedem Wesenszug des anderen teilhat. Ihr Ziel ist vollständiges Sicheinfühlen und Ineinanderaufgehen. Diese Art der Beziehung basiert auf vier Grundgefühlen:

1. *Liebe.* Das bedeutet zweierlei: das Gefühl zu lieben und das Gefühl, geliebt zu werden. Beides steht immer im Hintergrund; die Gefühle sind zwar leichten Schwankungen unterworfen, aber immer da, selbst im Augenblick des Zorns.

2. *Achtung.* Das heißt, daß man die Individualität und Würde des Partners voll akzeptiert. Es bedeutet nicht, daß man mit allem, was der Partner tut, sagt, denkt oder fühlt, übereinstimmt oder es respektiert. Dagegen bedeutet es, daß man dem Partner das Recht zu Fehlern und Schwächen einräumt und daß man seine Stärken und Fähigkeiten anerkennt. Man ermöglicht dem Partner, sich als Mensch in seinem eigenen Recht zu verwirklichen.

3. *Vertrauen.* Aus der Achtung erwächst Vertrauen. Ihr Partner mag an Ihnen zweifeln, mit Ihnen nicht übereinstimmen, Sie in Frage stellen. Trotzdem vertrauen Sie im Innersten darauf, daß Ihr Partner Sie als Mensch in seinem eigenen Recht akzeptiert.

4. *Verantwortungsgefühl.* Hierbei akzeptieren Sie die Grenzen, die Ihnen eine enge Beziehung auferlegt. Sie wissen, daß Sie nicht immer

frei sind, das zu tun, was Sie wollen. Um der größeren Nähe willen akzeptieren Sie bereitwillig diese Einschränkungen.

Wir alle wünschen uns diese reiche Erfahrung einer engen Verbindung, in der sich durch Verschmelzen der Persönlichkeiten die Individualität beider Partner steigert. Dieses Ziel anzustreben, bedeutet schon Befriedigung. Und hier ist auch der Punkt, wo die Beziehung tragisch werden kann. Im Lauf des Lebens erfahren wir oft Dinge, die dieses Streben sehr erschweren. Wir erlernen Ängste, die uns in die falsche Richtung treiben und uns Hindernisse in den Weg legen, wenn wir den Versuch machen, die engstmögliche Beziehung herzustellen.

Wie Angst der Entstehung einer engen Partnerschaft entgegenwirken kann

Da Sie beide in einer engen Partnerschaft eine Einheit bilden, können Ihre Ängste die Art Ihrer Beziehung nachhaltig beeinflussen.

- *Angst kann die vier Grundgefühle hemmen, auf denen eine enge Beziehung beruht: Liebe, Achtung, Vertrauen und Verantwortungsgefühl.* Ray M. zum Beispiel, ein sehr intelligenter Mann Anfang dreißig, war in einem überaus disziplinierten autoritären Elternhaus aufgewachsen. Seine Eltern hatten ihn ständig unterdrückt und seine freie Entfaltung behindert. Dadurch war in ihm die Angst entstanden, er könne gezwungen sein, Beschränkungen durch andere in Kauf zu nehmen. Ray tendierte immer stärker dazu, jede Situation, die ihn einschränkte, zu vermeiden oder gegen sie zu rebellieren. In der Schule war er mit allem, was er tat, stets im Rückstand, und er gab seine Arbeiten prinzipiell zu spät ab. Im Beruf hielt er verabredete Termine nicht ein oder erschien zu spät. Dann machte Ray sich selbständig. Da ihm jetzt keiner mehr Vorschriften machte, konnte er sich entfalten und wurde sehr erfolgreich. Sein persönliches Leben jedoch war unbefriedigend. Er wollte nicht heiraten, weil eine Ehe ihn eingeschränkt hätte. Diese Angst, eingeschränkt zu werden, machte es ihm unmöglich, für andere eine Verpflichtung einzugehen.
- Angst hält Sie davon ab, so zu handeln, daß Sie die vier Grundgefühle erleben können. Ängste können gemeinsamen Erfahrungen enge Grenzen setzen. Schlimmer noch, Ängste können die offene Mitteilung wichtiger Gefühle und Gedanken verhindern und daher der Entstehung einer engen Partnerschaft entgegenwirken.

Stärker noch als in sozialen Beziehungen hat in einer engen persönlichen Beziehung das Wechselspiel von Verklemmungen und Ängsten die Tendenz, zu wachsen, sich auszuweiten und wie ein Bumerang hin- und zurückzufliegen. Ihre Reaktion auf die eigenen Ängste setzt in Ihrem Partner ebenfalls Ängste und Spannungen frei. Diese wiederum verstärkten Ihre Ängste oder lösen neue Angstsyndrome aus. Angetrieben von ganz verschiedenen Ängsten spielen Sie beide dabei oft bestimmte Rollen. In einer Partnerschaft kann zum Beispiel folgendes geschehen:

- Sie sagen Dinge, die Sie gar nicht empfinden.
- Sie geben vor zu lieben, wenn Sie in Wirklichkeit feindselig gestimmt sind.
- Sie mimen Ruhe, wenn Sie vor Angst zittern.
- Sie zanken sich über die falschen Dinge. Über die eigentlichen Probleme zu diskutieren, gelingt Ihnen nicht.
- Sie verstecken nicht nur Ihre eigenen Gefühle, sondern gehen auch davon aus, daß Ihr Partner die seinen verschleiert, da Sie sich selbst so schuldig fühlen.

So steigern Sie sich gemeinsam in eine falsche Beziehung hinein, statt mit Ihrem Partner eine enge Gemeinschaft aufzubauen, in der Gefühle an erster Stelle stehen, in der Sie die Bedürfnisse des anderen erfüllen, als wären es Ihre eigenen, und in der Sie es doch schaffen, Ihre eigenen Bedürfnisse zu befriedigen und eine eigenständige Persönlichkeit zu bleiben.

Wie Sie Ihre Ängste erkennen

Viele Menschen erkennen ihre Ängste gar nicht als Ängste.

- *Sie meinen, daß Sie über Probleme reden, während Ihr eigentliches Problem Ihre beiderseitigen Ängste sind.* Nach einer Dinner-Party hatten Anne und John einen Krach. Sie legte los: »Du hast die Unterhaltung an dich gerissen und genau das Falsche gesagt.« Sie erkannte nicht, daß hinter ihren Worttiraden die Angst lag, sie und John könnten auf andere unsympathisch wirken, und Johns übertriebene Redelust könnte dazu führen, daß sie nicht mehr eingeladen würden. Überempfindlich, dramatisierte sie Johns Verhalten. John hatte tatsächlich die Unterhaltung an sich gerissen. In seiner Angst, ignoriert zu werden, hatte er eine Schau abgezogen. Doch John und Anne meinten beide, sich über gute Manieren zu streiten und nicht über ihre beiderseitigen Ängste.
- *Sie verhalten sich wie ein Rechtsanwalt, der einen Fall konstruiert.* Mit Hilfe vieler Beispiele beweisen Sie, daß alle Schuld beim anderen liegt. Dadurch vermeiden Sie, Ihren Ängsten ins Gesicht zu sehen. Umgekehrt können Sie auch zu den Menschen gehören, die sich immer die Schuld an allem zuschieben. Sie können nicht erkennen, was Sie wirklich fürchten, weil Sie meinen, ja doch immer unrecht zu haben.
- *Wegen Ihrer Angst bringen Sie Ihren Partner dazu, sich genau auf*

die Art zu verhalten, die Ihnen so auf die Nerven geht. Zum Beispiel werden Sie ängstlich und aufgeregt, wenn Ihr Partner sich von Ihnen zurückzieht und Sie dadurch »zurückstößt«. Ihr Partner lernt sehr schnell, daß er sich bei einer Auseinandersetzung am besten von Ihnen zurückzieht – in ein anderes Zimmer geht oder sogar das Haus verläßt. *Sie bringen es Ihrem Partner geradezu bei, wie er Sie verletzen kann.* Ihre Ängste werden immer schlimmer. Sie fangen an, bei Ihrem Partner Ängste auszulösen. Wenn er sieht, wie Sie sich über seinen Zorn oder seinen Rückzug aufregen, wird in ihm die Angst wach, nicht verstanden zu werden und keinen verläßlichen Menschen zu haben, auf den man »zählen« kann. Und schon ist das Mißverständnis perfekt.

○ *Sie setzen sich falsche Ziele,* weil Sie Ihre Ängste minimieren oder ihnen aus dem Weg gehen wollen. Statt sich positive Ziele vorzunehmen, lassen Sie sich Ihre Handlungen von Angst diktieren. Dafür drei Beispiele:
Vorwurf: »Mein Mann liest das ganze Wochenende Science-fiction.«
Angst: Ausgenutzt und übervorteilt zu werden.
Falsches Ziel: Unvernünftige Angst führt zu starkem Druck auf den Mann, von seiner Science-fiction abzulassen.
Anmerkung: Ihr Vorwurf war berechtigt, aber in ihrer Angst übertrieb sie. Je mehr Druck sie ausübte, desto verstockter wurde der Mann. Sobald die Frau ihre Reaktion änderte und, statt ihn zu bedrängen, seine Science-fiction-Sucht ignorierte, konnte ihr Partner sich aus eigenem Antrieb ändern.
Vorwurf: »Sie redet ständig über Banalitäten. Ich höre immer nur, was die Dosen im Supermarkt kosten.«
Angst: Offen zu sein.
Falsches Ziel: Weil er sich vor Offenheit fürchtet, erzählt Dan bei seiner Rückkehr aus dem Büro nichts von dem, was er während seines Arbeitstages erlebt hat. Sie hat die ganze Last der Unterhaltung, und so redet sie über ihre hausfraulichen Probleme. Dan macht keinen Versuch, die Unterhaltung auf ein interessanteres Gebiet zu lenken, sondern beklagt sich nur über »Hausfrauengewäsch«.
Es ist seine Angst davor, sich mitzuteilen, die zu dieser Entwicklung geführt hat.
Vorwurf: »Meine Schwiegermutter braucht bloß zu winken, dann rennt mein Mann los. Seine ganze Freizeit verwendet er darauf, Besorgungen für sie zu erledigen und sie zum Flughafen zu fahren.«
Angst: Die Frau hat zwei Ängste: 1. Sie fühlt sich im Wettstreit mit der Schwiegermutter und fürchtet, den Kampf zu verlieren; 2. sie fürchtet, daß ihr Partner zu schwach für sie ist, und argumentiert: »Er ist zu weich. Wenn ihn seine Mutter so herumkommandieren kann, kann ich das auch, aber dazu habe ich keine Lust.« Auch der Mann hat zwei Ängste: 1. die Angst, gegenüber seiner Mutter ungehorsam zu sein; 2.

die Angst, seiner Frau nachzugeben und dadurch seine Beziehung zu ihr in die gleichen Bahnen zu lenken wie die zu seiner Mutter.

Falsches Ziel: Es herrscht so viel Spannung, daß keiner der Ehepartner entscheiden kann, ob die Ansprüche der Mutter berechtigt sind. Deshalb und weil der Mann das Gefühl hat, er müßte sich gegen den Druck seiner Frau zur Wehr setzen, fängt er an, immer noch mehr für Mama zu tun. Er will damit einfach sagen: »Ich weiß schon, was ich tue. Treib die Dinge nicht auf die Spitze.« Er will angesichts übertrieben starken Drucks seine Unabhängigkeit bewahren, statt offen mit seiner Frau durchzusprechen, wieviel Verantwortung sie beide gegenüber seiner Mutter übernehmen sollten. Die Frau ihrerseits hat sich das falsche Ziel gesetzt, das unsichere Gefühl wegen der »Schwächen« ihres Mannes zu verdrängen.

In all den geschilderten Situationen reagierten die einzelnen, wie es ihnen die eigene Angst oder die *nervöse Reaktion des Partners* eingab. Keiner handelte, wie es die Situation wirklich erforderte. Jeder hatte ein falsches Ziel, und jedes falsche Ziel verhinderte die Entwicklung von Liebe, Achtung, Vertrauen und Verantwortungsbewußtsein, die für menschliche Nähe so wichtig sind.

Formen der Angst

Als Folge der Angst übernehmen Männer und Frauen bestimmte Rollen. Paßt eine der hier aufgeführten Rollen auch zu Ihnen?

1. *Der stille Dulder.* Ursache ist gewöhnlich Angst vor Zurückweisung, Ärger und mangelnder Liebe beim Partner. Es kann sich kein Vertrauen entwickeln. Ohne an die eigenen Bedürfnisse zu denken, tun Sie alles, was Ihr Partner Ihrer Auffassung nach von Ihnen erwartet. Sie vermeiden jeden Ausdruck von Mißbilligung, Abneigung, Ärger. Dabei belügen Sie sich selbst und gestehen sich niemals ein, daß Sie im Recht sein könnten und Ihr Partner im Unrecht. Das führt zu schwelender Verstimmung, Distanziertheit und der Haltung: »Ich tu doch alles; ich treffe alle Entscheidungen.« Dazu kommt Kontaktarmut (»Ich weiß nie, was er denkt«). Manchmal werden Sie zum Märtyrer.

2. *Der stumm Liebende.* Jeder Ausdruck warmer und zärtlicher Gefühle ist Ihnen zuviel. Sie können so etwas weder aussprechen noch anhören. Wenn Ihr Partner zu Ihnen zärtlich ist, wechseln Sie das Thema. Zugrunde liegt die Angst: »Wenn ich Zärtlichkeit zeige, werde ich verwundbar, und man wird mich verletzen.« Das hat zweierlei Konsequenzen: a) Man sondert sich ab; b) man erweckt in seinem Partner ein Gefühl des Zweifels. Er fragt sich: »Liebt mich der andere überhaupt?«

Auch das Gegenteil ist möglich. Man kann seinem Partner nichts

Zärtliches sagen aus Angst, daß der Partner verwundbar wird und man ihn verletzt. Ein Mann erzählte mir: »Natürlich kann ich ihr nicht sagen, daß ich sie liebe, auch wenn ich es wirklich tue. Sie erwartet dann, daß das immer so bleibt, und wie kann ich denn wissen, wie ich in fünf Jahren empfinde? Sie wird verletzt sein, wenn ich sie nach fünf Jahren nicht mehr liebe.« So sagte er nichts, und sie war tatsächlich verletzt. Sein Verhalten verrät Mangel an Achtung. Er traute seiner Partnerin nicht zu, damit fertig zu werden, falls er sie verletzen sollte, und er gestand ihr nicht das Recht zu, dieses Risiko einzugehen und ihr Verhältnis dadurch enger zu gestalten. Und so blieb ihre Beziehung leer.

3. *Der Zusammengehörigkeitsfanatiker, der der Partnerin nicht erlaubt, eigene Initiativen zu ergreifen.* Seine Angst: Die Partnerin könnte jemand anderen treffen und von ihm weggehen. Er erreicht sein Ziel, »alles gemeinsam zu tun«, indem er seine Partnerin entmutigt (»Du fängst immer etwas Neues an und machst nichts fertig. Warum willst du schon wieder einen neuen Kursus machen?«) oder indem er die Interessen der Partnerin zu seinen eigenen macht.

So sagte zum Beispiel Marilyn H. zu mir: »Ich bin deprimiert, aber ich weiß nicht, warum. Ich führe eine gute Ehe und habe einen großartigen Mann.« Als Marilyn sich für einen Kursus in chinesischer Küche anmeldete, ging Pete in den gleichen Kursus. Dasselbe geschah, als sie sich für einen Photokurs an der Volkshochschule vormerken ließ. Als sich Marilyn entschloß, wieder zu arbeiten, fand Pete eine Stelle für sie im gleichen Bürohaus, so daß sie jeden Tag zusammen essen konnten. Marilyn hatte den Eindruck, daß ihre Individualität ihr immer mehr entglitt. Ihr fehlte die Luft zum Atmen. Als ich mit Pete redete, sagte er mir: »Meine Frau ist die begehrenswerteste Frau, die es auf der Welt gibt. Ich bin ihrer nicht wert.« Pete war sicher, daß Marilyn eines Tages einen anderen Mann treffen, sich verlieben und ihn verlassen würde. Ohne zu wissen, was er tat, versuchte er ihr die Möglichkeit zu nehmen, andere Männer kennenzulernen.

4. *Der Schleifer.* Seine Angst: Kritik zu erfahren. Nur wenn alles ganz perfekt ist, kann man hoffen, der Kritik zu entgehen. So sind Sie ständig in Betrieb und *kommandieren den Partner herum.* Wichtiger als Reden, Leben und Lieben ist pausenloses Putzen der Kaserne für eine Inspektion, die niemals stattfindet. Man wird zum Opfer des »Muß-Syndroms«. Man sagt: »Ich habe jetzt keine Zeit für dich. Ich muß die Dachkammer säubern.« Oder man sagt: »Es geht einfach nicht, daß wir den ganzen Sonntag miteinander allein sind. Wir müssen meine Schwester einladen.« Oder: »Wir haben jetzt keine Zeit für schöne Reden. Du mußt ... du mußt ... du mußt ...« Es ist wichtiger, den gar nicht existierenden Inspekteur zufriedenzustellen als sich näherzukommen.

5. *Der Buchhalter.* Seine Angst: ausgenutzt zu werden. Alles, was der Partner tut, wird ignoriert oder herabgesetzt. (»Heute hattest du ja einen angenehmen Tag.«) Gleichzeitig wird alles aufgebauscht, was man

selbst tut. Wenn der Partner Ihnen vorschlägt, dies oder das zu tun, werden Sie ärgerlich und unschlüssig. In der Ehe ist der Buchhalter überempfindlich und fragt sich ständig: »Muß ich mehr als meinen Anteil übernehmen?« Er führt sorgfältig darüber Buch, wer was getan hat.

6. Das große Kind. Seine Angst: sich von den Eltern trennen zu müssen oder sie zu beleidigen. Dies ist eine der häufigsten Ängste, die die Partnerschaft von außen beeinträchtigt und eine enge Beziehung stört. Sie zeigt sich auf die verschiedenste Art und Weise. Obwohl Sie schon seit Jahren verheiratet sind, wissen Mama und Papa immer noch alles am besten. Pflichtschuldigst erstatten Sie der Mutter jeden Abend Bericht. Jeden Urlaub verbringen Sie damit, »die Familie« zu besuchen. Die Nabelschnur ist noch nicht durchtrennt.

7. Der Pfennigfuchser. Seine Angst: Geld auszugeben. In Wirklichkeit liegen diesem Verhalten eine große Anzahl verschiedener Ängste zugrunde. Sie können Angst vor Armut haben. Sie können auch Angst vor Verschwendung haben und sich deshalb nicht vom Gelde trennen. Ziemlich häufig ist bei Frauen die Furcht, Geld auszugeben, das sie nicht verdient haben; bei Männern dagegen die Angst, die Frau könnte kritisieren, wofür sie das Geld ausgegeben haben. Diese unvernünftige Angst kann zu ungewollten Spannungen führen und zu ungerechtfertigten Ansprüchen an den Partner.

Auch das Gegenteil kann zutreffen. Die Angst vor Armut oder die Angst, ein Geizkragen zu sein, sind nur einige der Ängste, die zu verschwenderischem Verhalten führen. Auch dies kann ungewollt zu Spannungen führen.

Gleichgültig, welches Verhalten diese Ängste auslösten, das Gefühl, füreinander verantwortlich zu sein, nimmt ab, und die Chance, sich wirklich nahezukommen, wird beeinträchtigt. In einer engen Partnerschaft muß man akzeptieren, daß Entscheidungen über Geldausgaben gemeinsam getroffen werden. Dies führt zu Diskussionen, Offenheit und dem Aushandeln von Differenzen, und dadurch entsteht mehr Gemeinsamkeit.

8. Der Gefangene. Seine Angst: in der Falle zu sitzen. Sie fühlen sich in der Partnerschaft gefangen, weil sie eine Vielzahl von Ängsten haben: die Angst, ganz auf sich gestellt zu sein, einsam zu bleiben, als Alleinstehender mit dem Leben fertig werden zu müssen. All das führt zu dem Gefühl, die Beziehung nicht abbrechen zu können, auch wenn man es will. Oft, wenn diese Angst überwunden wird, geschieht etwas Merkwürdiges: Statt den Partner zu verlassen, kommt man ihm wieder näher.

Denken Sie über Ihre Ängste nach

Alle Ängste können ein enges partnerschaftliches Verhältnis beeinträchtigen. Ihre Angst vor Katzen, Höhen oder Flugreisen kann Spannungen, Wutausbrüche und Ressentiments auslösen, die auf Ihre Partnerbeziehung einen starken Einfluß haben. Das gleiche gilt für die sozialen Ängste – die Angst vor Zurückweisung, Selbstenthüllung und Kritik. Es gibt jedoch einige Ängste, die sich besonders nachhaltig auf eine Partnerbeziehung auswirken.

1. Die Angst vor Verlust oder vor dem Verlassenwerden: Sie halten es für einen Weltuntergang, wenn Ihr Partner Sie verlassen sollte. Sie fühlen sich genauso unfähig, mit der schwierigen und manchmal feindseligen Umwelt fertig zu werden wie das kleine Kind, das von seinen Eltern verlassen worden ist. Gewöhnlich bringen Sie diese Angst in einer Partnerbeziehung durch ständige Beschwichtigungsversuche zum Ausdruck. Sie denken: »Wenn er sich bei mir wohl fühlt, dann wird er mich armes, schutzloses Wesen nicht im Stich lassen.« Aber die Angst kann sich auch sehr subtil äußern:

- Sie liegt oft unberechtigter Eifersucht zugrunde und macht berechtigte Eifersucht nur noch schmerzlicher.
- Sie verewigt einen unmöglichen Zustand. Es besteht keine Aussicht, die Beziehung zu verbessern. Vor Ihnen liegen nur Elend und Hoffnungslosigkeit. Die einzig vernünftige Lösung wäre, die Beziehung zu beenden. Doch das würde für Sie Verlust und Verlassenwerden bedeuten, was Sie unter allen Umständen vermeiden müssen. Ihre Angst ist so groß, daß Sie bereit sind, für den Rest Ihres Lebens eine unglückliche Ehe zu ertragen.
- Umgekehrt kann die Angst auch zu einem voreiligen Abbruch der Beziehungen führen. Sie erleben gerade eine dieser schwierigen und verwirrenden Situationen, die in den Anfängen einer Partnerschaft entstehen. Sie haben große Angst, verlassen zu werden, und es besteht durchaus die Möglichkeit, daß das passiert. So gehen Sie lieber *selbst.* Das macht Ihnen weniger Angst als verlassen zu werden. Eine zweiunddreißigjährige Frau, die schon viele Partnerbeziehungen abrupt beendet hat, erzählt: »Ich bin immer diejenige, die geht. Der Bruch geht immer von mir aus.«
- Sie haben so große Angst, Ihr Partner könne sterben und Sie allein übrigbleiben, daß Sie jedes Zeichen von Krankheit als eine ungeheure Gefahr erleben.

Fallbeispiel

Bill G. sagte zu mir: »Ich fühle mich eben nicht wohl.« Er klagte über ständige Wehwehchen, das Gefühl, nicht auf der Höhe zu sein, keine Energie zu haben. An einigen Wochenenden konnte er kaum aus dem Bett kommen. Der Doktor hatte gesagt: »Physisch sind Sie ganz gesund.« Bill war aber überzeugt, daß das nicht stimmte.

Um ihm helfen zu können, mußte ich erst einmal seine Frau kennenlernen. Polly hatte mit acht Jahren ihre Mutter verloren; das traf sie so sehr, daß sie ein Vierteljahr nicht zur Schule gehen konnte. Polly heiratete direkt nach dem College-Abschluß, und bald danach starb ihr Vater. Diesmal bekam sie eine Depression. Sie hatte fürchterliche Angst, Bill könnte sterben. Diese Angst führte dazu, daß sie jedes kleine Unwohlsein bei Bill maßlos übertrieb. Wenn er abgespannt nach Hause kam oder ein wenig erkältet war, steckte sie ihn ins Bett, servierte ihm sein Dinner auf einem Tablett und bediente ihn hinten und vorn. Bill tat ihre Fürsorge wohl, er freute sich darauf, von ihr ins Bett gesteckt und bedient zu werden, und er genoß ihre zärtliche Sorge. Sieben Jahre lang hatte sie ihn zum Kranksein erzogen, und er hatte das akzeptiert.

Ich tat zweierlei. Polly desensibilisierte ich gegen ihre Grundangst vor einem Verlust. Ich benutzte dabei systematische Desensibilisierung in der Phantasie und lehrte sie, sich zu entspannen bei so furchtbaren Gedanken wie: »Der Doktor sagt, Bill muß ins Krankenhaus« . . . »Er liegt im Krankenhaus und ist überall an Apparate angeschlossen« . . . »Ich bin auf seiner Beerdigung; der Sarg wird in den Leichenwagen getragen« . . . »Er ist tot – und ich bin ganz allein zu Hause. Ich habe niemanden mehr.«

Gleichzeitig arbeiteten wir für Bill ein Programm aus (Besorgungen usw.), das er jedes Wochenende durchführten mußte, *ob er nun Lust dazu hatte oder nicht.* Eine Regel für ihn lautete: Er durfte niemals mit seiner Frau über körperliches Unwohlsein sprechen, es sei denn, seine Temperatur stieg über 38,8°. Wir machten eine Ausnahme von dieser Regel: Jeden Abend sollte er Polly fünf Minuten lang allerlei Phantasiebeschwerden vorklagen (er sollte aber nicht über Beschwerden reden, unter denen er wirklich litt). Polly mußte ihm zuhören und bewußt versuchen, entspannt zu bleiben. Wenn er anfing, zu einer anderen Zeit über körperliche Beschwerden zu reden, sollte sie nicht hinhören.

Dadurch wurde sowohl Pollys Angst überwunden als auch die Gewohnheit, die sie ihm anerzogen hatte.

---

2. *Die Angst vor Veränderung:* Einige Menschen fürchten sich davor, neue Dinge oder neue Methoden in ihr Leben einzuführen. Das kann bedeuten, daß man jahrelang im gleichen Haus wohnen bleibt, obwohl man sich vom Einkommen her inzwischen ein weit komfortableres leisten könnte, daß man immer wieder den gleichen Urlaub macht, immer mit den gleichen Menschen verkehrt und niemals neue Bekanntschaften schließt. Anstatt zehn Jahre miteinander verheiratet zu sein, hat man

zehnmal das gleiche Ehejahr durchlebt. Die Partnerschaft hat sich nicht entwickelt.

Diese Angst wird besonders wichtig, wenn es um neue Gefühle und eine neue Basis der Freundschaft geht. Eine enge Verbindung muß lebendig sein, sich ständig ändern, wachsen und sich neu orientieren können. Man sollte imstande sein, seinen Partner auf neue Art zu sehen, sich selbst in einem anderen Licht zu betrachten und etwas Neues auf ganz ungewohnte Art zu tun. Wenn man sich vor Veränderungen fürchtet, verhindert man, daß die Beziehung reift.

Diese Angst kann besonders schlimme Konsequenzen im siebten und fünfzehnten Ehejahr haben. Zu diesem Zeitpunkt scheinen eheliche Beziehungen einem tiefgreifenden Wandel unterworfen zu sein. Wenn Sie sich vor neuen Entwicklungen in Ihrer Ehe fürchten, kann Ihre Angst die Veränderungen in destruktive statt in konstruktive Bahnen lenken. Daher gibt es so viele Scheidungsprozesse im »verflixten siebten Jahr« oder »in der Krise nach fünfzehn Jahren Ehe«.

3. Die Angst vor Schwäche (Ihrer eigenen): Da Sie Ihre Befürchtungen, Zweifel und Sorgen als Schwächen einstufen, haben Sie Angst, sie zu zeigen. Sie können auch einfach Angst haben, einen Fehler einzugestehen. Oder solche Angst davor haben, Ihren Willen nicht durchzusetzen (in der fälschlichen Annahme, daß das Schwäche bedeutet), daß ein Kompromiß für Sie unmöglich ist. Mit dieser Angst stellen Sie an Ihren Partner übertriebene Forderungen.

Fallbeispiel

Emily war in der Vorstellung erzogen worden, daß es »falsch« ist, schwach zu sein. Ihre den Traditionen von New England verhaftete Familie sprach nie über Gefühle oder Ängste; ihrer Ansicht nach gab es nur ein Richtig oder Falsch. Und wer etwas falsch machte, war schwach. Nach dem College heiratete Emily Joe, der nach außen hin immer sehr beherrscht gewirkt und niemals irgendwelche Unsicherheiten verraten hatte. Emily hielt das für Stärke. Sie sah nicht, daß es Joe schwerfiel, aus sich herauszugehen. Nach einigen Jahren hatte Joe das Gefühl, daß ihm »etwas fehlte«, und er begann gegen Emilys ausdrücklichen Willen mit einer Psychoanalyse. Nach einiger Zeit zeigte die Analyse Ergebnisse, und Joe kam aus seinem Schnekkenhaus heraus. Er fing an, offen über seine Angstgefühle und Konflikte zu sprechen. Emily geriet dadurch in Panik. Sie erzählte Joe alle möglichen Geschichten über die verheerende Wirkung der Psychoanalyse und machte ihm Vorwürfe wegen der Zeit- und Geldverschwendung. Sie flüchtete sich in eine Art beleidigter Depression und fing an, um halb acht zu Bett zu gehen. Sie hatte keinerlei sexuellen Wünsche mehr. Ihre Probleme nahmen solche Formen an, daß sie sie nicht länger ignorieren konnte und zu mir kam.

Ich erklärte, daß ihr Problem von ihrer Angst vor Schwäche herrührte und ließ sie Angstübungen machen. Sie waren in drei Stufen gegliedert:

- Jeden Abend sollte sie drei »schwächliche« (ängstliche) Anwandlungen von Zweifel, die sie während des Tages gehabt hatte, in ihr Arbeitsheft eintragen. Zum Beispiel ihre Gewissensbisse wie »Habe ich auch wirklich das richtige Waschmittel gekauft?« und »Werde ich mich im Elternbeirat klar ausdrücken können?«. Wir setzten die Behandlung acht Wochen fort, und zunächst fiel es ihr schrecklich schwer, ihre Gedanken überhaupt darzulegen.
- Sie sollte irgendeinen besonderen Vorfall aufschreiben, der mit »Schwäche« zu tun hatte, und den Zettel so an die Wand heften, daß ihr Mann ihn sehen mußte. Er sollte ihn lesen, aber keinen Kommentar dazu machen. Wir verwandten drei bis vier Wochen auf diese Aufgabe.
- Sie sollte die Vorfälle nicht mehr aufschreiben, sondern ihrem Mann beim Essen erzählen. Zuerst schaffte Emily das nicht. Sie mußte den Vorfall zu Papier bringen und ihn Joe dann vorlesen. Doch nach und nach konnte sie darüber sprechen und mit ihm frei darüber diskutieren. Zu diesem Zeitpunkt verlor sie ihre Angst vor Schwäche und fing an, sich für Joes Analyse zu interessieren. Bei unserer letzten Sitzung erzählte sie mir, daß sie sich entschlossen hatte, selbst zur Psychoanalyse zu gehen.

4\. *Die Angst, nicht »völlig verstanden zu werden«.* Das Gefühl, mit jemandem völlig übereinzustimmen, ist eine der schönsten Erfahrungen, die zwei Menschen miteinander machen können. Man erwartet dieses Gefühl völligen Einklangs nicht bei flüchtigen Bekanntschaften. Man erlebt es gelegentlich bei Freunden.

Doch Sie fürchten, daß Ihr Partner Ihnen das nicht bieten kann, und Sie haben das Gefühl, daß Sie für immer allein bleiben werden. Besonders fürchten Sie, sich so zu zeigen, wie Sie wirklich sind und Ihre intimsten Gefühle zu enthüllen. Eine Frau mit Depressionen sagte zu mir: »Wenn ich ihm nun meine innersten Gedanken verrate und er versteht mich nicht? Ich könnte es nicht ertragen.« Ohne absolute Offenheit haben Sie wenig Aussichten, das Verständnis zu erhalten, nach dem Sie sich sehnen.

Oft versuchen Sie das Problem dadurch zu lösen, daß Sie Ihren Partner auf die Probe stellen. Sie senden ihm eine verschlüsselte Botschaft, die er unmöglich verstehen kann. Und wenn das dann wirklich geschieht, wird Ihre Angst noch stärker. Sie sagen zum Beispiel: »Ich habe Kopfweh.« Ihr Partner antwortet mit besorgter Stimme: »Soll ich dir ein Aspirin bringen?« Sie sind deprimiert. Er hat nicht verstanden, daß Sie in Wirklichkeit über einen Streit mit dem Nachbarn sprachen (eine

Sache, die Sie nur am Rande erwähnt hatten). Innerlich weinen Sie: »Er wird mich nie richtig verstehen.«

5. *Die besonderen Ängste bei einer Wiederheirat.* Besondere Situationen erzeugen auch besondere Ängste, die manchmal realistisch, manchmal unangebracht sind. Wenn diese Ängste nicht erkannt und gemeinsam getragen werden, können sie die sich entwickelnde Partnerschaft behindern. Es gibt viele solcher Situationen: Ehen zwischen Menschen verschiedenen Glaubens und verschiedener Hautfarbe, extreme Unterschiede im Temperament, im Lebensstil und im individuellen Wertsystem. Am häufigsten in unserer heutigen Gesellschaft sind wahrscheinlich die Probleme, die bei einer Wiederheirat entstehen. Bei einer zweiten Heirat tauchen alle die Ängste wieder auf, die es schon in der ersten Ehe gegeben hat, aber wegen Ihrer früheren schlechten Erfahrungen verschlimmern und verzerren Sie diese Ängste noch. Einige reale Ängste – die es in der ersten Ehe nicht gegeben hat – komplizieren die Situation noch mehr. Ihr früherer Mann kann eine neue Frau nehmen und aufhören, Ihre gemeinsamen Kinder zu unterstützen, oder er kann auf Nimmerwiedersehen verschwinden. Ihre frühere Frau kann Sie mit unablässigen Forderungen nach »mehr« quälen, die Kinder gegen Sie einnehmen und ständig Szenen machen, wenn Sie die Kinder sehen wollen. Wenn Sie Ihrer beider Haushalt zusammenlegen, können sich Ihre Kinder aus den früheren Ehen in zwei feindliche Lager spalten. Diese Komplikationen verursachen nur noch stärkere Spannungen, die wiederum Ihre Ängste vergrößern. Diese wenigstens teilweise ungerechtfertigten Ängste können die Entwicklung eines guten Verhältnisses sehr beeinträchtigen.

Zu diesen Ängsten gehören: *1) die Angst, eine schlimme Situation noch einmal durchmachen zu müssen.* So wird man überempfindlich, vielleicht sogar übertrieben wachsam gegenüber bestimmten Handlungen des Partners; *2) die Angst, immer nur an zweiter Stelle zu stehen.* Sie lauern auf Anzeichen, daß Ihr Partner gegenüber seinen Kindern oder etwa gegenüber seiner Ex-Frau zu loyal sein könnte und Sie also unter die Räder geraten. Die Ängste selbst sind dabei jedoch nicht der kritische Punkt. Es kommt mehr darauf an, wie Sie beide mit ihnen verfahren. Die Ängste können nämlich entweder a) die vier Grundgefühle einer engen Partnerschaft beeinträchtigen, so daß auch diese Ehe scheitert, oder b) dazu führen, daß Sie Ihre Erlebnisse und Gefühle miteinander teilen und so Ihr Verhältnis zueinander weiterentwickeln. Wer über Ängste in einer engen Partnerschaft nachdenkt, *sollte vor allem auf seine eigenen Ängste achtgeben – und nicht auf das, was der Partner tut.* Viele Menschen können ihre Ängste nicht identifizieren, weil sie nicht wissen, daß sie Ängste haben. Sie wissen nur, daß etwas nicht stimmt. Der folgende Bericht über ein erstes Gespräch mit einem Ehepaar kann Ihnen vielleicht helfen, hinter ihre eigene Angst zu kommen.

Fallbeispiel

Bob, ein sechsunddreißigjähriger Architekt, und Jane, seine dreiunddreißigjährige Frau, sind acht Jahre verheiratet und haben einen fünfjährigen Sohn. Vor ihrer Schwangerschaft arbeitete Jane als Lehrerin. In den letzten Jahren wurde Bob mehrfach befördert und mit Arbeiten betraut, die ihm immer mehr Verantwortung brachten. Unser Gespräch verlief fast wörtlich folgendermaßen:

Therapeut: Schildern Sie mir bitte Ihr Problem.

Jane: *Er* ist das Problem. Er ist wie ein alter Mann. Es ist kein Leben in ihm. Ich kann es nicht mehr aushalten.

Therapeut: Sie hören sich frustriert an. Was hätten Sie gerne anders? (*Anmerkung:* Der Therapeut legt die Betonung darauf, was am jetzigen Zustand geändert werden soll. Er sucht nicht nach dem »historischen« Hintergrund.)

Jane: Ich wünsche ihn mir lebendiger. Er will nie etwas unternehmen. Ich muß die Ferien planen, entscheiden, wann wir Freunde zu uns einladen, ihn dazu überreden, am Wochenende mit seinem Sohn im Park spazierenzugehen. Jede Antwort muß man ihm aus den Zähnen ziehen. Er ist tot, tot, tot (ihre Stimme geht in Schreien über).

Therapeut (zu Bob): Ist das wirklich so?

Bob: Ja, ich glaube schon. Ich sitze am Eßtisch und weiß nicht, was ich sagen soll. Irgend etwas stimmt mit mir nicht. (*Anmerkung:* Sie gibt ihm an allem die Schuld, und er akzeptiert das.)

Therapeut: Sind Sie im Beruf genauso?

Bob: Nein. Im Beruf läuft alles großartig. Ich gelte als sehr ideenreich. Man hält mich für besonders kreativ.

Therapeut: Warum sind Sie das nicht auch zu Hause?

Bob: Ich weiß nicht. Vielleicht bin ich neurotisch. (*Anmerkung:* Er übernimmt immer noch die volle Verantwortung.)

Therapeut (zu Jane): Wie erklären Sie sich das?

Jane: Es hängt einwandfrei mit seiner Mutter zusammen. Er hat so etwas wie einen Ödipuskomplex. (Sie erzählt nun einige Geschichten über Bob und seine Mutter. Während sie spricht, wird ihr Ärger immer größer.)

Weiteres Nachbohren zeigt, daß Jane schon seit langem automatische Zornesausbrüche hat und Bob anschreit. Doch sie schiebt alle Schuld daran Bob zu. Es wird deutlich, daß Jane Angst hat, ihre eigenen Probleme zu erkennen.

Therapeut: Sehen Sie, Jane, alle Menschen haben irgendwelche psychologischen Probleme. Haben Sie auch solche Probleme?

Jane: Mein großes Problem ist, ob ich mit Bob verheiratet bleiben sollte oder nicht.

Therapeut: Von Bob einmal abgesehen, haben Sie auch noch andere Probleme?

Jane (nach einem langen Schweigen): Im Augenblick fällt mir nichts ein.

Therapeut: Jane, was halten Sie von Leuten, die psychologische Probleme haben? (Der Therapeut versucht herauszufinden, welche Angst sie beherrscht, und gleichzeitig versucht er, Jane diese Angst zu verdeutlichen.)

Jane: Ich glaube, starke Menschen haben überhaupt keine Probleme.

Wenn man Probleme hat, ist das ein Zeichen von Schwäche. Nur schwache Menschen haben wirklich Probleme. (Dies ist ein kognitives Mißverständnis – eine falsche Meinung, die der Angst teilweise zugrunde zu liegen scheint.)

Therapeut: Und Sie mögen keine schwachen Menschen. Es ist schrecklich, schwach zu sein, nicht wahr?

Jane: Es muß schrecklich sein, schwach zu sein. Man wird dann überall so verachtet. Wissen Sie, einer der Gründe, weshalb ich so böse auf Bob bin, ist vielleicht der, daß er diese Probleme hat, und darum glaube ich, daß er schwach ist, und ich werde zornig und verachte ihn.

Therapeut: Und falls Sie zugeben, auch Probleme zu haben wie zum Beispiel die automatischen Wutanfälle, dann würde das eventuell bedeuten, daß Sie schwach sind, und Bob und andere würden Sie verachten.

Jetzt fing ich an, Bobs Verhalten zu untersuchen. Es stellte sich heraus, daß er Angst hatte, von einer Frau angeschrien zu werden. Er war bereit, alles zu tun, um solche Situationen zu vermeiden. Doch Bob und Jane stimmten überein, daß diese automatischen Wutreaktionen erst während Janes Schwangerschaft zum Problem geworden waren.

Therapeut: Und was geschah dann?

Bob: Als sie schwanger war, wurde sie ständig gereizter und schrie mich öfter an als gewöhnlich. Immer wenn ich etwas sagte und sie damit nicht übereinstimmte, schrie sie los. Immer wenn ich etwas tat, schrie sie.

Therapeut: Und als Jane also schwanger war und diese automatischen Wutreaktionen einsetzten, suchten sie möglichst zu verhindern, daß sie ärgerlich wurde und Sie anschrie. Sie taten eben gar nichts mehr?

Bob: Ich erinnere mich, daß ich damals gedacht habe, sie wird mich anschreien, wenn ich einen Vorschlag mache und sie etwas dagegen hat. So habe ich wahrscheinlich einfach aufgehört, Vorschläge zu machen. Und ich habe einfach aufgehört, überhaupt noch etwas zu tun.

Therapeut: Aber das half auch nicht, denn jetzt schreit sie Sie ja an, weil Sie nichts tun. Und wie verhindern Sie diesen Ärger?

Bob: Ich sitze in der Klemme. Ich kann diesen Ärger nicht verhindern.

Jane (zu Bob gewendet): Bekommst du wirklich einen solchen Schreck, wenn ich wütend werde? Das habe ich nie gewußt. Meine Wut ist ja gar nicht so ernst gemeint.

Bob: Ich glaube, es ist ernster als du denkst, Jane. Diese Ausbrüche machen mich nervös und erschrecken mich, und ich versuche wirklich alles, um sie zu verhindern. (Wendet sich an den Therapeuten): Wissen Sie, mir fällt ein, daß ich noch etwas anderes tue, um ihre Wutausbrüche zu verhindern. Ich versuche, hilflos zu scheinen. Wenn es mir gelänge, sie zu überzeugen, daß ich, wenn ich auch wollte, nichts bewirken könnte, dann würde sie vielleicht die Situation akzeptieren. Sie würde nicht mehr so wütend auf mich sein, wenn sie sähe, daß ich bestimmte Dinge nicht tue, weil ich sie einfach nicht tun kann. Ich denke immer, wenn ich sie dazu bringen kann, diese Situation zu akzeptieren, wird sie vielleicht aufhören zu schreien.

Therapeut: Anscheinend handelt es sich hier um mehrere ineinandergreifende Ängste und automatische Reaktionen, die sich gegenseitig aufheizen. Sie, Jane, haben automatische Wutausbrüche. Wenn bestimmte Dinge geschehen, reagieren Sie automatisch mit einem Wutanfall und fangen an zu schreien. Wir müssen diese automatische Reaktion aufbrechen. Wahrscheinlich wurden Sie daran gehindert, dies selbst zu tun, weil Sie noch eine andere Angst haben – Sie haben Angst, sich selbst einzugestehen, daß Sie Probleme haben. Probleme zu haben, bedeutet für Sie, schwach zu sein, und wenn man schwach ist, werden einen die anderen verachten. Statt zu versuchen, sich zu ändern, bestehen Sie folglich darauf, daß die andern sich ändern. Und ganz gleich, wie sehr Bob sich ändert, Sie werden immer diese automatische Wutreaktion beibehalten.

Sie, Bob, haben Angst vor Wutanfällen. Sie fürchten, von einer Frau angeschrien zu werden. Weil Sie das unter allen Umständen vermeiden wollen, verhalten Sie sich schließlich gehemmt, nachgiebig, versöhnlich. Das verschlimmert alles nur noch, denn Jane sieht ja gerade dieses als Ihr Problem an, als eine Schwäche, und wenn sie eine Schwäche an Ihnen entdeckt, wird sie nervös und nur noch wütender. Mehr noch, da Sie diese passive Rolle annehmen, verstärken Sie Janes Weigerung, sich ihren eigenen Problemen zu stellen und machen es ihr nur schwerer, sich zu ändern. Wir müssen etwas gegen diese Ihre Angst vor Wutausbrüchen bei Frauen tun. Wenn wir das schaffen, wird sich wahrscheinlich auch Ihr Verhältnis zu Ihrer Mutter ändern. Wenn wir die automatischen Angstreaktionen in den Griff bekommen, haben wir wahrscheinlich eine gute Chance, daß die ganze Sache bald bereinigt ist.

Setzen Sie sich konstruktive Ziele

- O *Vermeiden Sie, sich stereotyp einer Geschlechtsrolle anzupassen.* Amerikaner sind gewöhnlich der Auffassung, daß Mann und Frau polare Gegensätze sind. An einem Ende der Skala steht das Männliche, am anderen das Weibliche. Beide Geschlechter haben nur wenig miteinander gemein. Wenn eine Frau als männlich geltende Eigenschaften wie Ehrgeiz, Selbstvertrauen, Risikobereitschaft, Führungsfähigkeit entwickelt, bewegt sie sich nach dieser (falschen) Auffassung zur männlichen Seite der Skala und verliert dabei an Weiblichkeit. Wenn ein Mann als weiblich geltende Eigenschaften wie Mitleid, Güte, Aufgeschlossenheit, Liebe, Wärme, Zärtlichkeit entwickelt, bewegt er sich zur weiblichen Seite der Skala und verliert dabei an Männlichkeit. Die Angst, dieses Rollen-Stereotyp zu durchbrechen, kann dazu führen, daß Sie einen wichtigen Teil Ihres Wesens unterdrücken.

  Viele Paare bringen diese Auffassung von der Stellung der Geschlechter mit in die Ehe. Die Frau denkt: »Ich habe Angst, ihm zu zeigen, daß ich von finanziellen Dingen mehr verstehe als er. Das wird ihn in seinem Selbstgefühl treffen« – und so zahlen beide zuviel Steuern. Der Mann denkt: »Ich habe Angst, sie merken zu lassen, wie sehr ich Wärme und Zuneigung brauche. Sie wird mich für einen Schwächling halten.« – Und er verbirgt seine emotionalen Bedürfnisse. Indem sie sich stereotyp an bestimmten Geschlechtsrollen orientieren, verkennen beide, daß man seine Männlichkeit oder Weiblichkeit nicht verlieren muß, wenn man Eigenschaften zeigt, die traditionellerweise dem anderen Geschlecht zugeschrieben werden.

  Erlauben Sie sich, *androgyn* zu sein, das heißt, die Eigenschaften beider Geschlechter zu haben und nicht als männlich oder weiblich abgestempelt zu werden. Erkennen Sie, daß Sie gleichzeitig unabhängig und zärtlich, selbstbewußt und nachgiebig sein können, und daß dies weder männliche noch weibliche, sondern allgemeinmenschliche Charakterzüge sind. So können Sie sich beide besser entfalten, und es gibt mehr Freiheit in Ihrer Partnerschaft.
- O *Denken Sie in bestimmten Situationen über Ihre Ziele nach. Denken Sie darüber nach, wie Sie das herbeiführen können, was Sie wirklich wünschen.* Ich wiederhole, die zerstörerische Kraft der meisten Ängste beruht auf ihrer Wechselwirkung und rührt von den falschen Zielen her, die sich im Gefolge der Ängste einstellen. Wer sich ein Programm macht, um seine Ängste zu überwinden, muß ihnen ins Gesicht sehen und sich ihnen immer wieder stellen. Dann verlieren sie schließlich ihre Macht.

Ihre Angst wird verschwinden, wenn Sie sich folgendermaßen verhalten: *Handeln Sie.* Nehmen Sie sich bestimmte Situationen vor – immer eine zur Zeit, seien das nun Kommunikationsprobleme oder automatische Wutreaktionen – und entscheiden Sie sich, was Ihrer Ansicht nach geschehen soll und was Sie im einzelnen tun müssen, um Ihr Ziel zu erreichen.

Stellen Sie sich eheliche Probleme nicht abstrakt vor. Wenn Sie Situationen auswählen, die geändert werden sollen, so entscheiden Sie sich für konkrete und einfache Situationen, bei denen Sie gute Erfolgsaussichten haben. Die Situationen können so einfach sein wie »das Essen heute abend«, »das kommende Wochenende« oder »die Planung des nächsten Urlaubs«. Stellen Sie sich bei jeder Situation folgende Fragen:

- Was für eine Atmosphäre will ich schaffen?
- Worüber müßte meiner Ansicht nach gesprochen werden?
- Was soll mein Partner meiner Ansicht nach tun?
- Wie würde ich selbst am liebsten handeln?
- Was kann ich tun, damit nichts schiefläuft?
- Was kann ich tun, wenn ich sehe, daß doch etwas schiefzulaufen droht?
- Wie müßte meiner Ansicht nach die Sache ausgehen?

Wenn Ängste und Spannungen in der Ehe die Oberhand gewinnen, geraten Sie in die Defensive: Sie denken mehr an das, was Sie nicht wollen, als an das, was Sie wollen. Wenn Sie Ihren Blick auf konstruktive Ziele richten, kehren Sie diesen Prozeß um. Konstruktive Ziele führen gewöhnlich dazu, daß die Kommunikation freier wird, die Zärtlichkeit zunimmt, daß man lernt, den Partner zu kritisieren und von ihm Kritik anzunehmen. Man handelt seine Probleme und Unstimmigkeiten miteinander aus. Nicht das Müssen steht im Vordergrund, sondern das Wollen. Automatische Reaktionen werden durchbrochen.

Durch Angst zur Freiheit: ein Aktionsprogramm

Wie man sich näherkommt

Simone de Beauvoir fragte *Jean-Paul Sartre* einmal, ob er sie liebe. Sie erhielt eine kryptische Antwort: »Ich bin doch hier, nicht wahr?« Viele Menschen haben ähnliche Probleme, wenn es um die Äußerung von Gefühlen geht. Das rührt von den verschiedensten Ängsten her wie zum Beispiel der Angst vor Zurückweisung oder der Angst, dumm zu wirken. Ein Mann kann Angst davor haben, das Stereotyp des »starken, schweigenden Mannes« zu durchbrechen.

In einer Partnerschaft gibt es viele Formen, seine Gefühle zurückzuhalten. Einige sagen nur, was sie *denken*, nicht, was sie *fühlen*. Andere können nicht sofort zum Ausdruck bringen, was sie fühlen; sie bewahren es in ihrem Innern. Einige bedauernswerte Menschen können überhaupt keine Gefühle artikulieren. In der Ehe stellt diese Unfähigkeit, Gefühle auszudrücken, eine ungeheure Belastung dar; der eine muß im Innern des anderen lesen können. Oder aber Ihr Partner kann Gefühle frei ausdrücken, und Sie fühlen sich dadurch bedroht. Sie sagen: »Wie kommst du zu solchen Gefühlen? Wie kommst du auf solch verrückte Gedanken?« Oder Sie ignorieren den Partner einfach.

Weil Sie Ihre Gefühle nicht zum Ausdruck bringen, nehmen Sie sie selbst nicht mehr wahr. Sie werden immer leerer und ängstlicher. Weil Sie nie Ihr wahres Selbst enthüllen, fühlen Sie sich auch nie richtig wohl. Sie können nicht offen geben und nehmen, wie das für eine gute Partnerschaft selbstverständlich ist. Im folgenden stelle ich drei bewährte Techniken dar, die Ihnen helfen sollen, Ihre Gefühle mitzuteilen. Üben Sie mit Hilfe dieser Techniken, und am Ende werden Sie Ihre Gefühle *spontan* ausdrücken können.

1. Mit Gefühl reden. Dieser Terminus stammt von Andrew Salter, einem führenden New Yorker Psychologen. Er bedeutet, daß man seinen wechselnden Gefühlen auch immer den angemessenen Ausdruck verleiht.

Übung
Ziel: Ihnen zu helfen, das auszudrücken, was Sie fühlen.

ERSTER SCHRITT: Konzentrieren Sie sich darauf, das zu sagen, was Sie *fühlen*, nicht was Sie *denken*. Oft ist es nötig, über Gedanken zu reden, aber dabei handelt es sich nicht um den Ausdruck von Gefühlen. Unterscheiden Sie Verben des Denkens und Fühlens.

Gefühlsverben:

verehren	verabscheuen	wünschen
gern haben	verachten	begehren
sich sehnen	sich freuen über	beneiden
hassen	gern mögen	lieben

Denkverben:

folgern	vorstellen	Partei ergreifen
vermuten	raten	verstehen
glauben	annehmen	interpretieren
meinen	schließen	entwerfen

ZWEITER SSCHRITT: Benutzen Sie ganz bewußt und so oft wie möglich das Personalpronomen »ich«. Lassen Sie ein Gefühlsverb folgen.

Zum Beispiel:

»Ich mag dies ›Huhn indisch‹.«

»Ich habe ein schlechtes Gewissen, daß ich dich auf der Party so allein gelassen habe.«

»Ich schätze es nicht, daß du jetzt immer abends noch mit deinen Freunden einen Drink nimmst.«

»Ich nehme es übel, wie deine Mutter auf mir herumhackt, wenn sie zum Dinner kommt.«

»Ich habe den ganzen Tag geweint, weil du gestern abend wegen einer Sache an mir herumgenörgelt hast, für die ich gar nichts kann.«

»Ich fürchte mich vor dir, wenn du so wütend wirst.«

»Ich möchte, daß du wieder der Mann bist, den ich geheiratet habe, und nicht solch ein Arbeitstier.«

»Ich möchte, daß du die Frau bist, die ich geheiratet habe, und nicht eine solche ›Gouvernante‹.«

Dritter Schritt: Wenn es Ihnen schwerfällt, das Pronomen »ich« zu gebrauchen, können Sie zwei Tricks anwenden:

1. Zählen Sie, wie oft am Tag Sie das Wort »ich« benutzen. Führen Sie genau Buch in Ihrem Arbeitsheft.

2. Machen Sie einen bewußten Versuch, die folgenden drei Satzpaare so oft wie möglich zu benutzen!

»Ich finde es gut, was du gesagt hast.«

»Ich finde es nicht gut, was du gesagt hast.«

»Ich finde es gut, was du getan hast.«

»Ich finde es nicht gut, was du getan hast.«

»Ich möchte, daß du . . .«

»Ich möchte nicht, daß du . . .«

Wenn Sie Schwierigkeiten damit haben, fangen Sie an mit »Ich bin auch der Ansicht« . . . »Ich bin nicht der Ansicht.«

Vierter Schritt: Während der Übungsperiode muß auch Ihr Partner seine Rolle übernehmen: Er muß Ihnen zuhören und mit Gefühl antworten. Witze sind nicht erlaubt. Diese Übung geht Sie beide an.

Fallbeispiel

Rick P., achtundzwanzig Jahre alt, ein hagerer, wortkarger Mann, der auf einer entlegenen Farm in Oklahoma aufgewachsen war, und seine Frau Kay, ein Mädchen aus der Großstadt, suchten mich wegen einer Paartherapie auf. Eines ihrer Hauptprobleme: Da sich Rick fürchtete, Gefühle zum Ausdruck zu bringen, teilte er nur selten mit, was in seinem Innern vorging. Kay konnte daher keinen Kontakt zu ihm herstellen und fühlte sich verzweifelt und einsam. Rick wiederum, der sich sehr nach Verständnis sehnte, fühlte sich von Kay nicht verstanden. Er fühlte sich ständig durch Kay gereizt, und neunzig Prozent ihrer Zeit verbrachten die beiden mit sinnlosen Auseinandersetzungen.

Ich gab Rick eine Reihe von Aufgaben. Aufgabe eins: tabellarisch festzuhalten, wie oft er Sätze brauchte, in denen er ein Gefühl ausdrückte. Aufgabe zwei: dreimal die Woche sollten er und Kay ein Tonbandgerät nehmen, und Rick sollte erzählen, welche Gefühle er bei einer bestimmten Sache hatte. Er sollte sich das Thema vorher aussuchen. Kays Aufgabe: zuzuhören, mit eigenen Worten auszudrücken, was er ihrer Ansicht nach fühlte, und Fragen zu stellen, wenn sie nicht sicher war, was er empfand. Sie sollte auf keinen Fall ihre eigenen Ideen ausdrücken. Am Ende jeder Sitzung sollte Rick das Band abhören, die Anzahl der Gefühlsverben, die er gebraucht hatte, zählen und sie in die Tabelle eintragen.

Nach drei Wochen Therapie saßen sie wieder in meiner Praxis. Zu Kay gewandt sagte Rick: »Du kannst dir gar nicht vorstellen, was es bedeutet, wenn man so viele Konflikte hat wie ich. Wenn ich von der Arbeit komme, kann ich es kaum erwarten, zu Hause zu sein, aber gleichzeitig möchte ich nichts wissen von all unseren Spannungen und Auseinandersetzungen. Ich gehe mit gemischten Gefühlen die Straße hinunter, und meine Beine sind wie Blei.«

Für einen Mann wie Rick klang das, wie wenn ein Sechsjähriger von der Differentialrechnung geredet hätte.

Kurz danach machte er eine andere bedeutungsvolle Feststellung. Kay hatte sich besonders darüber beklagt, daß Rick niemals etwas Zärtliches sagte, wenn sie sich liebten. Er hatte geantwortet: »Wie kann ich das? Ich fühle nichts, und selbst wenn ich es täte, ich habe noch nie so etwas gesagt.« Aber zwei Abende nach seiner obigen Äußerung in meiner Praxis machte Rick, als die beiden sich liebten, zärtlich das größte Gefühlsgeständnis, das überhaupt möglich ist: »Liebling, ich liebe dich wirklich.«

---

2. *Selbstenhüllung.* Ganz gleich, wie Ihre Ängste geartet sind und welche Zurückhaltung Sie sich in der Unterhaltung auferlegen, Sie können sich doch dazu erziehen, sich so mitzuteilen, daß Ihre Partnerschaft an Intimität gewinnt.

Fallbeispiel

Da er sich vor Selbstenthüllung fürchtete, konnte Allan seiner Frau gegenüber nur eins äußern: Ärger. Da er sie wirklich liebte, wollte er sich unbedingt ändern und mit ihr all die Gefühle austauschen, nach denen es sie so sehr verlangte. Ich bat Allan, eine Geschichte abzufassen über irgendein wichtiges Erlebnis, das er zwischen dem zehnten und zwanzigsten Lebensjahr gehabt hatte. Sein erster Entwurf sah folgendermaßen aus:

»Mit passierte etwas Wichtiges in der High School. Ich wollte in die Baseball-Mannschaft, aber ich wurde nur Ersatzmann. Mitten in der Saison wurden ein paar Spieler krank, und ich erhielt die Chance zu spielen. Schon beim ersten Schlag konnte ich ums ganze Feld rennen. Es war ungeheuer aufregend.«

Ich sagte zu Allan, daß er in dieser Anekdote kaum seine inneren Gefühle offengelegt hatte, und drängte ihn, es noch einmal zu versuchen. Nach mehreren Anläufen war seine nächste Version schon viel besser:

»Von klein an habe ich immer Baseball spielen wollen. Das lag teilweise an meinem Vater, der in seiner Jugend als Semiprofessioneller gespielt hatte. Wir spielten Fangball miteinander, aber ich war zu ungeübt und fühlte mich frustriert, daß ich es nicht besser konnte. Ich übte viel und träumte davon, daß ich einmal ein großer Spieler werden würde, aber im Innersten wußte ich, daß ich es nicht schaffen konnte. Als ich in der High-School-Mannschaft Ersatzmann wurde, war ich gleichzeitig in Hochstimmung und enttäuscht. Als ich meine große Chance erhielt und gleich ums ganze Feld rennen konnte, war mir, als wäre ein Traum wahr geworden. Als ich um das Spielfeld lief, meinte ich, durch die Luft zu schweben. Niemals hatte ich mir träumen lassen, daß mir meine Kameraden anerkennend auf die Schulter klopfen würden. (Dann mit einem sehr traurigen Unterton): Das war mein einziger Treffer in der ganzen Spielzeit. Im College habe ich nicht einmal mehr versucht, in die Mannschaft zu kommen.«

Allan und ich arbeiteten nun zusammen mehrere solcher Geschichten aus. Mit der Zeit wurde es für ihn einfacher, Gefühle zum Ausdruck zu bringen. Er lernte, seiner Frau Geschichten über seine erste große Liebe zu erzählen. Er berichtete ihr von seiner Hochstimmung, als er zum Präsidenten seiner Studentenvereinigung gewählt wurde und als er später sein erstes Vorstellungsgespräch hatte. Er arbeitete sich vor bis zu Geschichten über die Gefühle, die er hatte, als er seine Frau kennen- und liebenlernte, und erzählte schließlich Erlebnisse aus ihrem Ehealltag.

Als wir anfingen, war sich Allan nur solcher Gefühle wie Ärger und Ressentiment bewußt. Als er jedoch diese Geschichten erzählte, passierte zweierlei: a) Er wurde sich bewußt, daß es auch noch andere Dinge in seinem Leben gab wie zum Beispiel Stolz auf seine Tochter und Vorfreude auf gemeinsame Unternehmungen mit seiner Frau; b) er war plötzlich imstande, über diese Gefühle zu sprechen.

Übung
Ziel: Ihnen zu helfen, etwas Wesentliches mitzuteilen.

Erster Schritt: Nehmen Sie ein wichtiges emotionales Erlebnis (es kann lustig, traurig oder sogar traumatisch sein), das sich zu Beginn

Ihres Erwachsenenlebens ereignet hat. Es sollte etwas sein, das Ihnen wirklich etwas bedeutet (eine Beziehung, die auseinanderging, oder Ihr erster »großer Reinfall«). Erzählen Sie es laut, oder sprechen Sie es auf Band. Hören Sie sich an, wie Ihre Stimme dabei klingt. Überlegen Sie, wie Sie die Geschichte so verändern können, daß sie mehr von Ihren Gefühlen verrät.

ZWEITER SCHRITT: Erzählen Sie sie Ihrem Partner.

DRITTER SCHRITT: Der zuhörende Partner sollte seine Gefühle einmal ganz aus dem Spiel lassen und versuchen, alle Nuancen der Geschichte zu erfassen und gleichsam in Ihre Haut zu schlüpfen.

VIERTER SCHRITT: Bitten Sie Ihren Partner, Ihnen eine ähnlich enthüllende Geschichte zu erzählen. Diesmal versuchen Sie, in die Haut Ihres Partners zu schlüpfen.

3. Hören Sie auf zu verletzen, zeigen Sie statt dessen Verständnis. Viele fürchten sich, in einer engen Partnerschaft zärtliche Gefühle auszudrükken. Sie haben vielleicht Angst, etwas zu geben: die Vertrautheit, die daraus entstehen könnte, oder möglicherweise das Gefühl, ausgenutzt zu werden. Oder sie fürchten sich, etwas zu nehmen: Dies könnte ihnen ein Gefühl der Abhängigkeit oder Schwäche geben. Einige rationalisieren das so: »Wenn ich mich nun an ihre Liebe gewöhne, und plötzlich macht sie Schluß damit?« Folglich sind viele Paare so mit dem falschen Ziel beschäftigt, keine schlimmen Erfahrungen zu machen, daß sie nichts mehr tun, um Positives miteinander zu erleben. Sie werden Experten darin, sich gegenseitig zu verletzen, und vergessen darüber, einander Freude zu bereiten.

Dr. Richard B. Stuart, jetzt an der Universität von Utah, hat eine Technik entwickelt, die bestimmte Partnerschaftstage vorsieht. Sie hat zwei Ziele: a) dem Partner *bewußt zu machen*, was dem anderen *Freude bereitet* statt ihn zu ärgern und b) es sich *zur Gewohnheit zu machen*, Dinge zu tun, die dem anderen Freude bereiten, das Geben und Nehmen zu erlernen und so die Partnerschaft für beide zu bereichern.

Übung
Ziel: zu lernen, wie man Zärtlichkeit gibt und empfängt.

ERSTER SCHRITT: Setzen Sie zwei Partnerschaftstage fest. Am besten geeignet sind die Wochenenden. Am kommenden Sonnabend zum Beispiel widmen Sie sich ganz Ihrem Partner; in der nächsten Woche widmet sich Ihr Partner ganz Ihnen. Werfen Sie eine Münze, um festzustellen, wer den Anfang machen soll.

ZWEITER SCHRITT: Angenommen, Sie machen den Anfang. Führen Sie auf einer Liste all die Dinge auf, mit denen Sie Ihre Gefühle für den Partner zeigen können. Das fällt vielen schwer. Sie fühlen sich gehemmt durch Gefühle wie: »Wenn ich mich nun täusche? Wenn das nun zeigt, daß ich den anderen gar nicht verstehe?« Vielleicht irren Sie sich tatsächlich, aber deshalb brauchen Sie keine Angst zu haben. Fassen Sie diese Übungen als eine Möglichkeit auf, mehr zu »verstehen«. Indem Sie eine Liste all der Dinge aufstellen, die Sie tun wollen, verlieren Sie die Angst und kommen zu einem besseren Verständnis des Partners. *Warnung:* Wenn Sie Ihre Liste entwerfen, machen Sie nicht den Fehler, sich statt Gefühlshandlungen nur »sachliche« Handlungen vorzunehmen (wie zum Beispiel den kranken Verwandten Ihres Partners zu besuchen). Diese können zwar hilfreich sein, weil Sie Ihre Anteilnahme verraten, aber es ist besser, etwas Zärtlichkeit zu zeigen und damit zum Ausdruck zu bringen: »Ich verstehe dich.« Einige Beispiele aus meinem Patientenkreis:

- Die Ehefrau trägt zu Hause keinen Büstenhalter, weil sie weiß, daß das ihren Mann sexuell erregt.
- Der Mann benutzt ein Rasierwasser, das seine Frau sehr gern hat. Sie hatte es eigens für den Partnerschaftstag gekauft.
- Die Lieblingsplatten des Partners bereitlegen und sie den ganzen Tag lang spielen.
- Im Kamin ein Feuer anzünden und das Frühstück davor servieren.

DRITTER SCHRITT: Führen Sie aus, was auf Ihrer Liste steht. Der Partner sollte Ihre Freude beim Geben akzeptieren und nicht überkritisch oder peinlich berührt sein.

VIERTER SCHRITT: Am Abend diskutieren Sie Ihre Reaktionen. Wie bei so vielen Übungen und Vorschlägen in diesem Buch, probierten Jean und ich sie miteinander durch. Jean war zuerst an der Reihe. Sie hatte ihre Liste auf gelbes Papier getippt und machte sich daran, die einzelnen Punkte auszuführen. So servierte sie Frühstück im Bett, räumte meinen Kleiderschrank auf, bereitete den sonntäglichen Brunch (gewöhnlich meine Aufgabe) und ging, um die New York Times zu holen. Sie tat all das, *was sie sich unter den gleichen Umständen von mir gewünscht hätte.* Aber ich hasse Frühstück im Bett, halte meinen Kleiderschrank am liebsten selbst in Ordnung, hole gern die Times und mache gerne Brunch. Ihr Partnerschaftstag zeigte mir, was *sie* sich wünschte. Jean lernte, zwischen meinen wirklichen Wünschen und ihrer Interpretation meiner Wünsche zu unterscheiden.

FÜNFTER SCHRITT: An Ihrem Partnerschaftstag verfährt Ihr Partner nach der gleichen Methode wie Sie. Diesmal akzeptieren Sie. Und am Abend diskutieren Sie.

SECHSTER SCHRITT: Nachdem jeder von Ihnen einen Partnerschaftstag organisiert hat, legen Sie wiederum zwei für die nächste Zukunft fest. Fahren Sie damit fort, solange es Ihnen Spaß macht.

Handeln Sie Probleme und Unstimmigkeiten in einem modernen Ehevertrag aus

Partner haben bestimmte Verhaltensmuster. Oft vermeiden Sie und Ihr Ehepartner, über unangenehme Dinge auch nur zu sprechen, weil Sie fürchten, dadurch einen Ehekrach zu provozieren. Sie leben nach dem »München-Syndrom«: »Frieden um jeden Preis.« Sie sagen: »Eigentlich macht es nichts«, obwohl Sie tief in Ihrem Innern wissen, daß es Ihnen sehr viel ausmacht. Oder Sie treten beide wie die Rodeo-Cowboys auf in der Hoffnung, daß eine entschiedene Sprache mögliche Kontroversen im Keim erstickt. Ein Mann erzählt: »Wenn ich ihr widerspreche, gibt es jedesmal eine Katastrophe. Wenn sie nicht alle Entscheidungen treffen kann, ist sie nicht zufrieden.« Eine Frau erzählt: »In fünfzehn Jahren Ehe hatte ich niemals das Recht auf eine andere Meinung. Wenn ich meinen Willen durchsetzen will, geht das nur mit Tränen.«

Wenn Sie vor der Frage stehen, ob Sie eine Angelegenheit zur Sprache bringen wollen, müssen Sie Ihre Rechte in der Ehe durchdenken (»Habe ich das Recht, unser beider Lebensstil gleichberechtigt mitzubestimmen?« . . . »Habe ich das Recht, an meine eigenen Bedürfnisse zu denken, oder muß ich nur die Bedürfnisse meines Partners sehen?«) und dann handeln. Mehr und mehr Ehepaare entdecken, daß moderne Eheverträge, die im einzelnen regeln, wie die täglichen Pflichten aufgeteilt werden sollen und wer was im Fall einer Scheidung erhält, außerordentlich nützlich sind, wenn es gilt, Unstimmigkeiten über Rechte und Entscheidungen in der Ehe beizukommen.

Viele fürchten sich davor, Schwierigkeiten zur Sprache zu bringen, weil sie keine Vorstellung haben, wohin das alles führen soll. Sowie sie Sätze wie »Wir haben ein Problem. Ich bin beunruhigt, weil . . .« hervorgebracht haben, sind sie hilflos. Manche können noch nicht einmal das Wort »Problem« herausbringen. Sie fühlen sich einfach überfordert. Wenn es für Ihre Probleme klare Lösungen gibt, werden Sie sich nicht mehr so hilflos fühlen. Wenn bestimmte Verhaltensweisen vertraglich festgelegt sind, sind Sie gezwungen, das zu tun, wovor Sie sich so fürchten.

Sie können einen Vertrag abfassen, wenn Sie fast verheiratet oder jungverheiratet sind, wenn Sie unverheiratet zusammenleben oder wenn Sie auf zwanzig lange Ehejahre zurückblicken. Sie können ein dreizehn Seiten langes Dokument haben, das alles umfaßt von Rechten, Erwartungen und Beschränkungen bis hin zu sexuellen, finanziellen, häuslichen und elterlichen Pflichten. Sie können aber auch einen mündlichen Vertrag machen. Ein Ehepaar hat zum Beispiel zwei Verträge, einen über Pflichten und einen über Kommunikation. Der letzere ist innen auf der Schlafzimmertür angebracht und führt Punkte auf wie »Sag mir bitte gleich, wenn du ärgerlich bist« und »Versuch es mich wissen zu lassen, wenn du über irgend etwas deprimiert bist«.

Wenn Sie sich die Mühe machen, einen Ehevertrag niederzuschreiben, so stabilisieren Sie dadurch Ihre Beziehung. Jeder von Ihnen weiß, wo er steht. Unklarheit treibt Ehepartner in die Scheidung. Es ist aber noch wichtiger, daß ein Ehevertrag Ihnen hilft, Dinge vorzubringen, die zu sagen Sie sich gefürchtet haben und daß Sie das in einem konstruktiven Zusammenhang tun können.

Übung: Schreiben Sie Ihren Ehevertrag.
Ziel: Ängste zu überwinden durch Klarstellung und Durchsetzung ehelicher Rechte und Pflichten

ERSTER SCHRITT: Denken Sie darüber nach, was Sie in den Vertrag aufnahmen wollen. Zum Beispiel:

1. Pflichten und Arbeitsteilung im Haushalt. Einige Paare wechseln sich monatlich bei den hauswirtschaftlichen Pflichten ab. Andere weisen jedem die Arbeiten zu, die er am liebsten tut.

2. Maßnahmen zur Gründung einer Familie oder Verzicht darauf, Glaubensfragen, Teilnahme am gesellschaftlichen Leben, Empfängnisverhütung und wer für sie zuständig ist. Was geschieht, wenn die Frau eine gute Stelle erhält, die einen Umzug in eine andere Stadt nötig macht? Hat bei einer Wiederheirat nur der biologische Elternteil das Recht, über die Kinder zu entscheiden, oder können auch Stiefvater oder -mutter daran teilnehmen. Wer darf wieviel Raum für sich in Anspruch nehmen?

Eine Frau erzählt: »Wir kaufen eine Vierzimmerwohnung. Er hat seine Höhle. Wir haben ein gemeinsames Schlafzimmer, aber es ist mein Revier. Ich entscheide, wo der Fernseher steht und welche Zeitungen hier liegen dürfen. Der Raum gehört mir.«

3. Zeiteinteilung. Vielleicht wollen Sie die Zeit in Deine Zeit, Meine Zeit und Unsere Zeit einteilen.

4. Finanzielle Vereinbarungen über das augenblickliche Vermögen, Gehälter, Ersparnisse und Ausgaben. Einige Ehepaare vereinbaren, daß »alles, was nach der Eheschließung erworben wird, gemeinsames Eigentum werden soll«, wodurch sichergestellt wird, daß auch der nicht verdienende Ehepartner den gleichen Anteil am Familieneinkommen hat. Andere legen ihr Einkommen zusammen, bestreiten daraus ihre Ausgaben und teilen den Überschuß. Andere wiederum teilen sich die Unkosten im Verhältnis zur Höhe der beiderseitigen Einkommen.

ZWEITER SCHRITT: Jeder Partner stellt seine eigene Liste auf, und danach wird der endgültige Vertrag gemeinsam ausgehandelt.

DRITTER SCHRITT: Was Sie auch immer in Ihrem Vertrag aufführen, lassen Sie sich die Möglichkeit offen, einzelne Punkte zu ändern, neu zu bewerten, zu ergänzen und eventuell neu auszuhandeln. Ein Ehepartner aus Maryland zum Beispiel stellte fest, daß ihr Vierzehn-Punkte-Vertrag, den sie vor zwei Jahren nach zehnjähriger Ehe geschlossen hatten, nicht funktionierte. Mary, die drei Kinder unter acht hatte und seit kurzem wieder berufstätig war, verübelte Dave, daß er in Sachen »Gesundheitspolitik« so viel herumreiste. So stellten sie einen Reisevertrag auf, der seiner Reiserei gewisse Beschränkungen auferlegte. Wenn er in einem Monat mehr als zwei Wochenenden unterwegs ist, muß er während der darauffolgenden Woche sämtliche Haushaltspflichten übernehmen. Dave sagt dazu: »Der Reisevertrag ist für mich eine große Befreiung gewesen. Jetzt, wo meine Zeit genau eingeteilt ist, kann ich meine Termine so planen, wie ich es will. Ich brauche mich nicht mehr mit dem Gedanken herumzuschlagen: ›Werden wir darüber Krach kriegen?‹«

Wie Sie lernen, mit Kritik umzugehen

Wer eine gute Partnerschaft erreichen will, muß konstruktive Kritik üben und ertragen können. Dadurch werden Probleme und Mißverständnisse geklärt und der Weg bereitet zur Erörterung und Lösung von Schwierigkeiten. Gegenseitige Kritik kann zu mehr Intimität führen. Man lernt aus ihr. Vielleicht stimmt etwas mit Ihnen nicht; Sie fallen andern stets ins Wort, haben Mundgeruch, sprechen zu laut. Wenn es Ihnen Ihr Partner nicht sagt, wer wird es dann tun?

Viele Ängste können den Austausch von Kritik hemmen. Weil Sie fürchten, daß Ihr Partner verletzt sein oder zurückschlagen könnte, sind Sie eventuell außerstande, Kritik zu üben. Sie schweigen, aber trotzdem staut sich in Ihnen so viel Groll, daß Sie zur falschen Zeit, am falschen Ort, aus falschem Anlaß eine kritische Attacke vom Stapel lassen.

Oft rührt diese ungerechtfertigt erscheinende Kritik aus ihrem »ungeschriebenen« Ehevertrag her. Jedes Paar beginnt seine Ehe sowohl mit offenen wie mit geheimen Erwartungen. Eine junge Frau nimmt zum Beispiel an, daß die Wochenenden dem Vergnügen gehören sollen und daß ihr Mann sie gemeinsam mit ihr planen wird. Er dagegen glaubt, daß sein »Vertrag« bedeutet, daß er für einen hohen Lebensstandard sorgen muß; und darum muß er an den Wochenenden arbeiten. Doch keiner spricht über seine Erwartungen. Das Ergebnis: Sie sagt zu ihm »Streber«; er sagt: »Du hast kein Verständnis für meine Arbeit. Hör auf, an mir herumzumeckern.« Untersuchen Sie solche Kritik, um die unausgesprochenen Meinungen und Erwartungen dahinter zu erkennen. Wenn Sie das nicht tun, kann Ihr »ungeschriebener« Ehevertrag zur geheimen Quelle ständigen Streits zwischen Ihnen werden.

Kritik fördert die Partnerschaft: ein Programm

1. Erkennen Sie, daß Kritik für Sie ein Problem darstellt. Dabei können Ihnen die folgenden Fragen helfen:

- Geht bei Ihnen Kritik meistens nur von einem der Partner aus? Kritisiert einer von Ihnen ewig herum?
- Sind Sie ständig voll schwelenden Grolls, bringen aber Ihre Verstimmung nur selten zum Ausdruck?
- Führt jede Kritik – ganz gleich, von welchem Partner sie ausgeht – zu einer sinnlosen Auseinandersetzung oder zu einem Ehekrach?
- Ruft Kritik – ganz gleich, wer von Ihnen beiden sie übt – keinerlei Reaktion hervor, und führt sie auch nicht zu einem besseren Einvernehmen?
- Gibt Ihnen jede Kritik das Gefühl »Ich bin an allem schuld«?
- Äußern Sie Kritik zu unpassender Zeit und auf unangemessene Art?
- Nimmt in Ihrer Ehe Kritik an Nebensächlichkeiten oft ungeahnte Ausmaße an?

Wenn Sie diese Fragen mit »Ja« beantworten, dann haben Sie irgendwie Angst, Kritik selbst zu üben oder entgegenzunehmen. Setzen Sie sich ein festes Ziel. Überwinden Sie Ihre Angst vor Kritik, so daß Sie eine konstruktive Einstellung dazu gewinnen. Hören Sie auf, ihr aus dem Weg zu gehen oder alles abzustreiten (»Das habe ich nicht getan«), anzugreifen (»Gemeiner Hund«, »Bastard«) oder sofort klein beizugeben (»Natürlich, es ist alles meine Schuld«).

2. Lernen Sie, Kritik anzunehmen. Ihre erste Antwort sollte Ihnen eine gewisse Erleichterung verschaffen. Es ist nicht Ihr Ziel, Ihren Partner zu ändern, sondern Ihnen das Gefühl zu geben, daß Sie die Situation beherrschen.

- Legen Sie Gefühl in Ihre Antwort. Reagieren Sie auf Kritik in der engen Partnerschaft anders, als Sie das gegenüber einem gleichgültigen Bekannten tun würden. Hier ist es Ihr Ziel, Ihre Kommunikation zu verstärken. Ihre Frau kritisiert Sie zum Beispiel, daß Sie heute morgen solch schlechte Laune hatten. Sie könnten darauf antworten: »Ich bin dir böse, daß du es nun schon zum fünften Male erwähnst. Langsam reicht's mir.«
- Drehen Sie den Spieß um. Er sagt: »Du hast zu lange mit deinen Freunden telefoniert, deshalb haben wir keine Zeit mehr, miteinander zu sprechen.« Darauf könnten Sie antworten: »Ich glaube, du übertreibst ein bißchen, nicht wahr.«
- Setzen Sie Humor ein. Ein Mann antwortete auf die ständigen und

gewöhnlich ungerechtfertigten Nörgeleien seiner Frau über seine »ungepflegte Erscheinung« mit verschiedenen Versionen des Kommentars: »Ist doch sexy, was?« Durch diese Bemerkung reduzierte er seine Angst von 80 auf 5 Prozent. *Warnung:* Seien Sie vorsichtig. Zu dick aufgetragen, kann Humor Ihre Probleme auch verschlimmern.

- Zeigen Sie Verständnis. Nehmen Sie die Kritik Ihres Partners nicht immer wörtlich. Sie sind zum Beispiel mit einem Star von Vertreter verheiratet, der gerade von einer enttäuschenden Geschäftsreise zurückgekehrt ist. An jenem Abend kritisiert er beim Abendessen Ihr Äußeres, das Essen und wie das Haus aussieht. Sie müssen verstehen, daß diese gedankenlos vorgebrachten Worte bedeutungslos sind; wichtig ist nur, daß Ihr Mann niedergeschlagen ist. Das wäre vielleicht eine Gelegenheit, seine Worte zu ignorieren und zu sagen: »Du hast aber auch eine schwere Woche hinter dir.«

3. Lernen Sie zu kritisieren. Wenn Ihnen Kritik Schwierigkeiten macht, üben Sie. Dadurch verliert sie ihre Schrecken und fällt Ihnen leichter. Hier sind zwei Vorschläge, falls Ihnen der Anfang schwerfällt.

- Schreiben Sie einen Dialog nieder. Bringen Sie Ihre Kritik zum Ausdruck und die Antwort Ihres Partners. Beginnen Sie mit relativ harmlosen Antworten, die kaum Angst in Ihnen wachrufen. Dann spielen Sie den Dialog mit Ihrem Partner durch. Da Sie wissen, was kommt, werden Sie keine große Angst empfinden. Ändern Sie den Dialog nicht ab. Improvisieren Sie nicht. Ein Dialog könnte sich zum Beispiel so anhören:

  Mann: Mir paßt es nicht, daß du deine Eltern am Sonntag zum Essen eingeladen hast. Ich habe im Haus einiges zu erledigen.

  Frau (gibt Antwort, die kaum Angst wachruft): Vielleicht hätte ich dich erst fragen sollen. Es tut mir leid.

  Mann: Wenn es um deine Eltern geht, denkst du überhaupt nicht an meine Angelegenheiten. Ich möchte, daß du mich in Zukunft fragst, bevor du sie einlädst.

  Frau (sich zur Wehr setzend): Das stimmt nicht ganz. Ich frage dich oft. Ich denke schon an deine Angelegenheiten. Ich habe ein Recht, meine Eltern einzuladen.

  Mann: Bitte, frage mich in Zukunft!

  Frau: Du hast recht. Ich werde dich von jetzt ab fragen.

  Anmerkung: Im vorangegangenen Dialog macht es sich der Mann einfach, da er seiner Frau Antworten gibt, die keine Drohung enthalten. In späteren Dialogen wird er ihr Antworten in den Mund legen, die ihn in eine schwierigere Situation bringen. Verfahren Sie in Ihren Dialogen genauso.

- Rollenspiel. Diese Technik bedient sich einer loseren Form als der Dialog. Sie beginnen mit Ihrer Kritik (es dürfte leichter sein, wenn Sie sie vorher niederschreiben), und dann improvisieren Sie beide. Ihr

Rollenspiel sollte nur zwei bis drei Minuten dauern. Benutzen Sie einen Küchenwecker. Wenn er schellt, müssen Sie aufhören.

Wenn Sie das Kritisieren in diesen relativ ungefährlichen Situationen üben, sehen Sie der Angst ins Auge und desensibilisieren sich dagegen. Diese Übung wird Ihnen im wirklichen Leben manches leichter machen.

Ihre Art zu kritisieren verstärkt manchmal die Angst Ihres Partners und verschlimmert die Situation noch. *Vielleicht müssen Sie die Art Ihrer Kritik ändern.* Hier einige Tips, wenn Sie ständig die Ängste Ihres Partners schüren:

- Äußern Sie private Kritik nicht in der Öffentlichkeit. Eine Party ist nicht die richtige Gelegenheit, Äußerungen, die Ihr Mann gerade getan hat, zu kommentieren (»Was für eine dumme Bemerkung«) oder zu erzählen, was er zu Hause getan hat (»Er ist so ungeschickt. Sie sollten einmal sehen, wieviel Mühe es ihm macht, einen Nagel in die Wand zu schlagen.«).
- Achten Sie auf den richtigen Zeitpunkt. Sagen Sie nicht »Warum verdienst du so wenig«, wenn sich Ihr Partner gerade in einer schwierigen beruflichen Situation befindet. Warten Sie auf einen günstigeren Augenblick und sagen Sie etwa: »Was können wir tun, um unser Einkommen zu verbessern?«
- Ziehen Sie keine kritischen Vergleiche mit anderen: »Meine Mutter hat das so gemacht« ... »Meine frühere Frau machte gewöhnlich« ... »Als ich noch allein lebte, tat ich immer ...«
- Greifen Sie Ihren Partner nicht persönlich an: Reden wie »Du liebst deinen Vater, nicht mich« führen nirgendwohin, es sei denn zum Krach. Drücken Sie sich klar aus: »Ellen, du hast die halbe Zeit unseres Zusammenseins von deinem Vater erzählt. Das ärgert mich, und ich wünschte, du würdest das unterlassen.«

Machen Sie Schluß mit automatischen Reaktionen: Sie zerstören die Partnerschaft.

Ganz gleich, was der Partner tut, einige Menschen reagieren auf alles mit schlechtem Gewissen, Ärger oder Sichzurückziehen. Diese Reaktionen können in nicht wiedergutzumachender Weise verletzen. Manchmal erfolgen sie gar nicht bewußt. Im Laufe der Jahre tritt die Reaktion ganz automatisch ein.

Ihr Partner tut oder sagt etwas – ganz gleich, was es ist. Sie reagieren darauf mit Ihren automatischen Gefühlen. Diese Reaktion führt bei Ihnen zu irgendwelchen unangemessenen Verhaltensformen: Entschuldigungen (»Es wird nicht wieder vorkommen«), Schreien, Toben, Sichverstecken hinter der Zeitung. Ihre Handlungen bringen Ihren Partner auf, und die Situation verschlimmert sich noch.

Wenn Sie ein automatisches Verhaltensmuster entwickelt haben, *so müssen Sie es sich bewußtmachen.* Überprüfen Sie sich. Vielleicht sind Sie sich in dem Augenblick, in dem Sie sich hinter die Zeitung zurückziehen, Ihres Verhaltens gar nicht bewußt, aber schon bald danach wissen Sie es ganz genau. Überprüfen Sie Ihre Ärger- und Schuldmuster. Wenn es sich hierbei um automatische Reaktionen handelt, können Sie sie durch bewußte Entspannung stoppen. Benutzen Sie die Kurzfassung der Entspannungsübung aus Kapital 4. Ich habe diese Technik bei vielen Patienten, die diese Schwierigkeit hatten, mit Erfolg angewandt. Im Fall von Jane und Bob zum Beispiel – ich habe das erste Gespräch mit ihnen früher in diesem Kapitel zitiert – wies ich Jane an, jedesmal, wenn sie sich ihrer automatischen Wutreaktion bewußt wurde und zu schreien begann, das Wort »ruhig« zu denken. Dabei sollte sie ausatmen, tief einatmen und dann sagen, was sie auf dem Herzen hatte. Wenn sie es vergaß, sollte Bob sagen: »Mach deine Atemübung.« Das half ihnen weiter. Nachdem Janes automatische Wutreaktion aufgebrochen war, wurden beide freier, an ihren Eheproblemen zu arbeiten. Das bedeutet nicht, daß Sie jetzt nicht mehr wütend werden, sich schuldig fühlen oder sich in Ihr Schneckenhaus zurückziehen sollen, aber Sie werden Ihre Gefühle anders ausdrücken und erleben. Statt wie ein Roboter zu reagieren, werden Sie fähig sein, das, was Sie sagen wollen, Ihrem Partner verständlich mitzuteilen.

Fallbeispiel

Grace, eine Frau Anfang vierzig, sagte mir, sie habe zwei Probleme: leichte Platzangst und eine »schlechte Ehe«. Ihrem Mann zufolge hatte sie noch ein drittes Problem: »Jähzorn«. Martin fürchtete sich vor Graces Wutausbrüchen. Immer wenn sie wütend wurde, zog er sich automatisch in seine eigene Welt zurück. Er flüchtete in seine Höhle und versteckte sich hinter einem Buch. Wenn sie ihm dorthin folgte, ging er ins Badezimmer, schloß die Tür ab und blieb dort eine Stunde lang. Wenn sie im Auto saßen, und er sich nicht zurückziehen konnte, schwieg er still. Dieses Sichzurückziehen jagte ihr Angst ein. Wie viele Menschen mit Platzangst hatte Grace große Angst vor Trennung und Verlassenwerden. Wenn sich Martin zurückzog, steigerte sich ihre Angst, sie verlieh ihr durch immer heftigere Wutausbrüche Ausdruck, und dadurch verstärkte sie Martins automatische Reaktion, sich zurückzuziehen, noch. Da Martin der Stärkere zu sein schien, fingen wir an, bei ihm den Hebel anzusetzen. Sobald er sich seines Rückzugbedürfnisses bewußt wurde, sollte er sich beruhigen, sich dann an Grace wenden und irgend etwas sagen – am besten etwas Zorniges. Martin fiel es schwer, seinen Ärger auszudrücken, aber er lernte es, das Thema zu wechseln und einen Kommentar über den Anlaß ihrer Wut zu machen. Er hörte auf, sich zurückzuziehen.

Seine Fähigkeit, dies zu tun, verringerte ihre Ängste und war der erste Schritt zur Überwindung ihres ehelichen »Ärger-Rückzug-Pingpong-Spiels«.

Lernen Sie, in Begriffen des Wollens und nicht des Müssens zu denken

Stereotype Auffassungen von der »guten Ehefrau« oder dem »guten Ehemann« spielen oft eine wichtige Rolle für die Entwicklung einer Partnerschaft. Dieses Stereotyp kann ziemlich zerstörerisch werden, wenn sich alle Handlungen danach richten und die Angst vor Kritik hinzukommt. Wenn Sie nicht tun, was Ihnen Ihr Stereotyp befiehlt, werden Sie kritisiert. Um die Möglichkeit solcher Kritik zu vermeiden, lassen Sie Ihr Eheleben eher von Vorstellungen des Müssens als des Wollens regieren. Nehmen wir zum Beispiel den Fall eines jungen Ehepaares. Beide Partner arbeiten ganztägig und besuchen abends noch Fortbildungskurse. Die einzige Zeit, die sie für sich haben, sind die Wochenenden, aber sie verbringen den Sonnabend und den Sonntag mit einer wahren Orgie des Putzens, Polierens und Scheuerns. Vielleicht könnte ihnen etwas Besseres einfallen, wenn sie mehr Zeit miteinander verbrächten und ihre Wohnung weniger perfekt wäre.

Indem Sie, wenn es vernünftig ist, das tun, was Sie wollen, überwinden Sie die Angst, kein guter Ehepartner zu sein.

Übung
Ziel: Sie frei zu machen, das zu tun, was Sie tun wollen.

ERSTER SCHRITT: Führen Sie vier Dinge auf, die Sie als Ihr ständiges persönliches »Muß« betrachten. Zum Beispiel: »Ich muß meine Eltern jedes Wochenende besuchen« . . . »Mein Haus muß immer tadellos in Ordnung sein.«

ZWEITER SCHRITT: Schreiben Sie nieder, was Sie dadurch gewinnen. Das Gefühl, gut zu sein? Dem Zorn oder der Kritik eines anderen dadurch entgehen? Was würde geschehen, wenn Sie Ihr »Muß« nicht erledigten?

DRITTER SCHRITT: Was würden Sie gerne an die Stelle des »Muß« setzen? Würden Sie es vorziehen, Ihre Frau am Sonnabendnachmittag zu lieben statt Ihre Schwiegermutter zu besuchen? Müssen Sie die Dachkammer putzen, wenn Sie eigentlich mit den Kindern eine Spazierfahrt machen wollen? Bei dieser »Muß«übung ist Jean meine Musterschülerin. Sie hatte früher die Vorstellung, daß sie mir jeden Abend eine Feinschmeckermahlzeit servieren müsse. Ihre Mutter hatte ihrem Vater immer ein wunderbares Abendessen gemacht. Ihre Mutter – die schon fünfundzwanzig Jahre tot war – würde sich im Grab umdrehen, so argumentierte sie, wenn sie das nicht auch mache. Wegen meiner Sprechstunden essen wir von Montag bis Donnerstag nicht vor 21 Uhr. Jean hat jedoch auch einen sehr harten Arbeitstag, und das Feinschmeckermahl war eine Belastung für sie. Obwohl das Essen großartig schmeckte, war Jean daher beim Essen oft unnötig abgespannt und übermüdet. Jetzt, nachdem sie gelernt hat, das Müssen durch das Wollen zu ersetzen, nimmt sie sich an diesen Tagen vor, am Spätnachmittag etwas zu tun, was ihr Spaß macht, und wir essen dann etwas Einfaches und Schnelles. Ich fühle mich dadurch erleichtert. Ich esse lieber Hamburger, gewürzt mit guter Unterhaltung, als Kalbsmedaillons mit Mißstimmung als Beilage. Jean sagte: »Zuerst war es hart, aber jetzt, nachdem wir es über ein Jahr praktizieren, habe ich überhaupt keine Gewissensbisse mehr. Ich bin ich – nicht meine Mutter.«

Die Partnerschaft beenden

Selbst wenn Paare in völliger Disharmonie leben, hält sie Angst davor zurück, ihre Beziehung abzubrechen. Da ist einmal die Angst vor dem Verlassenwerden, und zum anderen kann man eine Scheidung auch als Eingeständnis von Versagen betrachten. Wenn Sie Ihre Ehe aufgeben müssen, dann stimmt etwas nicht mit Ihnen als Person. Selbst bei der heutigen Scheidungsrate fürchten immer noch viele Männer und Frauen in mittleren Jahren, »was die anderen dazu sagen werden«. Einige fürchten sich vor dem Bruch. Andere fürchten sich vor neuen Pflichten: vor dem Zwang, mehr Geld verdienen und sich um die praktischen Dinge des täglichen Lebens kümmern zu müssen. Ein Mann hatte Angst, er würde es nicht fertigbringen, Lebensmittel einzukaufen.

Die übertriebene Angst, den Partner zu verletzen, dient oft dazu, eine qualvolle Beziehung zu verlängern. Man sieht zu, wie das Elend immer größer wird, und hofft, daß der andere »den Bruch vollziehen und die Schuld auf sich nehmen wird«. Viele Paare kommen zur Eheberatung in der Hoffnung, daß ihnen der Berater sagt: »Sie sollten Schluß machen.«

Bevor man irgendwelche Entscheidungen zwecks Beendigung der Partnerschaft trifft, sollte man sich vergewissern, ob man sein möglichstes getan hat, um sie zu retten.

Machen Sie zusammen mit Ihrem Partner jede nur mögliche Anstrengung, Ihre Ehe zu verbessern. Ganz gleich, welche Fehler Ihr Partner hat, wie »schrecklich« er sich benommen hat, konzentrieren Sie sich darauf, was sie tun können, um Ihre Ehe zu retten.

○ Wenn nichts hilft, versuchen Sie es mit einer Beratung. Wenigstens werden dadurch die Maßnahmen herauskristallisiert, die Sie ergreifen wollen.

Vielleicht müssen Sie feststellen, daß alle Ihre Ängste vor der Zukunft wahr werden, aber selbst dann finden Sie nach dem Bruch mehr Frieden.

Fallbeispiel

Marilyn, eine schicke Werbetexterin, Anfang Dreißig, hatte mit Tom, dem Chef einer Versuchsanstalt in Manhattan, vier Jahre lang zusammengelebt. Tom versprach ihr immer wieder, sich von seiner Frau scheiden zu lassen, aber es geschah nichts.

Nach einer Therapie erkannte Marilyn, 1. daß Tom sich wahrscheinlich niemals scheiden lassen würde; 2. daß sie keine finanzielle Sicherheit hatte. Wenn Tom starb, würde seine Frau alles bekommen. Marilyn hatte zwei Alternativen: zu bleiben oder sich auf ein Leben ohne Tom einzurichten. Sie entschied sich für das letztere.

Sie sagt: »Ich hatte so schreckliche Angst, ich würde ihn verlassen, und dann würde er sich scheiden lassen und mit einer anderen weggehen. Ich dachte immer: ›Vielleicht sollte ich noch ein Jahr warten.‹ Ich zog aus, konnte ihn aber nicht sofort aufgeben. Drei qualvolle Monate traf ich immer wieder mit ihm zusammen. Ich hatte auch Angst, ich würde niemand anders kennenlernen. Das ist eingetroffen. Tom ist für mich der beste Mann, den ich je kennengelernt habe. Es ist jetzt anderthalb Jahre her, und ich habe keinen Mann getroffen, der mich interessiert. Vielleicht werde ich niemals einen finden. Aber ich hätte mich nicht mehr achten können, wenn ich noch länger mit ihm zusammengelebt hätte.«

Sie können auch herausfinden, daß durch den Bruch Ihrer beider Probleme gelöst werden.

Fallbeispiel

Seth A., ein gutaussehender, ehrgeiziger Effektenberater, wollte in seiner Maklerfirma Partner werden, Geld verdienen, ein glückliches Familienleben haben, ein Landhaus und eine Frau, die seine Ziele zu den ihrigen machte. Als er Norma heiratete, machte er das ganz klar, als er sagte: »Ich sorge für das Finanzielle, du wirst die gesellschaftliche Verantwortung übernehmen. Mein Beruf verlangt, daß wir viele Gäste einladen.« Aber Seth verstand nicht, wie tief Normas Ängste saßen. Als verwöhnte junge Frau fürchtete sie sich, irgend etwas zu tun, was Stärke ausdrücken würde. Sie wollte nur umsorgt werden. Norma konnte nicht die Verantwortung übernehmen, Partys zu geben und Geschäftsfreunde zu unterhalten. Die beiden kapselten sich immer mehr ab. Norma lehnte alle Einladungen ab, weil sie sie ja hätte erwidern müssen.

Nach sieben Ehejahren und zwei Kindern bestand Seth darauf, daß Norma mit einer psychotherapeutischen Behandlung begann. Der Therapeut sagte zu Seth: »Sie ist sehr narzißtisch. Es ist viel passive Abhängigkeit in ihr.« Seth traf eine Entscheidung: »Mein Leben entgleitet mir. Diese Ehe ist nichts für mich.« Er wollte um jeden Preis heraus, aber eine Angst nagte in seinem Innern. »Mein Vater war ein verantwortungsloser Playboytyp, der nur wenig Zeit für meine Mutter und mich hatte. Wenn ich diese Ehe aufgebe, heißt das dann, daß ich wie mein Vater bin?«

Seth blieb in seinem Ehejoch, bis er bei der nächsten Beförderung übergangen wurde. Teilweise machte er dafür die Tatsache verantwortlich, daß er keine Geschäftsfreunde zu sich einlud. Dies veranlaßte ihn nun, zu mir zu kommen. Als er erst einmal erkannt hatte, daß seine Angst, wie sein Vater zu handeln, jeder Grundlage entbehrte, war Seth in der Lage, die Scheidung einzureichen und durchzusetzen. Danach lernte er eine Frau kennen, die seine Auffassungen teilte, und heiratete sie. Norma setzte ihre Behandlung fort und überwand ihre »Abhängigkeit«. Aus einer Einzelgängerin wurde sie zu einer Frau mit einem aktiven gesellschaftlichen Leben. Seth und Norma führen heute beide ein neues glückliches Leben.

Eine wahrhaft tiefe Gemeinschaft mit einem anderen Menschen ist eine Erfahrung, die diejenigen, die sie nicht erlebt haben, kaum verstehen können. Es ist ein Prozeß des miteinander Wachsens. Rainer Maria Rilke hat einmal geschrieben: »Es gibt kaum etwas Schwereres als sich liebhaben. Liebe, gerade weil sie das äußerste Glück ist, kann nichts anderes als Arbeit sein.«

8. Kapitel
Sexuelle Ängste

Ellen A., eine attraktive, temperamentvolle Dreißigerin, hatte den Eindruck, ihrem Mann fehle es beim Sex an »Leidenschaft«. Als beide zur Therapie kamen, begannen wir mit einem Programm zur sexuellen Lockerung.

John hatte ein Faible für alte Filme, also stellten wir ihm die Aufgabe, die Rollen berühmter Liebhaber zu spielen. John begann als Rudolph Valentino. Er glaubte, daß seine sexuelle Ausstrahlung in dieser Rolle vier Sterne verdiente, aber Ellen meinte nur: »Ich halte das nicht aus« und stoppte den Sexualakt. Am nächsten Abend versuchte er Charles Boyer, mit französischem Akzent und europäischem Charme. Doch Ellen wandte sich auch diesmal ab.

Sie hatte in ihrem vorehelichen Sexualleben niemals wirkliche Erfüllung gefunden und deshalb starke Angst, nicht »Frau genug« zu sein, um sexuell zu respondieren. Solange ihr Mann nichts gegen seine Schwierigkeiten unternahm, konnte sie die ganze Schuld ihm zuschieben und ihre eigenen Ängste damit verdrängen. Als John durch sein Rollenspiel jedoch ein wirklich aufregender Liebhaber wurde, steigerte sich ihre Angst so sehr, daß sie der Situation nicht mehr gewachsen war und nur noch den Wunsch hatte zu fliehen.

Ellen ist nur eine aus der großen Zahl unglücklicher Männer und Frauen, die am eigenen Leib die Wahrheit dessen erfahren haben, was Tolstoi im 19. Jahrhundert schrieb: »Die meisten Herzen brechen im Schlafzimmer.« Wegen unserer verborgenen Ängste, Unsicherheiten, Wutanfälle, Ressentiments und Bitternisse verwandeln wir das Schlafzimmer oft in einen emotionalen Friedhof oder ein Schlachtfeld, statt aus ihm einen Ort zu machen, an dem wir einander Zärtlichkeit, Liebe und Leidenschaft schenken und das Ziel haben, die vollständige Verschmelzung der Gefühle und die Aufgabe sämtlicher Hemmungen zu erreichen. Experten schätzen, daß sexuelle Probleme heute mehr als die Hälfte der verheirateten Paare in den USA heimsuchen. Viele davon haben nur eine einzige Ursache: Angst.

Sexuelle Gefahrensignale

Ängste können daran schuld sein, wenn Sie:

- *Bewußt Sex vermeiden:* Jeder hat gelegentlich mal keine Lust zum Sex. Aber ein Alarmzeichen ist es, wenn das »heute nicht« zur Gewohnheit wird. Achten Sie darauf, ob Sie nicht etwa bewußt vermeiden, Zärtlichkeit zu zeigen – aus Angst, das könne zum Sex führen.
- *Sex vermeiden, ohne es zu bemerken,* indem Sie allerlei Gründe vorschieben wie Müdigkeit, »Zeitmangel« durch Arbeitsüberlastung, Hausarbeit, Familienverpflichtungen. Wer Sex will, nimmt sich dazu auch die Zeit.
- *Sex als Routine empfinden:* Sex macht Ihnen zwar immer noch Spaß, aber es ist »immer dasselbe«, ein langweiliges Einerlei.
- *Sich über bestimmte Aspekte Ihres Sexuallebens Sorgen machen:* Sie sind zum Beispiel beunruhigt, weil sie während des Verkehrs Phantasien haben, den Drang spüren, »etwas ganz Verrücktes« zu tun oder ganz im Gegenteil einen solchen Drang überhaupt nicht spüren.
- Eine sexuelle Funktionsstörung oder eine »Perversion« haben: Irgend etwas – sei es nun wichtig oder weniger wichtig – ist bei Ihnen zum Beispiel nicht in Ordnung. Sie haben vielleicht keine Erektion, kommen nicht zum Höhepunkt oder können den Geschlechtsverkehr nicht ausüben, ohne eine automatische, rituelle Handlung durchzuführen.

Einige Grundregeln der Sexualität

In unserer Gesellschaft ist Sex ein sehr heikles gefühlsbeladenes Problem. Wenn sich dabei Furcht und Angst einstellen, führt das oft zu sexuellen Hemmungen und zum Unbefriedigtsein. So etwas wird allerdings leicht übertrieben, weil man sich Sex als eine isolierte, für sich allein stehende Erfahrung vorstellt. Sie sollten sich immer folgendes vor Augen halten:

Da Sie zum Sex Ihren Körper brauchen, kann jedes körperliche Unwohlsein Ihr Sexualleben beeinflussen. Leider werden sexuelle Probleme allzu oft psychologischen statt physischen Ursachen zugeschoben. Der während des Verkehrs auftretende Schmerz in der Scheide geht eventuell auf ein entstehendes Geschwür zurück. Die Schwierigkeit, eine Erektion zu bekommen, beruht eventuell auf einer Drüsenstörung. Bei jeder Unregelmäßigkeit sollten Sie zuerst den Arzt aufsuchen, bevor Sie es mit einer Psychotherapie versuchen.

- Ihre Sexualität wird in erster Linie von Ihrem Gehirn und nicht von Ihren Geschlechtsdrüsen bestimmt. Das bedeutet, daß alles, was Sie im Leben gelernt und erfahren haben, und alles, was Sie jetzt denken und glauben, Ihre Sexualität beeinflußt.

- Den unbeteiligten Partner gibt es nicht. Ihre Furcht und Angst, wie auch Ihre Zuneigung, Zärtlichkeit und Liebe klingen mit den Empfindungen des Partners zusammen. Sie wachsen in der Begegnung und vervielfachen einander. Wenn der eine Probleme hat, kann der andere nicht unbeteiligt bleiben.
- Das sexuelle Ziel einer engen Partnerschaft sollte das absolute physische und emotionale Miteinander sein. Im Geben und Nehmen sollte es zu einer solchen Verschmelzung des Körpers und Geistes kommen, daß aus zwei Individuen eins wird. Sie kommen zur sexuellen Erfüllung durch die Emotionen und zur emotionalen Erfüllung durch den Sex. Erich Fromm hat das einmal so ausgedrückt: »Erotik beginnt mit Getrenntsein und endet mit Einssein.«

Genauso wie man gegen andere Ängste etwas unternehmen kann, kann man auch sexuelle Ängste ändern und Herzenskummer in freudige Erregung verwandeln. Doch ehe Sie sich von Ihren Ängsten befreien können, müssen Sie sie zunächst einmal erkennen.

Ängste, die das Sexualleben beeinträchtigen

Jede Angst kann ins Ungeheure wachsen und eine Menge sexueller Probleme schaffen. Am häufigsten sind jedoch die drei folgenden Sexualängste:

1. *Die äußeren und tangentiellen Ängste.* Diese Ängste erwachsen aus den Spannungen des täglichen Lebens oder aus mit Angst assoziierten Erlebnissen der Vergangenheit. Sie dringen in die Intimität des Schlafzimmers ein, auch wenn sie mit Sex und der Partnerbeziehung eigentlich nichts zu tun haben.

Ein Mann hat zum Beispiel eine solche Angst vor der Dunkelheit, daß er nur verkehren kann, wenn das Licht brennt. Eine Frau hat so schreckliche Angst, beim Sex gesehen zu werden, daß sie die Fensterläden schließen, die Rollos herunterlassen und schwere Vorhänge vor die Fenster ziehen muß, bevor sie sich entspannen kann. Eine andere Frau hat phobische Angst vor Donner. Beim kleinsten Verdacht, es könnte ein Gewitter aufziehen, ist es aus mit dem Sex. Das ist ein ernsthaftes Problem, denn sie lebt in Tampa, Florida, der »Gewittermetropole« der USA.

Eine zweiunddreißigjährige Frau war zwar leicht sexuell erregbar, aber konnte während des Verkehrs niemals richtig zum Höhepunkt gelangen. In ihrer Kindheit hatte sie schwer unter Asthma gelitten. Wenn sie sich dem Orgasmus näherte, reagierte sie voller Nervosität auf die Beschleunigung ihres Atems, und alle ihre mit dem Asthma verbundenen Kindheitsängste wurden wieder wach. Sie bekam eine Riesenangst und »mußte aus der Situation wieder raus«. Ich heilte sie, indem ich sie gegen die mit dem Asthma verbundene Todesangst desensibilisierte.

2. *Die die Partnerschaft störenden Ängste, die sich ebenfalls auf das Sexualleben auswirken.* Zum Beispiel die Angst vor Zurückweisung (wenn man nicht so besonders aussieht, beim Sex nicht gut genug ist oder zu viele Anforderungen stellt, fürchtet man, der Partner könnte ärgerlich werden, einen zurückweisen oder einen anderen Liebhaber finden), die Angst, mißverstanden zu werden, ausgenutzt zu werden (oder jemanden auszunutzen), die Angst, Gefühle zum Ausdruck bringen zu müssen – sie alle können zum sexuellen Unbefriedigtsein führen.

Viele Paare nehmen die durch Ängste verursachten Mißstimmungen und Ressentiments mit ins Bett (»Wie kann ich denn noch lieben, wenn ich so wütend bin?«). Andere Paare führen zwar ein wenig harmonisches Leben; doch im Schlafzimmer klappt alles hervorragend, und der Sex hält sie zusammen. Manchmal kann Ärger den Sex sogar verbessern.

Fallbeispiel

Gerry und Kathy, ein Ehepaar Anfang dreißig, suchten mich auf, weil Gerry Kathy schlug. Das lief immer nach dem gleichen Schema ab: erst Ärger, dann großartiger Sex. Gerry wurde aus irgendeinem Grund wütend, schrie Kathy an, und es kam zu einem Riesenkrach. Voller Wut aufeinander gingen sie zu Bett, doch der Sex klappte dann ausgezeichnet. Wenn sie zu anderen Zeiten miteinander verkehrten, fanden sie das zwar auch gut, aber es fehlte die Lust. Oft reizte Kathy Gerry absichtlich zum Zorn, damit es im Bett aufregender wurde. Aber seit kurzem verlor er im Zorn die Kontrolle über sich; er schlug sie, und zwar so heftig, daß sie mehrfach ein blaues Auge und einen Bluterguß davongetragen hatte.

Die Exploration zeigte, daß Gerry Angst vor der eigenen Zärtlichkeit hatte. In seiner Kindheit waren seine Eltern besonders nett zu ihm gewesen, wenn sie ihren eigenen Willen durchdrücken wollten und hatten ihn damit so manipuliert, daß er Dinge tat, die er gar nicht tun wollte. Das erfüllte ihn mit Angst und Mißtrauen gegenüber den eigenen zärtlichen Gefühlen. Er liebte Kathy wirklich. Da er aber glaubte, alle Zärtlichkeit vermeiden zu müssen, konnte er nur noch Wut zum Ausdruck bringen. Nur im Zorn konnte er spontan und lebhaft werden. In der übrigen Zeit flüchtete er sich hinter eine Mauer von Hemmungen.

Ich behandelte Gerry, indem ich a) seine irrationalen Vorstellungen von Zärtlichkeit korrigierte und b) ihn absichtlich zärtliche Bemerkungen gegenüber Kathy machen ließ. Als seine Angst vor Gefühlen und dem Ausdruck von Zärtlichkeit abnahm, brauchten sie keinen Krach mehr, um zu gutem Sex zu kommen. Gerry hörte auf, Kathy zu schlagen.

So wie Sie ganz generell Angst davor haben können, Ihren Partner zu enttäuschen, können Sie auch *Angst davor haben, ihn beim Sex zu enttäuschen.* Von allen Ängsten, die es in der Partnerschaft gibt, ist diese am wenigsten leichtzunehmen. Oft erlebt man sie als einen Druck, der vom Partner ausgeht. Man ist dann so sehr damit beschäftigt, nach Anzeichen zu suchen, die die Enttäuschung des Partners zeigen, daß man seine eigene Befriedigung darüber aus den Augen verliert, sich oft sogar ausgenutzt fühlt. Wenn man seine eigenen Gefühle nicht mehr wahrnimmt, kann man sie auch nicht mehr mit einem anderen teilen. Es bleibt eine Lücke in der sexuellen Begegnung. Das führt zu Vorwürfen (»Du bist zwar ein guter Liebhaber, aber zu mechanisch«), manchmal auch zu Test-Situationen (»Wird mein Partner das nächste Mal beim Sex von mir enttäuscht sein?«). Die ständige Spannung bringt einen um jedes Vergnügen. Je aktiver der Partner wird, desto mehr fürchtet man sich, ihn zu enttäuschen. Wenn der eine Partner durch Gebrauch von Verhütungsmitteln sexuelle Bereitschaft signalisiert, spornt das beim anderen die Ängste nur noch an.

Fallbeispiel

Ted und Marie kamen mit Eheproblemen zu mir. Er hatte eine generelle Angst, sie zu enttäuschen. Besonders stark war sie auf sexuellem Gebiet. Auslöser für die Angst waren empfängnisverhütende Mittel. Wenn sie die Spirale einlegte, war das für ihn das Signal: sie erwartet nun, sexuell befriedigt zu werden. Da er sich von ihr unter Druck gesetzt fühlte, wurde er nervös, und es kam nur zu einer kurzen Erektion. Sie hatten die Verhütungsmittel deshalb vollkommen abgesetzt und es statt dessen mit dem Coitus interruptus versucht. Er zögerte seine Ejakulation hinaus, bis sie zum Höhepunkt gekommen war, und zog sich dann zurück. Das rief jedoch noch größere Spannungen hervor. Sie fürchtete sich vor einer Schwangerschaft; er fühlte sich betrogen. Ich behandelte Ted mit »Systematischer Desensibilisierung in der Phantasie« und wählte Szenen wie »Sie haben gerade miteinander verkehrt, und sie sieht enttäuscht aus« . . . »Marie sagt zu Ihnen: ›Das war nicht sehr gut, nicht wahr?‹ « . . . »Sie bricht in Tränen aus und sagt: ›Ich fühle mich so frustriert.‹ « Als Ted seine irrationale Angst, Marie zu enttäuschen, verlor, hatte er auch mehr Verständnis für ihre wirklichen Bedürfnisse. Die von ihm bei Marie nur vermuteten Bedürfnisse traten in den Hintergrund.

Anmerkung: Die Angst vor Enttäuschung kann zum sogenannten Madonna-Komplex führen. Wenn ein Mann seiner Partnerin gewisse Gefühle entgegenbringt, hat er Angst, sie zu enttäuschen. Diese Angst führt zu sexuellen Schwierigkeiten. Bei einer Prostituierten dagegen kommen Gefühle gar nicht erst ins Spiel, also auch keine Angst, sie zu enttäuschen. Das führt dazu, daß er nur mit einer Prostituierten richtig verkehren kann. Das gleiche kann auch auf den Don Juan zutreffen, der immer nur Liebesverhältnisse für eine Nacht anknüpft, so daß keine persönliche Beziehung und daher auch keine Angst vor der Enttäuschung entsteht. Don Juan hat diese Angst und trifft sich deshalb nicht ein zweites Mal mit der gleichen Frau.

3. *Besondere Sexualängste.* Dies sind Ängste, die direkt mit dem Sex und seinen Folgen zu tun haben. Am häufigsten sind die folgenden:

a) *Die Angst, zu versagen.* (Die Angst, den anderen zu enttäuschen, zeigt sich an allen möglichen Aspekten der Partnerschaft; die Angst, dem Partner nicht zu genügen, bezieht sich nur auf den Sex.) Heute hat fast jeder von der Leistungsangst gehört. Sie rückt die sexuelle Funktion in den Vordergrund, statt das Vergnügen und das Miteinander zu betonen. Sie fragen sich zum Beispiel ängstlich: »Werde ich auch eine Erektion haben?« . . . »Wenn ich nun nicht zum Orgasmus komme?« Diese Ängste sind eine solche Belastung, daß Ihre natürlichen sexuellen Empfindungen dagegen nicht mehr aufkommen. Die Folge ist Frustration. Diese setzt wiederum sekundäre Ängste in Gang. Zum Beispiel:

- *Die Angst vor der Verachtung Ihres Partners.* Wenn Ihr Partner Ihre Schwierigkeiten bemerkt, könnte er gering von Ihnen denken und Sie verachten. Aus dieser Angst heraus interpretieren Sie auch eine gutgemeinte Bemerkung als Hohn. Viele versuchen daher, ihre Schwierigkeiten so gut wie möglich vor dem Partner zu verbergen (zum Beispiel täuschen sie einen Orgasmus vor).
- *Die Angst vor öffentlicher Blamage.* Diese Angst kommt am häufigsten bei Männern vor. Es ist die Furcht, daß andere Ihre Schwierigkeiten entdecken und Sie deswegen auslachen könnten. Les hatte zum Beispiel niemals eine enge Beziehung zu einer Frau herstellen, ja sich nicht einmal mit einer Frau verabreden können, die einem seiner Freunde bekannt war. Seine Angst: Er würde versuchen, mit ihr zu schlafen und sich als impotent erweisen (das war ihm schon einige Male passiert). Sie würde ihn dann verachten und allen seinen Bekannten davon erzählen. Diese wiederum würden es anderen erzählen, und bald würde die ganze Nachbarschaft darüber reden . . . Seine Kollegen würden herausbekommen, daß er Potenzprobleme hatte . . . alle würden hinter seinem Rücken über ihn lachen oder ihn mitleidig ansehen. Les hatte diese fixe Idee, bis er endlich zur Behandlung kam.
- *Die Angst, Ihr Partner könne versagen.* Wenn Ihr Partner sexuelle Probleme hat, werden dadurch auch die Ängste vor Ihrem eigenen

sexuellen Versagen aufgerührt. Sie sagen sich: »Wenn ich nur ein richtiger Mann wäre, wäre sie zu einem Orgasmus fähig« ... »Wenn ich nur eine richtige Frau wäre, würde er diese Schwierigkeiten nicht haben.« Diese Ängste mobilisieren in Ihnen Wut, Frustration, Vermeidungs- und Enttäuschungshaltungen und wirken sich so wiederum auf die Angst Ihres Partners aus, der fürchtet zu versagen. Die Folge ist, daß Sie Ihrem Partner nun die ganze Schuld an Ihrem Versagen zuschieben oder sie im Gegenteil ganz auf sich selbst nehmen.

George zum Beispiel hatte in seiner ersten Ehe das Problem der Impotenz gehabt. Er und seine Frau gingen zu einem Sexualtherapeuten und lösten es. Aber wegen anderer Probleme ließen sie sich dann doch scheiden. Nach der Scheidung hatte George mehrere sexuelle Begegnungen, die keinerlei Probleme aufwarfen. Dann heiratete er wieder. Seine zweite Frau erlebte während des Verkehrs keinen Orgasmus; sie konnte nur durch direkte manuelle oder orale Stimulation der Klitoris zum Orgasmus gelangen. George machte sich Gedanken darüber, daß er nicht fähig war, sie während des Verkehrs zum Orgasmus zu bringen. Sie sagte immer wieder: »Es ist nicht deine Schuld – ich bin immer so gewesen« ... »mir macht der Verkehr Spaß, auch wenn ich keinen Höhepunkt habe«. George wurde immer nervöser und impotent.

Manchmal wirft schon die Vermutung, Ihr Partner könne Schwierigkeiten haben, Probleme auf. Vor kurzem erzählte mir eine Frau, daß sie alle Freude am Sex mit ihrem Freund verloren habe. Ihre Angst: Er könne Probleme mit der Erektion haben, ihr die Schuld daran geben und sie verlassen. Bis sie sich diese Idee in den Kopf setzte, war der Sex zwischen ihnen gut gewesen. Sie hatte niemals über Gefühle mit ihm gesprochen, aber ihre Nervosität hatte sich ihm allmählich mitgeteilt. Zum erstenmal hatte er das Problem der Impotenz.

b) *Die Angst, sexuell abnorm zu sein.* Neben der Angst vor Versagen ist dies wahrscheinlich die häufigste Angst, die zu Störungen führt. Sie besteht aus drei verschiedenen Ängsten:

- *Die Angst vor der statistischen Norm:* Was für einen anderen normal ist, kann für Sie unter Umständen nicht normal sein. Manche Menschen werden nervös, wenn sie die Geschichten anderer hören (besonders die oft übertriebenen Potenz-Prahlereien der Männer) und dann an sich selber denken. Sie lesen Zahlen und Berichte (wie den Kinsey-Report) und ziehen Vergleiche. Wie oft die Woche ist es normal? Habe ich mehr Sex oder weniger Sex als andere? Komme ich auch wirklich zum Höhepunkt? Bin ich frei genug oder zu frei? Die Ängste und Spannungen werden immer größer.

  Bei Männern geht es bei statistischen Vergleichen häufig um die Größe des Penis. »Mein Penis ist zu klein« ist ein häufiger Gedanke. Zugrunde liegt der Gedanke, daß er zu klein ist, um eine Frau zu befriedigen. Folglich fürchtet man, immer nur zurückgewiesen zu werden und nichts dran ändern zu können.

Frauen haben häufig Angst davor, beim Verkehr Phantasien zu haben (Männer haben sie auch, machen sich darüber aber nicht so viele Gedanken). »Das ist nicht normal« fürchten die Frauen. Doch Untersuchungen zeigen, daß ungefähr zwei Drittel aller Frauen irgendwann während des Sex Phantasien haben und daß die Häufigkeit solcher Phantasien nichts mit einer sexuellen oder ehelichen Fehleinstellung zu tun hat.

- *Die Angst, pervers zu sein.* Sie haben Wünsche, Gedanken und Begierden, etwas zu tun, was Ihnen ungewöhnlich vorkommt. Sie tun es vielleicht und empfinden Befriedigung dabei. Dann fangen Sie an, sich Gedanken darüber zu machen, was diese Wünsche und Handlungen über Sie verraten können. Sie fürchten, »pervers« zu sein.

  »Pervers« hat gewöhnlich zwei Bedeutungen. Im religiösen oder ethischen Sinne bedeutet es, daß Sie unmoralisch, böse und schlecht, kurz sündig sind. Im wissenschaftlichen Sinne bedeutet es, daß Sie Konflikte haben, unreif und neurotisch sind, daß an Ihnen etwas verbogen ist. Beide Bezugssysteme setzen voraus, daß an Ihrer Person etwas durch und durch falsch, ja grotesk ist. Sie fürchten, das könne auch stimmen.

  In Wirklichkeit sind sich noch nicht einmal die Experten völlig einig, was unter »normalem« Sex zu verstehen ist. Viele glauben, daß Sex »normal« ist, wenn er 1. sich zwischen Erwachsenen mit gegenseitigem Einverständnis vollzieht (man zwingt ihn einem anderen nicht auf); 2. keine zwanghafte Handlung ist (man kann es nach eigenem Willen tun oder lassen); und 3. nicht exklusiv ist (man kann auch auf andere Weise sexuelle Befriedigung finden).

  Natürlich gibt es Menschen, deren Verhalten von diesen Normalitätsvorstellungen abweicht. Es gibt sexuelle Abweichungen wie Fetischismus und Transvestitentum. Bei solchen Menschen ist die Angst, pervers zu sein (mit allen Konsequenzen), besonders groß. Sie halten sich oft für »Monster« oder »Sonderlinge«. Doch in Wirklichkeit haben sie nur ein problematisches Verhaltensmuster, das durch eine Anzahl spezifischer Ängste ausgelöst und aufrechterhalten wird. Wer diese Ängste überwindet, ist unter Umständen in der Lage, das ganze Verhaltensmuster aufzubrechen.

- *Die Angst, gehemmt zu sein.* Viele Menschen beziehen heutzutage ihren Verhaltenskodex aus Pornofilmen, knallharten Magazinen und Romanen. Zwischen gleich motivierten Erwachsenen ist nicht nur alles möglich, sondern man sollte auch alles tun, und zwar gerne. Andernfalls ist man »verklemmt« und »gehemmt«, und das ist genau so schlimm wie »unmoralisch« oder »pervers« zu sein. Zum Beispiel glaubte eine Frau, sexuell gehemmt zu sein, weil ihr Mann sich gerne fesseln ließ. Sie hatte zwar keine Angst davor, aber sie mochte es nicht. Beide brachten »nicht mögen« mit psychologischen Problemen durcheinander und kamen zu mir zur Behandlung.

c) *Andere sexuelle Ängste.* Davon gibt es viele. Man kann sich *vor Schwangerschaft fürchten* – vor der bloßen Niederkunft, vor der Geburt eines verkrüppelten Kindes, vor der Verantwortung, die die Kindererziehung mit sich bringt, oder davor, ein Kind zu bekommen, wenn man keins will. Sie können auch *Angst vor dem Altwerden* haben. Bei Männern ist es die Angst vor dem Verlust der Potenz (»Ich bin nicht mehr der Mann, der ich einmal war«). Bei Frauen ist es der Verlust der sexuellen Attraktivität (»Er wird mich nicht mehr wollen, wenn er die Falten an meinem Hals sieht. Ich bin schließlich vierzig. Er ist zwar zweiundvierzig, aber er kann eine Fünfundzwanzigjährige bekommen«). Man kann sich auch davor *fürchten, körperlich verletzt zu werden.* Eine Frau hatte das schockierende Erlebnis, während des Verkehrs eine Blutung zu bekommen; von da an fürchtete sie sich vor Sex. Sexuelle Angst kann auch sehr subtile Formen annehmen. Ein Mann versuchte seine Angst, körperlich verletzt zu werden, dadurch zu überwinden, daß er Strichjungen mitnahm und sie dafür bezahlte, daß sie ihn schlugen.

Alle diese Ängste führen zu falschen sexuellen Zielen: ein erstklassiger »Techniker« zu sein, eine ganz und gar einseitige Beziehung zu unterhalten (alles für Sie selbst oder alles für Ihren Partner), im Orgasmus den einzigen Sinn des Sex zu sehen, stereotype sexuelle Verhaltensweisen zu entwickeln, weil man sich vor neuem fürchtet. Man vergißt dabei völlig den eigentlichen Sinn des Sex: ein so vollkommenes Miteinander von Körper und Gefühlen herzustellen, daß aus zwei Individuen eins wird.

Ein Programm für sexuelle Freiheit

All Ihre sexuellen Schwierigkeiten können auf Ängste zurückgehen. Ihre Ängste halten Sie davon ab, sich zu ändern. Dabei gibt es drei Möglichkeiten. Erstens, Sie wissen bereits, welche Ängste Sie haben; zweitens, Sie glauben irrtümlicherweise, Ihre Ängste zu kennen; drittens, Sie wissen nur, daß mit Ihnen etwas nicht stimmt, erkennen aber nicht, welche Angst dem möglicherweise zugrunde liegt.

Wenn man etwas daran ändern will, muß man wie bei jeder anderen Angst das damit verbundene Verhaltensmuster erkennen. Dazu muß man zunächst Bilanz ziehen und dann zur Tat schreiten.

Schreiben Sie Ihre sexuellen Erfahrungen nieder

Die folgende Checkliste soll Ihnen helfen, Ihre sexuellen Ängste zu identifizieren und sie besser einzuordnen. Schreiben Sie die Antworten in Ihr Arbeitsheft (und nehmen Sie sich etwas Zeit dazu).

1. Wurden Sie als Kind jemals wegen sexueller Verhaltensweisen bestraft (zum Beispiel, weil Sie mit Ihrem Körper spielten?)
2. Hatten Sie je ein traumatisches sexuelles Erlebnis?
3. Fühlten Sie sich schuldig, als Sie das erste Mal masturbierten?
4. Welche Phantasien hatten Sie, als Sie zu masturbieren begannen?
5. Erinnern Sie sich an Ihre ersten Sexspiele.
   - Wie alt waren Sie?
   - Was geschah im einzelnen?
   - Was machte Ihnen dabei am meisten Spaß?
   - Was ängstigte Sie dabei?
6. Erinnern Sie sich an Ihren ersten Geschlechtsverkehr.
   - Wie alt waren Sie?
   - Was geschah im einzelnen?
   - Was machte Ihnen dabei am meisten Spaß?
   - Was ängstigte Sie dabei?
7. Erinnern Sie sich an ein wirklich gutes sexuelles Erlebnis.
   - Wann, wo und mit wem fand es statt?
   - Was war so gut daran?
   - Wie kam es dazu?
8. Erinnern Sie sich an ein wirklich unerfreuliches sexuelles Erlebnis.
   - Wann, wo und mit wem fand es statt?
   - Was war daran so schlimm?
   - Wie kam es dazu?
9. Haben Sie je eine ganze Serie unerfreulicher sexueller Erlebnisse gehabt? Wie kam es dazu?
10. Untersuchen Sie Ihr gegenwärtiges Sexualleben. Bewerten Sie jeden der folgenden Punkte je nach Einschätzung von 0 (katastrophal) bis 100 (großartig).
    Phantasien ...
    Masturbation ...
    Erwartung ...
    Körperliche Zuneigung ...
    Sexspiele ...
    Neue oder von Ihrer Norm abweichende Sexpraktiken ...
    Geschlechtsverkehr ...
    Nachspiel ...
11. Welcher der folgenden Punkte trifft auf Ihr Sexualleben zu:

Sie würden gerne Verkehr haben, können es aber nicht. Ihr Partner sähe gern, wenn Sie es täten, aber Sie wollen oder können es nicht.

Sie sähen es gern, wenn Ihr Partner es täte, aber dieser will oder kann es nicht.

12. Wo liegen in Ihrem gegenwärtigen Sexualleben die Probleme? Wählen Sie unter folgenden Möglichkeiten:

Die körperlichen Aspekte oder der Austausch der Gefühle.
Was Sie tun oder was Ihr Partner tut.
Was Sie tun oder was Sie fühlen.
Ob Sie oder Ihr Partner die Initiative ergreifen. Was Sie von Ihrem Partner erwarten oder was Ihr Partner von Ihnen erwartet.
Nicht genug Sex oder zu viele sexuelle Anforderungen.
13. Führen Sie das auf, was Sie gern öfter oder anders täten.
14. Führen Sie auf, was Ihr Partner öfter oder anders tun sollte.
15. Wie könnte Ihnen Ihr Partner helfen, sich zu ändern?
16. Wie könnten Sie Ihrem Partner helfen, sich zu ändern?
17. Führen Sie die Ängste, Sorgen und Befürchtungen auf, die Ihre sexuelle Freiheit einschränken könnten. Legen Sie bei jeder dar, wie und wo sie Sie einschränken.

Ihre Antworten sollten Ihnen deutlich machen, was Sie tun können, um mehr sexuelle Freiheit zu gewinnen. Nehmen Sie sich auch das Angstinventar I aus dem zweiten Kapitel vor und prüfen Sie, ob eine der dort aufgeführten Ängste auf Sie zutrifft. Denken Sie wieder daran, daß scheinbar nebensächliche Ängste wie die Angst vor Dunkelheit sich manchmal auf sexuellem Gebiet auswirken.

Erkennen Sie Ihre Ängste durch Handeln

Checklisten sind zwar äußerst nützlich, aber sie haben auch ihre Grenzen, weil man eventuell selbst nicht so genau weiß, welche Ängste man eigentlich hat. Durch direktes und konstruktives Handeln kann man nicht nur sexuelle Verhaltensweisen ändern, sondern auch vorher unbekannte Ängste aufdecken. Es folgen zwei Aktionsprogramme, die für beide Zwecke nützlich sind.

Übung I – Lernen Sie Ihren Körper kennen
Viele Menschen kennen ihren eigenen Körper nicht. Sie fürchten sich vor ihrem Körper und den seltsamen, völlig anderen Gefühlen, die durch Kontakt entstehen. Wenn Sie Ihren eigenen Körper kennenlernen, stoßen Sie eventuell auf Ängste, von denen Sie bisher nichts wußten. Sie können sie unter Umständen verringern und Körperteile entdecken, deren Stimulation Ihnen ein ganz neues erregendes Gefühl vermittelt.

Für Frauen: Machen Sie sich mit Ihrem Körper bekannt. Viele Frauen haben das noch nie getan. Betrachten Sie sich nackt im Spiegel. Was gefällt Ihnen? Was gefällt Ihnen nicht? Üben Sie, das Becken zu bewegen. Wenn Sie nur so daliegen, ist Ihr Partner wahrscheinlich enttäuscht. Wenn Sie allein sind, üben Sie auch, Ihre Hüften zu bewegen. Hopsen Sie und drehen Sie sich wie eine Zigeunerkönigin. Nehmen Sie einen

Handspiegel, legen Sie sich aufs Bett und betrachten Sie Ihre Genitalien. Untersuchen Sie sorgfältig die Klitoris, die Schamlippen, die Scheidenöffnung und den Damm (das Stück zwischen der Scheide und dem Rektum). Wie fühlen Sie sich dabei? Gut? Oder schuldig, beschämt, ängstlich?

Für Männer: Werden Sie narzißtisch. Betrachten Sie Ihren Körper im Spiegel. Lassen Sie Ihre Muskeln spielen. Sehen Sie sich an, wie Sie dabei aussehen. Achten Sie besonders auf das Gefühl in den Armen, in den Brust- und Bauchmuskeln, im Gesäß, in den Beinen. Streicheln Sie verschiedene Körperteile: den Hals, das Innere der Ellenbogen, die Brustwarzen, den Unterleib, die Seiten und die Schenkel. Stellen Sie fest, wo Sie am meisten Lustgefühle haben. Stellen Sie sich vor, eine Frau streichelt oder küßt Sie an diesen Stellen. Streicheln Sie Ihren After, die Hoden, den Penis. Achten Sie wieder darauf, wo Sie Lustgefühle haben. Wenn Sie an einer Stelle Angst empfinden, berühren Sie diesen Körperteil immer wieder, bis das Lustgefühl die Angst überwiegt.

Fallbeispiel

Martin R. kam zu mir, weil er beim Sex keine Lustgefühle hatte. Eine Funktionsstörung lag nicht vor. Beim Vorspiel befriedigte es ihn, seine Partnerin zu stimulieren, aber er verkrampfte sich, wenn sie ihn zu befriedigen suchte. Beim Geschlechtsverkehr hatte er zwar eine Ejakulation, aber niemals einen richtigen Orgasmus. Er fühlte sich betrogen. Ich gab ihm die Aufgabe, die obige Körperübung zu machen. Er kam ganz aufgeregt zur nächsten Sitzung. Wenn er mit seinen Brustwarzen spielte, empfand er ein Gefühl der Lust!

Aufgrund einiger merkwürdig verdrehter Schlußfolgerungen setzte Martin dies Lustempfinden mit Homosexualität gleich. Daß er körperliche Lust irgendwo anders als direkt im Penis empfand, bedeutete für ihn, homosexuell zu sein. Das beunruhigte ihn. Ich erklärte ihm, daß diese Auffassungen unsinnig seien, und bis zu einem gewissen Grade gelang es Martin, seine Einstellung zu ändern. Im Laufe der Zeit schaffte er es, mit seinem Körper zu spielen, ohne in Panik zu geraten. Er führte die Übung einen ganzen Monat lang durch und beobachtete, wie seine Angst ab- und sein Lustgefühl zunahm. Er wurde allmählich empfänglicher für alle Aspekte der Sexualität und hörte auf, sich vor seiner eigenen Sinnlichkeit zu fürchten.

Übung II – Das sexuelle Wochenende

Das ist ein Wochenende für den Sex – und nur für den Sex. Gehen Sie in ein Hotel, Motel oder irgendeine neue Umgebung, die keinerlei Assoziation mit den Spannungen Ihres Alltags hat. Entfernen Sie alles, was den Sex stören könnte – verboten sind Alkohol, Medikamente, Unterhaltungen mit Fremden, Fernsehen oder Kartenspiele. Nehmen Sie eine Sammlung erotischer Bücher und Bilder mit. Betrachten Sie sie. Diskutieren Sie sie. Laufen Sie die meiste Zeit nackt herum. Wenn Sie nicht nackt sind, kleiden Sie sich so, daß es nach den Auffassungen Ihres Partners »sexy« aussieht (lassen Sie sich von Ihrem Partner inspirieren). Unterhalten Sie sich nicht über problematische Dinge (wie Dannys Zahnregulierung). Ihr Reden und Denken gilt nur Sex und Liebe. Geben Sie Ihrem Partner Anregungen, wovon Sie gern noch mehr hätten. Lassen Sie Ihren Partner Ihre Reaktionen merken und bestehen Sie darauf, daß auch er das tut. Dieses Wochenende dient dazu, Ihre Gefühle zu erforschen, zu erneuern, miteinander zu teilen und zu steigern. Wenn das Wochenende zu Ende ist, sprechen Sie alles genau durch – und planen schon das nächste sexuelle Wochenende.

Fallbeispiel

Craig und Anne hatten sexuelle Schwierigkeiten. Anne fand fast immer einen Grund, sich vor Sex zu drücken. So verordnete ich ihnen das sexuelle Wochenende. Während dieses Wochenendes sagte sie immer wieder: »Laß uns doch mal spazierengehen« oder sie fand andere Vorwände, um sich zu verweigern. Am Samstagnachmittag kamen sie ins Hotelzimmer zurück und machten die Aufgabe, »nackt herumlaufen«. Anne fing an zu weinen, aber sie wußte selbst nicht, warum sie sich so aufregte. Später am Abend war sie zum Verkehr fähig. Als Anne mir von diesem Wochenende erzählte, erkannte ich ihre Grundangst: Sie konnte keinen Penis sehen (diese Angst vor den Geschlechtsteilen ist sehr häufig).
Wir arbeiteten ein Programm aus.

- Craig sollte eine Reihe von Illustrierten kaufen, in denen nackte Männer gezeigt wurden, einige mit schlaffem, andere mit erigiertem Penis. Dann sollte er etwa dreißig Bilder auf Pappe aufziehen und sie Anne geben.
- Anne sollte sie nach dem Grad des Unbehagens, den diese Bilder ihr verursachten, ordnen. Anfangs brachte diese Zumutung sie aus der Fassung. Aber bald war sie fähig, das am wenigsten irritierende Bild in die Hand zu nehmen und es anzusehen, bis sie die aufkommende Verkrampfung fühlte. Dann schloß sie die Augen und entspannte sich. Sie wiederholte das mehrmals, bis sie das Bild schließlich ansehen konnte, ohne sich zu verkrampfen. Sie setzte diese Übung fort und betrachtete jeden Abend bis zu drei Bilder, wobei sie immer mit dem Bild anfing, das sie am Abend vorher als letztes geschafft hatte. Als sie in diesen Fotositzungen genügend Fortschritte gemacht hatte, mußte sie noch eine zusätzliche Aufgabe ausführen. Sie fotografierte Craig nackt, machte

sogar Nahaufnahmen von seinem Penis und ging die Bilder dann genauso wie oben durch. Als sie das geschafft hatte, drückte sie sich nicht mehr vor Sex und konnte selbst dann verkehren, wenn die Beleuchtung eingeschaltet war.

Das sexuelle Wochenende hatte die Angst offenbart, die ihre Ehe zu ruinieren drohte.

Lernen Sie Kommunikation

Für eine gesunde sexuelle Partnerschaft ist offene und ehrliche Kommunikation unverzichtbar. Wenn man seine Gefühle voreinander in Worte fassen kann, bewirkt das größere Intimität und besseres Verständnis. Wenn man seine Unzufriedenheit und seine Probleme offen ausspricht und diskutiert, führt das zu gemeinsamen Bemühungen, sie zu beseitigen. Schon das bloße Darüberreden vermindert die Angst. Doch für viele türmt sich die Kommunikationsbarriere so hoch auf wie die Chinesische Mauer. Eine Frau erzählt: »Mein jetziger Liebhaber hat verzögerte Ejakulation. Er braucht sehr lange, bis er kommt. Aber ich kann mich nicht überwinden, etwas dazu zu sagen.« Ein normal empfindender, gesunder Mensch wird jedoch Kritik begrüßen, falls sie positiv ist. Die Frage ist nicht: »Soll ich etwas sagen?« – sondern: »Wie soll ich es sagen?« Wenn Sie nicht offen übers Bett sprechen können, werden Sie wahrscheinlich im Bett enttäuscht werden.

Ein Kommunikationsprogramm

1. *Reden Sie über Sex.* Wenn Sie dabei Schwierigkeiten haben, *lesen* Sie. So können Sie *miteinander über die gelesenen Bücher sprechen.* Lektüre kann zu einem guten Ausgangspunkt für eine Unterhaltung werden, weil es vielen leichter fällt, über Bücher als über Sex zu sprechen.

Wenn Sie Ihr sexuelles Leseprogramm durchführen, sollten Sie folgendes beachten: a) Sie müssen sich darüber einig sein, daß es in sexuellen Dingen zwischen Ihnen mehr Offenheit geben sollte; b) jeder liest höchstens zwei Bücher durch – wenn Sie einen ganzen Berg nach Hause schleppen, werden Sie wahrscheinlich keins lesen oder so mit dem Lesen beschäftigt sein, daß Sie keine Zeit mehr zum Reden haben; c) wenn nötig, setzen Sie eine bestimmte Zeit für Ihre Unterhaltung fest. Erwarten Sie nicht, daß Sie sofort ganz frei miteinander sprechen können. Vielleicht gewinnen Sie den Eindruck, daß es Ihnen leichter fällt als Ihrem Partner. Wenn das der Fall sein sollte, bewahren Sie die Geduld.

2. *Aus der Unterhaltung über Bücher soll sich ein Gespräch über persönliche Bedürfnisse, Anliegen und Gefühle entwickeln.* Das mag schwierig sein. Am Anfang könnte Ihnen vielleicht der Satzergänzungs-

test helfen. Psychologen benutzen diese Technik, um die emotionalen Grundhaltungen und Konflikte von Patienten aufzudecken. Hier dient er als Hilfsmittel zur Kommunikation.

Übung
Ziel: die sexuelle Kommunikation zu verbessern

Erster Schritt: Schreiben Sie die folgenden Sätze in Ihr Arbeitsheft (oder auf ein Stück Papier) und ergänzen Sie sie.

- O Sex habe ich am liebsten am . . .
- O Am meisten sexy an meinem Körper ist . . .
- O An deinem Körper ist am meisten sexy . . .
- O Am liebsten habe ich es, wenn ich . . .
- O Am liebsten habe ich es, wenn du . . .
- O Meine Lieblingsphantasie in Sachen Sex ist . . .
- O Während des Vorspiels wünsche ich . . .
- O Während des Verkehrs wünsche ich . . .
- O Ich fürchte mich, dir zu sagen . . .
- O Ich wünschte, du . . .

Zweiter Schritt: Ihr Partner macht den gleichen Test.

Dritter Schritt: Vergleichen Sie die Listen. Gehen Sie in der Diskussion nur so weit, wie Sie es problemlos tun können.

Vierter Schritt: Machen Sie nach einer Woche den Satzergänzungstest noch einmal und diskutieren Sie die Ergebnisse. Achten Sie darauf, ob sich irgend etwas während dieser Zeit geändert hat.

Fünfter Schritt: Schlüpfen Sie in die Rolle Ihres Partners. Füllen Sie die Liste so aus, wie Ihr Partner sie Ihrer Ansicht nach für Sie ausfüllen würde. Ihr Partner dagegen füllt die Liste aus, wie er sich Ihre Antworten vorstellt. Tauschen Sie die Listen aus und korrigieren Sie sie. Diese Technik kann viele Mißverständnisse klären helfen.

3. *Brauchen Sie »schmutzige Worte«.* Manchmal zeigen sich sexuelle Ängste an der Hemmung, »schmutzige Worte« benutzen zu können. Wenn Sie Ihre Hemmungen auf diesem Gebiet loswerden, werden Ihre sexuellen Ängste eventuell schon viel geringer sein. Der Gebrauch schmutziger Worte für eine Bitte oder als Beschreibung kann aufregend sein. Ihr Sexualleben kann eventuell gewinnen, wenn Sie sagen: »Leck doch mal an meinem Schwanz« oder »Dein Pimmel in meiner Muschi fühlt sich ganz toll an«.

Fallbeispiel

Marlene sehnte sich danach, »frei und ungehemmt« zu sein. Sie wollte auch ihre Haltung gegenüber dem Sex ändern; sie war eine der vielen Frauen, die in der Vorstellung »Sex ist schmutzig« erzogen wurden. Ihr Problem war, daß sie den Höhepunkt nur durch direkte klitorale Stimulation erreichen konnte. Während des Verkehrs bekam sie nie einen Orgasmus. Wir gingen folgendermaßen dagegen vor.

- Wir machten eine Liste von ungefähr vierzehn »schmutzigen« Worten und ordneten sie nach dem Grad der Nervosität, die sie bei ihr erzeugten: Möse . . . Muschi . . . ficken . . . blasen . . . bumsen.
- Sie bekam Hausaufgaben. Sie sollte unter Verwendung dieser Worte Sätze bilden, wie sie ihr Mann zu ihr sagen könnte. Danach sollte sie Sätze finden, die sie selbst zu ihrem Mann sagen könnte.

  Unser Plan war, daß beim Geschlechtsverkehr erst der Mann ihr gegenüber einen solchen Satz äußern und dann sie ihm gegenüber dasselbe tun sollte. Doch Marlene kriegte das nicht hin. Sie konnte höchstens aushalten, daß ihr Mann einen solchen Satz im Eßzimmer nach dem Abendessen sagte. Das tat er ein paar Wochen lang, bis es ihr gleichgültig wurde. Sie dazu zu bringen, selbst diese Sätze zu äußern, dauerte noch ein paar Wochen länger. Schließlich war Marlene imstande, die »schmutzigen Worte« während des Verkehrs zu äußern. Sie kam dabei nicht nur zum Höhepunkt, sondern hatte sogar mehrere Orgasmen. Ihr Mann – mit dem ich bisher keinerlei Kontakt gehabt hatte – rief an, um mir zu danken.

Proben Sie den Erfolg und nicht die Angst

In den meisten Fällen dienen Freude und Erregung beim Sex als Gegenmittel gegen alle möglichen Ängste. Einige Menschen jedoch bringen sich geradezu Ängste bei und wirken so dem sexuellen Vergnügen entgegen. Drei Techniken können hier helfen: Vermehrung der Phantasien, Durchführung sexueller Angstaufgaben und direkte Desensibilisierung gegen Sexualangst.

1. *Machen Sie Ihre sexuellen Phantasien aufregender, und wirken Sie so Ihren sexuellen Ängsten entgegen.*

Übung
Ziel: zu erreichen, daß die Phantasien aufregender werden

ERSTER SCHRITT: Erfinden Sie eine sexuelle Phantasie. Achten Sie darauf, wieviel sexuelle Erregung sie enthält.

ZWEITER SCHRITT: Wiederholen Sie die gleiche Phantasie und versuchen Sie bewußt, die Erregung zu erhöhen.

Fallbeispiel

Alan X., ein achtundzwanzigjähriger Rechtsanwalt aus einer strengkatholischen Familie, in der Sex als »schlecht« galt, kam zur Behandlung. Er behauptete: »Ich mach mir einfach nichts aus Frauen.« Ich veranlaßte ihn, sich mehrere Phantasie-Situationen auszudenken und sie auf einer Erregungsskala (0 bis 100) zu bewerten. Als er sich Geschlechtsverkehr mit einem Mädchen, das ihm gefiel, vorstellte, bewertete er das mit nur 15 Punkten. Ich bat ihn, die Phantasie zu revidieren, um zu einem höheren Wert zu kommen, und Alan fügte Details hinzu wie zum Beispiel ein Wasserbett, womit er auf 35 kam. Während der folgenden Wochen hatte er die Aufgabe, fünfmal am Tag eine sexuelle Phantasie zu erfinden, den Wert auf der Erregungsskala abzuschätzen, sich dann die Phantasie noch einmal zu vergegenwärtigen und ihren Erregungswert um 10 Punkte zu steigern. Nach fünf Wochen konnte Alan 60 Punkte erreichen und fühlte sich durch Frauen, denen er begegnete, immer stärker erregt. Mit Hilfe der Phantasie hatte er seine Ängste verringert und es dazu gebracht, daß die sexuelle Erregung durchbrach.

Ihre Phantasien können ganz einfach sein (die Erinnerung an einen leidenschaftlichen Kuß, der zwei Nächte zurückliegt) oder auch kompliziert (Sie führen die Peitsche und dreißig wie Neandertaler aussehende Typen liegen Ihnen zu Füßen). Das können Sie halten, wie Sie wollen. Wenn Sie Schwierigkeiten haben, sexuelle Phantasien zu erfinden, können Sie

a) *Phantasien in die Erinnerung zurückrufen,* die Sie früher einmal hatten und die Sie sich jetzt erneut vorstellen. Anfangs spüren Sie dabei eventuell kaum Erregung, aber vielleicht hilft es Ihnen, dadurch erst einmal in Gang zu kommen;

b) *Eselsbrücken benutzen* wie Bilder aus dem Playboy oder ähnlichen Magazinen, die sehr sexy sind, mit deren Hilfe Sie sich für den Moment eine Phantasie aufbauen;

c) *andere Leute* als Phantasieauslöser *benutzen* – zum Beispiel Sie vergewaltigen fünfzig tolle Mädchen, die Farrah Fawcett-Majors ähnlich sehen – oder Sie werden von Pornostar Harry Reems vergewaltigt.

2. *Stellen Sie sich selbst einfache Angstaufgaben.* Versuchen Sie all das zu tun, was Sie bisher vermieden haben. Ihre Antworten in der obenste-

henden Checkliste können dafür Anhaltspunkte liefern. Denken Sie daran, sexuelle Ängste sind wie andere Ängste. Wenn Sie mit der Vermeidung, die die Angst stützt, Schluß machen,wird schließlich auch die Angst selbst verschwinden. Befolgen Sie die gleichen Regeln wie bei allen Angstaufgaben:

- Beginnen Sie mit einer Aufgabe, die Ihnen leichtfällt.
- Geben Sie acht auf Ihre Handlungen, nicht auf Ihre Gefühle. Sehen Sie zu, daß Ihre Ängste Ihre Handlungen nicht stören. Natürlich werden Sie Ihre Angstaufgaben individuell lösen wollen, aber die folgenden Anregungen dürften sie interessieren: a) Versuchen Sie es mit einer Ortsveränderung (Badezimmer, draußen, Küchentisch); b) Machen Sie Sex einmal nicht zur gewohnten Zeit (mitten in der Nacht, schnell noch vor dem Aufstehen); c) benutzen Sie Hilfsmittel wie Salben und Cremes. Der Mann streicht Handlotion auf seinen Penis. Die Frau trägt Vaseline auf ihre Klitoris auf. Tun Sie Schlagsahne auf die Genitalien Ihres Partners und lecken Sie sie ab. Sie können ebenfalls Massagegeräte benutzen. Eine Frau kann mit einem Vibrator den Penis ihres Partners massieren; ein Mann kann die Klitoris, die Brustwarzen oder andere erregbare Zonen streicheln; d) nehmen Sie sexuelle Handlungen vor, die Sie bisher vermieden haben. Bestimmt gibt es sexuelle Positionen, die Sie noch nicht ausprobiert haben: auf dem Rücken . . . von der Seite . . . von oben . . . im Sitzen . . . im Stehen . . . nach Hundeart (der Mann dringt von hinten ein).

Wenn Sie mit Ihren sexuellen Angstaufgaben Schwierigkeiten haben oder wenn Sie dabei zu viel Angst empfinden, können Sie zweierlei tun:

- *Finden Sie einfachere Aufgaben, die weniger Angst erregen, und führen Sie sie durch.* Gleichgültig, wie stark die Angst ist, es ist immer möglich, einen Ausgangspunkt zu finden. Man kann sich zum Beispiel gegenseitig leicht massieren, ohne erogene Zonen zu berühren. Ein Paar lag einfach nackt beisammen und schlang die Arme umeinander. Ein anderes Paar konnte noch nicht einmal das. Sie lagen zunächst völlig angekleidet nebeneinander und zogen nach und nach ihre Kleidungsstücke aus. Der Partner, der geringere Angst empfindet, muß besonders behutsam, geduldig und verständnisvoll sein. Als Gegenleistung wird er nicht nur besseren Sex, sondern auch größere Wärme und Liebe erhalten.
- *Inszenieren Sie kleine Sexdramen.* Prinzip: die sexuelle Begegnung so zu organisieren, daß das Vergnügen möglichst groß wird, daß die Begegnung Ihnen alles bietet, was Sie gern haben, und daß Sie in der Sexszene kurz *Ihre Angstaufgabe unterbringen.* Die Szene ist die Grundlage für Ihre sexuellen Pläne am Abend. Wer sich davor fürchtet, Neues beim Sex zu wagen, läßt sich durch solche Spiele oft zu stärkeren Gefühlen anregen. Vielleicht spielen Sie die Rolle eines berühmten Liebhabers aus dem Film (wie zum Beispiel der Mann, den

ich am Anfang des Kapitels erwähnte) oder Sie schlüpfen in die Rolle bekannter Liebespaare aus der Geschichte wie Antonius und Kleopatra, Abälard und Heloise, Romeo und Julia (was hätten sie getan, wenn sie am Leben geblieben wären?). Oder Sie spielen Herr und Sklavin (zuerst spielen Sie die Sklavin und Ihr Partner den Herrn; dann vertauschen Sie die Rollen). Erfinden Sie eine Szene, die Ihnen gefällt. Eine Frau erzählt: »Ich stell mir mein Leben wie eine Fernsehserie vor. Jeden Tag plane ich eine aufregende Fortsetzung für die kommende Nacht.«

Achten Sie darauf, daß Ihre Angstaufgabe in der Szene vorkommt. Zum Beispiel wünschte sich eine Frau oralen Sex mit ihrem Mann, fühlte sich aber gehemmt, weil sie Angst hatte, pervers zu sein. Sie hatte schon Schwierigkeiten, den ersten Schritt zu tun. Sie entwarfen nun eine »Lieblingsszene«: Sie war darin das einfache Bauernmädchen und er der feine Pinkel aus der Stadt (in Wirklichkeit war er auf einem Bauernhof groß geworden, doch war er nicht simpel; sie stammte aus Manhattan, war aber sehr einfach). In dieser Szene stellte sich heraus, daß das einfache Mädchen vom Lande viel erfahrener war als der feine Pinkel aus der Stadt. Sie hänselte ihn wiederholt (die beiden fanden das aufregend), bis er die Geduld verlor und »mit ihr machte, was er wollte«.

Beim Hänseln brachte sie den oralen Sex ins Spiel. Zunächst hauchte sie dabei nur so eben ihre Lippen auf seinen Penis. Dann versuchte sie schnell eine andere Hänselei, drückte seinen Penis flüchtig mit der Hand und entfernte die Hand wieder. Er spielte den Frustrierten und bat um mehr. Als sie diese Grundszene mit den verschiedensten Variationen immer wieder durchspielten, berührten ihre Lippen den Penis immer länger, bis die Berührungen in Küsse übergingen und schließlich in richtigen oralen Sex mündeten. Sie hatte ihre Angst auf diesem Sektor überwunden und konnte jetzt tun, was ihr Spaß machte.

3. *Wenden Sie systematische Desensibilisierung an.* Stellen Sie eine Hierarchie der Dinge auf, die Sie bisher vermieden haben oder die bei Ihnen Angst provozieren. Fangen Sie ganz unten in der Hierarchie an, stellen Sie sich jede einzelne Handlung genau vor (oder führen Sie sie auch aus) und entspannen Sie sich, bis Sie diese Handlung aushalten können, ohne dabei nervös zu werden. Dann gehen Sie zum nächsten Punkt über. Falls nötig, benutzen Sie die auf Band gesprochenen Instruktionen in Anhang III.

Als Beispiel führe ich hier eine Hierarchie an, die für Männer nützlich ist, die Angst vor dem Versagen haben. Sie beruht auf einer Hierarchie, die Dr. Arnold A. Lazarus von der Rutgers University für die Gruppen-Desensibilisierung geschaffen hat.

- Küssen
- Völlig angekleidet miteinander schmusen

- Sich auskleiden
- Sexspiele nackt
- Sich für den Geschlechtsverkehr in die richtige Stellung bringen
- Eindringen
- Geschlechtsverkehr
- Die Stellung während des Verkehrs ändern

Mit nur geringen Änderungen kann die gleiche Hierarchie von Frauen benutzt werden, die sexuelle Ängste haben. Denken Sie aber daran, daß die Hierarchie auf Ihren persönlichen Fall abgestimmt sein muß; Sie müssen sie auf Ihre eigenen Angst- und Streßauslöser ausrichten.

Weil jeweils zwei betroffen sind, läßt sich eine Desensibilisierung in der Realität übrigens sehr kreativ gestalten.

Fallbeispiel

»Er hat kein Interesse an Sex«, beklagte sich Nancy, als sie mich mit David aufsuchte. Wenn sie nicht aktiv – oder sogar aggressiv – die Initiative übernahm, kam es bei ihnen überhaupt nicht dazu. Wenn sie mittendrin das Interesse zu verlieren schien, versuchte David nie weiterzumachen. In Wirklichkeit jedoch, stellte sich heraus, hatte David großes Interesse am Sex. Allerdings war die Angst vor Zurückweisung noch größer. Er fürchtete, entsetzlich niedergeschlagen zu sein, wenn Nancy ihn bei dem, was er wollte oder iniitiierte, zurückweisen würde. Diese Angst, zurückgestoßen zu werden, war der Grund für seinen Mangel an sexueller Initiative. Um das Vermeidungsmuster zu durchbrechen, arbeiteten wir eine »Desensibilisierung in der Realität« aus, die die Form eines Spiels annahm. Er sollte Nancy während der nächsten Wochen um allerlei persönliche Dinge bitten: seinen Rücken zu kratzen, seine Nägel zu maniküren, ihm einen Kuß zu geben. Sie sollte ablehnen. Dann mußte er sie überreden. Wenn er aber eindringlich bat und sie überzeugen konnte, sollte sie seine Bitte erfüllen. Wir arbeiteten ein Punktsystem aus. Jedesmal, wenn David Nancy überreden konnte, bekam er fünf Punkte. Jeden Tag, den er verstreichen ließ, ohne eine persönliche Bitte auszusprechen, verlor er fünf Punkte. Das Ziel war, hundert Punkte zu erreichen. Sobald er das geschafft hatte, sollten sie einen Angelurlaub antreten.

Am Ende der ersten Woche stand es für ihn –15. Um ihn anzuspornen, ließ Nancy überall in der Wohnung Prospekte von dem Angler-Camp herumliegen. Am Ende der zweiten Woche hatte David +5 erreicht. Plötzlich hatte es bei ihm gefunkt! Während der nächsten Woche erzielte er 50 Punkte. In der Mitte der folgenden Woche buchten sie ihren Urlaub. Im Angler-Camp dachte der beglückte David mit keiner Silbe mehr an Nancys Nein.

Systematische Desensibilisierung läßt sich für jede Art sexueller Angst einsetzen – Perversion eingeschlossen

---

Fallbeispiel

Lenore, eine kleine, etwas zerbrechliche Frau, war mit Phil verheiratet, einem großen, starken Mann. Bei ihrem ersten Besuch gestand sie: »Ich habe Angst vor Sex, aber ich weiß nicht, warum.« Ihre Anamnese zeigte, daß sie als Teenager aufregende Fesselungsphantasien hatte, in denen sie völlig hilflos angebunden dalag, während der Mann alles mögliche mit ihr anstellte. Sie hatte diese Phantasien immer noch, und wenn Phil auf ihr lag oder sie umarmte, mußte sie an die Fesselung denken. Dabei stellten sich bei ihr die gleichen Lustgefühle ein, die sie als Teenager gehabt hatte, und sie reagierte darauf dann mit der Angstvorstellung »Ich bin pervers«. Ihre Angst wurde so stark, daß sie ihn wegstoßen mußte.

Ich behandelte Lenore mit einer Desensibilisierung, die Phantasie und Realität kombinierte. In der Phantasie stellte sie sich Szenen vor wie »Sie sind auf einer Party und ein anderer Gast spricht verächtlich von jemandem, der Fesselung praktiziert« . . . »Sie sind ans Bett gebunden, und Ihr Mann sagt, Sie sind pervers«.

Bei der Realitäts-Desensibilisierung sollte Phil sie fest an sich halten, bis sich Unbehagen bei ihr einstellte. Sie signalisierte ihm, sie loszulassen, entspannte sich, und dann mußte er sie wieder festhalten. Allmählich hielt er sie immer länger fest, bis sie schließlich keine Angst mehr hatte. Nächster Schritt: Phil sollte auf ihr liegen, es sollte aber nicht zum Verkehr kommen. Er sollte sie nur fest im Arm halten. Wenn sich Unbehagen einstellte, sollte sie ihm wiederum ein Signal geben. Er würde dann von ihr lassen, und sie sollte sich entspannen. Sie hielt das immer länger durch und fand Gefallen daran. Gleichzeitig besserte sich ihr Sexualleben. Dann gingen sie bei der Realitäts-Desensibilisierung noch einen Schritt weiter. Sie praktizierten tatsächlich Fesselung. Phil band Lenore ans Bett. Sie fand es großartig, aber er nicht! Da er jedoch merkte, welchen Genuß ihr das bereitete, praktizierten sie hin und wieder – um ihretwillen – Fesselung.

Das Schlimmste, was passieren kann

Es kann passieren, daß eintritt, was Sie am meisten fürchten – wenn es nicht schon eingetreten ist. Sie können zum Beispiel eine sexuelle Funktionsstörung haben oder ein von der Norm abweichendes Verhalten, das Sie nicht wollen. In vielen Fällen liegt die Ursache hierfür in Ihren Ängsten.

Sexuelle Funktionsstörungen

Es gibt hauptsächlich vier sexuelle Funktionsstörungen. Beim Mann sind das Impotenz und vorzeitiger Samenerguß, bei der Frau Frigidität und Vaginismus (aus Angst verkrampfen sich die Scheidenmuskeln so sehr, daß der Verkehr schmerzhaft oder unmöglich wird). Diese Störungen sind heute meist relativ einfach zu behandeln. Wenn Sie allein mit Ihrem Problem nicht fertig werden, suchen Sie einen Arzt auf.

Zwei Warnungen vorweg:

- Vergewissern Sie sich, daß es sich in erster Linie um ein sexuelles Problem handelt und nicht um ein Partnerschaftsproblem oder um eine tangentielle Angst.
- Wählen Sie Ihre Sexklinik sorgfältig aus. Es gibt heutzutage viele solcher Kliniken. Einige leisten Hervorragendes, andere sind inkompetent. Wählen Sie eine aus, die mit einem anerkannten medizinischen Behandlungszentrum oder einer Universität verbunden ist.

Perversionen des Geschlechtslebens

Die Entstehung einer Perversion gehört auch mit zum »Schlimmsten, was passieren kann«. Unter Perversionen versteht man »willkürliche Geschlechtsakte«, die begleitet sind von starkem Drang und hochgradiger Erregung. Nach dem Akt stellt sich oft ein Gefühl der Selbsterniedrigung ein.

- *Es gibt Perverse, die sich anderen Menschen aufdrängen.* Zu dieser Kategorie gehören Männer, die ihre Geschlechtsteile öffentlich zeigen (Exhibitionisten) oder Männer, die Kinder sexuell belästigen (Pädophile). Diese Verhaltensweisen können natürlich nicht geduldet werden, und man muß ihnen Einhalt gebieten. Sie richten sich gegen Opfer, nicht gegen Partner.
- *Andere perverse Handlungen finden nur zwischen Erwachsenen mit beiderseitigem Einverständnis statt.* Hier führt die ungewöhnliche Art des Aktes aber auch oft zu Problemen. Es entstehen Spannungen und Schuldgefühle. Wenn es Ihnen allerdings gelingt, Ihre perversen Handlungen wieder unter Kontrolle zu bringen, so daß Sie sie freiwillig statt zwanghaft vollziehen, so werden diese zu einer bloßen Variante Ihres Geschlechtslebens. Sie können der Partnerschaft keinen Schaden mehr zufügen oder sie gar zerstören.

Oft werden Perversionen durch Angst in Gang gesetzt. Oft verhindert Angst, daß Sie Ihre Perversionen wieder loswerden.

- *Wenn die Perversion durch Angst ausgelöst wird.* Gewöhnlich sind es nichtsexuelle, soziale Ängste, die die Perversion auslösen (zum Beispiel die Angst vor Zurückweisung oder Kritik). Sie geraten in eine Situation, die schon eine Angst auslöst. Sie steigert sich allmählich so sehr, daß Sie etwas tun müssen, um sich Erleichterung zu verschaffen. Irgendwie haben Sie gelernt (vielleicht ganz zufällig), daß die perverse Handlung Ihnen diese Erleichterung gewähren kann. So vollziehen Sie sie wie eine Art Roboter. Wenn es Ihnen gelingt, den Angstauslöser zu beseitigen, können Sie die perverse Handlung stoppen.

Fallbeispiel

Sam S. war schon mehrmals wegen Voyeurismus festgenommen worden. Er war Postbote, und wenn er durch die Apartmenthäuser ging, guckte er durch offene Türspione, beobachtete, welche Frauen allein zu Hause waren, und hoffte insgeheim, sie im Negligé vorzufinden. Bei dieser Guckerei wurde er sehr aufgeregt und masturbierte. Sein Voyeurtum wurde durch Angst vor Benachteiligung ausgelöst. Er war in einer armen Familie aufgewachsen und hatte sein ganzes Leben lang gefürchtet, nicht genug zu essen zu haben und sich keine anständigen Kleider kaufen zu können. Als Teenager hatte er Angst gehabt, sich niemals einen Wagen leisten zu können. Das führte zu Diebstählen und zu sechs Monaten Fürsorgeerziehung. Als er dann arbeitete, sparte er genug Geld, um sich einen Wagen kaufen zu können; das Stehlen hörte auf. Jetzt war er fünfunddreißig, seit zwölf Jahren verheiratet und Vater von drei Kindern. Sam fühlte sich benachteiligt, weil er nicht frei war, eine außereheliche Beziehung anzuknüpfen. Da er ein sehr treuer Ehemann war, wollte er das eigentlich auch gar nicht, aber er hatte die Angebereien anderer Männer gehört, und so war in ihm das Gefühl der Benachteiligung entstanden und gewachsen. Die Voyeur-Episoden folgten gewöhnlich auf typische »Männergespräche«, wie sie unter Arbeitskollegen geführt werden. Sam wollte sich ändern. Ich beschloß, ihn zu desensibilisieren, so daß er nicht mehr das Gefühl hatte, ohne eine außereheliche Beziehung benachteiligt zu sein. Dabei stützte ich mich auf die Erfahrung, daß sein Gefühl der Benachteiligung verschwunden war und das Stehlen aufgehört hatte, als er sich einen eigenen Wagen kaufen konnte.

Ich wandte wieder »Systematische Desensibilisierung in der Phantasie« an. Sam mußte sich Szenen mit Arbeitskollegen vorstellen, die Frauengeschichten vortrugen . . . dann, wie er mit einer Frau (nicht seiner Ehefrau) in ein Motel ging. Ich wußte, daß das Gefühl der Benachteiligung verschwinden würde, wenn er frei war, eine Affäre zu haben. Im richtigen Leben hatte er daraufhin übrigens tatsächlich eine kurze Affäre, entschied sich aber bald, monogam zu bleiben und kein Liebesverhältnis außerhalb der Ehe mehr anzuknüpfen. Sein Voyeurtum verschwand.

○ *Wenn Ängste verhindern, daß Sie Ihre Perversion loswerden.* In einem solchen Fall sind gewöhnlich sexuelle Ängste mit von der Partie. Das perverse Verhalten lenkt Sie ab und hilft Ihnen, bestimmten Aspekten des Sex (vor denen Sie sich fürchten) aus dem Weg zu gehen.

Fallbeispiel

Tim, ein Geschäftsmann in den Dreißigern, wurde stark erregt durch Frauen, die schulterlange Haare hatten. Wenn er auf der Straße an solch einer Frau vorbeiging, erlebte er eine so starke sexuelle Reaktion, daß er die Hand in die Tasche steckte und masturbierte. Er lebte mit einer Frau zusammen, die langes blondes Haar hatte, und es bereitete ihm das höchste Lustgefühl, diese dicken, blonden Locken zu waschen. Jeder Kontakt mit ihrem Haar löste einen wahren Taumel erotischer Gefühle aus bis zu dem Punkt, wo sein ganzer Körper vor Erregung zitterte. Andere Teile ihres Körpers ließen ihn gleichgültig. Diesem Verhalten lag die Angst zugrunde, sexuell nicht erregbar zu sein. Tim fühlte sich nicht nur »wie ein Monster«, sondern machte sich auch ständig Vorwürfe, daß er nur an den Haaren interessiert war. Er hatte jedoch Angst, sich zu ändern, weil er dachte: »Wenn ich meinen Fetisch aufgebe, bin ich absolut asexuell.«

Wenn Tim masturbierte, hatte er immer Phantasien über Haare. Um ihn dahinzubringen, auch von anderen Stellen an Normas Körper erregt zu werden, praktizierten wir eine *Umerziehung des Orgasmus*. Das ging folgendermaßen:

○ Wenn bei der Masturbation die Ejakulation unvermeidlich wurde, sollte er seine Phantasie bewußt auf andere Stellen ihres Körpers lenken – Brüste, Schenkel, Genitalien. Auf diese Weise begann er, sexuelle Gefühle mit diesen Vorstellungen zu assoziieren.

○ Wir begannen, seine Phantasie mit Normas anderen Körperteilen zu beschäftigen, und zwar schon zu einem frühen Zeitpunkt des Masturbationsprozesses. Zuerst kam es bei ihm also durch die Haarphantasie zur Erregung. Wenn er die Erregung spürte, suchte er seine Gedanken auf andere Körperteile zu lenken, bis das Gefühl der sexuellen Erregung abzuklingen begann. Dann ging er wieder zurück zur Haarphantasie, bis sich die Erregung wieder aufbaute. Daraufhin ging er abermals auf andere Körperteile über. Tim merkte, daß es ihm nach und nach gelang, diese neuen Vorstellungen immer länger festzuhalten. Schließlich konnte er auch ohne die Haarphantasie masturbieren.

Im wirklichen Leben begann Tim sich mehr und mehr für Frauen generell zu interessieren – nicht nur für lange Haare. Als er seine Furcht, sexuell nicht erregbar zu sein, verloren hatte, war er imstande, sich nicht mehr exklusiv an seinen Haarfetischismus zu klammern. An seiner Reaktion gegenüber Frauen sah er, daß er potent war, und hielt sicht nicht länger für asexuell. Norma übrigens ahnte nichts von Tims Haarfetischismus. Sie wußte nur, daß er ihr gern die Haare wusch – und das tut er immer noch.

Fallbeispiel

Seit seiner Pubertät wurde Bert A., verheiratet und ein sehr erfolgreicher Internist, stark von Damenfüßen angezogen. Wenn er in seiner Praxis den Fuß einer Patientin sah, fühlte er sich sofort sehr erregt, und er stellte sich vor, wie er demütig auf dem Fußboden vor ihr kniete und ihre Füße küßte, während sie voller Verachtung auf ihn herabblickte. Manchmal ging er zu einer Prostituierten und bezahlte sie dafür, daß sie diese Szene spielte. Solche Begegnungen führten jedoch nicht zum Geschlechtsverkehr. Bert hatte einen Samenerguß, während er auf dem Fußboden lag.

Bert hatte in Wirklichkeit Angst vor der weiblichen Vagina. Der Fußfetischismus half ihm, auf die Vagina zu verzichten. Er assoziierte auch Schmutz mit der weiblichen Vagina. Dabei war für ihn die Farbe der Schamhaare wichtig. Je dunkler die Schamhaare waren, desto stärker war die Assoziation mit Schmutz (er war mit einer Blondine verheiratet).

Wir beseitigten diese Angst durch Dias. In einem Pornoladen kaufte er eine Reihe Dias von Frauen, die ihre Geschlechtsteile zeigten. Diese Bilder brachte er mit in die Sprechstunde. Wir ordneten die Dias nach der Haarfarbe, von wasserstoffblond bis pechschwarz. In meiner Praxis saß Bert dann in einem Sessel und schloß die Augen. Wenn er völlig entspannt war, sah er sich ein auf die Wand projiziertes Foto an. Beim ersten Zeichen von Unbehagen schloß er wiederum die Augen und entspannte sich. Er wiederholte dies immer wieder, bis er die Aufnahme zwei Minuten lang ohne Nervosität ansehen konnte. Dann gingen wir zum nächsten Bild über. Schließlich kamen wir zu der Frau mit den pechschwarzen Schamhaaren. An diesem Punkt merkte Bert, daß er mit seiner Frau sexuell freier verkehren konnte, aber der Fetischismus war geblieben. Dann schnitt Bert aus eigener Initiative Fotos der weiblichen Geschlechtsteile aus Magazinen und übte zu Hause, die Bilder zu berühren. Zuerst glaubte er, seine Finger zu beschmutzen, aber nach und nach wurde er fähig, sie alle zu berühren. Der Fetischismus war verschwunden.

Manchmal kann die Angst eines Partners das perverse Verhalten des anderen am Leben erhalten.

Fallbeispiel

Molly und Jack kamen zu mir, weil es in ihrer Ehe Schwierigkeiten gab. Jack bestand darauf, Frauenkleider anzuziehen. Er hatte eine komplette Ausstattung: Schmuck, Make-up, Kleider, Strumpfhalter, Büstenhalter mit Einlage. Und er bestand darauf, diese Sachen anzulegen, wenn er Molly liebte. Während des Liebesaktes hatte Jack masochistische Phantasien, so daß Molly »eine große Distanz« zwischen ihnen spürte. Wie die meisten Transvestiten hatte Jack keine homosexuellen Tendenzen; er war nur ein Mann, der Frauenkleider anlegte und daraus starke sexuelle Lustgefühle ableitete.

Bei unserer Unterhaltung sagte Jack: »Mit mir ist alles in Ordnung. Es ist allein ihr Problem. Warum wird sie so nervös, wenn ich das tue? Warum desensibilisieren Sie sie nicht, so daß sie es aushalten kann, wenn ich Frauenkleider trage? Dann wäre doch alles in Ordnung.« Jack wollte seine Ehe aufrechterhalten. Wenn man ihn überzeugen konnte, daß es für die Rettung der Ehe nötig war, die Frauenkleider aufzugeben, so war er wahrscheinlich dazu bereit. Doch solange er die Vorstellung hatte, daß ihn seine Frau vielleicht als Transvestit akzeptieren könne, war er nicht bereit, sich ernsthaft um eine Änderung zu bemühen. So führten wir bei Molly eine »Systematische Desensibilisierung in der Phantasie« durch.

Zuerst stellte sie sich vor, wie er im Haus in Frauenkleidern herumlief . . . dann wie er sie in diesen Kleidern liebte. Es waren nur relativ wenige Sitzungen notwendig, bis Molly Jacks Transvestitentum akzeptierte. Als ich noch einmal telefonisch nachfragte, erfuhr ich, daß dieses Eheproblem gelöst war.

Der Fall ließ mir jedoch keine Ruhe. Ich fragte mich: »Habe ich auch ihre eigenen Gefühle sich selbst gegenüber genug berücksichtigt? . . . Habe ich etwa einen pathologischen Zustand verewigt?« Diese Fragen verfolgten mich. Ein Jahr später, als ich den Fall für eine Fachzeitschrift niederschrieb, rief ich auf eine Eingebung hin noch einmal an und erfuhr, daß Jacks Transvestitentum völlig verschwunden war. Für eine Weile hatte er noch Frauenkleider getragen, aber er hatte allen Spaß daran verloren, und es erregte ihn auch nicht mehr sexuell. Für diese Veränderung sind viele Interpretationen möglich. Wir wissen nur mit Sicherheit, daß Jack seine Kleidergewohnheiten ablegte, als Molly aufhörte, darauf zu reagieren.

Ich wiederhole noch einmal, *man kann etwas gegen sexuelle Ängste tun.* Das gilt für eine Jungfrau, die sich vor der Defloration fürchtet, wie für den Fetischisten. Wer seine Angst überwindet, der ändert sein sexuelles Verhalten und wird ein glücklicher Mensch. Warum leiden, wenn es nicht nötig ist?

Wenn man eine Angst auf sexuellem Gebiet vermindert, kann man oft auch andere Probleme einer Lösung zuführen.

Fallbeispiel

George R., ein ehrgeiziger, hart arbeitender Manager bei einer Reiseagentur, kam zu mir, weil er nicht recht wußte, wie es beruflich mit ihm weitergehen sollte. Mehrere Male hatte er die Gelegenheit gehabt, seine eigene Agentur zu gründen. Aber er war nicht in der Lage, das damit verbundene Risiko auf sich zu nehmen. George hatte das Gefühl: »Ich bin nicht Manns genug, um es durchzuziehen.« Er führte seine Unsicherheit darauf zurück, daß er sein ganzes Leben darunter gelitten hatte, einen zu kleinen Penis zu haben. Begonnen hatte das während der Pubertät. Verstandesmäßig wußte er allerdings inzwischen, daß sein Penis von durchschnittlicher Größe war, aber gefühlsmäßig hatte sich nichts geändert. In den letzten Jahren hatte sich seine Unsicherheit sogar noch gesteigert, weil er sich für einen schlechten Sexualpartner hielt. Mehrere Affären vor der Ehe hatten ihm den Eindruck vermittelt, daß die Frauen ihm nur »vormachten«, er sei ein guter Liebhaber. Jetzt argumentierte er: »Ich kann nicht gut sein, wenn ich nicht einmal meine Frau befriedigen kann. Sie weiß genau Bescheid.«

Ein Gespräch mit den beiden zeigte, daß Louise sexuell ziemlich glücklich war. Sie war nicht unzufrieden mit ihrem Sexualleben und sehr überrascht, daß George diese Probleme hatte. Sie selbst hatte zwei sexuelle Probleme: 1. eine gewisse Schwierigkeit, sich beim Verkehr zu entspannen; 2. Scheu, über Sex zu sprechen. Dies zweite Problem war schlimmer geworden, da George immer das Thema wechselte, wenn sie versuchte, ihm ihre Gefühle mitzuteilen.

Zuerst brachten wir Louise bei, ihre Ausdrucksschwierigkeiten zu überwinden. Sie mußte ihre Gefühle in Worte fassen: »Deine Zärtlichkeit tut mir gut« . . . »Du bist wirklich ein guter Liebhaber« . . . »Ich habe es gern, wenn du so lange in mir bist«. Wenn George ihre Bemerkungen zur Seite wischte, sollte sie sich nicht beirren lassen: »Merkst du nicht, was du für ein guter Liebhaber bist . . . wie glücklich du micht gemacht hast?« In diesem Stadium des Trainings sollte George ihre Komplimente akzeptieren und sie ermuntern, damit fortzufahren.

Dann desensibilisierte ich George gegen die Unsicherheit, einen zu kleinen Penis zu haben, mit einer Reihe von Szenen: »Sie stehen im Sommer-Camp unter der Dusche und alle anderen haben einen größeren Penis« . . . »Beim Sex im College sagt die Frau: ›Bist du überhaupt in mir?‹« . . . »Sie hatten gerade Sex mit Ihrer Frau, und sie scheint unzufrieden«. Ich benutzte auch noch eine zweite Desensibilierungs-Hierarchie: Er mußte sich vorstellen, daß ihm seine Frau in den verschiedensten Situationen sexuelle Komplimente machte.

Nach drei Monaten kamen George und Louise zu dem Schluß, daß ihr Sexleben jetzt befriedigender war. Außerdem war George in vielen nichtsexuellen Bereichen selbstbewußter geworden. Ein Jahr später tat er sich mit einem Partner zusammen und eröffnete seine eigene Reiseagentur. Durch Überwindung seiner sexuellen Ängste erhielten sowohl sein Gefühls- wie sein Berufsleben neue Dimensionen.

9. Kapitel

Der Zwangsneurotiker

Kürzlich hatte ich – an einem Nachmittag mitten in der Woche – gerade eine Sitzung mit einem Patienten begonnen, als es an meiner Praxistür Sturm schellte. Ich rief die Treppe hinunter: »Wer ist da?« Eine Frauenstimme antwortete: »Mary von Sarges Delikatessenladen. Ihre Frau hat aus Connecticut angerufen. Sie sollen sofort in die Küche gehen und den Herd abdrehen. Ihr Haus kann jeden Augenblick in Flammen aufgehen!«

Ich jagte in die Küche, sah mehrere Töpfe auf dem Herd stehen, aber nichts war eingeschaltet. Verdutzt ging ich zu meinem Patienten zurück. Am Abend erzählte mir Jean die ganze Geschichte.

Wie gewöhnlich hatte sie am Morgen mehrere Dinge gleichzeitig erledigt, das Abendessen gekocht und an einem Buch gearbeitet. Um 11 Uhr war sie mit dem Zug nach Westport gefahren, um dort einen Vortrag zu halten. Als der Schnellzug an Tye vorbeibrauste, dachte Jean plötzlich: »Ich habe die Eier auf dem Herd vergessen. Das Haus wird abbrennen. Die Versicherung kommt nicht dafür auf. Wir werden es nie schaffen, unsere Schulden abzuzahlen.« Als sie am Ziel angekommen war, stürzte sie voller Panik zum Telefon, um mich anzurufen. Mein Anschluß war gestört. Sie versuchte es bei unserem Vermieter, er war nicht zu Hause. Sie rief zwei Bekannte an, sie meldeten sich nicht. So rief Jean das Delikatessengeschäft in unserer Nachbarschaft an, nannte ihren Namen, erklärte die Situation und bat: »Können Sie wohl hinüberlaufen, bei Dr. Fensterheim klingeln und ihn bitten, den Herd abzustellen. Sie müssen aber mit ihm persönlich sprechen, nicht nur einen Zettel hinterlassen. Den würde er gar nicht bemerken.« Die Frau am Telefon versprach ihr: »Ich werde es selbst ausrichten.«

Jean schaffte es irgendwie, ihren Vortrag zu halten (statt der Zuhörerschaft sah sie die ganze Zeit züngelnde Flammen), rief dann wieder bei Sarge an und erfuhr, daß man es mir ausgerichtet hatte. Sie kam völlig erledigt nach Hause, wie gelähmt von dem Streich, den ihre Phantasie ihr gespielt hatte.

Dieses Verhalten ist typisch für den Zwangsneurotiker. Im Gegensatz zu Phobikern fürchten sich Zwangsneurotiker nicht direkt vor einem bestimmten Gegenstand oder einer Situation. Sie fürchten sich vor der *Vorstellung möglicher Konsequenzen, die aus der gedanklichen Beschäftigung mit einer Situation oder einem Gegenstand herrühren.*

Oft haben sie das Gefühl, diese verheerenden Folgen verhindern zu können, indem sie schützende Rituale durchführen.

Zwangsneurotiker neigen dazu, perfektionistisch, streng, verläßlich, pünktlich und genau zu sein. Sie erledigen alles gern »auf der Stelle« und »gleich richtig«, sie können keinerlei Ungewißheit tolerieren. Oft sind sie große Sammler, legen mit Leidenschaft Listen an und befassen sich in übertriebenem Maße mit Gesundheitsfragen und Schmutz. In der Mehrzahl sind sie introvertiert, intelligent und stammen aus der Mittel- und Oberklasse.

Es gibt zwei Arten von Zwangsneurotikern:

1. Der neurotische Zwangsneurotiker. Er wird beherrscht und verfolgt von Gedanken, die sich nicht abschütteln lassen und die sich wie Klebstoff an sein Hirn heften. Er kann sie nicht wieder loswerden. Statt zu versuchen, die Gedanken zu beherrschen, verhält er sich passiv ihnen gegenüber und läßt sich von ihnen herumstoßen. Die beängstigenden Gedanken können drei Formen annehmen:

- *Unentschlossenheit.* Die zwanghaften Gedanken führen dazu, daß Sie sich mit Kleinigkeiten abgeben: »Soll ich fünfzig Pfennig Trinkgeld geben oder fünfundsiebzig?« ... »Soll ich den Schirm mitnehmen oder nicht?« Indem man für beide Seiten die Pros und Kontras ins Feld führt, wird man völlig lahmgelegt, während die Nervosität immer noch zunimmt. Eine Frau zum Beispiel brauchte jeden Abend zwanzig Minuten für die Entscheidung, ob sie das Licht ausmachen sollte oder nicht. Eine andere verbringt jeden Werktag so viel Zeit damit, sich zu entschließen, ob sie über die Brücke oder durch den Tunnel in die City fahren soll, daß sie ständig zu spät zur Arbeit kommt. Wenn man wichtigere Entscheidungen treffen muß, wird man dabei richtig neurotisch und verbringt Tage, Wochen und Monate damit, Alternativen gegeneinander abzuwägen. So läßt man die Zeit zu positivem Handeln verstreichen. Die Ereignisse können Sie am Ende zwar zwingen, die eine oder andere Richtung einzuschlagen, aber Sie haben die Entscheidung nicht selber gefällt. Traurig fragen Sie sich, warum »es im Leben nicht so geht, wie ich es mir wünsche«.
- *Versuchung durch schreckliche Gedanken.* Plötzlich schießt Ihnen ein furchtbarer Gedanke durch den Kopf und erzeugt eine Riesenangst. Gewöhnlich hat er mit Aggressionen, Sex oder anderen Dingen zu tun, die Sie eigentlich überhaupt nicht wollen. Die ängstlichen Gedanken betreffen oft Menschen, die Ihnen nahestehen (Sie glauben, daß Ihr Mann Krebs hat oder daß Ihre Mutter im Sterben liegt), oder Dinge, an denen Sie hängen (Ihr neues Haus fängt Feuer). Oder Sie selbst handeln böswillig: Sie verstümmeln einen Freund, erstechen Ihr Kind. Der Gedanke wird so mächtig und real, daß Sie den Anblick eines jeden scharfen Gegenstandes zu vermeiden suchen. Bei sexuellen Gedanken stellen Sie sich vor, daß Sie Dinge tun, die Sie

gar nicht tun wollen, und zwar mit Menschen, mit denen Sie eigentlich nichts zu tun haben wollen. Heterosexuelle haben in dieser Situation sehr häufig homosexuelle Gedanken. Sie stellen sich vor, wie sie einen homosexuellen Akt durchführen, werden bei dem Gedanken nervös und quälen sich damit, homosexuell zu sein, wodurch sie nur noch verschreckter werden.

- *Grübeleien.* Bei dieser häufigsten Form neurotischen Denkens sinnen Sie ständig über vergangene und gegenwärtige Ängste und Frustrationen nach. Sie denken: »Ich werde versagen« ... »Ich habe versagt« ... »Wenn ich nur –« ... »Er mag mich nicht leiden« ... »Warum hat mich mein Chef nur so komisch angeguckt, als ich an seiner Tür vorbeiging«. Ein Redakteur an einer großen Tageszeitung sinnt zum Beispiel tagelang darüber nach, wie er eine bestimmte Geschichte eigentlich hätte bringen müssen. Im Kopf entwirft er bereits Antwortschreiben an den Chefredakteur, in denen er sich gegen mögliche Beschwerden verteidigt. Tatsächlich hat der Chefredakteur in fünfzehn Jahren nicht ein einziges Mal gegen ihn Stellung bezogen.

Neurotiker tendieren dazu, solche Gedanken zu rationalisieren und zu rechtfertigen. Wenn Sie zum Beispiel ständig darüber nachdenken, wie »furchtbar« Sie der Chef behandelt, reden Sie sich ein, daß Sie »das Problem durchdenken«. Oder Sie haben eine »Rückversicherungsmentalität«: »Wenn ich mir nur genügend Sorgen mache (daß ich gefeuert werde oder eine Verabredung nicht einhalte), wird schon nichts passieren.« Das meiste, worüber man sich Sorgen macht, passiert nicht. Wenn dann keine Katastrophe eintritt, fühlt man sich bestärkt und sagt sich: »Diese Methode hat mir geholfen. Ich bin heute nicht gefeuert worden.«

2. *Der zwanghafte Zwangsneurotiker.* Sein Leben beherrschen rituelle Handlungen, die die Angstgefühle mindern oder vollkommen verdrängen. Zum Beispiel berühren Sie etwas, das »mit Keimen übersät ist«, und »verseuchen« Ihre Hände. Jetzt haben Sie ständig Sorge, die Ansteckung zu übertragen. Als Gegenmittel waschen Sie sich immer wieder sorgfältig die Hände, und die Angst verschwindet jetzt auch – bis Sie sich von neuem anstecken.

- *Die Rituale:* Obwohl Waschzwang wahrscheinlich das häufigste Ritual ist, gibt es daneben noch viele andere. Einige sind so mächtig, daß sie Sie völlig vernichten; andere sind nur leichte Ekzentrizitäten, die wenig Einfluß auf Ihr Leben haben. Jedes dieser Rituale ist bis ins kleinste ausgearbeitet und wird ständig wiederholt.
- Eine Frau zum Beispiel wird beherrscht von dem Gedanken an Krankheitskeime auf ihrem Küchentisch (»Die ganze Familie wird davon krank werden«). Sie schrubbt den Tisch mit Seifenpads erst in kreisförmiger Bewegung, dann von oben nach unten und schließlich von einer Seite zur anderen. Dann reibt sie mit den gleichen Bewe-

gungen den Tisch mit einem sauberen Tuch nach, nimmt ein zweites Tuch und schließlich ein drittes. In der Vorstellung, sie könnte irgend etwas übersehen haben, wiederholt sie den gleichen Reinigungsprozeß immer wieder. Sie braucht drei Stunden, um den Tisch nach jeder Mahlzeit zu säubern. Während der ganzen Zeit quält sie der Gedanke: »Wenn ich das nicht ganz genau mache, werden mein Mann und meine Kinder krank werden.«

○ Ein Mann hat unter der Dusche eine leichte Zwangsvorstellung. Für die Körperteile zwischen Nabel und Knie benutzt er ein bestimmtes Stück Seife und einen bestimmten Waschlappen; für alle anderen Körperteile ein zweites Stück und einen zweiten Lappen. Tut er das nicht, so fühlt er sich schmutzig und muß sofort noch einmal duschen, um sich diesmal »richtig zu waschen«.

Alles kann zum Ritual werden. Eine junge Frau nimmt zum Beispiel ihre gesamten Lehrbücher mit zum Abendkurs; in einer bestimmten Aktentasche, die sie sich für diesen Zweck hat anfertigen lassen, schleppt sie Woche für Woche zehn Bücher mit sich herum. Ein Hausmann achtet streng darauf, daß die Aufschriften auf den Konservenbüchsen nach außen zeigen; er benutzt einen Bindfaden, um sicherzustellen, daß sie wie die Soldaten alle in einer Reihe stehen. Sie können einen Zählzwang haben (wenn Sie ein Zimmer betreten, zählen Sie sofort alle Möbelbeine), oder bei Ihnen muß alles seine Ordnung haben (Sie arrangieren die Decken auf Ihrem Bett in immer der gleichen Weise, weil Sie sonst nicht schlafen gehen können).

○ *Nachprüfen.* Zwangsneurotiker müssen alles drei- oder viermal prüfen. Oft kommt Sie der Zweifel an, ob Sie etwas, was Sie gerade vor wenigen Minuten getan haben, auch wirklich durchgeführt haben. Sie gehen viermal zurück, um zu sehen, ob Sie den Wagen abgeschlossen, eine brennende Zigarette liegengelassen oder den Gasherd nicht abgestellt haben. Ein Mann macht sich ständig Sorgen: »Habe ich den Scheck überhaupt unterzeichnet?« Er ruft stets den Empfänger an, um ganz sicherzugehen. Ein Juwelier geht durchschnittlich fünfmal am Abend zu seinem Geschäft zurück, um zu sehen, ob er auch seinen Safe verschlossen hat.

Wenn Sie ein Zwangsneurotiker sind, sollten Sie:

a) sich klarmachen, daß das Gedanken- und Ritualmuster sich gewöhnlich verstärkt, wenn Sie angespannt, übermüdet oder körperlich unwohl sind;

b) lernen, den Unterschied zwischen konstruktiven und nicht konstruktiven Gedanken zu erkennen. Ein konstruktiver Gedanke führt zu einem Handlungs- und Lernprozeß. Ein nichtkonstruktiver Gedanke führt zu Depression und Angst. Inhaltlich können beide Gedanken übereinstimmen. Sie denken: »Ich bin völlig festgefahren. Ich tu immer wieder dasselbe.« Wenn Sie den Gedanken hinzufügen: »Was kann ich tun, um aus der Sackgasse herauszukommen?« so ist das konstruktiv.

Wenn Sie sich aber in den Gedanken versteigen: »Mein Leben ist schrecklich – alles ist so langweilig«, so ist das nicht konstruktiv. Sie müssen lernen, die Gedanken zu erkennen, die Sie unter Kontrolle bringen wollen;

c) den Unterschied zwischen Gewissenhaftigkeit und Zwanghaftigkeit verstehen. Gewissenhaftigkeit ist zielorientiertes Verhalten, das den Zweck hat, etwas zu schaffen. Bei Zwanghaftigkeit haben Sie das Ziel, Ihre Angst unter Kontrolle zu bringen. Sie führen Ihre Rituale und/oder Überprüfungen aus und denken: »Wenn ich alles bis ins letzte Detail richtig mache, werde ich nicht solche Angst haben.« Oft führt diese Denkweise dazu, daß Sie Ihr Leben nicht nach Prioritäten organisieren können. Sie können nicht sehen, daß einige Dinge wichtig, andere nur mäßig wichtig und wieder andere trivial sind. Das Ergebnis: Sie widmen dem Trivialen viel zuviel Energie. Wenn etwas Triviales schiefgeht, sind Sie darüber genauso bekümmert, als wenn es sich um etwas Wichtiges gehandelt hätte.

Eine Frau zum Beispiel braucht eine ganze Woche, um die Wäsche für ihre Familie in Ordnung zu bringen. Sie geht jedes eigene Kleidungsstück sowie die ihrer drei Söhne und ihres Mannes durch und sieht nach, ob Risse zu reparieren oder Knöpfe anzunähen sind usw. Wenn sie damit fertig ist, fängt sie wieder von vorn an, weil sie denkt: »Vielleicht habe ich etwas übersehen.« Sie tut das gleiche, bevor sie Kleidungsstücke in die Reinigung gibt, und noch einmal, wenn sie sie zurückbekommt. Margie hat soviel Arbeit mit der Wäsche, daß sie kaum Zeit für etwas anderes hat – schon gar nicht fürs Vergnügen.

Die Art, wie diese zwanghaften Gedanken Ihr Leben beeinflussen, ist mannigfaltig. Einige der Betroffenen müssen sich in eine Heilanstalt begeben wie die junge Mutter, die aus einer Zwangsvorstellung heraus ihrem zweijährigen Sohn so lange den Schorf abkratzte, bis er blutete. *Wenn Zwangsvorstellungen gefährlich werden, ist ärztliche Hilfe unumgänglich*. Allerdings verlaufen die meisten Fälle nicht so schlimm. Und glücklicherweise führen die Methoden, die für die schweren Fälle entwickelt worden sind, bei leichten Formen zu noch besserem Erfolg (zum Beispiel die Methoden von Dr. Isaac M. Marks in London und Dr. Leslie Solyom in Montreal).

Ein Programm für leichte Zwangsneurosen

Wie Sie Ihre Zwänge kontrollieren können

Eine erfolgversprechende Methode ist die *Reaktionsverhinderung*. Sie geht folgendermaßen: Sie haben es sich zur Gewohnheit gemacht, bestimmte Gedanken zu denken und sich dadurch in Angst und Schrecken versetzen zu lassen. Durch Ausführung eines Rituals verschaffen Sie sich Erleichterung. So dient Ihnen das Ritual als eine Art Flucht; indem Sie es ausführen, gewinnen Sie zu der angsterregenden Situation Abstand. Doch wie bei anderen automatischen Angstreaktionen verlängert die Flucht die Angstreaktion und verstärkt sie noch. Sie nehmen sich die Möglichkeit zu lernen, daß *das von Ihnen Gefürchtete nicht eintreten wird.*

Um Ihrer Fluchthaltung entgegenzuwirken, müssen Sie sich daran hindern, das Ritual durchzuführen. Wenn Sie auf das Ritual verzichten und statt dessen üben, Ihre neurotische Angst ruhig durchzustehen, werden die neurotischen Gedanken schließlich aufhören. Hierbei verhält es sich genauso wie bei der Platzangst, indem man gerade nicht aus der Angstsituation – zum Beispiel dem überfüllten Warenhaus – flieht, sondern dort bleibt und seine Panik so ruhig wie möglich durchsteht.

Bei der Durchführung der Reaktionsverhinderung kann Ihnen Ihre Vorliebe für das Aufstellen von Listen und für das Zählen von Nutzen sein.

Fallbeispiel

Die Putzwut von Irma M., einer neunundzwanzigjährigen Hausfrau, brachte ihren Mann zum Wahnsinn. Sie war unfähig, zwischen wichtigen und unwichtigen Arbeiten zu unterscheiden, und wenn ihr Mann das Haus betrat, ergriff Irma sofort den Staubsauger, um den Fußboden hinter ihm zu säubern. Während des Essens sprang sie ständig auf, um den Aschenbecher auszuleeren, ein Bild zurechtzurücken oder einen Vorhang geradezuzupfen. Da sie sich mit solcher Ausschließlichkeit mit diesen Ordnungsarbeiten befaßte, brannte ihr oft das Abendessen an. Irma weigerte sich, am Wochenende etwas zu unternehmen (»Ich habe zu viel im Haus zu tun«); sie konnten auch keine Gäste mehr einladen, weil Irma schon vier Tage vor der Party wie eine Wilde drauflosputzte. Pete konnte das nicht mehr aushalten.

Ich ließ Irma eine Liste von fünfzehn Hausarbeiten machen, die täglich anfielen, und ließ sie alle auf einer Skala von 1 bis 3 bewerten. Die wichtigsten Arbeiten – Bettenmachen, Abwaschen usw. – erhielten den Wert eins. Zwei stand für mäßig wichtige Arbeiten (»Es wäre ganz schön, wenn man sie machte«). Den Wert drei erhielten die nebensächlichen Arbeiten. In dieser Rubrik führte sie vier auf: Silberputzen, Spiegelreinigen, das Abstauben sämtlicher Möbel, Staubsaugen, nachdem ihr Mann das Haus betreten hatte.

Ihre erste Aufgabe war, eine Woche lang keine dieser vier Aufgaben durchzuführen. Das fiel Irma schwer; am dritten Tag gab sie dem Spannungsgefühl nach und erledigte sie alle. Draufhin stellten wir ihr eine leichtere Aufgabe. Eine Woche lang mußte sie aufs Silberputzen verzichten. Das schaffte sie. Dann mußte sie noch eine weitere Woche davon absehen. Diesmal fiel es ihr schon leichter. Alle zwei Wochen schafften wir jetzt eine weitere Hausarbeit ab. Nach drei bis vier Monaten war die häusliche Atmosphäre vom Kriegszustand in relative Ruhe übergegangen. Eines Abends kam Pete nach Hause, bemerkte Staub auf einem Nebentisch und machte Irma darauf aufmerksam. Sie zuckte nur die Schultern und sagte: »Das hab ich nicht für so wichtig gehalten.«

Es kann sich als zu schwierig erweisen, den neurotischen Zwängen durch reine Willenskraft zu begegnen. Man braucht die Hilfe eines anderen. Ein guter Tip: Machen Sie einen Vertrag, in dem Sie festlegen, daß Ihnen der andere einen langgehegten Wunsch erfüllt, wenn Sie von Ihrem Ritual absehen.

Beispiele für einen Vertrag

Ziel: das Ritual zu verhindern

ERSTER SCHRITT: Definieren Sie genau, welche Reaktionen Sie verhindern wollen – zum Beispiel nachsehen, ob alle Türen verschlossen sind, zwanghaftes Händewaschen usw.

ZWEITER SCHRITT: Beschreiben Sie die Belohnung, die Sie von Ihrem Partner erwarten – Vergnügen (einen Abend groß ausgehen), ein besonderes Geschenk, sexuelles Entgegenkommen.

DRITTER SCHRITT: Definieren Sie, was Sie tun müssen, um sich die Belohnung zu verdienen. Legen Sie zum Beispiel fest, daß Sie die Belohnung schon dann erhalten, wenn Sie von Ihrem Ritual einen Tag lang absehen. Nachdem Sie die Belohnung zu diesen Bedingungen erhalten haben, heben Sie die Forderungen an – Ritualverzicht für drei Tage, eine Woche, einen Monat. Sie müssen auf einem Kalender genau vermerken, was Sie tun. Kreuzen Sie die Tage an, an denen Sie auf das Ritual verzichtet haben, nicht die, an denen Sie es doch ausführten.

Fallbeispiel

Fred A. hatte ständig die quälende Vorstellung, Menschen, die ihm nahestanden, könnten sterben: »Meine Mutter wird einen Herzanfall bekommen« . . . »Wenn John nach Kalifornien fliegt, stürzt er bestimmt ab« . . . »Was werde ich bloß anfangen, wenn meine Frau an

Krebs stirbt?« Um sich Erleichterung zu verschaffen, hatte Fred eine Reihe von Ritualen entwickelt. Er putzte sich an die vierzig Male am Tag die Zähne (er führte Zahnbürste und Tube immer in der Anzugtasche bei sich), er wusch sich zwanghaft die Hände, trat auf Risse im Bürgersteig und ordnete ständig alle seine Anzüge im Kleiderschrank, indem er die Sakkos und Hemden von den Bügeln nahm und sie dann wieder zurückhängte. Wir gingen gegen alle diese Rituale erfolgreich vor, bis zuletzt nur noch der Kleiderschrankzwang blieb. Um auch diesen Zwang zu überwinden, entwarf Fred zusammen mit seiner Frau einen Vertrag. Sein Vorsatz: Er würde die ständige Überprüfung des Kleiderschranks aufgeben, wenn seine Frau als Gegenleistung mehr Gäste in ihr Haus einladen würde. Daran hatte er nämlich Freude, während seine Frau solche Einladungen haßte.

Freds Kleiderschrankvertrag

ERSTE KLAUSEL: Fred mußte sieben Tage lang auf die Überprüfung des Kleiderschranks verzichten (diese Tage mußten nicht hintereinander liegen). Dann hatte er Anspruch auf seine Belohnung.

ZWEITE KLAUSEL: War das geschafft, sollte seine Frau sofort ein befreundetes Ehepaar zum Dinner einladen. Keine Gäste, solange Fred nicht seine Belohnung verdient hatte.

DRITTE KLAUSEL: Nachdem Fred seine Belohnung zweimal verdient hatte, mußte er vierzehn ritualfreie Tage durchstehen, um die nächste Belohnung in Form eines weiteren Dinners zu erhalten.

VIERTE KLAUSEL: Wenn Fred zu diesem Zeitpunkt einundzwanzig hintereinanderliegende ritualfreie Tage schaffte, würden sie entweder eine Cocktail-Party geben oder ein Dinner mit zwölf Gästen. Er hatte die Wahl.

In den ersten Wochen fiel es Fred sehr schwer, sich an den Vertrag zu halten. Am Ende der zweiten ritualfreien Woche wurde die Spannung so stark, daß er fast rückfällig geworden wäre (einmal ging seine Frau zum Einkaufen, und er dachte, sie sei unterwegs gestorben). Da ihn aber so nach der Cocktail-Party verlangte, hielt er sich an den Vertrag. Während er seine neurotischen Gedanken und das Kleiderschrankritual zu meistern suchte, kamen mancherlei Gefühle in ihm hoch. Alle seine Sorgen über das Sterben hatten irgendwie dazu gedient, seinen Ärger auf seine Frau, den er nicht hatte ausdrücken können, zu maskieren. Jetzt konnte er aussprechen, was ihm nicht paßte, und mußte seine Gefühle nicht mehr hinter der Prüferei verstecken. Als der neurotische Druck nachließ, bekam auch seine Frau ihre Belohnung. Fred wurde ein zärtlicher Liebhaber – und hörte auf, vom Sterben zu reden.

Sie können auch einen Vertrag mit sich selbst schließen.

Fallbeispiel

Connie M., eine dreißigjährige Lehrerin an einer High School, hatte drei Lieben in ihrem Leben: Baseball (in der Saison ging sie jedes Wochenende zum Spielen), Basketball (sooft wie möglich) und wild Drauflosessen. Als sie zu mir kam, hatte Connie 50 Kilo Übergewicht. Ihr Heißhunger begann im Lauf des Vormittags und steigerte sich den ganzen Tag über. Bei der Arbeit konnte sie sich beherrschen. Aber sobald sie die Schule verließ, fing sie mit der Esserei an. An den Wochenenden veranstaltete sie Freßorgien. Am Abend aß sie ein ganzes Brot auf, und zum Frühstück am nächsten Morgen verzehrte sie elf Brötchen. Ich erklärte Connie, daß sie ihre Eßlust durchstehen müsse und ihr nicht nachgeben dürfe. Sie verstand wohl die Idee, konnte aber nicht durchhalten. Auf meine Veranlassung schloß sie einen Vertrag mit sich selbst. Es war Frühling. An jedem Wochenende mußte sie eine gewisse Abstinenz an den Tag legen, wenn sie zu dem Spiel am Sonntag gehen wollte.

Erst versuchten wir, vertraglich festzulegen, daß sie nicht vor 17.30 Uhr essen durfte. Daraus wurde nichts. Dann mußte sie einmal die Woche einen »freßfreien« Tag einlegen, um zum Baseballspiel gehen zu dürfen. Connie wählte den Freitag und verabredete sich an jenem Abend mit Freunden. Vor ihren Freunden schämte sie sich zu sehr, als daß sie ihrer Eßlust nachgegeben hätte. Sie schaffte es auch, sich zu beherrschen, als sie nach Hause kam. Als nächstes machten wir einen Vertrag, der zunächst zwei, dann drei »freßfreie« Tage vorsah, usw. Manchmal verdiente sich Connie das Recht, am Spiel teilzunehmen, manchmal unterlag sie. *Aber sie hielt an dem Vertrag fest.* Bis Januar (der Mitte der Basketballsaison) hatte sie sieben »freßfreie« Wochen durchgestanden, und die zwanghafte Vorstellung »ich muß etwas essen« hatte sich reduziert. Sie hatte knapp 10 Kilo abgenommen. Es war ein Anfang.

Wenn Sie Reaktionsverhinderung praktizieren, sprechen Sie nie mit anderen über Ihre neurotischen Gedanken, und fixieren Sie sie nicht schriftlich. Das würde sie nur stärker machen. Wenn Sie auf die Gedanken aufmerksam machen, verstärken Sie sie nur.

Durchbrechen Sie die Gewohnheit unkontrollierten Denkens

1. Lernen Sie, sich zu entspannen. Je angespannter Sie sich fühlen, desto mehr angsterregende Gedanken haben Sie. Es ist nur logisch anzunehmen, daß Sie durch Erlernen der Entspannung Ihre Gedanken indirekt beherrschen können. Das Problem ist allerdings, daß viele Neurotiker Schwierigkeiten haben, sich zu entspannen. Die angstvollen Gedanken an zukünftige oder vergangene Katastrophen überfallen sie immer wieder. Ich höre oft den Satz: »Mein Körper ist entspannt, aber mein Geist nicht.« Die folgende Übung ist besonders für diejenigen gedacht, die Gefangene ihrer eigenen Gedanken sind. Sie hat den Zweck, Ihnen zu helfen, bewußte Kontrolle über Ihre Gedanken zu erhalten, so daß Sie Ihre Angst vermindern können. Sie erreichen das, indem Sie eine Reihe von Vorstellungen in sich hervorrufen.

Übung
Ziel: Ihren Geist zu entspannen

Erster Schritt: Sprechen Sie die Übung auf Band, so daß Sie sie jederzeit einsetzen können, wenn sich Spannung aufbaut und Sie sich entspannen wollen. Vielleicht spricht ein Freund mit einer beruhigenden Stimme die Übung für Sie auf Band. Eine andere Möglichkeit: Lassen Sie sie durch einen Freund vorlesen. Diese Technik ist jedoch nicht so erfolgversprechend, weil der Freund möglicherweise gerade nicht anwesend ist, wenn Sie die Angstverminderung am nötigsten brauchen.

Zweiter Schritt: Nehmen Sie sich fünf Minuten für die Übung.

Dritter Schritt: Legen Sie zwischen jeder Frage eine sieben bis zehn Sekunden lange Schweigepause ein.

Vierter Schritt: Wenn Sie die Übung machen, so legen Sie sich am besten nieder oder lehnen sich bequem zurück. Suchen Sie sich ein ruhiges Plätzchen, wo Sie nicht gestört werden. Halten Sie Ihre Augen die ganze Zeit geschlossen.

Fünfter Schritt: Fangen Sie jetzt an. Ich werde Ihnen einige Fragen stellen. Sie antworten darauf in Ihrem Inneren, nicht laut. Ihre Antworten können »ja«, »nein«, »vielleicht« oder »manchmal« lauten, oder Sie geben gar keine Antwort. Sie müssen die Fragen je nach Ihrer Reaktion beantworten.

Können Sie Ihre Augenlider schwerer und schwerer werden lassen?
Können Sie Ihren rechten Arm stärker entspannen als Ihren linken?

Können Sie sich vorstellen, einen Gegenstand in großer Entfernung zu betrachten?
Können Sie sich vorstellen, daß Sie einen schönen Sonnenuntergang über einer Wasserfläche beobachten?
Können Sie sich vorstellen, wie das Gemälde eines Sonnenuntergangs aussehen würde, wenn es von einem abstrakten Maler der Moderne stammte?
Können Sie sich an den Geruch frischer Erdbeeren erinnern?
Können Sie sich erinnern, wie Ihnen in Ihrer Kindheit an einem Sommertag das Eis geschmeckt hat?
Können Sie sich einen See in offener Landschaft zur Sommerzeit vorstellen?
Können Sie sich einen See im Winter vorstellen?
Oder im Herbst, wenn die Blätter sich verfärben?
Haben Sie jemals den Geruch von frischem Brot oder vom Kuchenbacken wahrgenommen?
Können Sie die Farben in einem Regenbogen zählen?
Können Sie sich vorstellen, an einem schönen Sommerabend in ein offenes Feuer zu sehen?
Können Sie die Wärme fühlen, die von diesem Feuer ausstrahlt?
Können Sie Ihren Beinen und Schenkeln ein Gefühl angenehmer Schwere geben?
Können Sie sich vorstellen, daß Sie eine schöne Blume direkt vor Ihnen ansehen?
Können Sie sich vorstellen, an dieser Blume zu riechen?
Können Sie Ihre eigenen Atemgeräusche hören?
Können Sie so leicht und unbeschwert atmen, wie Sie es im Tiefschlaf tun?
Können Sie sich eine angenehme Szene vorstellen oder an das Wort »ruhig« denken?
Können Sie Ihrem ganzen Körper ein Gefühl der Ruhe und Entspannung geben?
Ruhe und Entspannung?
Ruhe und Entspannung?
(Zusätzlich zehn Sekunden Pause)

Jetzt können Sie Ihre Augen wieder öffnen, aber bleiben Sie entspannt. Die Übung ist vorbei.

SECHSTER SCHRITT: Machen Sie diese Übung so oft, daß Sie sich an die Fragen erinnern und sie ohne Bandgerät durchgehen können. Sie können das sogar während einer Busfahrt tun, wenn Sie unterwegs zu einer Verabredung sind, die in Ihnen Spannungen erzeugt.

2. *Praktizieren Sie Gedankenstopp*. Dies ist die Technik, die ich in Kapitel vier erläutert habe. Sobald wie und jedesmal wenn Sie einen

neurotischen Gedanken haben, den Sie unter Kontrolle bringen wollen, sagen Sie STOP! zu sich selbst und »ruhig«, und entspannen Ihre Muskeln. Der Gedankenstopp braucht Zeit. Sie müssen auch genügend Motivation besitzen, um dabei zu bleiben. Diese Methode ist besonders nützlich für Hypochonder, die sich ändern wollen. Leider schaffen es viele nicht, und zwar aus zwei Gründen: a) Für sie sind ihre eingebildeten Krankheiten Realität, sie haben wirklich alle diese Beschwerden und Schmerzen; b) durch ihre eingebildeten Gesundheitsprobleme zwingen sie andere dazu, sich mit ihnen zu befassen, oder sie dienen ihnen als Entschuldigung, sich zu verpäppeln.

Fallbeispiel

Ken J., ein Buchhalter Ende dreißig, war sicher, daß er an einer Krankheit wie Lungenentzündung, Blinddarmentzündung, Magengeschwüren, Arthritis oder einem Herzanfall sterben würde. Er ging mit einem Fieberthermometer in der Tasche umher und fühlte ständig seinen Puls. Mehrere Male in der Woche suchte er den Internisten, Herzspezialisten und den Hals-Nasen-Ohren-Arzt auf. Ken wollte nichts davon wissen, daß er hypochondrisch war; für ihn waren die Symptome sehr real. Jedoch sein ständiges Anhalten auf belebten Straßen, um den Puls zu fühlen, führte zu Reibereien mit seiner Freundin. Auf ihr Drängen hin kam er zu mir.

Wir benutzten die Gedankenstopp-Methode. Ken fand, daß STOP! allein nicht stark genug war; aber die Methode half, wenn er STOP! sagte und dabei mit dem Fuß aufstampfte. Als sein Kollege eine Bemerkung über diese neue Angewohnheit machte, erklärte ihm Ken »Mein Fuß schläft immer ein«. Es dauerte sieben Wochen, bis wir seine ständigen Gedanken über Krankheiten unter Kontrolle brachten. Dann entdeckte Ken ein neues Problem: »Und wenn ich nun wirklich krank werde? Würde ich das jetzt überhaupt noch merken?«

Tip: Eine nützliche Alternative ist die Verwendung militärischer Rangabzeichen. Kürzlich kam zum Beispiel ein Psychoanalytiker zu mir, der Konzentrationsschwierigkeiten hatte. Wenn ein Patient auf der Couch frei assoziierte, gingen Dr. Smiths Gedanken spazieren. Das wirkte sich nachteilig auf seine Arbeit aus. Er wußte, daß ihm wichtige Informationen für die Therapie entgingen, und er hatte auch Schwierigkeiten, Fachzeitschriften zu lesen. Ich gab ihm eine einfache Übung aus dem Gedankenstopp-Programm: *Sobald wie* und *jedesmal wenn* er sich eines Nachlassens seiner Aufmerksamkeit bewußt wurde, sollte er ein Rangabzeichen auf ein Stück Papier zeichnen und sich entweder auf seine Lektüre oder auf seinen Patienten konzentrieren. Am ersten Tag bedeckte er zwei Seiten mit Rangabzeichen. Jedoch wurden sie ständig weniger, bis er schließlich den Tag ohne Rangabzeichen durchstand.

3. *Brauchen Sie die »Blow-up-Technik«* (ein Ausdruck, den ich von Dr. Arnold A. Lazarus von der Rutgers-Universität entliehen habe): Hierbei gehen Sie gegen Ihre neurotischen Gedanken an, indem Sie sie übertreiben. Vielleicht haben Sie versucht, über Ihre Gedanken durch Gedankenstopp Kontrolle zu gewinnen, und haben dabei versagt. Wenn Sie es jetzt mit der umgekehrten Technik versuchen und Ihre Gedanken überteiben (blow up), sehen Sie möglicherweise, wie verrückt sie sind. Eine Sekretärin zum Beispiel machte sich ständig Sorgen, gefeuert zu werden, weil sie zu langsam arbeitete. Ich ließ sie ihre Gedanken übertreiben: »Ich mache einen kleinen Fehler, der die Firma ruiniert . . . Ich werde auf die schwarze Liste gesetzt . . . Keiner wird mich mehr beschäftigen . . . Ich muß hungern . . . Ich lebe von der Fürsorge . . . Auch andere Angehörige von mir kommen auf die schwarze Liste . . . Mein Neffe und meine Nichte finden auch keine Anstellung mehr . . . Wir werden alle Hungers sterben . . .« Indem sie diese Übung bewußt durchführte, war sie schließlich in der Lage, ihre Gedanken unter Kontrolle zu bringen.

Fallbeispiel

Nan und Joe, beide Ende zwanzig, lebten zusammen. Nan war zwanghaft eifersüchtig und sicher, Joe habe nebenher ein Liebesverhältnis. So bombardierte sie ihn jeden Abend mit Fragen wie: »Was hast du während der Mittagszeit gemacht?« . . . »Mit wem hast du den Tag über gesprochen?« . . . »Warum bist du so spät von der Arbeit nach Hause gekommen?« . . . »Kommt der Brief von deiner Freundin?« Einige Monate lang beantwortete Joe, der völlig unschuldig und ihr treu ergeben war, diese Fragen ganz ernsthaft, aber eines Tages explodierte er. Sie meldeten sich zu einer Sitzung bei mir an.

Wir versuchten es mit Gedankenstopp und Reaktionsvermeidung. Nan konnte mit beidem nichts anfangen. So experimentierten wir mit der Blow-up-Methode. Ich riet Nan, statt Fragen zu stellen, ihre Gedanken zu übertreiben. Wenn Joe dann antwortete, sollte er lächerliche Details erfinden. Nan würde zum Beispiel sagen: »Ich bin sicher, daß du eine Freundin getroffen hast, mit ihr gleich in ein Hotel gegangen bist und über Mittag mit ihr geschlafen hast.« Joe sollte ungefähr so antworten: »Du hast recht. Sie wartete wie immer vor dem Haus auf mich, aber sie war nicht allein. Sie brachte eine Freundin mit. Wir gingen nicht in ein Hotel. Ich kenne ein Restaurant mit einem separaten Speiseraum. Wir drei machten dann Liebe miteinander, und aus Spaß machte die Kellnerin auch noch mit.«

Beide fanden das sehr amüsant. Wenn sie alleine war, wandte Nan diese Methode auch auf sich selbst an. Dann begann sie jedesmal zu lachen, und bald verlor die Zwangsvorstellung alle Macht über sie. *Anmerkung:* Als ich diese Methode zuerst benutzte, hatte ich ein wenig Sorge, die Zwangsvorstellungen dadurch zu verstärken. Manchmal hat die Methode versagt, aber die Zwangsvorstellungen wurden niemals verschlimmert.

Ersetzen Sie Ihre erlernte Hilflosigkeit durch erlernte Kompetenz

Weil die Angstsituation in Ihrem Kopf existiert, können Sie ihr nicht entfliehen. Ihre Rituale geben Ihnen nur vorübergehend Erleichterung. Jede Befreiung von den schrecklichen Gedanken scheint sich nur wie zufällig zu ergeben und nicht, weil Sie etwas unternehmen, um die Gedanken zu kontrollieren. Diese Situation führt zu dem häufig untersuchten Zustand, den man erlernte Hilflosigkeit nennt und den viele Theoretiker als den stärksten Auslöser von Depressionen ansehen. Das ist wahrscheinlich einer der Hauptgründe, warum Depressionen so oft in Gemeinschaft mit Zwangsneurosen auftreten. Es kommt noch hinzu, daß der Zwangsneurotiker, weil er hauptsächlich seiner Angst zu entkommen sucht, oft den Blick für wichtigere Ziele im Leben verliert. Dies, zusammen mit der Passivität gegenüber dem zwanghaften Gedanken, vertieft nur noch die Depression. Die folgenden Übungen, die ich bei der Behandlung vieler Zwangsneurotiker entwickelt habe, sollen Ihnen ein Gefühl erlernter Kompetenz vermitteln, Sie in die Lage versetzen, eine passive Lebenssicht durch eine aktive zu ersetzen, und Ihnen helfen, wieder nach positiven Lebenszielen zu streben.

Wie man erlernter Hilflosigkeit begegnet – I
Ziel: Erlernte Hilflosigkeit zu besiegen, indem man angenehme Verstärker zu nutzen lernt.

ERSTER SCHRITT: Ihre Aufgabe: Tun Sie jeden Tag bewußt irgend etwas – möglichst etwas Unwichtiges –, das Ihnen ein momentanes Glücksgefühl vermittelt. Sobald Sie es getan haben, notieren Sie es in Ihrem Arbeitsheft. Wenn Sie auch nur ein klein wenig Freude dabei empfunden haben, machen Sie ein Zeichen dahinter. Das Schlüsselwort hierbei ist *bewußt*. Vor der Handlung müssen Sie gedacht haben: Ich will das und das tun, um zu sehen, ob es mir Freude macht. Hüten Sie sich vor dem Gedanken: »Vor einer Stunde habe ich dies oder das getan, und es hat mir ein gutes Gefühl gegeben, also will ich es als Teil der Übung rechnen.« Es kommt auch darauf an, daß es sich um etwas »Unwichtiges« handelt. Die meisten Leute tendieren dazu, die kleinen Freuden zu ignorieren, die sie sich im Lauf von vierundzwanzig Stunden gönnen. Gerade darin liegt jedoch Ihre beste Erfolgschance, daß Sie sich bewußt kleine Freuden verschaffen.

Stimmen Sie Ihre Handlungen auf Dinge ab, die Ihnen Freude machen. An einem schönen Tag machte ein Mann zum Beispiel einen Spaziergang nach dem Mittagessen, anstatt sofort zurück ins Büro zu gehen. Ein anderer benutzte nach dem Duschen Körperpuder. Noch ein anderer kaufte sich eine Schallplatte, um sich an der Musik zu freuen. Sie können anfangen, einen neuen Bestseller zu lesen, können in der Bücherei herumstöbern, eine ganze Stunde in der Badewanne liegen, sich einfach genußvoll strecken.

Zweiter Schritt: Tun Sie in der ersten Woche jeden Tag einmal etwas, das Ihnen Freude macht. In den nächsten drei Wochen tun Sie es zweimal den Tag. Der Zweck der Übung wird verfehlt, wenn Sie die gleiche Handlung wiederholen. So etwas zählt nicht als Teil der Übung. Sie werden merken, daß die Übung im Lauf der Zeit schwieriger wird.

Wie man erlernter Hilflosigkeit begegnet – II
Ziel: Erlernte Hilflosigkeit zu überwinden, indem man seine Selbstachtung verstärkt.

Erster Schritt: Tun Sie jeden Tag bewußt etwas Unwichtiges, das Ihre Selbstachtung erhöht. Verfahren Sie genauso wie in der obigen Übung. Wenn Sie mit Ihrer Aufgabe fertig sind, notieren Sie sie in Ihrem Arbeitsheft, und machen Sie ein Zeichen dahinter, wenn Sie die folgende Frage mit ja beantworten können: »Hat diese Antwort meine Selbstachtung erhöht?« Diese Übung unterscheidet sich von der ersten, weil die Dinge, die Sie tun müssen, um Ihre Selbstachtung zu erhöhen, Ihnen unter Umständen keine Freude bereiten.

Zweiter Schritt: Nehmen Sie sich für die erste Woche eine Handlung pro Tag vor; dann für die folgenden drei Wochen zwei Handlungen pro Tag.

Fallbeispiel

Larry M. kam zu mir wegen einer leichten Depression, die er schon seit mehreren Jahren hatte. Weder seine Ehe noch seine Arbeit noch sein Leben machten ihm irgendwelche Freude. Als Verkaufsleiter einer Herstellerfirma war er beunruhigt, weil seine ständigen Depressionen begonnen hatten, sein Verhältnis zu den Kunden negativ zu beeinflussen. Larry hatte sich ständige Selbstanklagen zur

Gewohnheit gemacht. Nach einem Gespräch sagte er zum Beispiel zu sich: »Das hast du nicht richtig angefaßt.« Vor einem Geschäftstermin pflegte er zu denken: »Du bist einfach nicht gut genug, um die Sache richtig zu deichseln.« Auch hatte er das Gefühl, daß er für seine Frau nicht gut genug war (»Wie ich beim Frühstück nur wieder zu ihr gesprochen habe.«). Wegen seiner Depressionen hatte auch sein Sexualtrieb nachgelassen. Er konnte mir über sich selbst nichts Positives erzählen.

Ich erklärte Larry, er sollte sich vorstellen, jemand ginge den ganzen Tag neben ihm und würde ihn fortwährend klein machen. Schon allein durch die ständige Wiederholung würde er ihm schließlich Glauben schenken. Genau das hatte er sich nämlich angetan. Wir kombinierten Gedankenstopp und die Anti-Hilflosigkeits-Übungen. Um seine Lebensfreude zu erhöhen, verwöhnte sich Larry mit Eis zum Nachtisch, begann After-Shave-Lotion zu benutzen und wurde Mitglied in einem Theaterklub. Seine erste »Selbstachtungs«-Handlung war, seiner Frau einen Strauß roter Rosen zu kaufen. Weil er das Gefühl hatte, ihr gegenüber nicht aufmerksam genug gewesen zu sein, gab ihm diese Geste der Zuneigung erhöhte Selbstachtung. Er begann auch, jeden Morgen Übungen zu machen. Er haßte sie, aber fühlte sich irgendwie besser, wenn er sie gemacht hatte.

Als Larry merkte, daß er sich bewußt Freuden bereiten konnte, bekam er langsam auch seine deprimierenden Gedanken in die Gewalt. Da er sich bewußt wurde, wie sehr er Selbstachtung nötig hatte, wurde er eine selbstbewußtere Persönlichkeit. Seine Frau freute sich darüber und konnte aus vollem Herzen zu ihm sagen: »Du bist nicht nur ruhiger und angenehmer im Umgang geworden. Du wirkst auch stärker. Du hast mehr Würde.«

---

10. Kapitel

Wie Sie Ihre Flugangst überwinden können: ein Programm

Während des Zweiten Weltkrieges wurde Daniel M., ein junger Bomberpilot, über dem Pazifik abgeschossen. Von da an weigerte er sich zu fliegen. Kürzlich verlor Dan, mittlerweile ein Fünfziger mit zwei Kindern auf dem College, seine langjährige Stelle als Anzeigenvertreter bei einem Zeitschriftenverlag. Nach acht Monaten Arbeitslosigkeit wurde er dann New Yorker Repräsentant eines Unternehmens in Texas. Zwei Tage nachdem Dan die Stelle angetreten hatte, rief ihn sein Chef aus Texas an und verlangte: »Fliegen Sie noch heute abend nach hier. Ich brauche Sie gleich morgen früh bei einer Besprechung.« Dan sagte zu. Doch zehn Minuten später rief er den Chef zurück und sagte zögernd und voller Angst: »Ich kann leider nicht kommen. Ich kriege es einfach nicht hin, mich in ein Flugzeug zu setzen.«

Am nächsten Tag wurde Dan gefeuert. Verzweifelt bei dem Gedanken, daß er erneut auf Stellungssuche gehen mußte, konnte er weder essen noch schlafen. Seine Spannung wuchs ständig. Fünf Tage später fiel er tot um: Herzanfall. Seine Flugangst hatte bei ihm einen Herzinfarkt ausgelöst, der ihn tötete.

Flugangst kann zum vorzeitigen Ende oder Ruin von Karrieren führen. Sie führt dazu, daß Urlaubsreisen ins Wasser fallen, ehe sie überhaupt beginnen, sie kann Ehen gefährden und endlose Angst und Selbstkasteiung verursachen. Viele glauben, daß sie die einzigen sind, die diese Ängste haben, und sagen sich: »Ich bin anders. Keiner hat solche Angst vorm Fliegen wie ich.« Nichts könnte weniger zutreffen. Firmensprecher schätzen, daß allein in den Vereinigten Staaten zwanzig Millionen Menschen unter Flugangst leiden.

Menschen mit Flugangst, die in der Lage sind, ein Flugzeug zu besteigen, durchlaufen verschiedene Angststadien vor, während und nach dem Flug. Terry R. zum Beispiel, eine zwanzigjährige Buchagentin, erzählt: »Wenn ich schon einen Monat vorher wußte, daß ich geschäftlich eine Flugreise unternehmen mußte, träumte ich regelmäßig davon. Ich las in der Zeitung vor allem Nachrichten über Flugzeugabstürze. Zwei Wochen vor dem Flug bekam ich vor Angst Leibschmerzen. Ich konnte an nichts anderes mehr denken. Ich wußte, ich würde im Flugzeug einen Schlaganfall oder einen Herzinfarkt bekommen. Eine Woche davor rief ich meine Verwandten an und sagte ihnen, wo sie meine Bankunterlagen und meinen Schmuck finden würden. Die Nacht vor dem Flug konnte ich nicht schlafen. Im Flughafen ging ich zur Gepäckabfertigung, genehmigte mir dann drei Bloody Marys und dachte: »Was will ich hier bloß?« Immer wieder sagte ich mir: Noch kannst du abhauen! Wenn ich dann im Flugzeug saß, war ich ein Wrack. Der Streß war so intensiv, daß ich dachte, mein Kopf müßte platzen. Mir krampfte sich der Magen, und das Herz klopfte wie wild. Die ganze Zeit hörte ich auf das Motorengeräusch. Als wir endlich landeten, bewegte ich mich wie ein willenloser Automat. Ich konnte nicht auspacken, und meine Beine versagten den Dienst.«

Terrys Verhalten ist typisch für Menschen mit Flugangst, und doch liegt ein Unterschied vor: Sie bekam ihre Angst vor dem Fliegen in den Griff. Sie wandte das Anti-Angst-Training, das wir in diesem Buch dargestellt haben, auf ihre Flugangst an und überwand sie dadurch. Untersuchungen zeigen, daß *Sie nicht unter Flugangst zu leiden brauchen, wenn Sie es nicht wollen.* In 75 Prozent aller Fälle ist das Angstbeherrschungstraining erfolgreich.

Mit anderen Worten, Ihre Chancen stehen drei zu eins, daß Sie mit Ihrer Angst fertig werden. Das bedeutet nicht, daß Sie sich nicht mehr fürchten, ein Flugticket zu kaufen und das Schließen der Flugzeugtüren oder die wechselnden Motorengeräusche zu hören. *Sie haben die Angst vielleicht immer noch, aber Sie können sie beherrschen.* Ich wiederhole noch einmal: das Angstbeherrschungstraining geht davon aus, daß Angst ein erlerntes Verhalten ist. Wenn Sie lernen, Ihr Verhalten zu ändern, können Sie Ihre Angst vermindern.

Das folgende Acht-Punkte-Programm wurde speziell entworfen, um Ihnen bei der Überwindung Ihrer Flugangst zu helfen. Jedes Programm müssen Sie auf Ihre individuellen Bedürfnisse abstimmen. Wählen Sie aus unseren Vorschlägen die aus, die *Ihnen* am meisten nützen können.

Ein Acht-Punkte-Programm, um Ihre Flugangst zu überwinden

Sie müssen die Bereitschaft mitbringen, wenigstens zu versuchen, eine Änderung Ihrer Angst herbeizuführen

Erwarten Sie keine Hexerei. Wie bei allem Verlernen, Wiederlernen und Neuerlernen müssen Sie darauf gefaßt sein, Zeit und Energie aufzuwenden. Ihre Bereitschaft, sich zu ändern, geht manchmal auf eine spontane Eingebung zurück (eine Frau meinte, »handeln zu müssen«, als sie während eines Rückflugs von Rom von ihrer dreijährigen Tochter gefragt wurde: »Warum sitzt du da mit einer Decke über dem Kopf und weinst?«). Stellen Sie sich zwei Fragen: 1. »Bin ich bereit, die notwendige Arbeit aufzuwenden?« und 2. »Will ich *jetzt* meine Angst loswerden?«

Prüfen Sie, ob Ihnen Ihre Flugangst etwa Belohnungen bringt

Es gibt zwei Arten von Belohnungen:

1. Die Angst vor dem Fliegen *gibt* Ihrem Leben etwas, das Ihnen wichtig ist und das ohne die Angst nicht da wäre. Sie erregen Aufmerksamkeit, können eine gewisse Macht über andere ausspielen oder haben das Privileg, bestimmte Entscheidungen zu treffen.

2. Die Flugangst *nimmt* Ihrem Leben etwas. Meist entgehen Sie dadurch der Notwendigkeit, etwas zu tun, was Sie nicht tun wollen. Sie brauchen sich keinen unbequemen Reisen zu unterziehen und können sich vor der Verpflichtung, gewisse Leute zu besuchen, drücken.

In manchen Fällen sind Sie sich der Belohnung voll bewußt. Craig M. zum Beispiel, ein Bankmanager, kam unter dem Druck seiner Vorgesetzten zu mir, die ihm einen höherbezahlten Posten geben wollten, der viele Flugreisen erfordert hätte. Craig erzählte mir: »Wenn ich fliegen könnte, würde man mich quer durch die Staaten hetzen. Bei meiner Familie zu sein, ist mir aber mehr wert als die Beförderung.« Craig war sich seiner Belohnung voll bewußt. Er kannte auch den Preis, den er für seine Phobie zahlte: keine Beförderung, keine Gehaltserhöhung, eine gewisse Einbuße an Selbstachtung. Er war jedoch willens, diesen Preis zu zahlen und sagte mir: »Schönen Dank, aber ich glaube, ich möchte meine Flugangst lieber nicht loswerden.« Er entschied sich bewußt dafür, seine Angst zu behalten.

Sie sind sich unter Umständen überhaupt nicht bewußt, welche Belohnungen Sie aus Ihrer Flugangst beziehen. Carol C. zum Beispiel, die von Natur aus passiv war, konnte nicht recht »nein« sagen. Am schlimmsten wirkte sich das ihren Eltern gegenüber aus, die viereinhalbtausend Kilometer entfernt an der Westküste lebten und ständig verlangten: »Besuch uns!« Carol wäre mehrmals im Jahr nach Los Angeles gereist, wenn ihre Angst vor dem Fliegen sie nicht davon abgehalten hätte, ein Flugzeug zu besteigen. Wie sehr sie auch die Forderungen ihrer Eltern zu erfüllen suchte, sie war nicht dazu in der Lage. Sie konnte auch nicht mit dem Zug fahren, denn das hätte bedeutet, daß sie zu lange von ihren drei Kindern fortgewesen wäre. Carol wurde durch die Angst vor dem Fliegen vor etwas bewahrt, das sie sowieso nicht gerne tun wollte. Sie war sich jedoch der Belohnung, die ihr die Angst verschaffte, überhaupt nicht bewußt.

Fragen Sie sich: »Verschafft mir meine Angst vor dem Fliegen irgendwelche Vorteile?«

Sie brauchen sich nicht von der Angst zu befreien, aber lernen Sie, die Symptome in den Griff zu bekommen.

– *Sie müssen sich darüber klarwerden, was Ihnen eigentlich Angst bereitet. Es reicht nicht zu sagen, daß Sie sich vor dem Fliegen fürchten.* Es ist keineswegs so, daß alle diejenigen, die Angst vor dem Fliegen haben, dasselbe fürchten. Viele haben Angst vor einem Absturz oder davor, verkrüppelt oder getötet zu werden. Andere fürchten sich vor Gewittern, dem Eingeschlossensein, der Höhe, dem Verlust der Selbstbeherrschung, dem Gefühl, anderen ausgeliefert zu sein (eine häufig vorkommende Grundangst bei Erfolgstypen und Perfektionisten), vor menschlichem Versagen, technischem Versagen, Flugzeugentführungen – um nur die häufigsten Ängste zu nennen.

Wichtig ist vor allem, den *Kern* der Angst zu erkennen – herauszufinden, was Sie wirklich fürchten. Unterschiedliche Kernphobien führen dazu, daß Sie auf unterschiedliche Auslöser in Ihrer Umgebung reagieren. Selbst bei der gleichen Kernphobie kann man verschiedenartige Ängste erlernt haben.

Erstes Beispiel: Frau X, Y und Z haben Angst vor einem Flugzeugabsturz. Aber Frau X hat Angst beim Start, Frau Y während der eigentlichen Flugreise, wenn sie den Himmel ängstlich nach Anzeichen eines Gewitters absucht, und Frau Z steht Höllenqualen während der Landung aus.

Zweites Beispiel: Herr A, B und C fürchten sich ebenfalls vor Flugzeugabstürzen. Herr A kann jedoch eine Piper Cub besteigen, ein Flugzeug, das relativ niedrig fliegt, aber in einer Boeing 747 gerät er in Panik. Herr B ist genau das Gegenteil. In einem großen Flugzeug fühlt er sich relativ wohl, aber er würde genausowenig daran denken, ein kleines Flugzeug zu nehmen, wie sich in einen Käfig zu einem hungrigen Tiger zu begeben. Herr C kann sich überhaupt nicht überwinden, in ein Flugzeug zu steigen.

Wenn Sie die Kernphobie identifiziert haben, müssen Sie die spezifischen Auslöser erkennen, die damit verbunden sind: bestimmte Wahrnehmungen, Geräusche, Gedanken und Geschehnisse, die Ihre Angstreaktion in Gang setzen und steigern.

– *Schreiben Sie Ihre Flugerfahrungen nieder.* Mit der Angst vor dem Fliegen verhält es sich wie mit allen anderen Ängsten: obwohl alle Leute mit Flugangst gewisse Dinge gemeinsam haben, handelt es sich doch um Ihre ganz persönliche Angst, die ein Produkt Ihrer Lebenserfahrung darstellt. Der folgende Test soll Ihnen helfen, Ihre Angstsymptome zu analysieren und die Auslöser zu erkennen, die Ihre Angst in Gang setzen. Sie sollen auch lernen, was Sie tun können, um sich Ihrer Angst zu stellen. Schreiben Sie die Antworten in Ihr Arbeitsheft. Dies erfordert Zeit, Nachdenken und Ehrlichkeit.

Flugangst-Test

Ziel: Ihnen zu helfen, Ihre Ängste und deren Auslöser zu erkennen.

1. Sind Sie schon einmal geflogen? Ja ... Nein ...

2. Haben Sie sich während des Fluges relativ wohl gefühlt? Ja ... Nein ...

3. Was war Ihre bisher längste Flugreise?

4. Hatten Ihre Eltern oder ein Elternteil Angst vor dem Fliegen?

5. Wann sind Sie sich Ihrer Flugangst das erste Mal bewußt geworden?

6. Wie oft sind Sie seither geflogen? Keinmal ... 1–5mal ... 6–20mal ... öfter ...

7. Wurde die Angst: besser ... schlimmer ... blieb sie fast unverändert?

8. Wann spüren Sie die Angst? Benutzen Sie bei Ihren Antworten eine Skala von null bis hundert. 0 = keine Angst. 100 = Panik und grenzenlose Angst. Schreiben Sie die Werte direkt neben die folgenden Punkte:

Situation	Wert
Von einer Flugreise sprechen	_____
Das Flugticket lösen	_____
Fluggepäck packen	_____
Die Nacht vor der Reise	_____
Auf dem Weg zum Flughafen	_____
Im Flughafen	_____
An Bord gehen	_____
Sitzgurte anschnallen	_____
Flugzeug rollt in die Startposition	_____
Start	_____
Flugzeug steigt	_____
Erster Teil der Flugreise	_____
Mitte der Flugreise	_____
Gegen Ende der Flugreise	_____
Flugzeug verliert vor der Landung an Höhe	_____
Flugzeug setzt zur Landung an	_____
Landung – Aufsetzen	_____
Das Flugzeug verlassen	_____
Anderes	_____

9. Wie erleben Sie im allgemeinen die Angst? Kreuzen Sie die zutreffenden Punkte an.

Spannung _____

Schwächegefühl _____

Herzklopfen ______
hysterische Anwandlungen ______
Zittern ______
Übelkeitsgefühl ______
Anderes ______

10. Was waren die schlimmsten Gefühle, die Sie je erlebt haben?

11. Fürchten Sie sich vor Gefühlen, die Sie einmal erleben *könnten*? Wenn ja, welche sind das?

12. Stellen sich zusammen mit Ihren Ängsten bestimmte Gedanken ein? Ja ______ Nein ______

– Grübeln Sie mit ständig wachsender Angst darüber nach?
– Kommen sie Ihnen blitzartig in den Sinn und erzeugen sie dabei sofort hochgradige Angst?
– Drehen sich die Gedanken gewöhnlich um das gleiche Thema oder wechseln sie häufig? Welchen Inhalt haben Ihre Gedanken meist?

13. Haben Sie noch andere Phobien, die mit Ihrer Flugangst im Zusammenhang stehen könnten?

Angst vor kleinen Räumen ______
dem Eingeschlossensein ______
Höhen ______
körperlichen Verletzungen ______
Tod ______
Verlust der Selbstbeherrschung ______
mangelnder Beherrschung der Situation ______
Verrücktwerden ______
Blamage ______

14. Welche Auslöser setzen Ihre Angstreaktionen in Gang? Bewerten Sie jeden Auslöser mit Hilfe der folgenden Skala:

0 = völlig unwichtig	2 = ziemlich wichtig
1 = wenig wichtig	3 = außerordentlich wichtig

Größe des Flugzeugs ______
Länge der Flugreise ______
Tageszeit ______
Jahreszeit ______
Flugzeugtür schließt sich vor dem Start ______
Wie die Maschine besetzt ist ______
Wo Sie sitzen (Gang, Fenster usw.) ______
Wer neben Ihnen sitzt ______
Veränderungen der Motorengeräusche ______
Veränderungen der Vibrationen ______
Ungewöhnliche Geräusche ______
Ungewöhnliche Bewegungen des Flugzeugs ______
Flughöhe ______
Aus dem Fenster sehen ______
Wetter ______

Turbulenz ____
Anzeichen eines möglichen Defektes ____
Das Zeichen »Fasten Seat Belts« leuchtet auf ____
Die Stimme des Piloten über die Sprechanlage ____
Die Stimme des Piloten klingt verzerrt ____
Geräusche von anderen Passagieren ____
Körperliche Empfindungen während des Flugs (z.B. Druck auf den Ohren) ____
Sich ängstigen ____
Passiv dasitzen, während der Pilot Ihr
Leben in der Hand hat ____
Anderes ____

15. Was haben Sie getan ... oder können Sie tun ... um die Angst wenigstens teilweise zu beherrschen?

Entspannen ____
Lesen ____
Musik hören ____
Arbeiten ____
Sich unterhalten ____
Mit einem Bekannten reisen ____
Allein reisen ____
Einen Film ansehen ____
Essen ____
Trinken ____
Im Flugzeug herumlaufen ____
Ein Puzzle machen ____
Ein Spiel spielen (z.B. Schach, Solitaire) ____
Anderes ____

16. Welche Kernangst lag Ihrer ursprünglichen Flugangst zugrunde? Anmerkung: Sie kann heute anders sein als früher. Ihre ursprüngliche Angst kann sich geändert haben.

- Wie haben Sie Ihre ursprüngliche Angst erlernt?

17. Was ist jetzt Ihre Kernangst?

18. Was ist das Schlimmste, was Ihnen passieren kann?

19. Erhalten Sie irgendwelche Belohnungen durch Ihre Ängste?

- Gibt die Flugangst Ihrem Leben etwas (zum Beispiel Aufmerksamkeit, die Sie normalerweise nicht erhalten würden?)
- Nimmt sie Ihnen etwas, das Sie sowieso nicht wollen (zum Beispiel Ihre Schwiegermutter besuchen?)
- Wie wichtig sind diese Belohnungen für Sie? Können Sie sie auch auf andere Weise erhalten?

20. Was tun Sie, um Ihre Ängste zu verschlimmern?

Ihre Antworten in diesem Test sollen Ihnen helfen, Ihr Umerziehungsprogramm zu entwerfen. Sie sollen daraus Ihre Hauptangst entnehmen und die Auslöser, die sie in Gang setzen. Weiter sollen Sie erkennen, was Sie schon jetzt tun, um mit der Angst fertig zu werden und was Sie tun, um die Angst zu verstärken. Achten Sie darauf, ob sich Ihre Angst möglicherweise für Sie auszahlt: Vielleicht müssen Sie erst einmal diese Einflüsse beseitigen, ehe Sie die Angst überwinden können. Achten Sie besonders auf Auslöser, die nur geringfügige Angst hervorrufen (die Größe des Flugzeugs oder die Flugzeit). Das könnte einen guten Start für Ihr Programm ergeben.

Besorgen Sie sich Informationen übers Fliegen

Experten sagen, daß sich etwas derartig Schreckliches wie der Zusammenstoß zweier Flugzeuge auf dem Flughafen von Teneriffa kaum wiederholen dürfte. Das Fliegen mit Linienmaschinen ist in den USA heute mindestens fünfzehnmal so sicher wie das Autofahren. Der Passagier, der der charmant lächelnden Stewardeß sein Ticket zeigt und sich dann auf seinem Sitz anschnallt, hat eine 99.999prozentige Chance, heil und sicher an seinen Bestimmungsort zu gelangen. 1976 hatten die amerikanischen Fluggesellschaften die geringste Unfallrate in zwanzig Jahren. Außerdem: Heute verlaufen zehnmal so viele Flüge reibungslos wie vor fünfzehn bis zwanzig Jahren – Flugzeuge operieren unter Wetterbedingungen, bei denen sie damals gar nicht hätten starten können.

Wenn Sie Bücher lesen wie Robert Serlings »Loud and Clear« und sich die verschiedenen Luftfahrtmagazine ansehen (gehen Sie einmal in Ihre Stadtbücherei), so vergessen Sie darüber vielleicht die lähmende Vorstellung zu fallen . . . zu fallen . . . ins Unendliche zu fallen. Durch Ihre Lektüre werden Sie erfahren, daß die Ausbildung eines Piloten genauso lange dauert wie die eines Arztes. Ein Kopilot fliegt durchschnittlich sieben Jahre, bevor er die begehrten Streifen des Flugkapitäns erhält. Und die Ausbildung eines Piloten hört niemals auf. Seine fliegerischen und technischen Fähigkeiten werden zweimal jährlich durch spezielle Probeflüge und umfassende Prüfungen getestet. Sie werden ebenfalls erfahren, daß jedes Düsenflugzeug mit einem Gerät ausgestattet ist, das den Piloten deutlich warnt, wenn er, ohne es zu wissen, auf ein Gebirge oder einen Turm zufliegt oder die Maschine an Höhe verliert.

Die Fluggesellschaften werden sich immer stärker der Notwendigkeit bewußt, ihren Fluggästen und Passagieren über die Flugangst hinwegzuhelfen, und werden Ihnen gerne Ihre Fragen beantworten oder Sie an jemanden verweisen, der dazu in der Lage ist. Setzen Sie sich mit den PR-Chefs der großen Fluggesellschaften in Ihrer Stadt in Verbindung (wenn Sie in einer kleinen Stadt leben, müssen Sie sich eventuell an das Büro der Fluggesellschaft in der nächstgelegenen größeren Stadt wenden).

Kontrollieren Sie Ihre Spannungen

Ihre Spannungen haben eine Doppelwirkung: 1. Sie bauen Ihre Ängste auf, bevor Sie das Flugzeug besteigen, und können Sie sogar daran hindern, überhaupt einzusteigen; 2. während des Fluges verkrampfen Sie sich immer mehr, so daß sich Ihr Flug wie ein Angsttraining auswirkt. Aus diesem Grunde spüren Leute mit Flugangst, die dennoch fliegen, keine Besserung ihrer Symptome. Mit jedem Flug kann sich die Angst noch verschlimmern. Dr. Leslie Solyom (vom Allan Memorial Institute, McGill University, Montreal) machte ein Experiment mit dem Angstbeherrschungstraining und stellte fest, daß es bei Testteilnehmern, die kurz vorher viel geflogen waren, relativ magere Ergebnisse zeitigte. Da sie in ihrer Furcht ständig verstärkt worden waren, fiel es ihnen schwer, die Angst wieder zu verlernen.

Wenn Sie üben, gegen Ihre Spannungen anzugehen, werden Sie Ihre Ängste vor dem eigentlichen Flug vermindern und die während des Fluges auftretenden Ängste möglicherweise zerstreuen können.

1. *Wenden Sie die Entspannungsübungen an*

Übung

Ziel: Ihre Flugangst zu beschwichtigen

Erster Schritt: Üben Sie die Entspannungsübungen in der vollständigen und abgekürzten Version (Anhang I), bis Sie sich mit ihnen einigermaßen vertraut gemacht haben.

Zweiter Schritt: Setzen Sie sich zu Hause in einen Sessel und machen Sie diese beiden Übungen, als säßen Sie in einem Flugzeug. Sollte es Ihnen peinlich sein, daß andere Ihnen Ihre Spannungen ansehen (zum Beispiel meine Anweisung, Grimassen zu schneiden, wenn Sie Ihre Gesichtsmuskeln anspannen), dann üben Sie, Ihre Muskeln so anzuspannen, daß man Ihnen äußerlich kaum etwas anmerkt.

Dritter Schritt: Machen Sie in den Tagen vor dem Flug wenigstens einmal am Tag die vollständige oder die abgekürzte Version der Übungen. Wenn die Spannung sehr stark ist, machen Sie die Übung noch häufiger. Ihr Ziel: Ihre innere Spannung niedrig zu halten.

Vierter Schritt: Auf dem Weg zum Flugzeug machen Sie die Schnellversion der Entspannungsübung. Atmen Sie tief ein; dann nicht atmen; langsam ausatmen und sich eine angenehme Szene vorstellen. Sagen Sie »Ruhig« und entspannen Sie sich.

Fünfter Schritt: Nehmen Sie Ihren Kassettenrekorder und das Tonband mit den Entspannungsübungen mit an Bord. Die Fluggesellschaften erlauben so etwas. Die meisten Geräte haben einen Kopfhörer, so daß man das Band, ohne andere zu stören, abhören kann. Machen Sie Ihre Übungen im Flugzeug: Beginnen Sie, sobald Sie sich in Ihrem Sitz bequem zurechtgesetzt haben, und hören Sie die Kurzform oder die vollständige Version ab, so oft es während des Fluges notwendig wird.

Fallbeispiel

Die vierzigjährige Daisy M. war seit fünfundzwanzig Jahren nicht geflogen. Ihre Weigerung zu fliegen hatte zwischen ihr und ihrem Mann zu Spannungen geführt, weil damit die Auswahl ihrer Ferienziele und der Familienbesuche eingeengt war. Er hatte angefangen, allein in Urlaub zu fahren. Daisy war darüber bekümmert und kam zu mir. Ich unterwies sie im Entspannungstraining, und als sie merkte, daß sie sich entspannen konnte, entschloß sie sich, ihren Mann auf einer kurzen Geschäftsreise nach Pittsburgh zu begleiten. Sie nahm ihren Kassettenrekorder und ihre Entspannungstonbänder im Handgepäck mit. Auf meine Anweisung hin erzählte sie auch der Stewardeß von ihrer Flugangst (dies ist empfehlenswert, denn viele fürchten, die Stewardeß könne die Angst bemerken. Ist die Situation aber geklärt, fühlt man sich etwas erleichtert). Im Flugzeug begann Daisy mit ihren Entspannungsübungen, ehe das Flugzeug in die Startposition rollte. Kurz nach dem Start kam die Stewardeß vorbei, sah Daisy kurz an und bemerkte zu ihrem Mann: »Der erste Flug seit fünfundzwanzig Jahren! Gratuliere, sie ist von allen Fluggästen am entspanntesten!«

---

2. *Überlegen Sie, was Sie neben diesen Entspannungsübungen noch tun können, um Ihre Spannungen herabzusetzen.*
- *Vermeiden Sie Streß.* Versuchen Sie zum Beispiel, beruflich nicht in ein wichtiges Projekt verwickelt zu werden, das Ihnen kurz vor dem Flug eine schwerwiegende Entscheidung abverlangt. Wenn es Sie nervös macht, Gäste zu empfangen, geben Sie keine Party am Tag vor Ihrer Abreise. Schieben Sie die große Auseinandersetzung mit Ihrem Nachbarn über den kaputten Zaun auf, bis Sie zurück sind. Obwohl Sie sich vielleicht freuen, wenn Sie ein oder zwei Freunde als moralische Stütze zum Flughafen begleiten, nehmen Sie nicht eine ganze Horde zum Abschiedszeremoniell mit. Ihre Angst kann sich schon steigern, wenn jemand zu Ihnen sagt: »Du siehst so blaß aus. Ist auch alles mit dir in Ordnung?« Vor allem lassen Sie sich Zeit, so daß Sie nicht übermüdet dort ankommen.
- *Unternehmen Sie etwas gegen ihre Spannung.* An Ihren Antworten beim Flugangst-Test haben Sie schon gesehen, daß einige Dinge Sie weniger stark ängstigen als andere und daß es einiges gibt, was Sie tun können, um Ihre Angst unter Kontrolle zu bringen. Versuchen Sie, dieses Wissen nutzbar zu machen. Im folgenden ein paar Dinge, auf

die Sie Einfluß haben können, wenn sie Ihnen wirklich wichtig sind:
Die Größe des Flugzeugs: Fühlen Sie sich wohler in einem Jumbo oder einem kleineren Flugzeug? Die Boeing 747 vermittelt ein Gefühl der Geräumigkeit und reduziert die klaustrophobischen Vorstellungen, unter denen so viele ängstliche Fluggäste leiden. Andererseits lassen sich einige von ihrer Größe überwältigen und fragen sich, ob sie sich überhaupt in der Luft halten kann. Entscheiden Sie sich, welches Flugzeug für Sie am besten ist.
Wo Sie sitzen. Menschen mit Höhenangst fühlen sich gewöhnlich besser, wenn sie am Gang sitzen. Dies hat zwei Vorteile: Sie können leicht aufstehen und Sie müssen nicht aus dem Fenster sehen. Andere wiederum sitzen gern in der Nähe des Fensters, weil sie »dann sehen können, was vor sich geht«.
Wann Sie reisen. Versuchen Sie erst einmal Ihren Flug so einzurichten, daß Sie nicht zur Hauptreisezeit fliegen. Das Drängen und Stoßen und die Möglichkeit, daß Sie längere Wartezeiten in Kauf nehmen müssen, verstärkt Ihre Angst nur noch. An den Sommerwochenenden fliegen Sie möglichst freitags vor vierzehn Uhr. Reisen Sie nicht am Tag vor Weihnachten. Bedenken Sie auch, daß schnee- und eisbedeckte Startbahnen das Starten und Landen erschweren können.
Versprechen Sie sich kleine Belohnungen. Eine Frau bringt es zum Beispiel fertig, von Cleveland nach New York zu fliegen, weil sie sich als Belohnung einen ganztägigen Einkaufsbummel verspricht. Eine andere hat große Pläne für »den Augenblick ihrer Ankunft«. Sie erzählt: »Ich habe Angst zu fliegen, aber ich reise sehr gern. Ich bringe es nur fertig, nach London in Urlaub zu fliegen, weil ich schon vorher alles für ein Frühstück mit einem guten Bekannten gleich nach der Ankunft arrangiert habe.«
Zerstreuungen, die Ihnen den Flug erleichtern. Wenn Ihr Test gezeigt hat, daß Schach Sie ablenkt, so bringen Sie ein Schachspiel mit an Bord. Wenn Lesen Sie zerstreut, haben Sie mehrere Bücher bei sich. Wenn Ihnen das eine nicht zusagt, können Sie sich immer noch ein anderes vornehmen.

Fallbeispiel:

John A., ein bekannter Philosophieprofessor, erhielt eine Einladung, vor einer wissenschaftlichen Gesellschaft in Mexiko City das Hauptreferat zu halten. Wegen seines überlasteten Terminplanes kam nur eine Flugreise in Frage. Das versetzte ihn in Panik. In der letzten Minute kam John ganz aufgelöst zu mir. Ich versuchte ihm Entspannungsübungen beizubringen, aber die Spannungen waren zu stark. Es hätte zu lange gedauert, ihn zu trainieren, und es waren nur noch wenige Tage bis zum Abflug. So planten wir drei Dinge, die seiner Spannung entgegenwirken sollten.

- Er sollte seine Frau mitnehmen. Er hatte das zwar nicht vorgehabt, aber fand, daß er sich in ihrer Gesellschaft wohler fühlen würde.
- Da er sich vor der Länge der Reise fürchtete, richteten wir es so ein, daß er niemals länger als eineinhalb Stunden in der Luft sein würde. Um dies zu erreichen, mußte er einige Umwege in Kauf nehmen und auf dem Flug nach Mexico City vier Stopps einlegen.
- Er sollte versuchen, sich während des Fluges zu zerstreuen. John machte dazu drei Vorschläge: a) er wollte die Bibliographie für sein neues Buch zusammenstellen. Er hatte die Namen schon auf Karteikarten geschrieben und wollte sie jetzt noch mit dem Manuskript vergleichen; b) er machte gern Kreuzworträtsel. Er ging also hin und kaufte sich ein Heft mit Kreuzworträtseln, c) er und seine Frau spielten oft Rommé, also nahm er Spielkarten mit.

Mit diesen Hilfsmitteln versehen, gelangte John nach Mexiko und zurück. Seither kann er überall hinfliegen, vorausgesetzt, er befindet sich nicht länger als eineinhalb Stunden in der Luft und kann unterdessen arbeiten oder ein Spiel machen.

Hören Sie auf, sich Angst beizubringen

Viele Menschen versetzen sich nicht nur vor einem Flug in einen Zustand der Spannung, sie bereiten sich auch geradezu darauf vor, im Flugzeug in Panik zu geraten, indem sie sich bis ins einzelne gehende Angst-Instruktionen geben. In ihrem Kopf wirbeln Angst-Kommandos herum wie »Es kommt zu einer Turbulenz – und ich gerate in Panik und fange an zu schreien«. – »Irgend etwas wird ganz sicher mit dem Flugzeug schiefgehen. Wir stürzen ab.« Zwei Methoden des Angstbeherrschungstrainings können Ihnen helfen, diese Gedanken in den Griff zu bekommen.

1. Praktizieren Sie Gedankenstopp. Diese Methode wirkt besonders gut bei Leuten, die sich mit dem Gedanken »Ich muß sterben« herumquälen. Sobald Sie sich bewußt werden, daß die Flugangst in Ihnen hochkommt, sagen Sie zu sich STOP!, atmen Sie ein und aus, denken Sie »Ruhig« und entspannen Sie sich. Tun Sie das *jedesmal, wenn Sie sich eines panikartigen Gedankens zum Thema Fliegen bewußt werden, ganz gleich, wie unwichtig er scheint und selbst dann, wenn dieser Gedanke nur sehr wenig Angst hervorruft.* Auf diese Weise verhüten Sie, daß sich angstvolle Gedanken überhaupt in Ihnen aufbauen. Wenn Sie im Zweifel sind, sagen Sie STOP!.

2. Praktizieren Sie Gedankentausch. Anmerkung: Bei dieser

Methode, die ich in Kapitel vier dargestellt habe, brauchen Sie mindestens drei Wochen Übungszeit vor Ihrem Flug.

– Erkennen Sie, welche Angstinstruktionen Sie sich geben, und ersetzen Sie sie durch Anti-Angstinstruktionen. Zum Beispiel:

Angstinstruktionen	Neue Selbstinstruktionen
»Ich werde sehr aufgeregt sein, wenn ich das Flugzeug besteige, und vielleicht sogar in Panik geraten.«	»Ich mag zwar verkrampft sein, wenn ich das Flugzeug besteige, aber ich werde dieses Gefühl durch Entspannungsübungen fast ganz beseitigen können und nicht die Beherrschung verlieren.«
»Ich werde ganz besonders auf die Motorengeräusche während des Fluges achten und sehr nervös werden, wenn sich diese Geräusche ändern.«	»Während des Fluges will ich meine Aufmerksamkeit von den Motorengeräuschen ablenken, indem ich lese, Musik höre oder mich unterhalte. Wenn ich merke, daß ich nervös werde, werde ich in der Lage sein, mich zu entspannen, und ziemlich ruhig bleiben.«

– Schreiben Sie diese Aussagen wieder auf Karteikarten. Immer, wenn Sie eine häufig vorkommende Handlung durchführen (Kaffee trinken, die Haare kämmen), lesen Sie sich eine dieser Aussagen vor, und dann wiederholen Sie sie noch einmal. Auf diese Weise verändern Sie Ihre Selbstinstruktionen. Aus Angstinstruktionen werden Anti-Angstinstruktionen.

Fallbeispiel

Ralph C., ein sechsunddreißigjähriger Börsenmakler, fürchtete sich vor dem Fliegen. Seine Erwartungsangst drehte sich um das Gefühl, im Flugzeug wie ein Gefangener zu sitzen. Er probte ständig aufs neue durch, wie er keine Luft mehr bekam, und instruierte sich dahingehend, ständig wechselnde Angst zu empfinden, sobald sich die Flugzeugtür hinter ihm geschlossen hatte.

Ich half ihm, mit einigen gedanklichen Formulierungen gegen dieses Gefühl vorzugehen. »Wenn ich dieses Erstickungsgefühl bekomme, kann ich tief einatmen und es dadurch loswerden« ... »Wenn ich Angstgefühle bekomme, kann ich mich entspannen und die Angst in den Griff kriegen« ... »Wenn ich mich auf meinem Sitz wie ein Gefangener fühle, kann ich eine Menge tun, um dieser Gefühle Herr zu werden. Ich kann zum Beispiel im Flugzeug umhergehen.«

Für seine Arbeit in der Wall Street mußte Ralph während des Tages viele Telefongespräche führen. Er schrieb seine Instruktionen auf Karteikarten und legte den Packen auf seinen Schreibtisch. Vor jedem Anruf las er eine der Karten, und dann erst wählte er die Telefonnummer.

In zwei Monaten mußte er geschäftlich eine Flugreise antreten. Er führte den Gedankentausch sechzig Tag lang durch, und seine Angst verminderte sich enorm. Er konnte die Flugreise ohne Probleme hinter sich bringen.

Hören Sie auf, sich auf Ihre Angst einzustimmen. Desensibilisieren Sie sich statt dessen

Die Technik der systematischen Desensibilisierung (bei der Sie sich gegen abgestufte Angstsituationen desensibilisieren, und zwar durch ständige Entspannung und völlige Überwindung der Angst, bevor Sie zur nächsten Situation übergehen) hat sich bei Flugangst als genauso erfolgreich erwiesen wie bei Angst vor Vögeln, Käfern und Aufzügen. Auch hier können Sie die Desensibilisierung in der Phantasie oder in der Realität durchführen, oder Sie kombinieren beide Techniken. Folgendes müssen Sie beachten:

- Erkennen Sie die Auslöser, die Ihre Flugangst in Gang setzen. Dadurch werden Sie in der Lage sein, die Desensibilisierung auf Ihre persönlichen Ängste abzustimmen.
- Stellen Sie eine Hierarchie je nach dem Grad der Spannung auf. Benutzen Sie auch das Angstthermometer, um die Stärke der Angst zu messen. Wenn Sie Ihre Hierarchie entwerfen, können Sie *Zeitangaben* benutzen (Sie halten sich zwei Minuten auf der Aussichtsterrasse auf ... zehn Minuten ... eine halbe Stunde), *Entfernungsangaben* (Sie sind einen Häuserblock vom Flughafen entfernt, ... drei Meter ... im Flughafen ... am Flugkartenschalter), *Größenangaben* (Sie sitzen in einer Piper Cub ... einer Propellermaschine ... einem Düsenflugzeug).

Bei der Desensibilisierung in der Realität gibt es zwei Probleme: 1. sie ist teuer; Sie müssen bereit sein, Geld auszugeben für Flugreisen, um Ihre Flugangst zu überwinden; 2. Sie können das Flugzeug nicht mitten in der Luft verlassen, um sich zu entspannen. Im folgenden zitiere ich die Realitätshierarchie eines Patienten. Er führte alle Situationen hintereinander durch, entspannte sich und wiederholte die einzelnen Aufgaben, bis er sie völlig im Griff hatte.

1. Gehen Sie mit Ihrer Frau im Laden- und Schalterbereich des Ken-

nedy Airport herum. Gehen Sie nicht bis zur Flugabfertigung oder auf die Aussichtsterrasse.

2. Machen Sie das gleiche, aber allein.

3. Wiederholen Sie das Ganze im La-Guardia-Flughafen zusammen mit Ihrer Frau (das ist ein kleinerer Flughafen; man kommt näher an die Flugzeuge heran, wodurch die Angst verstärkt wird).

4. Tun Sie das gleiche, aber allein.

5. Gehen Sie auf die Aussichtsplattform im Kennedy-Flughafen. Bleiben Sie immer länger dort, bis Sie es eine Stunde lang ohne Streß aushalten können.

6. Wiederholen Sie das gleiche auf der Aussichtsplattform des La-Guardia-Flughafens.

7. Fliegen Sie mit Ihrer Frau im Pendelverkehr nach Boston (fünfundvierzig Minuten), essen Sie dort zu Abend und machen Sie den Rückflug mit Ihrer Frau.

8. Fliegen Sie mit Ihrer Frau nach Boston. Sie selbst fliegen sofort zurück. Ihre Frau nimmt die nächste Maschine.

9. Fliegen Sie an einem Nachmittag allein nach Boston und zurück.

10. Fliegen Sie abends allein nach Boston und zurück (Fliegen bei Dunkelheit war eine seiner Hauptschwierigkeiten).

11. Fliegen Sie mit Ihrer Frau nach Puerto Rico (er mußte geschäftlich dorthin). Fliegen Sie einige Tage später allein zurück.

Sie haben mehr Freiheit, wenn Sie die Desensibilisierung in der Phantasie machen. Denken Sie daran, alle Situationen aufzuführen, die bei Ihnen besondere Angst hervorrufen und die Ihre Phantasie besonders lebhaft in Gang setzen. Im folgenden zitere ich eine Phantasiehierarchie, die ich bei Patienten, die sich vor einem Absturz fürchten, erfolgreich angewandt habe.

Szene	Wert auf dem Angstthermometer
1. Sie lesen die Zeitungsüberschrift: »Flugzeugabsturz. Zwei Tote.«	10
2. Im Fernsehen sehen Sie Bilder von dem Flugzeugwrack.	20
3. Im Büro der Fluggesellschaft nehmen Sie Ihr Ticket in Empfang.	25
4. Gegen Ende eines Fluges ohne besondere Vorkommnisse.	30
5. Während des Fluges. Sie hören merkwürdige Motorengeräusche.	45
6. Flugzeug setzt nach reibungslosem Flugverlauf zur Landung an.	45
7. Während des Fluges. Das Zeichen »Fasten Seat Belts« leuchtet auf.	50
8. Während des Fluges. Leichte Turbulenzen.	60
9. Das gleiche. Das Flugpersonal macht besorgte Gesichter.	70

10. Sie haben gerade das Flugzeug bestiegen und gehen zu Ihrem Sitz. 75
11. Mitten im Flug. Turbulenzen. Das Flugzeug vibriert merkwürdig. 85
12. Das Flugzeug jagt über die Startbahn und hebt ab. 90
13. Pilot über Sprechanlage: »Wir haben einen Motorschaden. Wir setzen zur Notlandung an.« 95
14. Das Flugzeug wackelt. Der Pilot scheint die Kontrolle über das Flugzeug verloren zu haben. Jemand schreit. 100

Denken Sie daran, daß Sie die Desensibilisierung in der Phantasie und in der Realität miteinander kombinieren können.

Fallbeispiel:

Hal S., ein junger, unverheirateter Rechtsanwalt, hatte seine Flugangst von der Mutter gelernt. Das Ergebnis: Mit siebenundzwanzig Jahren hatte er gerade erst einen Flug hinter sich gebracht, und der hatte ihn so entnervt, daß er eine Woche lang nicht schlafen konnte. Seine Angst war so intensiv, daß selbst ein Gespräch über Flugzeuge oder das Betrachten einer Abbildung von einem Düsenflugzeug Spannungen auslöste. Wir gingen in einzelnen Stufen vor:

1. Flugzeitschriften kaufen. Seine Aufgabe: die Hefte durchblättern und die Bilder ansehen. Wenn er nur einen Anflug von Nervosität spürte, sollte er die Augen schließen und sich entspannen, bis die Nervosität verging. Es dauerte ungefähr drei Wochen, bis er die Zeitschriften ohne Spannungsgefühl lesen konnte. Dieses neue Gefühl übertrug sich auch auf andere Situationen. Wenn Freunde von Flugzeugen sprachen oder wenn er Flugreklame im Fernsehen sah, hatte er keine Angstgefühle mehr.

2. Sich in Flughäfen aufhalten. Erste Aufgabe: Hal sollte in den Ladenbereich des Kennedy-Airport gehen, sich bequem irgendwo hinsetzen und dort immer länger bleiben, bis er ein Pensum von zwei Stunden durchstehen konnte. Da er dies am Wochenende tat, brauchte er ungefähr zwei Monate dazu. Dann wiederholte er das gleiche im La-Guardia-Flughafen, wo man die Flugzeuggeräusche viel deutlicher wahrnimmt. Hier schaffte er sein Pensum nach wenigen Malen. Zweite Aufgabe: Er sollte zur Aussichtsplattform gehen und auf die Flugzeuge hören; sich ansehen, wie sie starten und landen. Beim leichtesten Unbehagen sollte er die Augen schließen, sich entspannen, für zehn Minuten in den Ladenbezirk gehen, dann aber zurückkommen und wieder die Flugzeuge beobachten. Er führte dies zunächst im Kennedy-Flughafen und dann in La Guardia durch. Diese Aufgabe nahm ungefähr zwei Monate in Anspruch, bis er es schaffte, die Flugzeuge ohne Nervosität zu beobachten. Zu diesem Zeitpunkt

fing Hal an zu glauben, daß er es schließlich doch noch fertigbringen würde zu fliegen.

3. Wir fingen mit der Desensibilisierung in der Phantasie an. Hier sind einige Szenenbeispiele (weil er nur einmal in einem Flugzeug gesessen hatte, machte es Hal Schwierigkeiten, angstprovozierende Situationen zu erfinden).

- Im Radio von einem Flugzeugabsturz hören.
- An Bord gehen.
- Im Flugzeug sitzen. Flug verläuft glatt und ruhig.
- Im Flugzeug sitzen. Viel Turbulenz. Flugzeug wird tüchtig geschüttelt.
- Pilot sagt: »Achtung. Wir stürzen ab.«

Hal machte so gute Fortschritte, daß er einen Flug plante. Doch die Sache hatte einen Haken. Er konnte sich nicht dazu bringen, zum Reisebüro zu gehen, um sein Flugticket zu lösen.

4. Wir setzten die Desensibilisierung in der Phantasie fort: das Reisebüro mit dem Ticket in der Tasche verlassen . . . eine freundliche Angestellte schreibt ein Ticket aus . . . Hal ist als nächster dran . . . er sagt zu der Angestellten: »Ich hätte gern ein Rundflugtikket nach . . .« gibt der Angestellten seinen Namen und seine Adresse an (damit fühlte er sich gebunden).

Anmerkung: Sobald Hal zu bestimmten Handlungen gezwungen war, konnte er reale Szenen benutzen.

5. Wir versuchten es mit der nächsten Aufgabe in der Realität. Er ging zu einem anderen Reisebüro und erkundigte sich nach seinem Flug. Sinn: die Spannung loszuwerden. Er wiederholte das in den Büros mehrerer Fluggesellschaften. Dann ging er hin und holte sein Ticket ab.

Beim eigentlichen Flug hatte er Glück. Der Flug verlief glatt, und er hatte relativ wenig Angst. Kurz danach schlug seine Freundin einen Wochenendurlaub vor. Hal willigte ein. Da der Entschluß impulsiv gefaßt wurde, blieb keine Zeit, um Erwartungsangst aufzubauen. Wieder hatte er einen guten Flug, und das gab ihm soviel Selbstvertrauen, daß er einige Wochen später allein einen dritten Flug antreten konnte.

Manchmal kann man sich nicht nur gegen die Angst vor dem Flugzeug desensibilisieren, sondern auch gegen andere Ängste, die das Fliegen erschweren. Bei einem jungen Manager zum Beispiel war die Flugangst Teil einer Klaustrophobie. Er arbeitete mein »Programm für geschlossene Räume« durch und hielt sich bei geschlossener Tür in immer kleineren Räumen für immer längere Zeitspannen auf. Als er die Besenkammer eine halbe Stunde lang geschafft hatte, bemerkte er, daß es uns gelungen war, seine lebenslange Klaustrophobie aufzubrechen.

Obwohl wir niemals direkt gegen die Flugangst vorgegangen waren, war Lou in der Lage, eine Reservierung zu machen und nach Chicago zu fliegen. Bei seinem ersten Flug entschied er sich jedoch vorsichtig für eine riesige 747.

Schließen Sie sich einer Flugangstgruppe an oder organisieren Sie Ihren eigenen Klub

Unter den verschiedensten Bezeichnungen schießen in Nordamerika Flugangstgruppen wie Pilze aus dem Boden. In Zusammenarbeit mit Air Canada betreiben zum Beispiel Dr. Gerald Kroetsch und Dr. Gerald Pulvermacher Anti-Flugangst-Zentren (Fear Relief Centres of Canada) in Toronto, Montreal und Ottawa. Der Kursus besteht aus sieben Sitzungen (die letzte Sitzung ist ein Prüfungsflug mit einem Diplom als Abschluß), kostet 190 Dollar und hat eine Erfolgsrate von 85–95 Prozent. In den Vereinigten Staaten hat in den letzten drei Jahren Pan American World Airways ein Trainingsprogramm für »Ängstliche Fluggäste« (»Fearful Flyers«) unterstützt. Es umfaßt ebenfalls sieben Sitzungen und kostet 100 Dollar. Flugkapitän »Slim« Cummings hat es bisher in folgenden Städten durchgeführt: Miami, Atlanta, Houston, Chicago, Philadelphia, Westchester County (New York), Detroit, New York City, Washington D. C., Dallas und Boston.

Beide Programme bestehen aus einem Entspannungstraining, Erfahrungsaustausch, Vorträgen von Stewardessen, Piloten und Angehörigen des Bodenpersonals. Dazu kommen Besichtigungen des Kontrollturms und des Radarzentrums im Flughafen, ein Scheinstart und der Abschlußflug. Kapitän Cummings erzählt die Geschichte von dem Vorstandsvorsitzenden eines großen Unternehmens, der beinahe 2000 Kilometer mit dem Auto fuhr, um an allen Sitzungen des Kurses in Atlanta teilnehmen zu können. Das Programm hatte Erfolg. Jetzt nimmt er nur noch das Flugzeug.

Wenn Sie an einem solchen Kursus nicht teilnehmen können, organisieren Sie Ihr eigenes Programm. Ergreifen Sie die Initiative.

- Bringen Sie eine Gruppe von Freunden oder Bekannten zusammen, die sich alle vor dem Fliegen fürchten. Im Idealfall sollten es mindestens fünfzehn sein. Wenn Sie in Ihrem Bekanntenkreis nicht genügend Leute zusammenbekommen, geben Sie in Ihren Klubs bekannt, daß Sie eine Anti-Flugangst-Gruppe bilden wollen. Sie können auch eine Anzeige in die Zeitung einrücken. *Warnung:* Machen Sie deutlich, daß die Gruppe nur für Leute mit Flugangst gedacht ist; sonst könnten sich Teilnehmer melden, die auf Encounter-Gruppen oder eine Art Esalen-Therapie aus sind.
- Versichern Sie sich der Dienste eines Psychologen oder Psychiaters,

der auf diesem Gebiet Erfahrungen gemacht hat. Es ist sehr wichtig, daß die Gruppe von einem kompetenten Fachmann geleitet wird.

– Schreiben Sie auch an verschiedene Fluggesellschaften und bitten Sie sie um Hilfe. Die Fluggesellschaften arbeiten gewöhnlich mit Anti-Flugangst-Gruppen zusammen.

Im folgenden ein Vorschlag für ein Programm mit sieben Sitzungen nach dem Muster der Kurse von Pan Am und der kanadischen Fear Relief Centres. Jede Sitzung sollte ungefähr zwei Stunden dauern. Vielleicht wollen Sie das Verfahren beschleunigen und zwei Sitzungen die Woche durchführen. Sie müssen ebenfalls an eine Kostenrechnung denken. Sorgen Sie dafür, daß der Kursus mit einem Abschlußflug zu einer nahe gelegenen Stadt endet.

Erste Sitzung: Ein Psychologe hält einen Vortrag, wie man erlernte Ängste wieder verlernt. Die Gruppe diskutiert ihre Kernängste und die verschiedenen Auslöser der Flugangst. Verteilen Sie Abzüge des Flugangst-Tests. Hausaufgabe: den Test zu machen.

Zweite Sitzung: Beginn des Entspannungs-Trainings. Der Psychologe demonstriert es der Gruppe. Sorgen Sie dafür, daß jeder Teilnehmer ein Tonband mit dem Entspannungsprogramm erhält. Das können die Entspannungsübungen aus diesem Buch in der vollständigen und abgekürzten Version sein; der Psychologe kann aber auch sein eigenes Band beisteuern.

Wichtig ist, daß in dieser Sitzung ein Pilot einen Vortrag hält, im Anschluß daran sollte eine Diskussion stattfinden. Hausaufgabe: Entspannung üben.

Dritte Sitzung: Weitere Entspannungsübungen. Vortrag einer Stewardeß, wieder gefolgt von einer Diskussion. Psychologen erklären die systematische Desensibilisierung in der Phantasie und in der Realität. Hausaufgabe: 1. Entspannungsübungen; 2. Vorbereitung auf die Desensibilierung in der Phantasie.

Vierte Sitzung: Fortsetzung des Entspannungstrainings. Vortrag eines Spezialisten für Düsenantrieb oder eines Mannes vom Bodenpersonal. Der Psychologe gibt weitere Beispiele für systematische Desensibilisierung. Hausaufgabe: 1. Setzen Sie Ihre Entspannungsübungen fort; 2. arbeiten Sie an Ihrer Phantasie-Hierarchie; 3. Stellen Sie sich eine Aufgabe in der Realität – gehen Sie zum Beispiel ein Buch mit Abbildungen von Flugzeugen durch.

Fünfte Sitzung: Weitere Entspannungsübungen und Desensibilisierung in der Phantasie. Vorführung eines Films über Flugreisen (Dieser kann entliehen oder durch eine Fluggesellschaft beschafft werden; achten Sie darauf, daß die Start- und Landegeräusche deutlich wahrzunehmen sind). Hausaufgabe: 1. Üben Sie weiterhin Entspannung, 2. arbeiten Sie weiter an Ihrer Desensibilisierung in der Phantasie und 3. erledigen Sie eine weitere Aufgabe in der Realität – halten Sie sich zum Beispiel jedesmal etwas länger in einem Flugreisebüro auf.

Sechste Sitzung: Gehen Sie zum Flughafen (diese Sitzung haben Sie gemeinsam mit Angestellten der Fluggesellschaft vorbereitet). Gehen Sie durch den Ladenbereich; hören Sie auf die Flugansagen; gehen Sie auf die Aussichtsterrasse. Wenn möglich besichtigen Sie auch das Radarzentrum und den Kontrollturm. Eventuell ermöglicht Ihnen die Fluggesellschaft auch die Besichtigung eines Flugzeugs, in dem Sie probeweise Platz nehmen.

Siebte Sitzung: Abschlußflug zur nächstgelegenen Stadt.

Wenn Sie Ihre Flugangst überwinden, so hat das direkte und indirekte Konsequenzen, die sich auf Ihr Leben und Ihr Selbstbewußtsein positiv auswirken.

Eine fünfunddreißigjährige Karrierefrau sagt: »Ich bin seit Monaten in Hochstimmung. Ich habe nicht nur eine bessere Stelle bekommen, ich kann mich jetzt auch mit anderen Dingen viel vernünftiger auseinandersetzen. Zum erstenmal ist mir klargeworden, daß ich mein Verhalten ändern kann.«

Eine junge Mutter erzählt: »Es hat sich positiv auf meine Ehe ausgewirkt. Ich habe mehr Selbstbewußtsein gewonnen und die Dinge besser im Griff. Weil ich glücklicher bin, kann ich auch besser auf meinen Mann eingehen.«

Ein bekannter sechsundvierzigjähriger Rechtsanwalt, der sich vor dem Fliegen fürchtet, seit er im Alter von achtzehn Jahren während seines Dienstes in der Luftwaffe abstürzte, weiß zu berichten: »In allen diesen Jahren bin ich geschäftlich geflogen, weil ich es mußte, aber mir wurde ständig schlecht. In der ersten halben Stunde mußte ich regelmäßig erbrechen. Ich versuchte es mit Alkohol, Tabletten gegen Reisekrankheit, schweren Mahlzeiten, leichten Mahlzeiten. Nichts half. Ich haßte es, so ausgeliefert zu sein.

Daher faßte ich den Entschluß, Flugstunden zu nehmen, weil ich glaubte, mich damit disziplinieren zu können. Es dauerte Wochen, ehe ich wirklich einmal flog. Ich verbrachte die Zeit damit, alle möglichen Daten über Flugzeuge zu lernen. Schließlich wagte ich es doch und machte meinen Flugschein. Zuerst flog ich nur bei gutem Wetter. Dann erhöhte ich langsam, aber bewußt die Spannung: ich flog bei Schnee, Regen, bedecktem Himmel, allein im Einsitzer. Zu meinem sechsundvierzigsten Geburtstag machte ich mir das Geschenk, Mitbesitzer eines Flugzeugs zu werden.

Für mich war das ein enormer Egotrip. Ich habe das Gefühl, mein Schicksal jetzt in Händen zu haben. Dadurch, daß ich meine Flugangst überwand, konnte ich auch eine schreckliche Scheidung durchstehen, die mich sonst ins Irrenhaus gebracht hätte. Ich sagte mir: ›Du hast einen Gewitterflug überstanden, du wirst auch das schaffen.‹«

Eine Frau räumt etwas bekümmert ein, daß die Überwindung der Flugangst ihr auch Nachteile gebracht hat. Sie erzählt: »Immer, wenn ich flog, scharte sich alles hinterher um mich und fragte: ›Wie fühlst du dich?‹ ›Wie war es?‹ Jetzt fragt niemand mehr. Man sagt nur noch: ›Du bist also mit dem Flugzeug gekommen.‹«.

Es ist zu schaffen. Andere haben es geschafft. Auch Sie können es.

Anm. d. Übers.: Auch in Deutschland werden neuerdings Flugangst-Seminare angeboten, und zwar in München, Hamburg, Köln und Frankfurt. Die Kosten liegen je nach Teilnehmerzahl zwischen 170 DM und 340 DM pro Person. Die Anschrift des Münchener Instituts lautet: Münchener Therapiezentrum, Institut für integrierte Therapie, z. Hd. Rainer Pieritz, Tal 18, 8000 München 2.

11. Kapitel

Was man gegen Angst im Beruf tun kann

»Ich mache alles ganz gründlich, so daß keiner mich kritisieren kann. Andere gehen um fünf nach Hause. Ich bleibe dann noch stundenlang im Büro.«

»Meine Angst, vor anderen frei zu sprechen, hat mich um den erwünschten Erfolg gebracht. Eigentlich müßte ich bei meinem Beruf in Ausschüssen vertreten sein und Vorträge halten. Ich kann das nicht. Ich würde mittendrin ins Stocken geraten und aufhören müssen.«

»Ich habe jeden Tag das Gefühl, man könnte mich an die Luft setzen. Ich weiß, daß das verrückt ist, da ich ja einen Dreijahresvertrag habe. Um mich zu beruhigen, nehme ich ihn jeden Abend aus der Dokumentenmappe und sehe ihn mir genau an.«

»Ich habe eine Todesangst, daß andere herausfinden könnten, welche Panik ich im Inneren durchmache. Ich möchte gerne ruhig und stark wirken. Ich glaube, man würde auf mich herabsehen, wenn man wüßte, daß ich jeden Tag Todesängste ausstehe.«

Der Beruf führt zu einer sehr direkten und zeitlich unbegrenzten Konfrontation mit der Wirklichkeit. Ängste im Beruf haben nicht nur Auswirkungen auf Ihren Gehaltsscheck, sie beeinträchtigen auch Ihre Ellbogenfreiheit, Ihre persönlichen Beziehungen außerhalb des Berufes, Ihre Zukunft und letztlich auch Ihre Selbsteinschätzung.

Berufsängste

1. Realistische Berufsängste. Einige Firmen – gewöhnlich solche, deren Chef ein Autokrat ist – nutzen ganz bewußt die Angst ihrer Angestellten aus, um sie an die Kandare zu nehmen und das Äußerste aus ihnen herauszuholen. Wenn Vorgesetzte einen Stil entwickeln, der Angst erzeugt, liegt das an ihren eigenen psychologischen Problemen. Andererseits müssen Sie immer damit rechnen, daß Sie aus Gründen, die gar nichts mit Ihnen zu tun haben, mit einem unangenehmen Projekt betraut werden oder gar herabgestuft oder gefeuert werden. Möglicherweise sind Sie nicht in der Lage, etwas dagegen zu unternehmen. Nur eins können Sie immer: Ihre nervösen Reaktionen auf solche Situationen in den Griff bekommen.

2. Berufsängste, die unabhängig von Ihrer Arbeit bestehen. Wenn Sie Angst vor dem Fliegen haben, lehnen Sie eine Stelle ab, die ständiges Reisen erfordert. Wenn Sie Höhenangst haben, können Sie den guten Job im fünfundvierzigsten Stock nicht übernehmen. Bei einem Gespräch über Konferenzen äußerte ein Manager, der an einer Klaustrophobie litt: »Vor einer Konferenz gehe ich an die tausendmal ins Badezimmer. Ich muß Anzüge tragen, in denen ich mich wohl fühle. Ich bin Kettenraucher. Ich muß gleich neben der Tür sitzen; ich geh schon früh hin und lege meinen Block und meinen Bleistift auf den Platz. Während der Konferenz würde ich am liebsten schreien: ›Kommt endlich zum Schluß.‹ Ich fühle mich so allein, so anders. Niemand ahnt, daß ich das Gefühl habe, wie in einem Käfig zu leben.«

3. Ängste, die durch die Arbeit ausgelöst werden. Ihre irrationale Angst vor Fehlern oder vor Kritik kann soviel Streß erzeugen, daß Sie tatsächlich Fehler machen, unwichtige Dinge für wichtig halten und wichtige Dinge übersehen, ja, daß Sie sogar Ihre Kreativität einbüßen. Ihre Angst führt dazu, daß Sie sich vor bestimmten Aufgaben drücken, Ihre Arbeit zu lange hinzögern, sie zu spät abgeben oder gar nicht zum Abschluß bringen. Auch die Angst, vor anderen frei zu sprechen, ist als Berufsangst weit verbreitet. Andere sind durch ihre Angst vor Fremdsprachen, Technik oder Mathematik gehandikapt. Dabei können zwei Menschen an die gleiche Angst jeweils ganz verschieden herangehen.

ERSTES BEISPIEL: Eine ehrgeizige Managerin aus der Kosmetikbranche hatte einen Horror vor allem, was mit Zahlen zu tun hatte, aber aufsteigen wollte sie auch. Sie erinnert sich: »Ich war bereits Vizepräsidentin für Produktentwicklung bei einer Werbeagentur, bevor ich lernte, wie man ein Budget aufstellt. Ich setzte mich mit einem Buchhalter zusammen, und er brachte es mir bei.«

ZWEITES BEISPIEL: Ein dreiundzwanzigjähriger Mann gab seine Stelle als Lehrer an einer High School auf (»Keine Zukunft«) und ging zu einer Import-Export-Firma, wo er das Verladen der Schiffe koordinierte. Weil er hoffte, später viel reisen zu können, akzeptierte er diesen relativ niedrig eingestuften Job, der im wesentlichen darin bestand festzustellen, welche Schiffe gerade im Hafen lagen. Schon bald bekam er eine bessere Stelle, in der er Tonnagen ausrechnen mußte – wie viele Tonnen wo mitgenommen werden sollten und wieviel Treibstoff ein Schiff brauchen würde, um mehrere tausend Meilen zurückzulegen. Doch immer wenn David die Zahlen ansah, geriet er in Panik. Er brachte es einfach nicht fertig, die simplen Rechenaufgaben zu lösen, die für diese Stelle erforderlich waren. Reumütig kehrte er in den Lehrerberuf zurück.

4. Allgemeine Berufsängste. Dazu gehören Angst vor Erfolg, Mißerfolg, dem Erlernen neuer Methoden, neuer Verantwortung, vor einer

Bitte um Gehaltserhöhung, vor dem Risiko eines Stellenwechsels oder auch der Aufgabe einer Stelle. Eine Frau zum Beispiel fürchtete sich davor, ihre Stelle in einem Verlag aufzugeben, obwohl das Management ihr klar zu verstehen gegeben hatte, daß eine Trennung das beste wäre. Sie fand eine neue Stelle, aber immer noch fürchtete sie sich zu gehen. Sie quälte sich mit Gedanken wie: »Ich möchte doch lieber bleiben. Ich fürchte mich vor der neuen Arbeit.«

- *Berufsängste auf den einzelnen Karrierestufen:* Die folgenden sind besonders typisch:

  Erste Stufe: Berufsanfänger: Ganz gleich wie selbstbewußt sie sein mögen, die meisten jungen Leute fühlen sich unbehaglich, wenn sie sich auf den Arbeitsmarkt begeben. Plötzlich gelten ganz andere Regeln; im Gegensatz zur Schule bringt fleißiges Lernen einen nicht mehr weiter. Am Anfang steht die finanzielle Angst: »Finde ich überhaupt eine Stelle?« Dann macht man sich Gedanken, ob man sich in der Stelle bewähren wird: »Bin ich der Sache überhaupt gewachsen?« ... »Reicht mein Wissen überhaupt aus?« Wenn man die Stelle dann hat, fürchtet man sich zu fragen, falls man etwas nicht weiß. Man fürchtet, sich für die falsche Stelle entschieden zu haben (»Ich ging zu IBM, aber ich hatte auch Angebote von AT & T und Process Data. Vielleicht hätte ich lieber dort zusagen sollen.«).

  Zweite Stufe: nach einigen Berufsjahren: Sie haben sich bewährt und sind auch mehrfach befördert worden, entweder in der gleichen Firma oder durch Stellenwechsel. Jetzt taucht eine andere Angst auf: *die Angst, Sie würden nicht so viel erreichen wie Ihre Kollegen.* Ein Kollege erhält plötzlich einen wichtigen Posten. Das macht Sie nervös, und Sie fangen an, sich über Ihr eigenes Vorwärtskommen den Kopf zu zerbrechen.

  Eventuell *fürchten Sie, beruflich in einer Sackgasse zu stecken.* Sie sagen sich: »Ich bin jetzt seit fünf Jahren hier, und anscheinend bin ich festgefahren. Ich muß etwas Neues machen. Ich will nicht zu lange in der gleichen Stelle festsitzen«, und Sie gehen wieder einmal auf Stellenjagd. Vielleicht fürchten Sie auch, *daß die Firma als Institution Sie auffrißt.* Sie arbeiten gern für ein Unternehmen, das Ihnen eine interessante Arbeit zu bieten hat, aber eines Morgens durchfährt Sie der Gedanke: »Was bin ich bloß für ein Firmenmensch geworden?« Der Unterschied zwischen Ihrer beruflichen Realität und Ihren College-Idealen wird Ihnen peinlich bewußt.

  Dritte Stufe: Wenn Sie Karriere gemacht haben: Sie sind inzwischen über fünfunddreißig, haben eine gute Stelle, und jetzt kommt die Angst, im Zentrum der Aufmerksamkeit zu stehen. Sie sehen, daß Sie die Funktionen eines Managers ausüben, und das macht Sie verwundbar. Sie erkennen, daß das Unternehmen sich im Ernstfall nicht schützend vor Sie stellen wird und daß Ihr Schicksal von anderen abhängt (Ihrem Chef, einer guten Beziehung zur Firmenspitze). Sie können auch in eine Identitätskrise geraten und das Gefühl haben: »Das Leben ist an mir vorbeigegangen. Was tue ich eigentlich bei dieser Firma?« Am stärksten ist diese Angst an der Firmenspitze.

- *Dazu kommen andere Ängste: Man wird älter, fürchtet um die Sicherheit seiner Position und um seinen Pensionsanspruch.* Die Angst vor der Pensionierung taucht zu drei verschiedenen Zeitpunkten auf:
  Mit Inkrafttreten des Pensionsanspruchs: Gewöhnlich erwirbt ihn ein Angestellter, wenn er zehn Jahre bei der gleichen Firma gearbeitet hat. Um das achte Jahr herum wird man nervös: »Jetzt bin ich nahe dran, aber noch habe ich es nicht geschafft.«
  In den Fünfzigern: Man macht sich Gedanken darüber, daß es inzwischen wohl zu spät ist, noch etwas Neues zu beginnen, daß man bei Beförderungen eventuell übergangen wird, daß man vorzeitig in Pension geschickt werden könnte und dann nicht die volle Pension erhält.
  Die Angst der Über-Sechzigjährigen: »Was werde ich nach der Pensionierung tun?«
- Ängste in Ihren Beziehungen zu Vorgesetzten, Kollegen und Untergebenen: Wenn es darum geht, das richtige Verhältnis zu Ihren Mitarbeitern herzustellen, sind diese Ängste oft ausschlaggebender als Ihre Fähigkeiten.

Erstes Beispiel: Wie das Peter-Prinzip es oft fügt, war David in eine mittlere Management-Position aufgestiegen. David war ein netter Kerl, nicht besonders intelligent, aber mit dem Talent, politisch und beruflich immer die richtige Seite zu vertreten. Darüber hinaus war der Präsident des Unternehmens sein persönlicher Freund. David wußte, daß er keinen hohen Intelligenzquotienten hatte, und fürchtete sich vor jedem, der etwas konnte. Er war mit etwas Anstrengung gerade noch fähig, mit seinem neuen Job fertig zu werden. Da bekam er einen Mitarbeiter, der seine Schwächen erkannte. Dieser neue Assistent machte David so nervös, daß er nicht mehr schlafen konnte. Er erreichte, daß man den zu intelligenten jungen Mann versetzte. Seine Stelle erhielt ein Mitarbeiter, der ihm unterlegen war. Doch David traf nun eine falsche Entscheidung, und sie wurde ihm zum Verhängnis. All seine guten Beziehungen zur Firmenspitze halfen ihm nichts. Er verlor seine Stelle.

Zweites Beispiel: Sally, eine Registraturangestellte, hatte die Kernangst, andere könnten auf sie böse werden. Sie war deshalb immer gereizt und neigte dazu, die anderen vorbeugend anzugreifen. Ständig machte sie Ärger. Ihre Kollegen reagierten natürlich mit Gegenangriffen. Wenn zum Beispiel eine Kollegin zu ihr sagte: »Heute siehst du aber hübsch aus«, dann machte Sally ein böses Gesicht und antwortete übellaunig: »Findest du, daß ich sonst jämmerlich aussehe?« Immer wieder kam es zu unerfreulichen Szenen. Wo Sally auch arbeitete, ständig verlor sie sehr bald wieder ihre Stelle. Sie konnte das gar nicht verstehen und wiederholte immer nur: »Aber ich leiste doch gute Arbeit.«

DRITTES BEISPIEL: Peter hatte Autoritätsangst. Immer wenn ihn sein Chef zu sich rief, krampfte sich ihm der Magen zusammen. Er versuchte, der Furcht durch Liebedienerei zu begegnen. Wenn der Chef ihn um seine Meinung bat, antwortete er so, wie es der Chef seiner Auffassung nach wünschte. Bei einem Vorgesetzten, der nur einen Jasager um sich haben wollte, lief das auch glänzend. Doch dann bekam Peter einen neuen Chef, der Wert auf die Meinungen seiner Mitarbeiter legte. Peters Autoritätsangst und seine Unfähigkeit, sich dem neuen Regime anzupassen, führten dazu, daß er seine Stelle verlor.

5. *Die spezifischen Ängste der Frauen.* Obwohl die Zeiten sich geändert haben, meinen die meisten Frauen – und ganz besonders die begabten –, sie müßten Superfrauen sein, wenn sie vorankommen wollen. Im Hintergrund lauert immer noch die Angst, nicht so gut wie ein Mann zu sein, das System gegen sich zu haben, ungerecht behandelt zu werden oder Beruf und Familie nicht gleichzeitig schaffen zu können. Unverheiratete Frauen in untergeordneter Stellung haben meist Angst vor der Zukunft. Um die vierzig oder fünfzig fürchten sich einige vor den Jüngeren. Dabei spielen auch die neuen Maßstäbe eine Rolle. Die Hochschulabsolventin wird heute bevorzugt, weil sie eine bessere Ausbildung mitbringt. Eine ältere Frau verliert unter Umständen ihre Stelle, weil sie keinen akademischen Grad vorweisen kann.

Alle beruflichen Ängste lassen sich im wesentlichen drei Grundängsten zuordnen:

Unrealistische Ängste: Aus Unsicherheit sehen Sie überall Gefahren (»wenn ich diese Stelle verliere, werde ich nie eine andere bekommen«).

Realistische Ängste: (»Die Firma hat große Gewinne gemacht, aber ich habe seit drei Jahren keine Gehaltserhöhung bekommen. Das zeigt mir, daß irgend etwas nicht stimmt.«)

Realistische Ängste, kombiniert mit unrealistischen: (»Die Geschäfte gehen schlecht. Es wird Entlassungen geben. Ich bin als nächste dran und kriege bestimmt nie eine andere Stelle.«)

Ein Trainingsprogramm für Überleben, Erfolg und Vorwärtskommen im Beruf

Setzen Sie sich die richtigen Berufsziele

Ihre Angst und Ihre Fehleinschätzung der Realitäten im Berufsleben verleiten Sie dazu, sich unangemessene Ziele zu stecken. Diese falschen Ziele verstärken wiederum Ihre Ängste, und es kommen noch neue hinzu. Manchmal können Sie diese verhängnisvolle Kettenreaktion unterbrechen, indem Sie sich neue und bessere Ziele setzen.

1. *Erkennen Sie Ihre neurotischen Berufsziele.* Im folgenden ein paar Beispiele:

a) *Das Ziel, beliebt zu sein:* Jeder möchte gerne beliebt sein, aber man kann das auch übertreiben und ein Opfer des »Belobigung-statt-Gehaltserhöhung«-Syndroms werden. Sie haben zum Beispiel ein so starkes Verlangen nach Lob, daß Sie schon fürchten, sich unbeliebt zu machen, wenn Sie jemandem eine Bitte abschlagen (und sei sie auch noch so unvernünftig), wenn Sie Ihre eigene Sache vertreten oder mit einem schwierigen Projekt Erfolg haben. Nur um beliebt zu sein, tun Sie so manches, was Sie beruflich in Schwierigkeiten bringt.

Bill und Joe zum Beispiel bewarben sich um die gleiche (besser dotierte) Stelle. Sie machte einen Umzug in eine andere Stadt notwendig. Bill hatte Angst, Joe und auch andere könnten wütend auf ihn werden, wenn er die Stelle bekäme. Um dieser Angst aus dem Weg zu gehen, dachte er sich eine Ausrede aus (»Eigentlich möchte ich der Familie den Umzug nicht zumuten«). Als er das auch gegenüber seinem Vorgesetzten äußerte, bekam Joe die Stelle.

Ein anderes Beispiel. Immer bemüht, sich beliebt zu machen, half Joshua seinen Kollegen, wo es nur ging. Wenn sie ihn nicht um Hilfe baten, bot er sie freiwillig an. Um dabei auch noch seine eigene Arbeit zu schaffen, mußte er jeden Abend Überstunden machen und selbst übers Wochenende Arbeit mit nach Hause nehmen.

Wer sich solch falsche Ziele setzt, ist oft das Opfer eines Mißverständnisses. Er sieht nicht den Unterschied zwischen Beruf und Privatleben. Bei einer engen Partnerschaft möchte man sich immer näherkommen. Im Beruf jedoch hat man das Ziel, die Arbeit hinter sich zu bringen und sein Karriereziel zu erreichen. Der Chef ist weder Mutter, Vater, Bruder, Schwester, Ehepartner. Der Chef braucht Sie nicht zu lieben. Viele Menschen – ganz besonders Frauen – verhalten sich so, als wäre ihr Beruf eine enge persönliche Beziehung. Sie befassen sich mehr mit ihren Gefühlen als mit ihren Berufszielen. Umgekehrt haben viele Männer die gleiche Einstellung zur engen Partnerschaft wie zu ihrem Beruf; sie wollen logisch und vernünftig handeln, mit dem Partner konkurrieren und gewinnen.

Im Berufsleben ist es weit wichtiger, daß man respektiert als daß man geliebt wird. Vergleichen Sie die folgenden Äußerungen über zwei Männer, die für ein wichtiges Projekt in die enge Wahl gekommen sind.

ERSTE FESTSTELLUNG: »Er ist ein netter Kerl, aber mit Verantwortung wird er nicht fertig.«

ZWEITE FESTSTELLUNG: »Er ist ein wenig schwierig im Umgang, aber man kann sich darauf verlassen, daß er die Arbeit schafft.«

Wem würden Sie das Projekt übertragen?

b) *Das Ziel, alles zu wissen.* Sie meinen, daß Sie alles wissen und können müssen. Sie haben Angst, »Schwächen« zu zeigen wie zum Beispiel Zweifel oder Wissenslücken. Sie bitten andere nicht um Hilfe, Rat oder Information. Das legt Ihnen nicht nur unnötige Belastungen auf, sondern führt manchmal zu falschen Entscheidungen. Es verhindert auch, daß Sie Neues hinzulernen. Gewöhnlich rührt dieses falsche Ziel von der Furcht her, nicht gut genug zu sein. Es ist verwandt mit der sozialen Angst, »erwischt zu werden«. Wenn andere sehen, daß Sie etwas nicht wissen, was Sie wissen müßten, werden sie Sie für unfähig halten, und Sie kommen für wichtige Aufgaben nicht mehr in Frage. Sie werden Sie auch als Mensch verachten.

Fallbeispiel

Roger A., ein hochbezahlter Manager in einer angesehenen PR-Firma, verbrachte sein Berufsleben in ständiger Angst, seine Kollegen könnten herausfinden, daß er etwas nicht wisse, was er eigentlich hätte wissen müssen. Seine berufliche Leistung war gut, und er hatte zahlreiche Auszeichnungen für die Durchführung von Projekten und die Gestaltung von Geschäftsberichten erhalten.

Im Beruf verursachte Rogers Kernangst jedoch einige Probleme. 1. Er setzte ständig seine eigene Arbeit herab. Seine Stellung verlangte, daß er mit verschiedenen Experten zusammenarbeitete. Roger sah immer nur den himmelweiten Unterschied zwischen ihrem Wissen und dem seinen. Da er sich nur auf das konzentrierte, was er nicht wußte, übersah er sein eigenes Fachwissen darüber gänzlich. 2. Er fürchtete sich dann, Fragen zu stellen, und lernte deshalb nichts hinzu. Über all die Jahre blieb sein Wissen immer auf dem gleichen Stand. 3. Seine Stellung verlangte das Abhalten von Pressekonferenzen. Aus Angst, man könne ihn etwas fragen, was er nicht wisse, hielt er nur dann eine ab, wenn der Präsident des Unternehmens ihn dazu drängte. Als die Firma ein neues Management erhielt, wurde Roger an die Luft gesetzt.

---

c) *Das Ziel, auch unmögliche Situationen zu meistern.* Wenn Sie das nicht schaffen, sind Sie überzeugt, daß mit Ihnen etwas nicht stimmt. Eine Frau wurde gefeuert. Ihre Reaktion: »So etwas konnte ja nur mir passieren.« Dabei übersah sie völlig den wie Jupiter herrschenden Chef, der von seinen Angestellten Vollkommenheit erwartete, und übersah ebenfalls, daß sie es immerhin zwei Jahre ausgehalten hatte – im Gegensatz zu ihren Vorgängerinnen, die kaum sechs Monate geschafft hatten. Ein halbes Jahr nachdem sie hatte gehen müssen, wurde der ganze Mitarbeiterstab entlassen. Die Vorstellung, jederzeit mit einem Rausschmiß rechnen zu müssen, machte sie so nervös, daß sie nur noch ihr eigener Boß sein wollte. Sie kratzte Geld zusammen und eröffnete eine Boutique – eine Arbeit, zu der sie keinerlei Neigung hatte, aber die sie davor bewahrte, gefeuert zu werden.

d) *Das Bedürfnis, unersetzlich zu sein.* Sie haben das Gefühl, daß niemand an Ihre Stelle treten kann, daß niemand Ihre Arbeit so gut machen kann wie Sie, daß die Firma zusammenbricht, wenn Sie gehen. Hinter dieser Denkweise stecken verschiedene Ängste: die Angst, gefeuert, zurückgewiesen oder nicht gut genug gefunden zu werden. Weit verbreitet ist auch die Angst, völlig unwichtig zu sein. Statt etwas Wichtiges zu tun, gehen Sie gegen Ihre Angst an, indem Sie sich einreden, großen Einfluß zu haben, obwohl Ihre Stelle in Wirklichkeit ziemlich irrelevant ist.

e) *Das Ziel, bei Freunden und Verwandten anerkannt zu sein.* Andere tun nichts lieber als Ihnen Vorschriften zu machen, besonders wie Sie Ihre beruflichen Probleme lösen können. »Laß dir das von deinem Chef nicht bieten. Sag ihm deine Meinung.« Sie sagen Ihnen genau, wann Sie um eine Gehaltserhöhung einkommen müssen, wann Sie eine Beförderung verdient haben, wann Sie kündigen sollen. Gewöhnlich wissen sie gar nicht genug über Ihre berufliche Situation, wenn sie Ihnen gute Ratschläge geben. Wenn es jedoch Ihr Ziel ist, von ihnen anerkannt zu werden, dann tun Sie eventuell sogar, was sie sagen. Oft handeln Sie dadurch gegen Ihre eigenen Interessen.

Diese falsche Einstellung wirkt sich besonders dann negativ aus, wenn es darum geht, sich bestimmte Berufsziele zu setzen oder bestimmte Laufbahnen einzuschlagen. Sie wünschen einen sicheren Arbeitsplatz und bewerben sich deshalb für den öffentlichen Dienst, aber Freunde und Verwandte raten Ihnen: »Du solltest dir mehr zutrauen.« So ändern Sie Ihre Berufswünsche. Oder Sie wollen gern eine Menge Geld verdienen, aber Ihre wohlmeinenden Freunde sagen: »Mach lieber etwas, das mehr Sicherheit bietet«, und so ändern Sie Ihre Zielsetzung.

In beiden Fällen verhindert Ihre falsche Einstellung, daß Sie das tun, was Sie wirklich tun wollen und worauf Sie ein Recht haben. Dahinter steckt die Angst, kritisiert zu werden, andere zu enttäuschen und Fehler zu machen. Solche Ängste können Ihr ganzes Berufsleben ruinieren.

2. *Setzen Sie sich realistische Ziele:* Bis zu einem gewissen Grade hängen diese Ziele von Ihren Fähigkeiten und Ihrer Vorbildung ab. Schließlich können Sie kein Werbegraphiker werden, wenn Ihre Zeichnung einer Blume an einen Baum erinnert. Ihre Ziele sollten jedoch Ihren Neigungen entsprechen. Sie müssen sich entscheiden für Sicherheit oder einen Beitrag zur Unterstützung der Unterprivilegierten, für den Eintritt in den Auswärtigen Dienst oder eine Karriere im Management, für ständiges Gefordertwerden oder einen Arbeitsplatz nur zum Broterwerb. Im letzteren Falle ist überhaupt nichts dabei, wenn Sie von neun bis fünf eine ruhige Kugel schieben und danach so schnell wie möglich zum Tennisplatz jagen. Doch Sie haben einen Fehler gemacht, wenn Sie wegen Ihres selbst gewählten Ziels ein schlechtes Gewissen haben.

Wenn Sie sich ein realistisches Ziel setzen, müssen Sie jedoch zweierlei bedenken:

- Fragen Sie sich immer mal wieder: »Bringt mich meine jetzige Arbeit dahin, wo ich in fünf, zehn oder zwanzig Jahren sein möchte?«
- Ziele können sich auch ändern.

Fallbeispiel

Robert A., ein gut aussehender Witwer von siebenundvierzig Jahren, hatte zwei erwachsene Kinder, die schon ihr eigenes Geld verdienten, und eine Stelle bei einer Werbeagentur, wo er stattliche 70 000 Dollar bekam. Kürzlich wurde ihm eine noch interessantere Stelle angeboten, wie er sie sich immer gewünscht hatte: Er würde zum oberen Management gehören und großen Einfluß in der Machthierarchie haben. Die Sache hatte nur einen Haken. Er würde 5000 Dollar weniger im Jahr verdienen. Robert betrachtete dies als degradierend. Doch seine Schwester sagte zu ihm: »Bob, du verhältst dich immer noch, als müßtest du an deine Frau, die Kinder im College und an die Tilgung der Hypothek denken. Du willst die Stelle doch. Man bietet dir einen Fünf-Jahres-Vertrag. Das, was du an Geld nicht bekommst, wirst du anderweitig herausholen; jetzt spielt das Geld doch gar keine Rolle. Sieh deine Lage so, wie sie jetzt ist – nicht wie sie früher einmal war.« Er nahm die Stelle.

Ein Programm für Ängste bei der Stellensuche

Bevor Sie sich mit Ängsten am Arbeitsplatz befassen, müssen Sie erst einmal einen haben. Leider haben viele Menschen Ängste, die sie davon abhalten, auf Stellensuche zu gehen. Im folgenden ein Programm, das Ihnen weiterhelfen kann.

1. *Überwinden Sie die kleinen Ängste, die die Ursache für Ihre Inaktivität sind.* Für die Stellensuche sind eine Reihe von Arbeiten nötig: einen Lebenslauf zu Papier bringen, seine Stärken und Schwächen durchdenken, sich vorstellen, auf Stellenanzeigen schreiben, sich nach den verschiedensten Möglichkeiten umsehen. Vor einigen dieser Aktivitäten haben Sie möglicherweise Angst. Als Folge davon denken Sie nur noch an Ihre Ängste und konzentrieren sich darauf, den Aktivitäten aus dem Weg zu gehen, die die Ängste in Gang setzen. Auf diese Weise bleibt Ihre Furcht erhalten, Sie versinken in Lethargie und Depression, und Ihre Stellungssuche wird immer schwieriger. In den meisten Fällen kommt es dann zu einer Krise (zum Beispiel läuft die Arbeitslosenunterstützung aus), und sie sind gezwungen, doch endlich etwas zu unternehmen und eine Stelle zu finden.

Warten Sie die Krise gar nicht erst ab. Kehren Sie das Ganze um. Konzentrieren Sie sich auf das, was Sie tun müssen statt auf das, was Sie fürchten.

Analysieren Sie die Situation. Lassen Sie sich durch den Kopf gehen, welche Jobs für Sie in Frage kommen. Nur so können Sie sich schließlich für den richtigen entscheiden. Viele haben Angst, nicht gleich die ideale Stelle zu finden. Bei jedem Rückschlag sind Sie zum Beispiel überzeugt, etwas falsch gemacht zu haben. Sie sehen das als Beweis für Ihre Unfähigkeit an. Doch es gibt eine Möglichkeit, Ihre Angst in den Griff zu bekommen: Ändern Sie Ihre langfristigen Ziele in Etappenziele. Eine Frau will zum Beispiel wieder in den Beruf eintreten. Sie hatte vor langer Zeit einmal als Hilfseinkäuferin für Damenoberbekleidung gearbeitet. Jetzt will sie Einkäuferin werden. Im Augenblick kommen für sie folgende Stellen in Frage: Verkäuferin in einer Boutique oder einem Warenhaus, Trainee in einem größeren Geschäft, Büroangestellte in einer Handelsschule, Sekretärin, Assistentin oder Empfangsdame für den Vorführraum bei einem Hersteller von Damenkonfektion. Alle diese Stellen können sie ihrem Endziel, Einkäuferin zu werden, näherbringen.

a) *Machen Sie sich für morgen einen Plan.* Schreiben Sie alles auf, was Sie erledigen wollen. Aber bleiben Sie innerhalb der Grenzen dessen, was Sie schaffen können.

Zum Beispiel:

- *Führen Sie eine Reihe von Telefongesprächen:* Schreiben Sie sich auf, wie viele Sie machen wollen (zehn wäre ein guter Durchschnitt). Rufen Sie zum Beispiel Ihre Geschäftsfreunde an, Bekannte, die vielleicht Beziehungen haben, Ihre früheren Lehrer, völlig Unbekannte, die auf dem Gebiet, für das Sie sich entschieden haben, arbeiten.
- *Schreiben Sie Briefe* (drei am Tag) an Leute, die Sie nicht kennen, aber gerne kennenlernen möchten. Bringen Sie das in Ihrem Brief auch

zum Ausdruck. Wenden Sie sich nicht an die Personalabteilung einer großen Firma. Der Sinn Ihres Briefes (oder Ihres Anrufs) ist es ja, die Person kennenzulernen, die über Ihre Anstellung entscheidet. Versuchen Sie den Vizepräsidenten der Abteilung zu erreichen, in der Sie Ihrer Meinung nach etwas leisten könnten. Führen Sie in Ihrem Brief auf, was Sie alles können, und formulieren Sie ungefähr in diesem Sinn: »Ich würde gern mit Ihnen über eine mögliche Anstellung sprechen.« Er kann nicht antworten: »Bei uns wird nie eine Stelle frei werden.« Was Sie erreichen wollen, ist, daß er Sie zu einem Gespräch empfängt.

2. *Suchen Sie Freunde und Bekannte auf* – gehen Sie mit ihnen essen, kommen Sie zu ihnen ins Büro, verabreden Sie sich mit ihnen zu einem Drink nach der Arbeit. Man kann nie wissen, wo sich überall Möglichkeiten auftun. Eine persönliche Unterhaltung ist oft weit wirkungsvoller als ein Telefongespräch. Versuchen Sie es mit Sätzen wie: »Kannst du mir einen Rat geben?« . . . »Kennst du jemanden, den ich anrufen könnte?« . . . »Hast du gehört, ob irgendwo eine Stelle frei ist?« Bringen Sie Ihre Freunde dazu, sich für Sie zu verwenden.

O *Gehen Sie in die Bücherei.* Einige, wie die New York City Public Library, haben einen Sonderdienst für Stellensuchende. Lesen Sie Bücher über Ihr Arbeitsgebiet: Stellen- und Tätigkeitsbeschreibungen, die erforderlichen Vorkenntnisse, die aktuellen und zukünftigen Probleme der führenden Firmen Ihrer Branche. Lesen Sie auch die Fachveröffentlichungen der Verbände, die Fachzeitschriften. Die Berufsverbände haben oft ausgezeichnete Bibliotheken. Benutzen Sie sie.

b) *Schreiben Sie jeden Punkt Ihres Plans in Ihr Arbeitsheft, und nehmen Sie für jeden Punkt eine ganze Seite.* Kreuzen Sie am Abend diejenigen Arbeiten an, die Sie erledigt haben. Einige entwerfen dafür ein besonderes Bewertungssystem – zum Beispiel geben sie an, wieviel Prozent ihrer Arbeiten sie an diesem Tag geschafft haben. Andere belohnen sich, wenn sie die ganze Liste erledigt haben (man hat sich zum Beispiel das Recht verdient, den ganzen Abend fernzusehen oder Champagner zu trinken). Sie können auch mit Ihrem Ehepartner oder einem guten Freund vertraglich eine Belohnung festsetzen (er lädt Sie zu einem Konzert ein).

Wenn Sie sich auf das konzentrieren, was getan werden muß, und es dann auch wirklich tun, können Sie die kleinen Ängste fast zum Verschwinden bringen.

c) *Lernen Sie, wie man Firmenfragebogen ausfüllt und sich beim Vorstellungsgespräch verhält.* Weil Sie fürchten, daß bestimmte Fragen gestellt werden, auf die Sie keine Antwort wissen, ängstigen Sie sich so sehr, daß Sie gar nicht erst auf Stellungssuche gehen. Wenn Sie wissen, wie man an diese Fragen herangeht, werden Sie nicht mehr soviel Ängste ausstehen.

○ *Bereiten Sie sich schon im voraus auf Fragen vor, die Ihnen auf einem Bewerbungsbogen Schwierigkeiten machen könnten.* Zum Beispiel:

Erste Frage: »Warum haben Sie Ihre letzte Stelle aufgegeben?« *Die Wahrheit:* Sie wurden aus berechtigten Gründen entlassen. *Antwort:* »Diese Stelle war für mich eine Sackgasse. Meine Arbeit stagnierte.«

Zweite Frage: »Wann haben Sie zuletzt gearbeitet?« *Die Wahrheit:* Sie sind seit fast einem Jahr arbeitslos. *Antwort:* »Ich habe mir ein Jahr freigenommen, um meine beruflichen Möglichkeiten auszuloten, und wichtige Entscheidungen zu treffen. Jetzt weiß ich, was ich will.«

Dritte Frage: »Sind Sie schon einmal psychisch krank gewesen?« *Die Wahrheit:* Sie kommen gerade aus einer Nervenklinik, wo Sie wegen einer Depression behandelt wurden. *Antwort:* »Ich habe Schweres erlebt, aber ich habe dadurch gelernt, mich mit Problemen auseinanderzusetzen, die die meisten Menschen ignorieren.«

Probieren Sie Ihre Antworten an Freunden aus und holen Sie deren Meinung ein. Wenn nötig, revidieren Sie Ihre Antworten. Betrachten Sie jeden Bewerbungsbogen, den Sie ausfüllen, als ein Experiment; beobachten Sie, wie der Vermittler im Arbeitsamt oder der potentielle Arbeitgeber reagiert. Noch ein guter Rat: Füllen Sie auf einem Antragsformular nichts aus, was gegen Sie verwendet werden könnte. Es ist günstiger, wenn Sie solche Punkte im persönlichen Gespräch klären.

○ *Lernen Sie, sich bei einem Vorstellungsgespräch vorteilhaft zu präsentieren.* Vielleicht sind Sie Vorstellungsgesprächen aus dem Weg gegangen, weil Sie Angst haben, nicht zu wissen, wie man sich dabei verhält.

○ *Spielen Sie mögliche Problemsituationen mit einem Freund, der die Rolle des Interviewers übernimmt, durch.* Das wird Ihre Angst vermindern. Bringen Sie Probleme zur Sprache, die sich möglicherweise ergeben könnten. Zum Beispiel:

Erste Frage: »Was werden Sie tun, wenn Ihr Mann versetzt wird?« *Antwort: Wir haben uns entschieden, daß auch Bill sich hier in der Nähe eine Beschäftigung sucht, wenn ich die Stelle bekomme.«*

Zweite Frage: »Warum haben Sie in drei Jahren vier verschiedene Stellen gehabt?«
Antwort: Um während meiner ersten Berufsjahre soviel Erfahrung wie nur möglich zu sammeln. Jetzt suche ich eine Firma, bei der ich bleiben kann.«

Dritte Frage: »Wer wird für Ihre Kinder sorgen?«
Antwort: »Die Haushälterin.«

Beim eigentlichen Vorstellungsgespräch müssen Sie auf Fragen gefaßt sein, die Sie nicht durchgeprobt haben. Geben Sie niemals eine negative Antwort. Wenn Sie zum Beispiel der Interviewer fragt: »Wo liegt Ihre größte Schwäche?«, so antworten Sie nicht, daß Sie zu Unentschlossenheit neigen. Sagen Sie etwa: »Ich habe die Tendenz, mich so in die Arbeit zu vergraben, daß ich abends meist keinen Schluß finden kann.« Oder wenn der Interviewer fragt – und er tut es immer –: »Haben Sie noch irgendwelche Fragen zu der Position?«, so wagen Sie die Antwort: »Das klingt alles so interessant, was Sie mir erzählt haben. Ich glaube, meine wichtigste Frage wäre: ›Wann kann ich anfangen?‹«

Noch ein Wort zur Gehaltsfrage. Verkaufen Sie sich nicht aus Angst zu billig. Bei Ihrer Stellensuche haben Sie sicher schon in Erfahrung gebracht, wieviel Gehalt Sie erwarten können, aber warten Sie wenigstens zehn Sekunden, ehe Sie auf ein Gehaltsangebot antworten. Vielleicht sagt ja der Interviewer: »Wir haben natürlich gewußt, daß Sie es dafür nicht tun«, und bietet Ihnen mehr an. Denken Sie auch daran, daß Sie das Recht haben, Fragen zu stellen.

2. *Manchmal hindert Ihre Angst Sie, sich überhaupt um eine Stelle zu bewerben, die Sie gern haben möchten. In einem solchen Fall wenden Sie direkte Angstverminderungstechniken an:*

ERSTES BEISPIEL: John fürchtete sich vor Zurückweisung und schaffte es daher nicht, sich um Positionen zu bewerben, die er gern gehabt hätte. Wenn er eine Stelle nicht bekam, so bedeutete das für ihn »Ich bin ein Nichts«. Um diese Angst zu überwinden, bewarb er sich bewußt dort, wo er die Voraussetzungen nicht mitbrachte. Hier wußte er im voraus, daß er den Anforderungen nicht gewachsen war, und konnte die Ablehnung »aus Mangel an der nötigen Qualifikation« so sehen, wie sie gemeint war, nämlich nicht als Ablehnung seiner Person. Tatsächlich entwickelt er für diese Interviews allmählich eine solche Geschicklichkeit, daß er sogar auf Probe angestellt wurde.

ZWEITES BEISPIEL: Eine Frau bekam bei jedem Vorstellungsgespräch vor lauter Feigheit Krämpfe. Der bloße Gedanke, daß jemand über sie »urteilte«, machte sie zu einem Nervenbündel. Um dagegen anzugehen, bewarb sie sich um mehrere Stellen, die sie unter gar keinen Umständen, selbst nicht für ein hohes Gehalt, angetreten hätte. Das konnte sie durchhalten, weil unter diesen Umständen die Meinung des Interviewers ihr wenig bedeutete und ihre Angst also auch nicht so stark war. Nach einigen Probeinterviews hatte sich ihre Angst so vermindert, daß sie die Fähigkeit besaß, sich auch um Stellen, die sie wirklich haben wollte, zu bewerben.

Ein Programm für die Minderung von Spannungen am Arbeitsplatz

Ihre Spannungen am Arbeitsplatz können realistisch sein (Sie müssen einen Termin einhalten), teilweise realistisch (»Wenn ich den Termin nicht einhalte, wird mich der Chef feuern«) oder völlig unrealistisch (aus Angst geraten Sie in Situationen, wo die geringste Kritik Sie zur Verzweiflung bringt). Ganz gleich, welche Ursachen Ihre nervösen Spannungen haben, Sie leiden unter den Folgen: Ermüdung, Reizbarkeit, Konzentrationsschwierigkeiten, Kopfschmerzen oder Schlafstörungen. Selbst wenn die Spannungen tatsächlich vorhanden sind, kann man einige der Folgen durch ein systematisches Entspannungsprogramm lindern.

1. *Tun Sie etwas gegen Ihre generellen Spannungen.*

a) *Führen Sie die Kurzfassung der Entspannungsübung (4. Kapitel) einmal zur vollen Stunde durch.* Machen Sie die Übung auch während der Arbeitszeit, ganz gleich, wo Sie gerade sind und was Sie gerade tun. Sie werden merken, daß Ihre Umgebung das gar nicht beachtet.

Ich habe die Schnellfassung dieser Entspannungsübung an mir selbst ausprobiert. Eines Abends zum Beispiel hatte ich ein kurzes Fernsehinterview, an das sich telefonisch gestellte Fragen von Zuschauern anschließen sollten. An jenem Abend waren die Telefonverbindungen wegen schwerer Regenfälle gestört, und Anrufe kamen nicht durch. Der Interviewer war auf das längere Interview, das er jetzt live durchführen mußte, nicht vorbereitet. Als er mit den Fragen begann, spürte ich seine Nervosität. Das machte wiederum mich nervös. Während er sprach, setzte ich mich im Sessel zurück, hörte nur halb zu, stellte mir eine angenehme Szene vor und entspannte mich. Darauf antwortete ich. Ich bewahrte nicht nur mich davor, ein Opfer meiner Nervosität zu werden, der Interviewer sagte mir auch nach Schluß des Programms: »Sie waren so entspannt, daß auch ich mich wohler fühlte.«

b) *Versuchen Sie es mit Atemübungen.* Setzen Sie sich bequem in Ihren Sessel, schließen Sie die Augen und atmen Sie ein und aus. Jedesmal, wenn Sie ausatmen, sagen oder denken Sie »Ruhig«. Die Atemübung sollte zwischen einer und fünf Minuten dauern. Wenn Sie gerade erst anfangen, solche Übungen zu machen, sollten Sie sie fünf- bis sechsmal täglich durchführen. Sobald Sie mehr Expertise haben, machen Sie die Übung mit offenen Augen.

Wenn Sie sich das nächste Mal in einer Streßsituation befinden, atmen Sie zwei- oder dreimal tief ein und sagen beim Ausatmen »Ruhig«, genauso wie Sie es in der Übung gelernt haben.

c) *Tun Sie etwas gegen Ihre Spannungskopfschmerzen.* Ob man nun generell unter Streß steht oder eine phobische Reaktion durchmacht – Spannung verteilt sich niemals gleichmäßig im ganzen Körper. Sie neigt dazu, sich in bestimmten Muskelpartien festzusetzen. Das führt zu

Symptomen wie Kopfschmerzen und Verspannungen der Rückenmuskulatur. Gewöhnlich werden Spannungskopfschmerzen von Muskelverspannungen im Bereich der Stirn sowie von den Muskeln, die die Augenbewegungen kontrollieren, verursacht, oder sie treten auf, sobald die Muskeln von Nacken und Schultern sich verkrampfen. Wenn Sie lernen, diese Muskelgruppen zu entspannen, können Sie die Kopfschmerzen beseitigen.

Übung zur Entspannung der Augenmuskulatur

- O Bewegen Sie Ihre Augen so, daß Sie aus dem äußersten linken Augenwinkel sehen.
- O Behalten Sie diese Augenstellung sieben Sekunden bei, und geben Sie der dabei auftretenden Spannung den Wert 100 Prozent.
- O Machen Sie einen Countdown: 90–80–70 und entspannen Sie allmählich Ihre Augen, so daß Ihre Augen bei 0 geschlossen und entspannt sind.
- O Wiederholen Sie das Ganze noch einmal.
- O Machen Sie die Übung jetzt aus dem rechten Augenwinkel. Wiederholen Sie das Ganze.
- O Drücken Sie Ihre Augen fest zu (Spannung = 100). Behalten Sie das sieben Sekunden bei, und machen Sie dann denselben Countdown wie oben. Bei null sollten Ihre Augen geschlossen und entspannt sein. Wiederholen Sie das Ganze.

Machen Sie diese Übung beim ersten Anzeichen eines Kopfschmerzes. Wenn Ihre Kopfschmerzen durch Verspannungen der Augenmuskulatur ausgelöst werden, wird sie Ihnen Erleichterung verschaffen.

Übung für Nacken und Schultern

Sie können diese Übung entweder im Sitzen oder im Stehen durchführen. Nehmen Sie Ihre Schultern zurück, so daß sie sich fast berühren. Biegen Sie gleichzeitig Ihren Nacken, so daß Ihr Kinn zur Decke weist. Während die Spannung sich verstärkt, achten Sie darauf, daß sich Ihre Muskeln nicht verkrampfen. Bleiben Sie ungefähr sieben Sekunden in dieser Stellung und entspannen Sie sich dann ruckartig.

d) *Heilen Sie Ihre Schlaflosigkeit.* Meistens wird Schlaflosigkeit durch Spannungen verursacht. Weil Ihre Muskeln so verspannt sind, haben Sie Einschlafschwierigkeiten. Während Sie sich von einer Seite auf die andere wälzen, verstärkt sich die Spannung, und es fällt Ihnen immer schwerer, einzuschlafen. Nachdem Sie das einige Abende durchgemacht haben, können Sie tatsächlich nur noch mit Grauen ans Zubettgehen denken; denn Sie wissen, daß sie nicht schlafen werden. Das schafft noch mehr Spannung. Am nächsten Tag fühlen Sie sich so müde, daß Sie nicht arbeiten können. Wieder wird Ihre Spannung verstärkt.

- *Überprüfen Sie Ihre Gewohnheiten.* Tun Sie kurz vor dem Zubettgehen noch etwas, was Sie besonders stark anregt (sehen Sie sich etwa im Fernsehen noch einen Krimi an)? Vor allem sollten Sie einmal überprüfen, was Sie essen und trinken. Ein Mann, der sich von mir gegen Schlaflosigkeit behandeln lassen wollte, erzählte mir, daß er fünfundzwanzig Tassen Kaffee am Tag trank. Er kannte natürlich den anregenden Effekt des Kaffees, hatte ihn aber nie in Zusammenhang mit seiner Schlaflosigkeit gebracht. Sie sollten auch einmal Ihre Medikamente überprüfen. Sie wissen unter Umständen gar nicht, daß sie stimulierend wirken. Ein Patient hatte zum Beispiel Stirnhöhlenbeschwerden und benutzte vor dem Zubettgehen einen Nasenspray. Es war dieses Medikament, das ihn nicht schlafen ließ. Als er aufhörte, den Nasenspray abends zu benutzen, konnte er auch wieder schlafen. Auch wenn ein Medikament keine stimulierende Wirkung hat, können Sie doch atypisch darauf reagieren. So etwas müssen Sie überprüfen.
- *Benutzen Sie zur Entspannung Ihrer Muskeln die Entspannungsübungen (vollständige und abgekürzte Version) in Anhang I.* Machen Sie nur eine Änderung. Die Instruktion »ganz wach« zu sein, ersetzen Sie durch die Anweisung »Jetzt strecken Sie ganz ruhig Ihre Hand aus und stellen das Gerät ab. Stellen Sie sich weiter Ihre angenehme Szene vor oder sagen Sie ›Ruhig‹ und sinken Sie allmählich in Schlaf.« Spielen Sie das Tonband ab und halten Sie sich an die Anweisungen. Spielen Sie es übrigens zwei- oder dreimal hintereinander; Sie sind ja in jedem Fall noch wach. Schreiben Sie auch auf, wie lange sie jeden Abend brauchen, um einzuschlafen. Wenn Ihnen diese Methode hilft, werden Sie im Lauf einiger Wochen feststellen, daß Sie immer weniger Zeit bis zum Einschlafen benötigen.
- *Versuchen Sie, mit einem Metronom zu arbeiten.* Kaufen Sie sich ein Metronom mit einer Feder (also eins, das man noch aufziehen muß). Dieses ist für unseren Zweck nützlicher als ein elektrisches. Es läuft nach einer gewissen Zeit ab und hält Sie nicht die ganze Nacht wach. Stellen Sie das Metronom auf 60 Schläge pro Minute ein, und hören Sie im Bett auf die Pendelschläge. Stellen Sie das Metronom dabei so leise, daß Sie es nur gerade eben hören. Wenn Sie die Lautstärke nicht verstellen können (meist ist das der Fall), legen Sie Kissen darüber, bis die Lautstärke für Sie richtig ist. Sehr viele finden das Schlagen des Metronoms entspannend. Betrachten Sie das Ganze als ein Experiment, um zu sehen, ob es auch bei Ihnen hilft.
- *Führen Sie ein Programm zur Reizkontrolle durch.* Diese Methode, die auf die Arbeiten von Dr. Richard R. Bootzin von der Northwestern University zurückgeht, basiert auf der Tatsache, daß Sie gelernt haben, mit dem Bett Nichtschlafen statt Schlafen zu assoziieren.

Setzen Sie eine geeignete Zeit für das Zubettgehen fest. Wenn Sie dann schläfrig sind, gehen Sie zu Bett, wenn nicht, warten Sie, bis Sie sich müder fühlen.

Wenn Sie nach zwanzig Minuten noch nicht eingeschlafen sind, *stehen Sie auf*. Tun Sie etwas: Lesen Sie ein Buch, das Sie nicht aufregt, hören Sie Musik, schreiben Sie einen Brief, denken Sie an etwas Angenehmes. Gehen Sie erst ins Bett zurück, wenn Sie sich schläfrig fühlen. Bleiben Sie auf keinen Fall länger als zwanzig Minuten im Bett liegen, ohne einzuschlafen.

Im Bett sollten Sie weder lesen, essen, fernsehen noch Radio hören. Versuchen Sie nur einzuschlafen.

Ganz gleich, wann Sie eingeschlafen sind, am nächsten Morgen müssen Sie zur gewohnten Zeit aufstehen.

Halten Sie nicht während des Tages oder am frühen Abend ein kleines Nickerchen. Schlafen Sie nur im Bett und nur zur Schlafenszeit.

2. ***Arbeiten Sie Ihre eigenen Methoden aus, um besondere Spannungssituationen in den Griff zu bekommen.*** Im Beruf gibt es Streßsituationen, an denen Sie nichts ändern können und mit denen zu leben Sie lernen müssen – zum Beispiel müssen Sie häufig mit einem wenig sensiblen, rüden und leicht erregbaren Chef auskommen. Wenn Sie versuchen, ihm die Stirn zu bieten, machen Sie alles nur noch schlimmer. Immer, wenn er Ihnen etwas in seiner rüden Art sagt, wird Ihre Spannung so groß, daß Entspannungsübungen dagegen nichts mehr ausrichten können. Doch eine Entspannung können Sie trotzdem erreichen: Sie sollten die Situation verändern.

Fallbeispiel

Mark J. arbeitete für einen übellaunigen Menschen, der ihn ständig ungerechtfertigt kritisierte und mit Vorwürfen überhäufte. Mark regte sich darüber so auf, daß er nicht schlafen konnte und sich mit seiner Frau stritt. Seine Kollegen mochten den Chef auch nicht, aber sie hatten sich damit abgefunden – »So ist er nun mal«. Mark und ich entwarfen ein Programm mit dem Ziel, daß er die Übellaunigkeit des Chefs weniger persönlich nahm.

Wir veränderten die Situation, indem wir sie in ein Spiel umwandelten. Wenn der Chef seine Touren hatte, sollte Mark sich in verschiedene Rollen hineinversetzen: a) in die Rolle eines Dramatikers, der nach geeigneten Dialogen sucht; b) in die eines Anthropologen, der die Rituale eines Stammeshäuptlings studiert; c) in die eines klinischen Psychologen, der bestimmte Lebenssituationen beobachtet. Diese Methode half. Weil er mehr Abstand von der Situation gewann, gelang es Mark, die Ausbrüche des Chefs weniger persönlich zu nehmen. Sie gingen ihm auch jetzt noch auf die Nerven, aber er konnte damit leben. Dann erkannte er, daß er zwar nicht den Chef, wohl aber seinen Arbeitsplatz verändern konnte. Da er nicht mehr so nervös war, entschied er sich nicht für die erstbeste Stelle, sondern hielt durch, bis er eine Position gefunden hatte, die ihm zusagte.

Lernen Sie, wie man sich im Beruf durchsetzt

Entspannt zu sein, reicht allein nicht aus. Entspannung ist nur die Voraussetzung, die Sie brauchen, um sich durchzusetzen. Und das wirkt umgekehrt wieder entspannend auf Sie. Wer weiß, was er zu tun hat und es auch tut, vermindert seine Ängste. Denken Sie daran, daß Sichdurchsetzen erlernbar ist.

1. *Lernen Sie, wie man um eine Gehaltserhöhung bittet.* Obwohl viele Unternehmen Wert darauf legen, daß die Gehälter von Zeit zu Zeit revidiert und angeglichen werden, ist diese Praxis doch nicht generell üblich. Wenn Sie eine Gehaltserhöhung wollen, müssen Sie meist darum bitten. Für viele ist diese Vorstellung so furchterregend, daß sie darüber fast den Verstand verlieren. Wenn Sie sich ein paar Techniken aneignen, sind Sie eher in der Lage, wenigstens einen Versuch zu wagen.

- Planen Sie eine genaue Strategie. *Ehe Sie mit dem Chef sprechen*, informieren Sie sich, was Freunde von Ihnen in vergleichbaren Stellungen verdienen. Sie müssen auch belegen können, warum Sie eine Erhöhung verdienen. Vermeiden Sie auf jeden Fall, nur mit der Forderung zu kommen: »Ich möchte eine Gehaltserhöhung.«
- Sie können die Diskussion mit einem unschuldigen »Ich frage mich, ob unser Gehaltssystem noch stimmt« eröffnen. Halten Sie den Dialog in Gang. Dann leiten Sie das Gespräch unverfänglich auf eine Diskussion der Gehaltsgruppen über, für den Fall, daß das Unternehmen die Gehälter revidieren sollte. Der Boß könnte darauf antworten: »Wir haben keine Gehaltsgruppen. Wir wollen Konkurrenz unter den Mitarbeitern und revidieren die Gehälter regelmäßig.« Hier können Sie mit folgender Bemerkung einhaken: »Ich habe vor einem halben Jahr eine Gehaltserhöhung bekommen, und ich nehme deshalb an, daß sie mir mindestens einmal im Jahr zusteht. So wird es jedenfalls in der Firma meines Freundes gehandhabt.« Damit haben Sie einen Rahmen für weitere Diskussionen geschaffen. Vergessen Sie dieses Gespräch nicht. In einigen Monaten wollen Sie vielleicht Ihren Chef daran erinnern.
- Wenn Sie direkt um eine Gehaltserhöhung bitten müssen, drohen Sie nicht mit einem »Entweder-Oder«. Lassen Sie sich etwas Spielraum zum Manövrieren. Jeder Fall liegt anders, aber Sie könnten ungefähr so anfangen: »Ich stehe vor einem schwierigen Problem. Die Sozialversicherung wurde um 300 Dollar erhöht. Der Lebensunterhalt ist

auch gestiegen. Andere in gleicher Stellung verdienen mehr als ich. Ich arbeite gern für diese Firma und möchte nicht unbedingt weggehen. Was würden Sie mir raten?«

Der Boß könnte darauf antworten: »Wir können leider nichts für Sie tun. Sie fahren wahrscheinlich besser, wenn Sie gehen.« Sie antworten: »Ich lasse Sie nicht in der Patsche« – und fangen an, sich nach etwas anderem umzusehen.

Eine junge Frau arbeitete als Reporterin für einen Nachrichtendienst. Sie war zwei Jahre dabei und hatte noch keine Gehaltserhöhung bekommen. Eines Tages nahm sie all ihren Mut zusammen, trank zum Mittag zwei Martinis und sprach mit ihrem Chef. Zu ihrer Überraschung sagte er: »Wir dachten schon, Sie würden niemals etwas sagen. Wir glaubten schon, Sie wären zu schüchtern für diesen Beruf.« Sie bekam eine Gehaltserhöhung und auch eine bessere Stelle.

2. *Lernen Sie, mit Geld umzugehen.* Der verstorbene Bernard Baruch soll angeblich gesagt haben, daß jeder zwei Fähigkeiten braucht: Zuerst muß man sein Handwerk beherrschen, um damit seinen Lebensunterhalt zu verdienen, und dann muß man wissen, wie man mit seinem Handwerk Geld macht. Zu viele sind gut im Beruf, vernachlässigen darüber aber das Geldverdienen. Diese Unfähigkeit, mit Geld umzugehen, kann viele Ängste verursachen, vor allem aber sich für Ihre Zukunft ungünstig auswirken. Die folgenden Tips stammen von David McLaughlin, Principal von McKinsey & Company und Autor des Buchs »The Executive Money Map«.

- Wenn Sie darüber nachdenken, ob es sich lohnt, wegen der Pension noch länger in der Firma herumzuhängen, dann überlegen Sie genau, was sie wert sein wird. Fünf weitere Jahre könnten zum Beispiel 5000 Dollar wert sein. Jetzt rechnen Sie weiter. Sie können das Geld frühestens kassieren, wenn Sie fünfundfünfzig sind. Warum wollen Sie für diese relativ bescheidene Summe dableiben und Ihr Berufsleben ruinieren? Warum suchen Sie sich nicht eine Stelle, bei der Sie 2000 Dollar im Jahr mehr verdienen?
- Wenn irgend möglich sollte Ihr Job nicht Ihre einzige Einkommensquelle sein. Fangen Sie an zu sparen. Stellen Sie sich auf den Standpunkt: »Um meine Finanzen muß ich mich selber kümmern.« Stellen Sie Programme auf, wodurch Sie sich ein persönliches Vermögen schaffen; kaufen Sie zum Beispiel ein Haus oder beteiligen Sie sich an einem Immobilienfonds.
- Der Schlüssel zum höheren Gehalt ist der schnelle Aufstieg. Wechseln Sie nicht die Stelle ohne eine tüchtige Gehaltsanhebung (das gilt auch für den Aufstieg in der gleichen Firma). Nach fünf Jahren in der Firma sollte ein Manager mindestens 1000 Dollar für jedes Lebensjahr erhalten (27000 Dollar mit siebenundzwanzig Jahren und 30000 Dollar mit dreißig), falls er zu den höheren Rängen des Managements gehören will.

- Sie sollten wissen, wieviel Ihre Lebensversicherung wert ist, wieviel Gehaltsfortzahlung Sie erwarten können, wenn Sie längere Zeit krank sind und das Krankengeld ausläuft, und was Sie maximal vom Versorgungsplan der Firma erwarten können.
- Seien Sie sich darüber klar, daß das Gehalt bei Managern nur die Spitze des Eisbergs darstellt. Im Management macht das Gehalt nur vierzig bis fünfzig Prozent der gesamten Zuwendungen aus. Wenn Sie sich verändern, treffen Sie völlig neue Gehaltsvereinbarungen. Dazu gehören Tantiemen, möglicherweise Aktien, und wenn das Risiko besonders hoch ist, sogar ein Arbeitsvertrag.

3. *Erkennen Sie den richtigen Zeitpunkt für die Kündigung.* Kündigen ist immer mit einem Risiko verbunden. Selbst wenn Sie eine gute neue Stelle in Aussicht haben, bleibt immer noch die realistische Angst: »Wird auch alles gutgehen?« Sie müssen sich an neue Situationen gewöhnen, an eine neue Arbeitsroutine und neue Leute. Wenn Sie nicht sicher sind, ob Sie Ihre augenblickliche Stelle aufgeben sollen, wägen Sie wahrscheinlich das Für und Wider ständig gegeneinander ab, verstärken dadurch Ihre Angst und schwächen Ihr Urteilsvermögen. Gehen Sie besser ganz geschäftsmäßig an diese Dinge heran. Stellen Sie sich folgende Fragen:

- Halten Sie Ihren Job für monoton?
- Glauben Sie, daß Sie beruflich in einer Sackgasse stecken?
- Ist Ihr Chef Ihnen verhaßt?
- Sind andere mit den gleichen Talenten Ihnen beruflich voraus?
- Haben Sie das Gefühl, daß Sie nur Ärger bekommen, wenn Sie in Ihrer jetzigen Stelle Extraanstrengungen unternehmen?

Wenn Sie alle diese Fragen oder die meisten mit Ja beantworten, dann ist es möglicherweise Zeit wegzugehen. Behalten Sie jedoch Ihre augenblickliche Stelle, während Sie sich anderweitig umsehen.

4. *Wenn Sie im Management aufsteigen wollen, wenden Sie die Methoden an, die auch bei anderen zum Erfolg geführt haben.* Hierzu einige Ratschläge:

- Lernen Sie eine Sache sehr gründlich, aber investieren Sie nicht zuviel in ein Spezialgebiet. Denken Sie immer daran, daß für Ihren Aufstieg im Unternehmen Ihr persönlicher Einsatz entscheidend ist. Sie müssen sich auf dem laufenden halten und technisch auf dem neuesten Stand bleiben; im Hintergrund kann immer einer warten, der doppelt so gut ist wie Sie.
- Legen Sie es darauf an, sich auszuzeichnen und Aufmerksamkeit auf sich zu lenken.
- Tun Sie sich hervor und sorgen Sie dafür, daß Sie »sichtbar« sind. Um voranzukommen, müssen Sie wichtige Aufgaben übernehmen und auf einem Gebiet arbeiten, wo Sie die größte Chance haben, Anerkennung zu finden. Verzetteln Sie sich nicht mit kleinen Arbeiten im Hintergrund, so notwendig diese auch sein mögen. Halten Sie Aus-

schau nach besonderen Aufgaben. Schaffen Sie selbst welche oder gehen Sie zum Leiter einer anderen Abteilung und sagen Sie: »Ich bin von dem Projekt . . . sehr beeindruckt und würde gern etwas Ähnliches machen.«

- Finden Sie einen mächtigen Fürsprecher. In Amerika heißt diese Technik: »Beschaffen Sie sich einen Rabbi.« Sie brauchen ja nicht gerade den obersten Boß dafür, aber wählen Sie jemanden, der in der Machthierarchie über Ihnen steht, von Ihnen angetan ist und sich darauf versteht, Leute ins Spiel zu bringen. Wenn Sie sich mit einem Mächtigen verbünden, können Sie dadurch nicht nur in der Firma aufsteigen, Sie rücken auch mit ihm auf, wenn er noch größere Aufgaben übernimmt.
- Eignen Sie sich einige Grundkenntnisse über den Aufstieg an.

Die Kolumnistin Sylvia Porter hat folgendes herausgefunden: a) Spitzenstellungen werden meist von Leuten aus der eigenen Firma besetzt; b) das Durchschnittsalter der neuernannten Präsidenten und oberen Manager liegt jetzt zwischen vierzig und fünfundvierzig. c) Die obersten vier Stufen, von denen aus der Sprung in die Spitze gelingt, sind die folgenden: Konzernoperationen; Finanzen; Marketing; Verwaltung; d) die wenigste Aussicht auf Beförderung in Spitzenpositionen besteht bei: Public Relations; Herstellung; Auslandsfirmen; Forschung und Entwicklung.

- Setzen Sie sich für die nächsten zwei Jahre ganz bestimmte Ziele. Welches Wissen müssen Sie sich aneignen für den Job, den Sie haben wollen? Welche Erfahrungen müssen Sie dafür mitbringen? Welche Leute sollten Sie kennen, um dieses Ziel zu erreichen? Stellen Sie Ihre Wissenslücken fest, und machen Sie sich daran, sie zu schließen. Analysieren Sie die Ängste, die Sie bisher daran gehindert haben, Ihr Ziel zu erreichen. Reagieren Sie zu empfindlich auf Kritik? Fürchten Sie sich davor, etwas zu delegieren, und wollen Sie alles selbst tun? Haben Sie Angst, eine Chance zu ergreifen, wenn sie sich gerade zu einem ungünstigen Zeitpunkt bietet?

5. *Stellen Sie sich ganz bestimmte Aufgaben.* Sie haben zwar genau im Kopf, was Sie tun wollen, aber vor lauter Angst treten Sie auf der Stelle. Teilen Sie Ihr Vorhaben in verschiedene Aufgaben, und fassen Sie diese jeweils als Angstaufgaben auf.

Fallbeispiel

Donald J., fünfundvierzig, war fünfundzwanzig Jahre bei der gleichen Firma und in dieser Zeit vom Angestellten in der Poststelle zum Leiter des Rechnungswesens aufgestiegen. Da kam ein neues Management, und Donald wurde in eine weniger wichtige Stelle versetzt. Er wußte, daß er gehen mußte, wenn er nicht an die Luft gesetzt werden wollte. Ohne an seine vielen Kontakte, seinen ausgezeichneten

Ruf und sein Fachwissen zu denken, fühlte Donald sich wie gelähmt. Er fürchtete sich vor zweierlei: a) Er würde wegen seines Alters keinen neuen Job mehr bekommen; b) er würde in einem anderen Unternehmen nicht zurechtkommen, da er nur diese eine Firma kannte. Ganz verzweifelt suchte er mich auf.

Wir arbeiteten eine Reihe von Angstaufgaben aus. Donald sollte

- O Kontakt mit einem Personalberater aufnehmen
- O mit Freunden Vorstellungsgespräche durchspielen
- O Vorstellungsgespräche verabreden
- O mit Kollegen reden, die den Arbeitsmarkt kannten

Donald führte alle diese Aufgaben gewissenhaft durch. Dabei nahm seine Angst ständig ab. Erfolg hatte er auch – drei Stellenangebote, die alle mehr Geld brachten als er vorher verdient hatte. Heute hat er eine neue und interessante Position – plus der beträchtlichen Pension, die er einmal aufgrund seiner früheren Stellung beziehen wird.

Treten Sie so selbstsicher auf wie möglich

Viele Berufsängste entstehen dadurch, daß man nicht die richtigen Vorstellungen von Selbstsicherheit hat. Am Arbeitsplatz muß man beweglich sein können. Man muß unterscheiden können zwischen kurzfristigen und langfristigen Zielen.

Fallbeispiel

Nach vielen vergeblichen Versuchen bekam eine Frau, die wieder ins Berufsleben eintreten wollte und Kurse in Werbegraphik besucht hatte, eine Stelle bei einem Boß, der seine Angestellten ziemlich schnell an die Luft setzte. An ihrem dritten Tag sagte er zu ihr: »Wir sind unter Termindruck. Bleiben Sie an Ihrer Arbeit dran, bis sie fertig ist, auch wenn Sie Ihr Butterbrot am Schreibtisch essen müssen.« Ziemlich verärgert befolgte Gloria diese Anweisungen. Später sagte sie zu mir: »Ich hatte vor, in der Mittagsstunde zum Einkaufen zu gehen. Wie hätte meine selbstbewußte Antwort aussehen sollen?« Ich sagte zur Ihr: »Ihre selbstbewußte Antwort hätte gelautet: ›Ja, das will ich gerne tun.‹ « Zu diesem Zeitpunkt war ihr Ziel, sich wieder im Berufsleben zu etablieren, weit wichtiger als die genaue Mittagszeit einzuhalten.

Es gibt fünf Bereiche, in denen es mit der Selbstsicherheit oft hapert und in denen sich Berufsängste entwickeln können.

1. *Die Fähigkeit, nein zu sagen.* Hier gibt es eine Grundregel: Wenn Sie im Beruf zu etwas nein sagen, dann können Sie nicht nur eine vage Antwort geben wie zum Beispiel: »Nein, ich habe dazu keine Lust«, wie Sie es gegenüber einer Freundin tun könnten, die mit Ihnen ins Kino gehen will. Sie müssen einen Grund angeben und eine Alternative anbieten. »Nein, es tut mir leid, aber ich kann nicht länger bleiben. Ich bin für den Abend verabredet, und ich kann mich mit dem Betreffenden nicht in Verbindung setzen. Soll ich morgen etwas früher kommen?«

Genauso wichtig ist es, das Jasagen zu erlernen, falls Sie etwas bekommen sollten, was Sie sich schon lange gewünscht haben. Eine ehrgeizige Bankmanagerin hatte die Chance, den mächtigen Bankpräsidenten kennenzulernen, aber sie lehnte ab mit den Worten: »Ich muß heute in der Vorstadtfiliale sein, und ich habe schon zwei Termine absagen müssen.« Sie ließ sich die Chance ihres Lebens entgehen.

2. *Die Fähigkeit, Forderungen vorzubringen und um Gefälligkeiten zu bitten.* Wenn Sie um das, was Sie haben wollen, nicht nachsuchen, kann keiner ahnen, daß Sie es haben wollen. Denken Sie jedoch daran, daß im Berufsleben die Kriterien für richtiges Verhalten verschieden sind, je nachdem, ob Sie Ihre Forderung gegenüber einem Vorgesetzten, einem Gleichgestellten oder einem Untergebenen vorbringen.

3. *Der richtige Ausdruck positiver und negativer Gefühle.* Als Vorgesetzter sollten Sie Ihren Angestellten deutlich zu verstehen geben, wie Sie reagieren. Wenn Sie Ihrem Ärger Luft machen wollen, suchen Sie sich die richtige Gelegenheit dazu aus. Machen Sie keinen Ärger wegen Lappalien.

4. *Die Fähigkeit, eine Unterhaltung zu beginnen, fortzuführen und zu beenden.* Die sozialen Aspekte Ihrer Stellung entscheiden oft über die persönlichen Beziehungen im Beruf.

5. *Die Fähigkeit, Kritik auszusprechen – sei sie nun gerechtfertigt oder ungerechtfertigt.* Versagen auf diesem Gebiet kann viele Ängste hervorrufen. Wenn Mangel an Selbstsicherheit Ihr Problem ist, sollten Sie statt des Angstbeherrschungstrainings lieber ein Selbstbehauptungstraining machen. Vielleicht lesen Sie dazu unser ausführliches Buch: »Sag nicht Ja, wenn Du Nein sagen willst.«

Vermindern Sie Ihre persönlichen Berufsängste

Manchmal sind persönliche Berufsängste so stark, daß Sie erst dann vorwärtskommen, wenn es Ihnen gelingt, sie zu verringern. Ihr erster Schritt sollte natürlich sein, die Furcht zu identifizieren und herauszufinden, was Sie eigentlich ängstigt. Dabei kann Ihnen das Angstinventar aus Kapitel 2 helfen. Fürchten Sie sich, kritisiert zu werden? Einen Bericht vorzulegen? Anderen Befehle zu geben? Fehler zu machen? Notieren Sie genau, wann und wo Sie ein Gefühl des Unbehagens haben. Vermerken Sie ebenfalls, was Ihre Nervosität eigentlich auslöst – zum Beispiel, der Chef kommt in Ihr Zimmer oder eine Kollegin sieht Sie ärgerlich an.

1. *Manchmal sind Sie durchaus in der Lage, sich anders zu verhalten, aber Sie tun es einfach nicht.* Wenn Sie wissen, was an Ihrem Benehmen Anstoß erregt, sind Sie vielleicht imstande, sich zu ändern.

Fallbeispiel

Sein ganzes Berufsleben lang hatte Tom L. sich vor Autoritäten gefürchtet. Im Augenblick war die Furcht besonders schlimm, weil Tom einen kurz angebundenen Chef hatte, der ständig ärgerlich auf ihn zu sein schien. Tom wußte nicht, warum. Eines Tages ging er zum Chef, der sofort sagte: »Worüber wollen Sie sich denn heute beschweren?« Plötzlich ging Tom auf, daß er nur mit dem Chef sprach, wenn er eine Beschwerde vorzubringen hatte. Dann erkannte er, daß er durch seine chronischen Nörgeleien genau die Situation heraufbeschwor, die ihn so ängstigte – er ging dem Boß auf die Nerven und verärgerte ihn. Danach ging Tom ganz bewußt jeden Tag zum Chef und tauschte mit ihm ein paar freundliche Worte aus. Nach drei Wochen hatte der Ärger mit dem Vorgesetzten aufgehört.

---

2. *Manchmal entdecken Sie, daß Ihre Angst die Folge einer übergeordneten Angst ist, die Sie erst überwinden müssen.* Sie haben zum Beispiel Klaustrophobie. Bei Konferenzen können Sie nicht glänzen, weil Sie nicht an die Arbeit denken, sondern wie ein Gefangener dasitzen. Tun Sie etwas gegen die Klaustrophobie, und Sie werden auf Konferenzen mehr leisten können.

- Halten Sie sich in Ihrer Freizeit immer längere Zeit in immer kleineren Räumen auf.
- Nutzen Sie jede Konferenz zur Behandlung Ihrer Angst statt in ihr eine Testsituation zu sehen. Fragen Sie sich nicht: »Ob ich wohl wieder Angstanwandlungen kriege?« sondern: »Wie lange kann ich auf der Konferenz bleiben, bevor sich erste Zeichen der Angst zeigen?« Halten Sie fest, wie lange es dauert, ehe sich Panik breitmacht.
- Unternehmen Sie etwas gegen Ihre Angst. Wenn Sie merken, daß die Angst in Ihnen hochkommt, lassen Sie sich etwas Lustiges einfallen. Stellen Sie sich vor, daß alle im Zimmer in Unterwäsche dasitzen oder daß der Vorstandsvorsitzende auf der Straße Eis verkauft.

3. *Manchmal müssen Sie gegen eine bestimmte Berufsangst direkt vorgehen.* Dabei kann Ihnen die systematische Desensibilisierung mögli-

cherweise helfen. Im folgenden einige Beispiele zu zwei häufigen Berufsängsten.

Fallbeispiel

Problem: Angst, sich mit Untergebenen anzulegen
Behandlung: Realitätsdesensibilisierung
Martin G., ein Werbegraphiker, war zum Werbechef einer Konfektionsfirma ernannt worden. Er hatte jedoch Schwierigkeiten in seiner neuen Stelle. Zwei Untergebene neigten dazu, bei der Arbeit zu bummeln. Auf seine Ermahnungen hin bekam er freche Antworten. Martin hatte solche Angst, sich mit ihnen anzulegen und unbeliebt zu sein, daß er aufhörte zu kritisieren. Wegen dieses Verhaltens war er schon früher zweimal gefeuert worden. Er wollte nicht, daß ihm das nun ein drittes Mal passierte.

In meiner Praxis nahmen wir uns ein paar aggressive Äußerungen vor, die Untergebene möglicherweise ihm gegenüber tun könnten. Wir ließen uns dazu Antworten einfallen, die Martin ein gutes Gefühl geben würden.

Kritik: »Sie sind ja ein richtiger Leuteschinder.«

Antwort: »Die Arbeit muß bis heute 16 Uhr fertig sein« oder »Mit dieser Arbeit können wir vor der Agentur nicht bestehen«.

Kritik: »Sie stellen sich vielleicht an. Die Arbeit ist doch gut genug.«

Antwort: »Irrtum. Machen Sie es noch einmal, wie wir es besprochen haben. Nach der Mittagspause möchte ich die Sachen auf meinem Schreibtisch haben.«

Ich sagte Martin diese und ähnliche Sätze immer wieder vor, bis er es schaffte, sich zu entspannen und eine ruhige, sachliche Antwort zu geben. Schließlich brachte er es fertig, diese Sätze auch am Arbeitsplatz vorzubringen.

Fallbeispiel

Problem: Angst, öffentlich zu sprechen
Behandlung: Phantasiedesensibilisierung
Stan M. arbeitete für eine große Versicherungsgesellschaft. Man hatte ihn für eine Führungsposition in Aussicht genommen, die viele Reisen quer durch die Staaten erforderlich machen würde. Dabei mußte er die Firmenpolitik vor Vertretergruppen erläutern und manchmal auch auf großen Konferenzen sprechen. Das ging über seine Kräfte. Er hatte keine Schwierigkeiten im Gespräch mit nur einer Person, aber es fiel ihm schon schwer, auf kleinen Mitarbeiterkonferenzen in der Firma zu sprechen. Als wir seine Phobie durchdiskutierten, wurde deutlich, daß seine Angst, öffentlich zu sprechen,

durch drei Umstände ausgelöst wurde. Entscheidend war: a) wie viele Personen anwesend waren; b) wie gut er seine Zuhörer kannte; c) wie formell der Anlaß war. Stan entwarf nun Phantasiehierarchien, bei denen alle drei Umstände berücksichtigt wurden.

- Er hält in der Firma einen kurzen Vortrag vor acht Leuten, die er alle gut kennt.
- Die gleiche Situation, aber vor zwölf Zuhörern. Auch sie sind ihm alle gut bekannt.
- Die gleiche Situation mit zwölf Personen. Er kennt nur vier seiner Zuhörer.
- Die gleiche Situation. Sieben der Anwesenden sind ihm unbekannt.
- Er besucht eine Filiale. Spricht vor vier Zuhörern, von denen er zwei kennt.
- Die gleiche Situation. Er spricht vor acht Personen. Kennt zwei.
- Die gleiche Situation. Er spricht zu acht Personen. Kennt niemanden.
- Er steht vor zwölf Zuhörern in einem kleinen Konferenzraum. Kennt niemanden.
- Er steht vor zwanzig Zuhörern. Kennt niemanden.
- Er steht vor fünfzig Zuhörern. Kennt niemanden.
- Er steht auf einem Podium und spricht zu fünfzig Führungskräften aus der Versicherungsbranche. Kennt niemanden.

Während er die Desensibilisierung durchführte, bemerkte Stan, daß er auf Mitarbeiterkonferenzen jetzt öfter das Wort ergriff. Schließlich bat er seinen Vorgesetzten, ihm zu gestatten, einen kurzen Vortrag in einem der Zweigunternehmen zu halten (Beginn der Realitätsdesensibilisierung). Während dieses Vortrags empfand er wohl Streß, hatte aber auch das Gefühl, etwas zu leisten, und spürte darüber Genugtuung. Nachdem er sechzehn Behandlungen hinter sich hatte, reiste er von Filiale zu Filiale und hielt Vorträge. Er trat dabei völlig selbstsicher auf. Als er sieben Monate später auf einer großen Konferenz einen Vortrag halten sollte, kam er noch einmal zu mir zu einer Wiederholungssitzung. Nach anderthalb Jahren rief er mich an, um mir zu sagen, daß er gerade zum Vizepräsidenten ernannt worden sei.

Wenn die Angst, in der Öffentlichkeit zu sprechen, Sie am beruflichen Fortkommen hindert, so benutzen Sie den obigen Fall als Modell. Führen Sie die Dinge, die Sie beim öffentlichen Reden am meisten fürchten, in einer Liste auf und gliedern Sie sie je nach dem Grad der Angst. Fürchten Sie sich vor dem Thema? Oder daß Sie nicht genug darüber wissen? Vor der Zahl der Zuhörer? Der Länge des Vortrags (gewöhnlich ist es einfacher, nur ein paar Worte zu sagen als einen Vortrag zu halten)? Der Tageszeit? Als erster Redner sprechen zu müssen? Wenn Sie Ihre Hierarchie zusammengestellt haben, fangen Sie an, sich die einzelnen Szenen vorzustellen, und entspannen Sie sich nach jeder Szene. Gehen Sie auf keinen Fall zur nächsten Szene über, solange Ihnen die Szene, an der Sie gerade arbeiten, noch Unbehagen bereitet.

Sie können diese Technik (entweder die Realitäts- oder die Phantasiemethode) benutzen, um viele Ängste zu vermindern, die Ihnen beruflich schaden können. Sie kann Ihnen zum Beispiel helfen, wenn Sie fürchten, entlassen zu werden, oder generell Angst vor Erfolg oder Versagen haben. Wenn Sie diese Methode bei generellen Ängsten verwenden wollen, müssen Sie sich die spezifische Situation vornehmen, die bei Ihnen Angst auslöst. Sie haben zum Beispiel Angst, eine Aufgabe zu übernehmen, die Sie ein ganz klein wenig überfordert. Wenn Sie sich an die in Kapitel 4 und 5 ausgeführten allgemeinen Regeln zur systematischen Desensibiliserung halten, haben Sie gute Aussicht, Ihre Ängste zu verringern.

Wenn Sie Ihre Ängste vermindern, so kann das auch Ihren ganzen Berufsstil verändern.

Fallbeispiel

Als wir heirateten, hatte sich die Karriere meiner Frau Jean immer mehr im Sande verlaufen. Als Leiterin der PR-Abteilung bei der Zeitschrift »Seventeen« hatte sie viele Jahre lang immer das gleiche getan. Sie erhielt das Gehalt einer Sekretärin im mittleren Management und war dankbar, »einen so guten Job zu haben«. Passiv hatte sie sich mit der Situation abgefunden. Natürlich war sie darüber nicht besonders glücklich.

Der Grund für ihre Schwierigkeiten war zum Teil Mangel an Selbstsicherheit. Sie konnte sich weder Nah- noch Fernziele setzen, und es fiel ihr ungeheuer schwer, nein zu sagen (einmal sagte sie einen langgeplanten Europaurlaub ab, um für eine Kollegin eine Rede zu schreiben, die sie angefleht hatte: »Bitte hilf mir – du weißt, ich kann meine Reden nicht selber schreiben«). Das Selbstbehauptungstraining hat ihr geholfen, mittlerweile vollberuflich als freie Schriftstellerin zu arbeiten.

Auch das Selbstbehauptungstraining hatte anfangs nicht alle Ängste bei ihr beseitigt – noch lange litt sie unter der Angst, um Geld zu bitten, und der Angst vor weiblicher Autorität. Wir versuchten es mit dem Anti-Angst-Training, da diese Schwierigkeiten in ihr selbst lagen und ihr Verhältnis zu anderen nicht berührten. Jean klammerte sich jedoch an ihre alten Gewohnheiten und ging nur widerwillig an die Sache heran. Doch obwohl sie die Desensibilisierungsübungen verabscheute, führte sie sie durch. Gewissenhaft stellte sie die verschiedenen Hierarchien zum Thema »um Geld bitten« auf und arbeitete sie durch. Nichts änderte sich. Sie hielt immer noch Vorträge ohne Bezahlung und erklärte sich weiterhin mit verschwindend kleinen Vorschüssen bei Buchaufträgen einverstanden.

Doch plötzlich änderte sich alles. Ich hörte, wie Jean einen Anruf von der Präsidentin einer Berufsorganisation entgegennahm, die sie darum bat, bei einem Luncheon das Hauptreferat zu halten. Jean sagte: »Sehen Sie, ich habe nicht die Zeit, es für nichts zu tun, und ich weiß wohl, daß Ihnen so etwas vorschwebt. Fordern Sie lieber jemand anders auf.« – »Wieviel verlangen Sie?« fragte die andere. Ohne auch nur eine Sekunde zu zögern, nannte Jean eine Summe. Die andere antwortete: »Sie haben recht, ein Honorar zu fordern. Das geht in Ordnung.«

Jean schaffte es auch, einen lukrativen Buchvertrag an Land zu ziehen. Sie stellte sich eine Reihe von Angstaufgaben – überprüfte zum Beispiel die Vorschüsse anderer Sachbuchautoren und lernte die Satzungen des Schriftstellerverbands auswendig, die günstige Bedingungen für Schriftsteller festlegen – dann sagte sie, was sie für richtig hielt – und kam mit allem durch.

Bis vor kurzem war sich Jean der Wirkung, die diese neue Handlungsweise auf ihre Karriere und ihr Selbstbewußtsein hatte, kaum bewußt. Doch vor einigen Wochen rief ihre Verlegerin an, um ihr zu sagen, daß der Umschlagentwurf für ihr neues Buch fertig war. Jean brachte ihn mit nach Hause und sagte zu mir: »Vom fachlichen Standpunkt her ist der Umschlag schlecht, und mein Name ist auch zu klein gedruckt. Er gefällt mir nicht.« Da sie mich nicht um Rat bat, sagte ich auch nichts. Am nächsten Abend erzählte sie mir: »Übrigens, ich habe Laura geschrieben, was ich von dem Umschlag halte. Sie hat mich heute angerufen und gesagt, daß man ihn ändern wird. Mein Name soll größer gedruckt werden.«

Zum erstenmal in ihrer Karriere hatte Jean die Autoritätsfigur nicht in eine Mutter verwandelt, die ihr Liebe schuldete. Ich fragte: »Wie hast du es geschafft?« Sie antwortete einfach: »Ich glaube, ich habe einfach Schluß mit der Angst gemacht. Ich habe getan, was ich tun mußte.«

Tun Sie in Ihrem Beruf das, was Sie tun müssen, um Ihre persönlichen Ziele zu erreichen. Machen Sie Schluß mit der Angst!

12. Kapitel
Nachtrag

Nicht jede Behandlung hatte Erfolg

Manchmal versage ich. Vor zwanzig Jahren zum Beispiel, als ich mit der Psychoanalyse arbeitete, behandelte ich Len R., einen erfolgreichen Geschäftsmann, der gerade geheiratet hatte. Er sagte zu mir: »In meinem Leben ist alles gut gelaufen. Warum bin ich nicht glücklich?« Len hatte Angst, für sich persönlich Geld auszugeben. Er konnte es einfach nicht. Sein Schuldgefühl war zu groß. Zwei Jahre lang kam er dreimal in der Woche zu mir. Bei unseren Analysen fanden wir heraus, daß seine Mutter ihm bei allem und jedem Vorwürfe gemacht und ihn dazu erzogen hatte, sich für einen »wertlosen Menschen« zu halten, der nichts Gutes verdient. Wir deckten seine Kindheitsphantasien auf (in denen er der allmächtige König war, der seine Eltern beherrscht, und gleichzeitig das Baby im Kinderbettchen, dem die Mutter nur Liebe und Zuneigung erweist). Die Behandlung bewirkte keine Änderung, und Len brach sie ab.

Vor ungefähr zehn Jahren, kurz nachdem ich zur Verhaltenstherapie übergewechselt war, kam Len wieder zu mir. Ich war sicher, ihm mit der Verhaltenstherapie helfen zu können. Ich dachte, wenn ich ihn dazu bringen könnte, ohne Schuld- und Angstgefühle mehr Geld für sich persönlich auszugeben, würde ihn das frei machen, das Gute an sich und seinem Leben besser zu sehen. Ich wandte die systematische Desensibilisierung an und stellte ihm Aufgaben, bei denen er Geld für sich ausgeben mußte. Ich begann mit ganz geringfügigen Ausgaben. Anfangs respondierte er gut darauf und war drei Wochen lang frei von Depressionen. Dann setzte sich das alte Verhaltensschema wieder durch.

Danach half nichts mehr, und Len hörte wieder mit der Behandlung auf. Ich konnte es ihm nicht übelnehmen.

Heute würde ich nicht mehr so direkt Lens Unfähigkeit, Geld auszugeben, behandeln. Ich würde mich statt dessen auf die Tatsache konzentrieren, daß der Kern seiner Depression die erlernte Hilflosigkeit ist, die er dadurch erwarb, daß er seiner Mutter nie etwas rechtmachen konnte. Ich würde dabei ansetzen, daß er heute als Erwachsener diesen Zustand beibehält, indem er sich genau das zufügt, was ihm seine Mutter immer angetan hat – er sieht sich ständig negativ und redet sich ein, wertlos zu sein. Heute würde ich wissen, daß es unmöglich ist, seine Angst, für sich persönlich Geld auszugeben, und seine Unfähigkeit, sich irgendwelche Vergnügungen zu gönnen, wirklich zu ändern, solange wir nicht seine erlernte Hilflosigkeit und das begleitende Verhaltensschema in den Griff bekommen.

In der Verhaltenstherapie ändert sich ständig etwas. Die neue Behandlung für erlernte Hilflosigkeit ist erst ein paar Jahre alt. Ich wünschte, Len würde zurückkommen. Ich bin sicher, diesmal würde die Behandlung anschlagen.

Manchmal versagt der Patient. Warren zum Beispiel kam zu mir, weil er ein »jämmerliches, isoliertes Leben« führte. In meiner Praxis benutzten wir die »Systematische Desensibilisierung in der Phantasie« und schienen auch Erfolg zu haben. Wir hatten jedoch Schwierigkeiten, sie auf das wirkliche Leben zu übertragen. Ich gab Warren ebenfalls einige Übungen, mit denen er etwas gegen seine sozialen Ängste unternehmen konnte. Aber ganz gleich, um welche Übungen es sich handelte, und wie leicht sie waren, Warren konnte sich einfach nicht dazu bringen, die Übungen zu machen. Zum Beispiel hatte er den Auftrag, sich bei einem gemütlichen Beisammensein nach dem Gottesdienst mit Kaffee und Kuchen zu bedienen. Es ging dabei nicht um den Umgang mit Menschen – er sollte sich nur etwas zum Essen nehmen, aber er konnte sich nicht dazu aufraffen, den ersten Schritt zu tun. Warren versagte nicht nur bei der Ausführung dieser Aufgabe, er hörte auch auf, zur Kirche zu gehen, und gab die Behandlung ganz auf.

Irgendwann einmal müssen Sie Stellung beziehen und Ihrer Angst ins Gesicht sehen. Einige Menschen wollen das nicht. Wenn Ihnen das Anti-Angst-Training helfen soll, müssen Sie willens sein, Dinge zu tun, die Ihnen anfangs Unbehagen oder ein wenig Angst bereiten.

Behandlungsberichte zeigen, daß das Anti-Angst-Training in der überwältigenden Mehrzahl der Fälle helfen kann. Wenn es bei Ihnen anschlägt, können Sie Ihr Leben nach Ihrer Wahl und nicht nach dem Diktat der Angst einrichten.

Fallbeispiel

Als Dick L. mich vor vier Jahren konsultierte, hatte er zwei Probleme: 1. die Angst, homosexuell zu sein, obwohl er heterosexuell sein wollte (er hatte diese Angst, weil ihn homosexuelle Phantasien verfolgten und weil er sehr zurückgezogen lebte); 2. eine chronische leichte Depression. Er war in einer streng katholischen Familie aufgewachsen und hatte immer Priester werden wollen, aber wegen seiner Ängste hatte er das Gefühl, daß der Priesterberuf für ihn eine Flucht bedeutet hätte. Er wäre nicht aus Überzeugung Priester geworden, sondern um den Aspekten des Lebens aus dem Wege zu gehen, die ihn ängstigten. Statt dessen studierte er Wirtschaftswissenschaften.

Er kam zur Behandlung, weil ihn schwere Angstanfälle plagten, die mit seiner Furcht, homosexuell zu sein, zusammenhingen. Ich versuchte es mit mehreren Behandlungsmethoden: 1. Er erhielt Angstaufgaben, die ihm ein gesellschaftliches Leben verschaffen und ihm helfen sollten, sein Verhalten bei Begegnungen mit Frauen zu revidieren. 2. Für seine Phantasien verordnete ich ihm »Gedankenstopp«. 3. Für seine Ängste, homosexuell zu sein, benutzten wir Desensibilisierung in der Phantasie. Nach einem Jahr glaubte Dick, die Dinge im Griff zu haben.

Ich sah Dick periodisch, wenn er Probleme hatte (als er zum Beispiel ein Regierungsamt erhielt, das es nötig machte, andere zu beaufsichtigen, hatte er Schwierigkeiten, als Autoritätsperson aufzutreten). Als ich ihn vor einem Jahr sah, sagte er: »Das Leben ist schön, aber ich bin immer noch deprimiert.« Ich erklärte ihm das damit, daß er noch immer nicht sein eigentliches Lebensziel gefunden hatte. Ich war sicher, daß er sich auf dem richtigen Weg befand und daß sich im Lauf seines Lebens das Gefühl wirklicher Hingabe an eine Sache noch einstellen würde.

Vor kurzem kam Dick wiederum zu mir. Ich war überrascht, wie er sich verändert hatte. Er wirkte selbstbewußt und machte den Eindruck ruhiger Reife. Er erzählte mir, daß er sich für das Priestertum entschieden hatte, und sagte: »Jetzt weiß ich, daß ich das nicht tue, um dem Laienleben auszuweichen, oder weil ich vor dem Leben Angst habe. Ich habe mich dazu entschieden, weil ich das Gefühl habe, daß es für mich das Richtige ist.« Er unterzieht sich nun der strengen Priesterausbildung und ist glücklich dabei.

Wenn Sie beginnen, mit dem Anti-Angst-Training zu arbeiten, bedenken Sie folgendes:

Nicht die Ängste selbst wirken so zerstörerisch, sondern es ist die Angst vor der Angst, die Sie lähmt. Nehmen Sie die Brille ab, durch die Sie die Welt angstverzerrt sehen. Tun Sie, was Sie tun müssen, um Ihre Ängste zu erkennen, und handeln Sie, wie Sie handeln müssen, um die Angst zu verlernen. Alle Worte in diesem Buch – und in jedem anderen Buch – können Ihnen nur helfen, wenn Sie hinaus in die Arena gehen und etwas gegen Ihre Angst unternehmen.

- Wenn Sie Ihre Ängste in den Griff bekommen und reduzieren, so verleiht Ihnen das Schwungkraft. Kleine Erfolge spornen Sie zu großen Erfolgen an. Wenn Sie sich den Ängsten auf einem Gebiet stellen, wird es leichter, ihnen auch auf anderen Gebieten entgegenzutreten. Ihr Mut wird wachsen, und auch Sie werden dabei wachsen – gesellschaftlich, beruflich und in bezug auf Ihre Gefühle. Das Gefühl Ihres eigenen Wertes wird ein wichtiger Teil Ihres Wesens. Sagen Sie sich nur immer wieder vor: »Andere haben es geschafft, ich kann es auch schaffen.« Kürzlich sagte mir ein Verlagsmanager, der dieses Buch im Manuskript gelesen hatte: »Ich war mein Leben lang überzeugt, schwer krank zu sein, wegen meines Herzklopfens, der Schwindelgefühle und anderer Symptome. Jetzt weiß ich, daß ich Platzangst habe. Und jetzt weiß ich auch, was ich dagegen machen kann. Kürzlich war ich auf einer Konferenz, und diese schrecklichen Gefühle überkamen mich. Ich dachte, ich müßte auf der Stelle sterben. Aber obwohl ich solche Angst hatte, zwang ich mich, die Konferenz durchzustehen. Ich bin nicht gestorben. Ich war so glücklich, ich hatte meine Angst im Griff.«

- Genauso wie Sie gelernt haben, mit Ihrer Angst zu leben, können Sie auch lernen, ohne sie zu leben.

Vielleicht meinen Sie jetzt, daß Sie dann viel zuviel tun und an viel zuviel denken müssen. Aber das stimmt nicht. Alles hängt an dem einen Satz: »Stellen Sie sich Ihrer Angst.« Sie haben die Wahl. Sie können es schaffen, wenn Sie es versuchen.

Anhang I

Entspannungsübung
(vollständige Version)

Das Folgende ist die Niederschrift einer auf Band gesprochenen Entspannungsübung, die ich meinen Patienten zum Üben mit nach Hause gebe. Sie können sie selbst auf Band sprechen oder jemanden, der eine beruhigende Stimme hat, bitten, es für Sie zu tun. Im ersten Teil der Übung sollten Sie die Muskelspannung ungefähr sieben Sekunden lang zu halten versuchen. Legen Sie zwischen den Entspannungsübungen für jede einzelne Muskelgruppe fünf Sekunden Pause ein. Im zweiten Teil lassen Sie sich ungefähr fünfzehn Sekunden Zeit zur Entspannung jeder einzelnen Körperzone, im letzten Teil jeweils fünf Sekunden zur Entspannung jedes einzelnen Körperteils. Wenn Sie zum Abspielen des Bandes ungefähr zwanzig bis fünfundzwanzig Minuten brauchen, ist Ihr Tempo in etwa richtig. Mit Ausnahme der Instruktionen zur Muskelanspannung, die mit aufmunternder Stimme zu sprechen sind, sollte die ganze übrige Übung beruhigend und geradezu einlullend klingen. Bevor Sie die Übung ausführen, überlegen Sie sich, welche »angenehme Szene« Sie sich vorstellen wollen.

Legen Sie sich hin. Machen Sie es sich bequem. Die Arme liegen seitlich vom Körper, die Hände sind geöffnet. Halten Sie die Augen während der ganzen Übung geschlossen. Wenn Ihre Gedanken zu wandern beginnen, sagen Sie mit ruhiger Stimme STOP!, vertreiben die Gedanken und konzentrieren sich auf das, was Sie tun.

Der erste Teil der Übung befaßt sich mit dem Anspannen großer Muskelgruppen. Ihre Aufgabe ist es, sich auf die Spannung zu konzentrieren, aufzupassen, wo Sie die Spannung empfinden, und sich dann, auf Kommando, zu entspannen.

Beginnen Sie mit der unteren Körperregion. Halten Sie die Füße so, daß die Zehen nach innen weisen, die Fersen dagegen leicht auseinanderstehen. Stoßen Sie Ihre Zehen von sich weg (dabei spannen Sie Ihre Beine an). Spannen Sie Ihre Schenkel an. Spannen Sie das Gesäß an. Spannen Sie die Muskeln im Gesäß an, auch den Muskel am Rektum. Machen Sie sich die Anspannung bewußt. Halten Sie die Spannung. Spannen . . . spannen . . . spannen . . . jetzt loslassen und entspannen.

Fühlen Sie, wie die Spannung vergeht. Konzentrieren Sie sich jetzt auf die Zehenmuskeln; entspannen Sie sie . . . entspannen Sie Ihre Beinmuskeln, lassen Sie sie los . . . entspannen Sie Ihre Schenkel . . . entspannen Sie die Gesäßmuskeln; lassen Sie sie los . . . jetzt konzentrieren Sie sich auf die Muskeln am Rektum; entspannen Sie sie.

Konzentrieren Sie sich jetzt noch einmal auf jeden einzelnen Körperteil, den ich benenne. Zehen entspannen . . . Beine entspannen . . . Schenkel entspannen . . . Gesäß entspannen . . . Muskeln am Rektum entspannen. Seien Sie ganz entspannt.

Eine Empfindung, die sich vielleicht einstellt: Während die Muskeln sich entspannen und der Schwerkraft nicht mehr entgegenwirken, überkommt Sie eventuell ein angenehmes Gefühl der Schwere. Wenn Sie an irgendeinem Punkt der Übung dieses angenehme Gefühl der Schwere irgendwo im Körper feststellen, so geben Sie ihm nach. Es ist eine weitere Möglichkeit, die Muskeln zu entspannen.

Jetzt kommen die Unterleibsmuskeln an die Reihe. Spannen Sie Ihre Unterleibmuskeln an, als ob Ihnen ein kleiner Junge einen Fußball in den Bauch stieße. Spannen Sie sie an. Die Muskeln sind sehr lang. Finden Sie heraus, wo die Spannung genau sitzt. Halten Sie sie. Spannen . . . spannen . . . spannen . . . und jetzt entspannen. Fühlen Sie, wie die Spannung vergeht. Konzentrieren Sie sich auf das Gefühl, wie die Spannung Sie verläßt, und entspannen Sie die Unterleibsmuskeln. Lassen Sie sie los. Nun versuchen Sie die tiefer im Unterleib liegenden Muskeln zu entspannen, die Magen- und Darmmuskeln. Sie können sie ein wenig durch Ihren Willen kontrollieren. Versuchen Sie, sich diese Muskeln entspannt vorzustellen.

Jetzt kommen Ihre Rückenmuskeln an die Reihe. Wölben Sie das Kreuz und spannen Sie es an. Sie haben auf jeder Seite des Rückgrats zwei lange Muskelstränge. Wahrscheinlich können Sie die Spannung fühlen. Machen Sie sich bewußt, wo sie auftritt. Halten Sie sie. Spannen . . . spannen . . . spannen . . . und jetzt loslassen. Entspannen Sie Ihre Rückenmuskeln und lassen Sie sie los. Lassen Sie Ihren Rücken entspannt in die Liegematte sinken, und werden Sie immer entspannter.

Jetzt kommen die Brustmuskeln an die Reihe. Atmen Sie tief durch den Mund ein und halten Sie den Atem an. Während Sie den Atem anhalten, stellen Sie vielleicht fest, wie sich in Ihrem Brustkorb Spannung aufbaut. Wenn ja, so machen Sie sich das ganz bewußt. Behalten Sie, wo die Spannung auftritt. Halten Sie sie fest. Jetzt lassen Sie so langsam, wie Sie können, los. Zum Schluß atmen Sie leicht und ruhig, wie im tiefen Schlaf. Wenn Sie bestimmte Spannungspunkte in Ihrer Brust wahrgenommen haben, nehmen Sie sie einzeln vor und lassen Sie die Spannung los. Entspannen Sie die Brustmuskeln. Entspannen Sie sie noch mehr.

Konzentrieren Sie sich jetzt noch einmal auf jeden einzelnen Körperteil, den ich benenne: Unterleib entspannen ... Magen- und Darmmuskeln, ein wenig Kontrolle über die Spannung haben Sie auch hier ... Rücken entspannen; lassen Sie ihn entspannt in die Liegematte sinken ... Brust entspannen, leicht und ruhig wie im tiefen Schlaf atmen.

Jetzt kommen Ihre Finger-, Arm- und Schultermuskeln an die Reihe. Ballen Sie beide Hände zur Faust. Machen Sie Ihre Ellenbogen steif und gerade und heben Sie sie aus der Schulter heraus hoch bis zu einem Winkel von etwa fünfundvierzig Grad. Fühlen Sie die Spannung. Fühlen Sie sie in den Fingern, Unterarmen, Oberarmen, Schultern. Halten Sie sie fest. Spannen ... spannen ... spannen ... und jetzt entspannen. Lassen Sie die Arme wieder sinken, und legen Sie sie seitlich an den Körper. Die Hand ist geöffnet. Fühlen Sie, wie die Spannung vergeht. Konzentrieren Sie sich jetzt auf die Entspannung der Fingermuskeln, lassen Sie sie los ... entspannen Sie die Unterarme ... die Muskeln der Unterarme und Schultern, lassen Sie sie los.

Konzentrieren Sie sich noch einmal auf jeden einzelnen Körperteil: Finger entspannen ... Unterarme entspannen ... Oberarme und Schultern entspannen ... Versuchen Sie zu erreichen, daß Ihre Finger sich angenehm schlaff und schwer anfühlen, wenn die Muskeln der Schwerkraft nicht mehr entgegenwirken ... noch mehr entspannen.

Jetzt kommen die Muskeln zwischen den Schulterblättern und die Nackenmuskeln an die Reihe. Diese Muskeln sind für nervöse Spannungen sehr empfänglich. Nehmen Sie Ihre Schultern zurück, so daß sich die Schulterblätter fast berühren. Wölben Sie gleichzeitig den Nacken, das Kinn zeigt zur Decke. Fühlen Sie die Spannung. Fühlen Sie sie hinten in den Nackenmuskeln. Halten Sie sie ... verkrampfen Sie sich nicht, sondern lassen Sie sie kommen. Spannen ... spannen ... spannen ... jetzt loslassen. Fühlen Sie, wie die Spannung vergeht. Entspannen Sie die Muskeln zwischen den Schulterblättern. Loslassen. Jetzt entspannen Sie die Nackenmuskeln. Das Ziel ist, die Nackenmuskeln so zu entspannen, daß sie Ihren Kopf nicht mehr tragen ... Ihr Kopf sinkt ganz entspannt ins Kissen zurück ... noch mehr entspannen.

Jetzt kommen wir zu den empfindlichen Gesichtsmuskeln. Wir beginnen mit der oberen Region. Ziehen Sie den oberen Teil Ihres Gesichts fest zusammen. Drücken Sie die Augen fest zu. Krausen Sie die Nase. Sie spüren die Spannung in der Stirn und in der Kopfhaut, zwischen den Augenbrauen, wo Sie die Stirn krausen und in den Wangen unterhalb der Augen. Halten Sie die Spannung . . . verkrampfen Sie sich nicht. Spannen . . . spannen . . . spannen . . . entspannen Sie sich jetzt und fühlen Sie, wie die Spannung vergeht. Konzentrieren Sie sich und entspannen Sie die Muskeln von Stirn und Kopfhaut, lassen Sie sie los. Jetzt lassen Sie die Muskeln zwischen Ihren Augenbrauen, wo Sie die Stirn krausen, los. Entspannen Sie die Augenlider. Während der Entspannung fühlen sie sich möglicherweise schwer an. Vielleicht stellt sich ein angenehm schläfriges Gefühl ein, aber schlafen Sie nicht ein. Das Ziel ist, den Körper zu entspannen und den Geist wachzuhalten. Entspannen Sie die Muskeln an der Nasenwurzel, lassen Sie sie los. Entspannen Sie die Wangen unterhalb der Augen, da wo die Spannung sitzt.

Jetzt kommen wir zu den Kiefer- und Zungenmuskeln. Pressen Sie die Backenzähne zusammen, so daß Ihr Kiefer fest geschlossen ist. Sie spüren es an den Schläfen, an den Ohren, an den verschiedensten Stellen. Halten Sie jetzt die Kiefer fest geschlossen, pressen Sie die Zunge von hinten gegen die unteren Schneidezähne, so daß Kiefer und Zunge gespannt sind. Spannen . . . spannen . . . spannen . . . jetzt entspannen, loslassen. Entspannen Sie Ihre Kiefermuskeln, lassen Sie sie los, entspannen Sie die Zunge. Ober- und Unterzähne etwas auseinandernehmen. Den Kiefer schlaff hängen lassen. Noch mehr entspannen.

Jetzt kommt der untere Teil des Gesichts an die Reihe. Verziehen Sie das Gesicht zum Lachen, zeigen Sie dabei die Ober- und Unterzähne und ziehen Sie die Mundwinkel zurück. Sie fühlen die Spannung an den Nasenflügeln, um Mund und Kinn herum, an den verschiedensten Stellen. Halten Sie die Spannung. Spannen . . . spannen . . . spannen . . . jetzt entspannen. Fühlen Sie, wie die Spannung vergeht. Jetzt entspannen Sie die Muskeln an den Nasenflügeln; lassen Sie sie los. Entspannen Sie die Muskeln um Mund und Kinn. Jetzt versuchen Sie, die Halsmuskeln zu entspannen. Entspannen Sie den weichen Teil Ihres Rachens, ungefähr da, wo Sie schlucken. Entspannen Sie die Muskeln um den Kehlkopf . . . noch mehr entspannen.

Jetzt zum zweiten Teil der Übung. In diesem Teil checken wir verschiedene Teile des Körpers. Selbst wenn Sie entspannt sind, versuchen Sie, sie noch mehr zu entspannen. Wenn Ihre Gedanken zu wandern beginnen, sagen Sie mit ruhiger Stimme STOP!, schieben Sie die Gedanken beiseite und konzentrieren Sie sich auf das, was wir tun.

Fragen Sie sich jetzt: Fühle ich irgendwo in Beinen, Schenkeln oder Gesäß noch Spannung? Wenn ja, nehmen Sie die Stellen einzeln vor und entspannen Sie sie. Selbst wenn sie sich entspannt anfühlen, können Sie sie noch stärker entspannen.

Fragen Sie sich jetzt: Fühle ich noch irgendwelche Spannung im Unterleib, Rücken oder Brustkorb. Wenn ja, nehmen Sie die Stellen einzeln vor und entspannen Sie sich ... Atmen Sie leicht und ruhig wie im tiefen Schlaf.

Fragen Sie sich jetzt: Fühle ich noch Spannung in Fingern, Armen oder Schulter? Wenn ja, nehmen Sie die Stellen einzeln vor und entspannen Sie sie. Versuchen Sie, ein angenehmes Gefühl der Schwere zu erzielen, während sich die Muskeln entspannen und aufhören, der Schwerkraft entgegenzuwirken.

Fragen Sie sich jetzt: Fühle ich noch irgendwelche Spannung zwischen den Schulterblättern oder im Nacken. Wenn ja, lassen Sie sie los ... Ihr Kopf sinkt entspannt ins Kissen zurück.

Fragen Sie sich jetzt: Fühle ich noch irgendwelche Spannung im Gesicht, den Kiefern oder im Rachen. Wenn ja, lassen Sie sie los ... lassen Sie die ganze Spannung los.

Nun zum dritten Teil der Übung.* Stellen Sie sich irgendeine neutrale angenehme Szene vor. Sie sind zum Beispiel am Strand oder machen einen Spaziergang über Land. Wenn Sie dabei Schwierigkeiten haben, dann denken Sie einfach an das Wort »ruhig«, R-U-H-I-G, ruhig. Wenn Ihre Gedanken abschweifen, kehren Sie sofort zur angenehmen Szene oder zum Wort »ruhig« zurück. Und während Sie daran denken, entspannen Sie die Zehenmuskeln, lassen Sie sie los ... entspannen Sie die Beinmuskeln ... lassen Sie sie los ... entspannen Sie die Schenkelmuskeln ... und die Gesäßmuskeln, lassen Sie sie los ... die Muskeln am Rektum, entspannen Sie sie ... Ihre angenehme Szene, das Wort »ruhig«, entspannen Sie die Unterleibsmuskeln, lassen Sie sie los ... die Magen- Darmmuskeln, versuchen Sie, sie ein wenig zu kontrollieren, entspannen Sie sie ... entspannen Sie den Rücken, lassen Sie ihn in die Liegematte sinken ... und die Brustmuskeln, atmen Sie leicht und ruhig ... stellen Sie sich die angenehme Szene vor, das Wort »ruhig«, und entspannen Sie Ihre Fingermuskeln, lassen Sie sie los ... entspannen Sie die Unterarme ... die Muskeln der Oberarme und Schultern ... lassen Sie sie los ... die Muskeln zwischen den Schulterblättern, entspannen Sie sie ... die Halsmuskeln, Ihr Kopf sinkt entspannt zurück ins Kissen ... Ihre angenehme Szene, das Wort »ruhig« ... entspannen Sie die Muskeln von Stirn und Kopfhaut, lassen Sie sie los ... die Muskeln zwischen den Augenbrauen, wo Sie die Stirn krausen, entspannen Sie sie ... entspannen Sie die Augenlider, lassen Sie sie ganz schwer werden ... und die Muskeln an der Nasenwurzel, lassen Sie sie los ... die Muskeln um die Nasenflügel, entspannen Sie sie ... entspannen Sie die Kiefermuskeln, die Zähne stehen etwas auseinander, der Kiefer hängt schlaff herunter ... jetzt die Muskeln um Mund und Kinn, entspannen Sie sie ... die Kehlkopfmuskeln ... der weiche Teil des Rachens an der Stelle, wo Sie schlucken, entspannen Sie ... stellen Sie sich weiterhin Ihre angenehme Szene vor oder das Wort »ruhig« ... checken Sie, ob irgendwo in Ihrem Körper noch Spannung ist, nehmen Sie die Stellen einzeln vor und entspannen Sie sie.

Lassen Sie einfach los . . . Ihr ganzer Körper wird ruhig und entspannt . . . ruhig und entspannt . . . ruhig und entspannt . . . ruhig und entspannt.

Jetzt zähle ich von drei bis eins, und bei eins öffnen Sie die Augen und setzen sich auf. Sie sind hellwach und fühlen sich ganz erfrischt. Drei . . . zwei . . . eins.

Entspannungsübung
(Kurzform)

Dies ist die Kurzform der voraufgehenden Entspannungsübung. Man braucht dazu nur sieben Minuten. Statt jede Muskelgruppe einzeln anzuspannen, spannen Sie den ganzen Körper auf einmal an. Spannen Sie die Muskeln so stark an, daß Sie fühlen, wie sich die Spannung aufbaut. Verkrampfen Sie die Muskeln aber nicht. Halten Sie die Spannung sieben Sekunden an, und auf das Zeichen, sich zu entspannen, lassen Sie sie ruckartig los.

Gewöhnlich bedient man sich dieser Übung, wenn man die ausführliche Version beherrscht. Manche jedoch erzielen bessere Ergebnisse, wenn sie mit dieser Übung beginnen. Versuchen Sie es mit beiden Übungen, und sehen Sie, welche Ihnen am besten hilft.

Legen Sie sich hin. Machen Sie es sich bequem. Die Arme liegen seitlich, die Hände sind geöffnet, die Augen geschlossen. Wenn die Gedanken während dieser Übung zu wandern beginnen, sagen Sie mit ruhiger Stimme STOP!, schieben Sie sie beiseite und konzentrieren Sie sich auf das, was Sie tun.

Erster Teil der Übung: Spannen Sie den ganzen Körper auf einmal an. Spannen Sie nicht so stark, daß Sie sich dabei verkrampfen, aber stark genug, daß Sie fühlen, wie sich die Spannung aufbaut. Ihre Aufgabe ist es, sich auf die Spannung zu konzentrieren, herauszufinden, wo Sie die Spannung fühlen. Die Zehenspitzen weisen nach innen, die Fersen stehen leicht auseinander. Stoßen Sie die Zehen von sich weg. Dabei spannen Sie die Beinmuskeln an. Spannen Sie die Schenkel an . . . spannen Sie das Gesäß . . . spannen Sie den Unterleib. Führen Sie die Arme aus der Schulter heraus nach oben, die Fäuste sind geballt, die Ellenbogen steif. Drücken Sie die Augen fest zu . . . pressen Sie die Zähne aufeinander . . . spannen Sie das ganze Gesicht an, biegen Sie den Nacken, das Kinn zeigt zur Decke. Bleiben Sie in dieser Stellung. Bleiben Sie so (ungefähr sieben Sekunden). Lassen Sie ruckartig los. Legen Sie die Arme seitlich, das Kinn zeigt nach unten. Konzentrieren Sie sich darauf, wie sich die Spannung abschwächt (ungefähr zehn Sekunden).

Checken Sie jetzt die Bein- und Schenkelmuskeln. Noch Spannung? Nehmen Sie die Spannungspunkte einzeln vor und lassen Sie sie los (ungefähr fünf Sekunden Pause). Entspannen Sie die Muskeln von Unterleib und Rücken (fünf Sekunden Pause). Lassen Sie die Finger- und Armmuskeln angenehm schwer werden (fünf Sekunden Pause), entspannen Sie die Gesichts- und Kiefermuskeln (fünf Sekunden).

Jetzt atmen Sie tief durch den Mund ein und halten den Atem an. Atem weiter anhalten (fünfzehn bis zwanzig Sekunden Pause). Jetzt langsam ausatmen (Pause), und atmen Sie zum Schluß leicht und ruhig wie im tiefen Schlaf.

Und jetzt stellen Sie sich Ihre angenehme Szene vor* (und fahren fort von Absatz fünf, Seite 307 bis zum Ende der Übung).

Anhang II

Modellhierarchien zur Systematischen Desensibilisierung in der Phantasie

Angst vor Spinnen

Diese Hierarchie läßt sich bei vielen Tierängsten verwenden (man hätte zum Beispiel der Adele im Gedicht von Wilhelm Busch auf diese Weise helfen können). Das Prinzip ist, daß man das Tier immer näher bringt.

1. Sie sehen sich das Bild einer Spinne in einer naturwissenschaftlichen Zeitschrift an.
2. Sie sehen, wie eine Spinne an der hintersten Wand eines großen Zimmers emporkrabbelt.
3. Sie sehen, wie eine Spinne in ungefähr 1,20 m Entfernung einen Baumstamm emporkriecht.
4. Sie sehen, wie sich eine Spinne in ungefähr 1,20 m Entfernung an einem Faden von der Decke herunterläßt.
5. Sie sitzen an einem Picknicktisch und sehen, wie eine Spinne über das andere Ende des Tisches krabbelt.
6. Sie sehen, wie eine Spinne in ungefähr 1 m Entfernung über den Boden krabbelt.
7. Sie sehen aus nächster Nähe (nur wenige Zentimeter entfernt), wie eine Spinne den Baumstamm hinaufkriecht.
8. Sie sehen, wie sich eine Spinne in ungefähr 30 cm Entfernung von der Decke herunterfallen läßt.
9. Sie sehen, wie eine Spinne in ungefähr 30 cm Entfernung über den Picknicktisch krabbelt.

10. Sie sehen nach unten und erblicken eine Spinne, die gerade über Ihre Schuhspitze krabbelt.

11. Sie sehen eine Spinne auf Ihrem Hosenbein.

12. Eine Spinne läßt sich direkt neben Ihnen von der Decke herunterfallen.

13. Eine Spinne fällt von der Decke herunter direkt vorn auf Ihr Hemd.

14. Eine Spinne fällt von der Decke herunter auf Ihren bloßen Arm.

15. Sie fühlen, wie etwas über Ihr Bein kriecht, sehen nach unten und erblicken eine große Spinne.

16. Sie fühlen, wie eine Spinne Ihnen über Hals und Gesicht kriecht.

17. Sie fühlen, wie ein Spinnenschwarm über Sie krabbelt.

Angst vor dem Tod

Einige Menschen haben übersteigerte Angst vor dem eigenen Tod, andere fürchten sich vor dem Tod eines ihnen nahestehenden Menschen. Es gibt aber auch Menschen, deren Angst nicht so spezifisch ist, – sie haben nur eine generelle Angst vor allem, was mit dem Tod in Zusammenhang steht. Eine Frau kam zur Behandlung, weil sie schwere chronische Spannungszustände hatte. Eine Verhaltensanalyse zeigte, daß es sich dabei um Angstreaktionen gegenüber Dingen in ihrer Umgebung handelte, die sie an den Tod erinnerten. Als sie diese Furcht überwunden hatte, nahm ihre Spannung normale Formen an. Es wurde die folgende Hierarchie verwandt.

1. Blick auf eine Zeitungsüberschrift, die den Tod einer berühmten Persönlichkeit meldet.

2. Ein Krankenwagen jagt mit eingeschaltetem Blinklicht und heulenden Sirenen die Straße hinunter.

3. Sie sieht eine Kiste, die sie an einen Sarg erinnert.

4. Sie geht bei einer Totenkapelle über die Straße.

5. Sie hört Trauermusik im Radio.

6. Sie sieht einen Fernsehfilm über Präsident Kennedys Begräbnis.

7. Sie sieht, wie ein leerer Leichenwagen vorbeifährt.

8. Sie sieht in einem Kriminalfilm das Opfer hingestreckt am Boden liegen.

9. Sie geht an einer Totenkapelle vorbei. Niemand ist zu sehen.

10. Sie hört, daß eine Nachbarin, die sie nicht kannte, gestorben ist.

11. In den Fernsehnachrichten sieht sie einen Leichenzug.

12. Sie geht an einer Totenkapelle vorbei, eine Gruppe von Trauergästen steht davor.

13. Sie sieht einen Häuserblock entfernt eine Trauerprozession vorbeifahren.

14. Sie hört, daß ein Bekannter gestorben ist.

15. Sie sieht einen toten Vogel auf der Straße.

16. Ein Trauerzug fährt direkt an ihr vorüber, als sie gerade die Straße überqueren will.

17. Sie fährt im Trauerzug mit.

18. Sie sieht, wie der Sarg aus der Totenkapelle hinausgetragen und in den Totenwagen gesetzt wird.

19. Sie sieht, wie der Sarg in die Erde gesenkt wird. Alle weinen.

Angst vor brutal wirkenden Menschen

Bei dem starken Anwachsen der Kriminalität kommen wir alle nicht umhin, Vorsichtsmaßnahmen zu treffen. Eine Frau fürchtete sich jedoch so sehr vor allen irgendwie brutal aussehenden Personen, daß sie nur noch im Taxi ihre Besuche und Besorgungen machen konnte. Ihre Auffassung von »brutal« richtete sich nach der Art der Kleidung und nach dem Alter der Betreffenden (sie fürchtete sich am meisten vor Teenagern, besonders in Gruppen).

1. Brutal aussehender grauhaariger Mann geht auf der anderen Straßenseite.

2. Brutal aussehender grauhaariger Mann geht ungefähr 10 m vor Ihnen.

3. Brutal aussehender grauhaariger Mann kommt auf Sie zu.

4. Brutal aussehender Mann in den Dreißigern geht auf Sie zu.

5. Brutal aussehender Mann Anfang zwanzig geht auf Sie zu.

6. Brutal aussehender Teenager kommt auf Sie zu.

7. Zwei brutal aussehende Teenager gehen auf Sie zu.

8. Drei Teenager gehen auf Sie zu. Sie randalieren.

9. Große Gruppe randalierender Teenager kommt auf Sie zu.

10. Sie sehen, wie auf der anderen Straßenseite ein Teenager einer Frau das Portemonnaie entreißt und wegrennt.

11. Sie sehen, wie auf der anderen Straßenseite eine Gruppe von Teenagern auf eine Frau einschlägt und sie niederstößt.

12. Sie sehen, wie auf der anderen Straßenseite eine Gruppe von Teenagern eine Frau niederschlägt, nach ihr tritt und sie verprügelt. Sie schreit.

13. Ein Teenager entreißt Ihnen Ihr Portemonnaie und rennt weg.

14. Sie sind von einer Gruppe Teenager umzingelt. Sie hauen auf sie ein und schlagen Sie nieder.

15. Sie liegen auf der Straße, um Sie herum randalierende Teenager. Sie treten nach Ihnen und schlagen auf Sie ein. Es tut weh, und Sie schreien.

Angst vor Ärger

Ein Patient hatte Schwierigkeiten, selbstsicher aufzutreten. Es fiel ihm sehr schwer, seine eigene Sache zu vertreten, »nein« zu sagen und in sozialen Situationen spontan zu reagieren. Nähere Untersuchungen zeigten jedoch, daß daran in erster Linie nicht mangelnde Selbstsicherheit schuld war, sondern starke Angst, andere könnten auf ihn ärgerlich werden.

Die Desensibilisierung in der Phantasie war Teil der Behandlung. Die Hierarchie, die wir benutzten, ist ein gutes Beispiel für eine personifizierte Hierarchie, die sich bei vielen sozialen Ängsten verwenden läßt. Zunächst führten wir eine Reihe von Personen auf, je nach dem Grad der Angst, die ihre Verärgerung bei ihm auslösen würde. Mary (seine Schwester) erregte die geringste Angst, Jim (sein unmittelbarer Vorgesetzter) die stärkste. In seiner Vorstellung mußte jeder dieser Personen verschiedene Grade von Verärgerung zeigen.

1. Die Person sagt mit leichter Verärgerung in der Stimme: »Ich bin ziemlich verärgert, daß du das getan hast.«

a) Mary (Schwester)
b) Bob (alter Freund)
c) Joan (Ehefrau)
d) George (Kollege)
e) Murray (Nachbar)
f) Tom (aggressiver Bekannter)
g) Jim (unmittelbarer Vorgesetzter)

2. Die Person sagt in ärgerlichem Ton: »Das ist eine Gemeinheit von dir.«

Wiederholen Sie die Liste von a bis g.

3. Die Person schreit oder brüllt wütend, mit rotem Gesicht und flammenden Augen: »Du bist eine Niete, ein verdammter Idiot.«

Wiederholen Sie die Liste von a bis g.

Angst vor Autorität

Eine Frau war zum Gehorsam und zur Furcht vor allen Autoritätspersonen erzogen worden. Jetzt als Erwachsene verwandelt sie jedermann in eine Autoritätsperson und ist dadurch ständig in Angst. In ihrem Leben gibt es soviel Spannung und Furcht, daß sie beim kleinsten Anlaß in Tränen ausbricht. Ihr Mann charakterisiert sie als »zerbrechlich«. Die Hierarchie führt lauter unpersönliche Situationen auf, die sie wirklich erlebt hat. Später entwarfen wir eine Hierarchie mit persönlicheren Situationen.

1. Platzanweiserin im Kino fordert Leute auf, sich nicht vorzudrängen.

2. Metzger redet ihr ein Stück Fleisch auf, das sie nicht haben will.
3. Verkäuferin drängt sie, einen Schal zu kaufen, der ihr nicht gefällt.
4. U-Bahnschaffner fordert sie auf, zurückzubleiben.
5. Sie geht auf einem überfüllten Bürgersteig. Polizist fordert sie auf, weiterzugehen.
6. Verkäuferin sieht sie ungeduldig an.
7. Zahnarzt sagt ihr, sie solle besser auf ihr Zahnfleisch achten.
8. Pfarrersfrau erwähnt, daß sie sie am letzten Sonntag beim Gottesdienst vermißt hat.
9. Sie fährt Auto. Sie hält bei Rot und sieht ein Polizeiauto neben sich.
10. Oberkellner führt sie und ihre Freundin an einen schlechten Tisch.
11. Ärztin fragt sie, wie sie sich denn erkältet hat.
12. Kassierer in der Bank prüft sorgfältig einen Scheck, den sie ihm gerade gegeben hat.
13. Hostess gibt ihr einen Strafzettel für falsches Parken.
14. Pfarrer macht ihr Vorwürfe, daß sie in letzter Zeit öfters nicht im Gottesdienst war.
15. Bankangestellter sagt ihr am Telefon, daß sie ihr Konto überzogen hat.

Angst, bei der Arbeit beobachtet zu werden

Der Patient war technischer Zeichner in einem großen Architektenbüro. Er arbeitete in einem großen Raum, zusammen mit vielen anderen Zeichnern. Es war ein ständiges Kommen und Gehen. Jedesmal wenn jemand in seine Richtung sah, während er arbeitete, wurde er so nervös, daß er nicht weitermachen konnte. Seine Leistungen wurden dabei immer schlechter, und er machte sich Sorgen. Die Angst hatte keinen rechten Inhalt. Er hatte zum Beispiel keine Angst vor Kritik. Es spielte auch keine Rolle, wer zu ihm hinsah. Entscheidend war: wie lang sah man ihn an, wie viele Leute sahen zu ihm her und wie nah waren sie. In der Hierarchie, die wir benutzten, fanden alle Szenen im Büro statt.
1. Person am anderen Ende des Raumes sieht kurz in seine Richtung und geht dann weiter.
2. Person am anderen Ende des Raumes sieht ihn ungefähr zehn Sekunden an.
3. Person am anderen Ende des Raumes beobachtet ihn ungefähr eine halbe Minute bei der Arbeit.
4. Person am anderen Ende des Raumes starrt ihn mehrere Minuten an.
5. Zwei Personen am anderen Ende des Raumes beobachten ihn ungefähr eine halbe Minute bei der Arbeit.

6. Zwei Personen am anderen Ende des Raumes fixieren ihn mehrere Minuten.

7. Eine Gruppe von fünf Personen steht am anderen Ende des Raumes. Alle starren ihn mehrere Minuten an.

8. Zwei Zeichner, ungefähr in der Mitte des Raumes, sehen in seine Richtung.

9. Zwei Zeichner, ungefähr in der Mitte des Raumes, beobachten ihn fast eine halbe Minute lang bei der Arbeit.

10. Zwei Zeichner, ungefähr in der Mitte des Raumes, starren ihn mehrere Minuten an.

11. Zeichner am Nebentisch sieht ihm ungefähr eine halbe Minute bei der Arbeit zu.

12. Zeichner am Nebentisch starrt ihn mehrere Minuten an.

13. Alle im Raum sehen ihm bei der Arbeit zu.

14. Das gleiche. Sie starren ihn unentwegt an.

15. Das gleiche. Jemand beugt sich über ihn.

16. Das gleiche. Zwei Personen beugen sich über ihn.

17. Alle scharen sich um ihn und beobachten ihn bei der Arbeit.

Angst vor Feuer

Ein Mann Mitte Vierzig und geschieden fürchtete sich ständig vor Feuer, und zwar nicht vor Feuer im allgemeinen, sondern davor, daß seine Wohnung in einem älteren Braunsteinhaus in Brand geraten könnte. Er fürchtete sich dabei nicht vor Brandverletzungen oder davor, sein Eigentum zu verlieren. Er hatte nur Angst, in seiner Wohnung könne ein Brand ausbrechen. Jeden Abend, wenn er von der Arbeit zurückkehrte, fühlte er sich deutlich erleichtert, wenn er sah, daß das Haus unversehrt war. Immer wenn er die Feuerwehr hörte, kam die Angst in ihm hoch, seine Wohnung stünde in Flammen. Er hatte diese Angst seit der Pubertät, aber sie war minimal, solange er in einem modernen Appartementhaus wohnte. Seit er vor zehn Monaten in das ältere Braunsteinhaus gezogen war, verschlimmerte sich die Angst ständig. Ein tatsächliches Feuer hätte ihn natürlich völlig durcheinandergebracht. Das Ziel der Behandlung war, die irrationale Komponente seiner Angst zu entfernen und so seine ständigen Angstreaktionen und Sorgen zu beseitigen.

1. Er ist in einer anderen Stadt und hört eine Feuerwehrsirene.

2. Er liest eine Zeitungsüberschrift über die wachsende Zahl von Bränden in New York City.

3. Er ist im Battery Park (weit von seiner Wohnung entfernt) und hört eine Feuerwehrsirene.

4. Er sieht in den Fernsehnachrichten, wie ein Braunsteinhaus niederbrennt.

5. Nachbar erzählt ihm von einem Feuer in einem Braunsteinhaus im nächsten Häuserblock.

6. Er geht in seinem Wohnviertel spazieren und hört die Sirenen näherkommender Feuerwehren.

7. Von der Arbeit kommend, nähert er sich seiner Straße und nimmt Brandgeruch wahr.

8. In der Wohnung; er nimmt Brandgeruch wahr.

9. Er sieht, wie Feuerwehrleute ein Feuer im nächsten Häuserblock bekämpfen.

10. Er beobachtet Feuerwehrleute, die zwei Häuser entfernt einen Brand bekämpfen.

11. Er sieht, wie die Feuerwehr in seine Straße einbiegt (er steht an einer Kreuzung einen Häuserblock weiter).

12. Er sieht Feuerwehrautos vor seinem Haus. Feuerwehrmann versichert ihm, daß es blinder Alarm war.

13. Das gleiche. Feuerwehrmann sagt ihm, daß es nur ein kleines Feuer war, das jetzt gelöscht ist.

14. Er kommt von der Arbeit nach Hause und sieht, daß die Fensterscheiben seiner Wohnung geborsten sind, die Fensterhöhlen sind rauchgeschwärzt.

15. Sieht sich in seiner Wohnung geringfügigen Feuerschaden an. Es riecht etwas nach Rauch.

16. Sieht sich seine Wohnung an, die vom Feuer völlig zerstört ist. Alles ist schwarz und verkohlt. Starker Rauchgeruch.

Angst vor sexuellem Versagen

Ein Patient war dreißig Jahre alt und seit sechs Jahren verheiratet. Wegen seiner Unfähigkeit, während des Vorspiels eine Erektion zu erreichen, hatte das Ehepaar seit zwei Jahren keinen Versuch mehr unternommen, miteinander sexuell zu verkehren. Oft erwachte er am Morgen mit einer Erektion, aber sie verschwand, sowie er sich seiner Frau zuwandte. Es kam auch vor, daß er eine Erektion hatte, wenn er Sexphantasien nachhing oder wenn er nur zärtlich war. Es machte ihm keinerlei Schwierigkeiten, eine Erektion zu bekommen, wenn er masturbierte.

Die Schwierigkeit trat nur beim Vorspiel mit seiner Frau auf, wenn er das Gefühl hatte, daß er jetzt eine Erektion haben müßte. Es wurden mehrere Behandlungsmethoden angewandt, aber entscheidend war die Desensibilisierung durch die folgende Phantasiehierarchie:

1. Ihre Frau spielt manuell mit Ihrem Penis:

a) Sie bekommen eine hundertprozentig harte Erektion – so hart und steif, wie es in Ihrer Vorstellung möglich ist.

b) Sie spielt weiter mit Ihnen, Ihr Penis bleibt hart.

c) Sie bekommen eine zu 90 Prozent harte Erektion – Ihr Penis ist ein klein wenig weich.

d) Sie spielt weiter mit Ihnen, aber Ihr Penis wird nicht härter.

e) Sie haben eine 75prozentige Erektion. Ihr Penis ist etwas weich, aber Sie könnten in Ihre Frau eindringen.

f) Sie spielt weiter mit Ihnen, aber Ihr Penis wird nicht härter.

g) Sie haben eine 50prozentige Erektion. Nur geringe Chancen, daß Sie in Ihre Frau eindringen können.

h) Sie spielt weiter mit Ihnen, aber Ihr Penis wird nicht härter.

i) Sie haben eine 25prozentige Erektion. Ihr Penis ist fast ganz weich.

j) Sie spielt weiter mit Ihnen, aber Ihr Penis wird nicht härter.

k) Sie haben eine 10prozentige Erektion. Nur ganz geringe Anzeichen von Härte.

l) Sie spielt weiter mit Ihnen, aber Ihr Penis wird nicht härter.

m) Ihre Erektion ist null. Ihr Penis zeigt keinerlei Reaktion.

n) Sie spielt weiter mit Ihrem Penis, aber es gibt nicht das geringste Anzeichen für eine Reaktion.

o) Sie hat länger als fünf Minuten mit Ihrem Penis gespielt, immer noch kein Anzeichen einer Reaktion.

2. Ihre Frau spielt oral mit Ihrem Penis.

Wiederholen Sie von a bis o.

Anhang III

Desensibilisierung über Tonband

Dieses Tonband soll Ihnen helfen, die systematische Desensibilisierung in der Phantasie durchzuführen. Ehe Sie darangehen können, das Band zu benutzen, müssen Sie folgende Vorbereitungen treffen.

1. Sie müssen eine geeignete Hierarchie entworfen haben. Jede Szene sollte auf einer separaten Karteikarte notiert werden. Die Karten sollten so geordnet sein, daß die Karte, mit der Sie anfangen wollen, oben liegt. Legen Sie die Karten so, daß Sie sie leicht erreichen können.

2. Sie müssen die Entspannungsübung systematisch geübt haben. Sie müssen auch genau wissen, welche »angenehme Szene« Sie benutzen wollen, so daß Sie sich nicht den Kopf zu zerbrechen brauchen, wenn die Anweisung kommt, daß Sie sich die Szene vorstellen sollen.

3. Sie müssen sich darüber klar sein, daß die Spannungen, die Sie erleben, weder so stark noch so intensiv auftreten wie in der realen Situation. Achten Sie auf kleinste Anzeichen von Muskelanspannung an den verschiedensten Körperstellen oder auf die von Ihnen empfundenen Schwankungen des Gemütszustandes, so gering diese auch sein mögen.

4. Sie müssen Ihr Tonbandgerät so aufstellen, daß Sie es leicht abschalten können. Am besten benutzen Sie die Schalttaste am Mikrophon und stellen das Mikrophon in Reichweite.

Text

1. Sprechen Sie zunächst die Kurzform der Entspannungsübung auf Band. Sie sollten dabei jedoch zwei kleine Änderungen vornehmen.

a) Gleich zu Beginn der Übung, wenn Sie sagen: »Legen Sie sich hin. Machen Sie es sich bequem« fügen Sie hinzu: »Sorgen Sie dafür, daß Sie die Bedienungstaste Ihres Tonbandgeräts in Reichweite haben.«

b) Streichen Sie den Schluß der Übung, wo Sie sagen, daß Sie jetzt von drei bis eins zählen werden usw. Fügen Sie statt dessen folgende Instruktion hinzu: »Überprüfen Sie den Grad Ihrer Spannungen. Wenn Sie ziemlich entspannt sind, lassen Sie das Tonband weiterlaufen. Andernfalls fangen Sie wieder von vorn an oder hören an diesem Punkt auf.«

2. Machen Sie ungefähr fünf Sekunden Pause und fahren Sie dann mit folgenden Instruktionen fort: »Sobald ich die Anweisung dazu gebe, stellen Sie das Tonbandgerät ab und lesen die beunruhigende Szene auf der ersten Karte Ihrer Hierarchie, an der Sie gerade arbeiten. Dann schließen Sie die Augen und stellen sich diese Szene vor. Beim ersten Anzeichen zunehmender Spannung schalten Sie das Tonbandgerät wieder ein. Stellen Sie sich jetzt also Ihre Szene vor.« An diesem Punkt Ihres Diktats legen Sie fünf Sekunden Pause ein, lassen das Gerät aber laufen.

Nach den fünf Sekunden Pause: »Stopp. Schieben Sie diese Szene beiseite. Atmen Sie tief durch den Mund ein und halten Sie den Atem an. Anhalten. Anhalten. Anhalten. Jetzt atmen Sie ruhig aus (ungefähr zehn Sekunden Pause). Atmen Sie leicht und ruhig wie im tiefen Schlaf. Jetzt stellen Sie sich Ihre angenehme Szene aus den Entspannungsübungen vor oder denken Sie »ruhig« und entspannen die Zehenmuskeln ... Lassen Sie sie los ... Entspannen Sie die Beine ... Lassen Sie sie los ... Stellen Sie sich weiter Ihre angenehme Szene vor oder denken Sie »ruhig«. Der ganze Körper soll ruhig und entspannt sein ... ruhig und entspannt ... Wenn Sie jetzt noch nicht ruhig und entspannt sind, stellen Sie das Gerät ab und fahren Sie fort mit der Entspannung.

Jetzt lesen Sie wieder die Szene auf Ihrer Karte und stellen sie sich vor. Denken Sie daran, das Gerät beim ersten Anzeichen von Spannung wieder anzustellen. Fangen Sie an (fünf Sekunden Pause auf dem Band). Stopp. Verbannen Sie die Szene aus Ihrer Vorstellung. Atmen Sie tief durch den Mund ein und halten Sie den Atem an. Anhalten. Anhalten. Jetzt atmen Sie plötzlich aus, als machten Sie einen tiefen Seufzer ... atmen Sie leicht und ruhig ... konzentrieren Sie sich jetzt auf Ihre entspannende angenehme Szene oder das Wort »ruhig«, und entspannen wieder die Schenkelmuskeln. Lassen Sie sie los. Entspannen Sie das Gesäß ... Loslassen ... Entspannen Sie die Muskeln am Rektum ...

Sie sind ganz entspannt ... ruhig und entspannt ... ruhig und entspannt ... ruhig und entspannt.

Wenn Sie jetzt entspannt sind, stellen Sie das Gerät ab, lesen die beunruhigende Szene und stellen Sie sie sich vor. Fangen Sie an (fünf Sekunden Pause). Hören Sie auf mit der Szene. Verbannen Sie sie aus Ihrer Vorstellung. Atmen Sie tief durch den Mund ein und halten Sie den Atem an. Anhalten. Anhalten. Jetzt ruhig ausatmen. Atmen Sie leicht und ruhig wie in tiefem Schlaf. Konzentrieren Sie sich auf Ihre entspannende angenehme Szene oder das Wort »ruhig«. Das ist wichtig. Entspannen Sie jetzt die Unterleibsmuskeln. Lassen Sie sie los ... die Magen- und Darmmuskeln ... ein klein wenig können Sie das ... Stellen Sie sich vor, daß diese Muskeln entspannt sind ... die Rückenmuskeln ... lassen Sie sich in die Liegematte sinken ... angenehme Szene oder das Wort »ruhig« ... ruhig und entspannt ... ruhig und entspannt ... ruhig und entspannt.

Wenn Sie jetzt entspannt sind, vergewissern Sie sich, welche beunruhigende Szene Sie nun vornehmen wollen. Stellen Sie das Gerät ab, und stellen Sie sich die Szene vor. Fangen Sie an (fünf Sekunden Pause). Stopp. Atmen Sie tief ein ... und ... aus ... Atmen Sie leicht und ruhig. Stellen Sie sich Ihre angenehme Szene vor oder das Wort »ruhig«. Und entspannen Sie die Fingermuskeln ... Lassen Sie sie los ... Entspannen Sie die Fingermuskeln ... Lassen Sie sie los ... Entspannen Sie die Unterarme ... Sie werden ganz schwer ... Die Oberarm- und Schultermuskeln ... Lassen Sie sie los ... Angenehme Szene oder das Wort »ruhig« ... ruhig und entspannt ... ruhig und entspannt.

Denken Sie daran, das Gerät beim ersten Zeichen von Spannung einzuschalten. Ihre beunruhigende Szene. Fangen Sie an (fünf Sekunden Pause). Stopp. Verbannen Sie die Szene. Atmen Sie tief ein und halten den Atem an. Jetzt langsam ausatmen. Atmen Sie leicht und ruhig. Stellen Sie sich Ihre angenehme Szene oder das Wort »ruhig« vor. Konzentrieren Sie sich darauf ... Entspannen Sie jetzt die Muskeln der Schulterblätter ... Lassen Sie sie los ... die Nackenmuskeln ... Ihr Kopf sinkt entspannt ins Kissen zurück ... angenehme Szene oder »ruhig« ... ruhig und entspannt ... ruhig und entspannt.

Überprüfen Sie Ihre Entspannung. Jetzt die Szene, an der Sie gerade arbeiten. Fangen Sie an (fünf Sekunden Pause). Stoppen Sie diese Szene. Atmen Sie tief ein ... und ... aus ... Atmen Sie leicht und ruhig ... Stellen Sie sich Ihre angenehme Szene oder das Wort »ruhig« vor ... und entspannen Sie die Stirnmuskeln ... lassen Sie sie los ... die Muskeln zwischen den Augenbrauen, wo Sie die Stirn runzeln ... entspannen Sie sie ... entspannen Sie die Augenlider ... Sie werden ganz schwer ... angenehme Szene oder »ruhig« ... ruhig und entspannt ... ruhig und entspannt.

Vergewissern Sie sich, daß Sie entspannt und ganz locker sind. Wieder Ihre Szene. Fangen Sie an (fünf Sekunden Pause). Stopp. Verbannen Sie die Szene. Holen Sie tief Luft und halten Sie den Atem an. Anhalten. Anhalten. Jetzt atmen Sie mit einem tiefen Seufzer aus . . . Atmen Sie leicht und ruhig. Stellen Sie sich Ihre angenehme Szene oder »ruhig« vor, und entspannen Sie die Kiefermuskeln. Lassen Sie sie los. Die Zähne etwas auseinander, der Kiefer hängt schlaff herunter . . . die Muskeln um Mund und Kinn . . . entspannen Sie sie. Angenehme Szene oder »ruhig« . . . ruhig und entspannt . . . ruhig und entspannt . . . ruhig und entspannt.

Nun zum letztenmal: Ihre Szene. Fangen Sie an (fünf Sekunden Pause). Stopp. Tief einatmen und Atem anhalten. Jetzt langsam ausatmen . . . Atmen Sie leicht und ruhig wie im tiefen Schlaf . . . Stellen Sie sich jetzt Ihre angenehme Szene vor oder das Wort »ruhig« . . . Überprüfen Sie Ihre Körperspannungen. Wenn Sie noch irgendwo Spannung spüren, nehmen Sie die Spannungsstellen einzeln nacheinander vor und lassen Sie los . . . lassen Sie los . . . Ihr ganzer Körper soll ruhig und entspannt sein . . . ruhig und entspannt . . . ruhig und entspannt.

Jetzt zähle ich von drei bis eins. Bei eins öffnen Sie die Augen und setzen sich auf. Sie sind hellwach und fühlen sich ganz erfrischt.
Drei . . . zwei . . . eins.